DATE DUE FOR RETURN

D1574978

LAS ESPAÑAS VENCIDAS
DEL SIGLO XVIII

Libros de Historia

ERNEST LLUCH

LAS ESPAÑAS VENCIDAS DEL SIGLO XVIII

CLAROSCUROS DE LA ILUSTRACIÓN

CRÍTICA
GRIJALBO MONDADORI
BARCELONA

Traducción castellana de ROSA LLUCH

Cubierta: Joan Batallé
Ilustración de la cubierta: el Born de Barcelona en el siglo XVIII (anónimo del siglo XVIII, Museu Històric de la Ciutat, Barcelona).
© 1999: Ernest Lluch i Martín
© 1999 de la presente edición para España y América:
CRÍTICA (Grijalbo Mondadori, S. A.), Aragó, 385, 08013 Barcelona
ISBN: 84-7423-924-9
Depósito legal: B. 9.216-1999
Impreso en España
1999. – HUROPE, S. L., Lima, 3 bis, 08030 Barcelona

A Otto Albert Hirschmann, a Albert Hernant
o a Albert O. Hirschman

PRÓLOGO A LA REMOZADA
VERSIÓN CASTELLANA

Este libro nació lentamente aunque su maduración se produjo en los últimos años. La idea originaria provino de la observación de que en distintos textos económicos de finales del siglo XVIII había huellas de la personalidad catalana, como cuando se reclamaban «leyes particulares» catalanas dentro de unas «leyes generales» españolas. Estas observaciones discrepaban de la tesis nacionalista catalana de que el triunfo bélico del unitarismo borbónico logró que Cataluña fuera una simple provincia al aceptarse e interiorizar «el derecho de conquista» del que habló Felipe V y del que, desgraciadamente, a mediados de los noventa del presente siglo Torrente Ballester se hizo eco. Unos años en los que fui acumulando argumentos para demostrar que no estaba equivocado: la especificidad catalana salvó un siglo tan adverso en lo que no era económico. Mantener esta posición me alejaba asimismo de la historia española, construida en general con criterios unitaristas, donde tan poca consideración se concede a lo que no es castellano o asturiano. Ha sido más fácil que Franco Venturi, por ejemplo, asimilara la importancia del valenciano Gregori Mayans (tan escrupulosamente estudiado por mossèn Antoni Mestre) o del catalán Antoni de Capmany que lo hicieran historiadores más cercanos.

El trabajo más detallado me hizo chocar con una realidad no buscada: la vigencia política de la Corona de Aragón. Criado en la tradición de una Cataluña estricta dentro de España me parecía que la Corona de Aragón era algo del pasado, un pasado que como máximo alcanzaba 1714. Incluso cuando algunas plumas catalanas explican la guerra de Sucesión, la Corona de Aragón se esfuma. Sin embargo, muchas referencias me encaraban, tozudamente, con la vigencia de esta dimensión. El libro de John Lynch sobre el siglo XVIII español presentado en la Biblioteca Nacional,[1] me hizo ver que era una dimensión, que el «partido aragonés» había pervivido después de la guerra de Sucesión. La biografía del conde de Aranda de Olaechea y Ferrer Benimeli me aparecía más vívida. Una cierta soledad me invadía al pensar que me situaba como un «aragonés» en sentido amplio: no encajaba con casi ninguna posición. En una ocasión que expliqué mis puntos de vista ante el presi-

1. John Lynch, *El siglo XVIII*, Crítica, Barcelona, 1991.

dente aragonés Santiago Lanzuela y diversos políticos promoví el siguiente comentario de un diputado del Partido Aragonés Regionalista: «Lluch ha dejado entender que debemos estudiar más».

Desde el catalanismo tradicional se ha visto con harta frecuencia la consideración de la Corona de Aragón como una trampa para diluir la cuestión catalana. No pensaba así Felipe V cuando respondía a los consejos de su abuelo y rey de Francia Luis XIV que en 1714 no se podía hacer concesiones a los catalanes porque deberían extenderse automáticamente a los mallorquines e incluso a los aragoneses y valencianos, tal como me recuerda Joaquim Albareda. La frase de Felipe V es: «acabar de reducir a los catalanes y mallorquines a mi obediencia, antes bien los Reinos de Valencia y Aragón se juntarían a ellos». El mejor memorialista de la guerra, Francesc Castellví, la planteaba en 1714 como «la guerra entre los de la Corona de Aragón y los moradores de las demás provincias de España». La vigencia de la idea de la Corona de Aragón me sorprendía de tal modo que he seguido estudiando su permanencia hasta finales del siglo XIX.[2] También aquí he podido observar la dura reacción adversa de un unitarista, Javier Ugarte, porque un castellano en 1852 dibujara la antigua Corona de Aragón en un mapa que reflejaba la España política y que, además, sirviera para ilustrar un libro de Miguel Herrero que, como Francisco Jorge Torres Villegas, también es ciudadano de Madrid. El catalanismo político en Cataluña y el españolismo en Aragón a finales del siglo XIX marginaron definitivamente a la Corona de Aragón como entidad política.

Un cúmulo de circunstancias me hicieron plantear si el austracismo había sobrevivido a 1714. La tesis dominante entre los pocos que se hacían esta pregunta era negativa. Dos «folletos» no eran considerados más que un breve balbuceo que era inmediatamente silenciado por Ferran Soldevila o por J. L. Marfany, por citar a dos especialistas muy diversos en sus apreciaciones políticas. José Antonio Maravall, en cambio, daba la preciosa pista, apenas insinuada, de un austracista y teórico aragonés, Juan Amor de Soria. La gran bibliografía de Paco Aguilar Piñal nos daba algunas referencias que las tardes pasadas en la biblioteca de la Academia de la Historia nos harían aumentar. Una de las escritas por catalanes y en catalán, *Via fora als adormits* (1734), se decía traducida a la lengua internacional diplomática sin que pudiéramos demostrarlo cuando no teníamos «internet» hasta localizarla en la Universidad de Carolina del Norte gracias a Montserrat Lamarca. La traducción era una demostración de capacidad política desde la estricta clandestinidad, aspecto que acabo de contar.[3] Ahora tenemos más muestras del austracismo que persistió, y la publicación próxima de una larga introducción con textos de Amor de Soria, que he preparado, por la Diputación General de Ara-

2. Ernest Lluch, «El liberalisme foralista en el segle XIX: Corona d'Aragó i País Basc», *L'Avenç*, 230 (1998), pp. 14-20.
    3. Ernest Lluch, «*Alarme aux endormis* (1734): la difusió diplomàtica de l'austracisme persistent», *Revista Jurídica de Catalunya*, n.º 2 (1997), pp. 299-304.

gón acabará de completar el panorama que aquí hemos esbozado. El «partido aragonés» debía recoger estos posos dentro del irreversible marco borbónico. El haber leído de Santos Juliá que la guerra de Sucesión era básicamente un acontecimiento de política internacional fue un pequeño acicate para profundizar más allá de las aguas convencionales en estos años posteriores. A unos y a otros nacionalistas les cuesta entender que en las deliberaciones del 16 de junio de 1713, que obran en el Archivo Municipal de Barcelona, se hablara de «la recíproca e inseparable unión de este Principado y el Reino de Aragón» tal como ya reprodujo Sanpere i Miquel en su clásico sobre «el fin de la nación catalana». Unos no creen en el Principado y otros en el Reino.

La primera vez que utilicé el adjetivo «vencida» lo hice aplicado a España en un artículo publicado en *Sistema*, aunque en la posterior publicación del libro ahora vertido lo apliqué a Cataluña. No hay contradicción si se contempla dentro de la tradición austracista: la derrota de las libertades catalanas era paralela a la de las libertades españolas, en el sentido de la época, y en común era también el enfrentamiento con el absolutismo unitario que acabó triunfando. Nuestros austracistas deseaban que volvieran «las Españas», incluidos los programas de los hermanos comuneros. Padilla era considerado como propio y se recordaba su nombre rimando con Castilla y deseando que sus deseadas Cortes revivieran. Si esto no se podía conseguir, se planteaba que la Corona de Aragón con los territorios forales más los vascos y catalanes pertenecientes a Francia pasaran a ser una república con cierta dependencia austríaca, al igual que la Corona de Castilla la tuviera francesa, y la suma de Portugal y Galicia, a su vez, inglesa. Si las dos soluciones anteriores fracasaban, solamente en tercer lugar, Cataluña pediría la independencia a la que se había comprometido la Gran Bretaña con los catalanes en el tratado de Génova. Desde esta óptica, una determinada España (comprendidos bastantes castellanos), una determinada Corona de Aragón (mayoritariamente) y una determinada Cataluña (con una mayoría popular clara) pueden considerarse vencidas políticamente en el siglo XVIII. Un mapa donde en Cataluña había minoritarios *botiflers* o partidarios, como se les adjetivaba, de la Torre de Babel. La economía sería la «venganza catalana».

Partiendo de las ideas económicas llegué al marco político, pero la importancia de la lengua catalana seguía siendo una incógnita. Para despejarla cuantifiqué la decadencia anterior a 1714 y los efectos de la represión borbónica, así como la recuperación que se inició a finales del siglo XVIII y se afirmó en el siglo siguiente. Descubrí hechos sorprendentes, por ejemplo, que la práctica prohibición del catalán fue acompañada de un estancamiento del castellano en la imprenta y algunas otras conclusiones en las que me reafirmo. Mayor cantidad de cifras matizaría mis puntos de vista, pero no cambiaría, pienso, las regularidades observadas. El apasionante tema del catalán en Valencia en cuadro obtenido por Margarita Bosch Cantallops[4] así lo indica:

4. *Contribución al estudio de la imprenta en Valencia en el siglo XVI*, Universidad Complutense, Madrid, 1989.

	1501-1525	1526-1550	1551-1575	1576-1600
Latín	27,46 %	41,89 %	38,20 %	26,05 %
Catalán	28,16 %	13,96 %	14,02 %	14,25 %
Castellano	44,33 %	43,01 %	43,88 %	59,02%

En una reseña, Pere Anguera reclamaba que incorporase las cifras de algún repertorio no barcelonés. Unos tanteos que he realizado no nos alejan mucho de las sugerencias que establezco para finales del siglo XVIII y principios del XIX, lo cual no significa que los matices que se introducirían fuesen insignificantes. No sé responder, con fundamento, a la observación de Anguera de que hubo muchísima más represión del catalán que «abandono voluntario» cuando yo defendería el «mucha».[5] El hecho de que Aguiló fuera mallorquín y hubiera vivido en Valencia y Barcelona le permite dar el tono general. Conocemos ahora más libros, pero, en mis investigaciones, los perfiles no se modifican. Me parece que es por las conclusiones que planteo sobre la coexistencia de lenguas por lo que Fernando Lázaro Carreter afirmó, al margen de su generosidad, que mi estudio era «apasionante» y «un libro fundamental».[6]

Cataluña dejó de ser sujeto de libros y folletos para los catalanes después de 1714. Ni tan sólo para episodios medievales y en castellano. Cataluña como objeto de estudio no apareció o reapareció hasta pasada la mitad del setecientos. Los frutos intelectuales fueron entonces notorios y alcanzaron un nivel de exigencia que no se volvió a recuperar hasta el *Noucentisme*, cuando habían pasado más de cien años y había reaparecido escrita la lengua catalana, pero incluso en este renacimiento las obras en castellano sobre Cataluña durante la Ilustración jugaron un papel decisivo. También en castellano escribirá Comella obras de teatro de éxito con un claro contenido austracista exaltando a la emperatriz María Teresa o al rey Federico II. Añado ahora que María Teresa Suero Roca ha reflejado que Comella,[7] más que ningún otro autor, dio un número muy elevado de producciones en el teatro barcelonés y el número aumenta si tenemos en cuenta sus traducciones aun después de su muerte acaecida en 1813. Entre estas obras de Comella figuran las austracistas, así como la exaltación del admirado en Cataluña Juan José de Austria en *El desdén con desdén* de Moreto, que fue representado también en el siglo XIX (31 representaciones entre 1800 y 1830). Una obra la de Moreto (que ha provocado una edición austracista (!) de Paco Rico) que dio lugar, además, al libreto de una de las escasas óperas musicadas por un catalán, Carles Baguer, con el título de *La principessa filosofa*.[8] Una obra muy significativa de la

---

5. Pere Anguera, «Noves clarors per a un segle d'ombra», *L'Avenç*, 219 (1997), p. 55.

6. *El País*, 19 de julio de 1997.

7. *El Teatre representat a Barcelona de 1800 a 1830*, Barcelona, 1987.

8. Véase mi trabajo con este título en *Revista Musical Catalana*, 161 (1998), donde aduzco otra ópera representada en Madrid con el mismo título en 1797.

mentalidad política y económica de Cataluña es el drama titulado, con suge-rencia, *La industriosa madrileña y el fabricante de Olot o los efectos de la aplicación* y de la que doy amplia cuenta. Pere Molas i Ribalta me escribió que el ministro de la Real Audiencia de Barcelona que aparece en la obra era idéntico al fiscal vallisoletano Jacobo María de Espinosa y Cantabrana, lo que pude comprobar en un trabajo suyo[9] donde consta que en 1783 fue protector de la Escuela de Dibujo de Olot. El limitarse a textos políticos y económicos o escritos en catalán puede ser una restricción para conocer la evolución de las ideas políticas y económicas catalanas.

Algunos comentaristas han deducido de mis páginas conclusiones de las que debo decir que no discrepo. Así de la de Ricardo García Cárcel: «Los fundamentos históricos de la Renaixença estaban claramente presentes en el tantas veces denostado desde una óptica nacionalista miope del siglo XVIII. Encontrar el eslabón perdido entre la amargura de Casanova y la ilusión de Aribau es, sin duda, mérito que Ernest Lluch debe anotarse».[10] Dejo el mérito a un lado, pero lo anterior no lo supe decir aunque quise decirlo. Algo seme-jante puedo decir de un escrito de Jaume de Puig i Oliver: «La obra desem-boca en unas glosas a algunas ideas de Jordi Rubió i Balaguer, quien había reivindicado el peso de la tradición del XVIII en la Renaixença catalana. En estas glosas, y casi sin decirlo, Lluch afea el simplismo del reduccionismo lingüístico como piedra de toque del nacionalismo, poniendo de manifiesto cómo la obra de unos cuantos hombres que no creían en la lengua catalana como vehículo de información y cultura … resultó finalmente fundamental para despertar la conciencia lingüística, con todas sus consecuencias».[11] De nuevo, debo estar de acuerdo con esta interpretación. De otras interpretacio-nes también me siento próximo, aunque no soy consciente de haberlas escrito con tanta precisión como lo hizo Valentí Puig: «La figura de Antoni de Cap-many recapitula el nuevo entendimiento del dieciocho, en la primera división de los ilustrados europeos como historiador del crecimiento económico y hombre del mercantilismo liberal en las *Memorias históricas*, programa de alcance solamente equiparable —según Lluch— al proyecto de Prat de la Riba en la Mancomunidad».[12] En mis palabras, diría que la obra de los ilus-trados catalanes es solamente comparable a la del *Noucentisme*: entremedio bastante humo.

Si la Corona de Aragón, la guerra de Sucesión y el austracismo son hilos conductores que el «partido aragonés» en parte cataliza, la propia historia del pensamiento económico me inducía a poner de relieve la influencia germá-nica del cameralismo. Una influencia compartida con los economistas del «sistema intermedio», entre el mercantilismo y el liberalismo, tales como Ge-

9. Pere Molas i Ribalta, «Tres textos econòmics sobre la Catalunya il·lustrada», *Pedral-bes*, VII (1987), pp. 156 ss.

10. *La Vanguardia*, 20 de diciembre de 1996.

11. *Arxiu de Textos Catalans Antics*, 16 (1997), p. 538.

12. «Quadern», *El País*, 19 de diciembre de 1997.

novesi, Forbonnais o Necker. Tres autores de los que el primero está influido por los economistas germánicos y los dos segundos le influyen. Sin embargo, el rasgo distintivo del cameralismo maduro, más Estado con más mercado y con más industria, es el que da interés al estudio de su influencia en España la cual, afirman, hasta ahora había pasado desapercibida. Una influencia que llega a Castilla, pero que adquiere más densidad en los territorios de la antigua Corona de Aragón y en los territorios forales. Nuevamente aparece la misma geografía.

Quiero aprovechar la ocasión para indicar que he titulado este prólogo introducción a la «versión castellana» y no a la «traducción castellana» porque constituye la lengua más cercana después de la propia. Digo esto para aclarar que los textos sobre el cameralismo en España que he publicado en el extranjero sí han sido traducidos al inglés y al alemán. Ni por las lenguas ni por la posición de los lectores y del autor tendrán lectura parecida a la de esta versión. No en vano algunos fragmentos los escribí originariamente en castellano. Reemprendiendo el hilo tengo que insistir en que la influencia del cameralismo sobre el pensamiento económico abarca también la política de Federico el Grande y de María Teresa incluso en el siglo siguiente. Influencia que abarca lo militar tardíamente en el caso del primero, como pone de manifiesto la edición en 1813 del folleto *Instrucción destinada a las Tropas ligeras*, redactado por una «instrucción» del rey prusiano que ya se había editado en 1793, y había otra edición también en 1813. Escritos a los que podría añadir otros que en número crecido ya aparecen en las próximas páginas. El «partido aragonés» actuó como un catalizador de estas corrientes. Núria Sales (9-10 de marzo de 1997) me indicó que los condes de Aranda como propietarios eran aragoneses en el doble sentido (corona y reino) al ser la primera fortuna del Conflent, comarca del Rosellón en la Cataluña del otro lado de los Pirineos, y que por ser extranjeros la salvaron de las consecuencias de 1789. José Antonio Ferrer Benimeli (10-I-99) me informa de que algunas tierras las había vendido con anterioridad a Francisco de Cabarrús. Siguiendo la tónica de dar cabida en este prólogo a las críticas y observaciones que se me han efectuado a partir de la edición del original de este libro, debo recoger de Gaspar Feliu la continuidad, desde el título, de la *Práctica y estilo de celebrar Cortes en el Reino de Aragón, principado de Cataluña y Reino de Valencia*, escrita por Antoni de Capmany por encargo de Jovellanos, con la *Pràctica, forma y estil de celebrar Corts Generals en Catalunya*, de Lluís de Peguera i Paratge, publicada casi 200 años antes, en 1632.

La cultura económica, en su sentido más amplio, es un terreno muy difícil de precisar y, en cambio, muy fácil de ver cuando se contempla desde lejos. Así desde Occidente apreciamos la influencia de la cultura económica en China, Japón o la India, pero no percibimos la más inmediata porque la cercanía la difumina. Una cultura económica que es muy importante en la creación de las «redes comerciales dispersas». El nombre que se les atribuye también es difícil de precisar, tal como me comentó con agudeza Jaume Torras Elias, puesto que el término «diásporas comerciales» es a veces preferido, aunque a mí me parezca que haya que reservarlo a aquellos casos en los que la dispersión comercial tiene una de sus causas en el alejamiento de algunas colectividades de sus lugares de origen por la fuerza. Otros términos han sido defendidos con el de «redes globales de confianza mutua» que tiene la virtud de resaltar un componente básico. Componente que no figura en el que utilizo, así como tampoco incorpora el pertenecer a una comunidad étnica, religiosa o nacional que es el origen de la «confianza mutua». Posiblemente «redes comerciales comunitarias», con o sin «dispersas», puesto que una red nunca es absolutamente tupida, sería un término más adecuado. Desde el inicio y por inspiración del mismo Jaume Torras titulé el capítulo dedicado a las redes comerciales «Ser extranjero sin serlo». Quería poner de relieve que la heterogeneidad de «las Españas y las Indias» permitía desplazarse por un amplio territorio mediante una personalidad muy diferenciada, pero sin los riesgos que asumían y asumen los «extranjeros» que además «lo son». Por esto no me parece una «superflua afirmación» esta comparación favorable para el mundo hispánico como sí se lo ha parecido a Carlos Martínez Shaw. Nos encontramos en una situación de heterogeneidad nacional dentro de una comunidad política más parecida a lo «austro-húngaro» que a lo unitario o a lo estrictamente extranjero. Esta «situación intermedia» puede observarse cuando en el altiplano del Perú, narra Catalina de Erauso o la «Monja Alférez» en su autobiografía, actuando como arriera fía en la palabra de un comerciante con el que se cruza al poder hablar en vascuence como prueba de pertenecer a la misma comunidad y de ahí nació la «confianza mutua». Por la lengua, podían parecer dos extranjeros a quienes los observaban, pero realmente no lo eran. Así pues, esta era mi voluntad y no, pienso, «producto de la contaminación del ambiente por parte del paradigma dominante».[13] Convendrá Martínez Shaw que hay muchos menos «austrohúngaros» que españolistas unitarios o nacionalistas catalanes radicales.

La existencia de esta red comercial dispersa «fue extraordinariamente importante para el crecimiento de la industria catalana en los siglos XVIII y XIX», como escribió Josep Fontana en un amplio comentario que dedicó a estas páginas, antes de hacer un guiño a mi biografía como viajante entre el bachillerato y Económicas durante tres años: «El arriero y el tendero precedieron en mucho al viajante». Quienes creemos en la potencia explicativa de la «extensión del mercado», según la expresión de Adam Smith (que no es contradictoria, sino complementaria con el crecimiento schumpeteriano basado en la introducción de tecnologías), convendremos con Patrick Verley que «la capacidad de los manufactureros en extender sus ventas en su mercado nacional depende no solamente del poder de compra de su clientela, sino también de la densidad de la red comercial al detall que puede alcanzarlos y de la frecuencia anual de los contactos entre compradores y vendedores».[14] Convic-

---

13. Carlos Martínez Shaw, «Els "mèrits catalans" del segle XVIII», *L'Avenç*, 219 (1997), pp. 57-58.
14. *L'échelle du monde*, París, 1997, p. 259.

ción que me obliga a retirar mis ironías acerca de la «moda leninista» de la importancia del «mercado nacional» y apelar al estudio de obras como la de Verley o las de la «revolución del consumo» (McKendrich, Weatherill o Brewer), como recomienda el propio Fontana. Concentrarnos en su estudio para aplicarlas al conocimiento de nuestros mercados —en el que la obra de Assumpta Muset es una avanzadilla— es una necesidad, puesto que, como afirma Verley, en general la bibliografía sobre los mercados internos en los siglos XVIII y XIX es muy débil, y yo añadiría los del siglo XVII.

Fontana ha insistido mucho en dos ideas en las que querría definir cuál es mi posición, después de haber entonado un *mea culpa* sobre el «mercado nacional» de Lenin, sobre dos de sus puntos de vista. La primera es que las redes comerciales no producen procesos industriales en la comunidad originaria. Esto es cierto en líneas generales, y Fontana aduce el ejemplo de que «la diáspora gallega, más extensa puede que la catalana, no ha tenido la misma función de promoción de una actividad industrial en Galicia».[15] Hay excepciones como el regreso industrial de los Jover a Cataluña como industriales, navieros y banqueros, pero la tesis de Fontana es acertada y no la contradigo. En cambio sí que la complemento con la tesis de que una vez desarticuladas las redes comerciales, o aun existiendo, los comerciantes forasteros se convierten en activistas del crecimiento económico en sus ciudades o regiones de destino. Una de las principales redes comerciales, la constituida por los cameranos originarios de territorios entre los riojanos y los castellanos, dio impulso económico al gran núcleo industrializador de Málaga, ahora hace 25 años estudiado por Jordi Nadal, de tal modo que sin ellos no hubiera existido. Al examinar el caso gallego es imposible no destacar el impacto de otros cameranos. En un papel inédito y magnífico de Xosé Cordero Torrón da medida de su impacto psicológico en un texto del significativo Manuel Murguía: «No habría sufrido Galicia aún esa bárbara irrupción de cameranos ávidos, inútiles, "terre a terre" y sin más Dios que el dinero». Cierto es que los pescadores y conserveros catalanes habían producido impacto parecido años antes como será evidente cuando hablemos del libro del padre Sarmiento. Los bancos Simeón, Olimpio Pérez e incluso los Díaz de Rábago que han conectado con el Banco Pastor son una persistente huella camerana en Galicia. Entre ellos hubo «lealtad económica» cuando pasaban dificultades pecuniarias, según me indicó personalmente monseñor Cebrián de la catedral de Santiago, durante varias generaciones. No fueron solamente actividades financieras, sino, como explican el propio Cordero, Xosé Ramón Barreiro y Xan Carmona, también industriales, desde la cerámica y los curtidos hasta la explotación de la sal. Una gran romería motivada por la devoción a la Virgen de la Balvanera aún agrupa a miles de personas en el Porto do Son, el más cercano a Santiago. Si recordamos a los catalanes, esta tesis de gran repercusión empresarial en las plazas comerciales de destino se con-

---

15.   Josep Fontana, reseña a Ernest Lluch, *La Catalunya vençuda del segle XVIII*, Barcelona, 1996, en *El Contemporani*, 11-12 (1997), p. 87.

firma también en su papel decisivo en Córdoba, San Sebastián y Asturias. Los Jover en esta última fundaron con los Herrero (antes Ferreiro) un notable banco que ahora ha recaído otra vez en manos catalanas al ser comprado por «la Caixa». Subrayemos que la duración de estos comerciantes transformados o compatibilizados con otras actividades se extiende durante más generaciones que las tres habituales de las dinastías industriales, como si la estructura familiar fuera más vertebradora en las «redes comerciales dispersas».

La segunda reflexión que introduzco a partir de las posiciones de Fontana es una matización: las redes comerciales «no fueron la causa inicial de la industrialización». Cierto es que esta última está ligada a la aparición de mercados en expansión más cercanos, pero hay que subrayar que los componentes de estas redes comerciales pertenecen a municipios cercanos, en unos casos, a la industrialización pero no dentro de la industrialización y, en otros, como en los citados cameranos o en los del Bierzo, se organizan por otras razones dominantes que tienen poco que ver con la industria. En un trabajo inédito de Francesa Minguella sobre el monopolio de los bierzanos en el comercio de alfombras y tapicerías en una etapa comprendida entre 1939 y los inicios de la década de los ochenta no existe conexión u origen con la actividad industrial. El caso de los cameranos tendría más relación con el antiguo oficio de conocer los modos de comerciar con la lana a larga distancia que con una industria, existente, de menor calado y trascendencia. Con ello no quiero afirmar que el proceso de industrialización no esté ligado con la aparición de las redes comerciales, sino que el nacimiento de éstas tiene mecanismos bastante autónomos o, incluso, muy autónomos. Mecanismos sin los cuales es imposible acelerar la industrialización. Establezco en el texto algunas características a las que debería añadir una mayor insistencia en la estrategia familiar, como sugiere Pere Pascual.

Muchas páginas de este libro me han proporcionado gran placer al trabajarlas, pero las dedicadas al Hospital Real de los Reynos de la Corona de Aragón bajo la advocación de la Virgen de Montserrat me han producido momentos muy especiales. Lamenté, en cambio, la falta de localización de los legajos que contienen su historia con toda intensidad. Algunos errores, por ejemplo, la incongruencia demográfica de que fuera Gaspar de Pons, su fundador, nombrado consejero en 1602 y protector del Consejo Supremo de Aragón en 1658, tal como subraya en una carta Gaspar Feliu (4 de junio de 1997), los mantengo. Lo copié de una biografía equivocada o que confunde dos Gaspar de Pons, puesto que nos consta que en 1620, a través de un documento que nos hizo llegar el historiador del derecho Jon Arrieta,[16] ya había fallecido. Consulta en la que consta que el número de pobres asistidos en el hospital es «particularmente de Cataluña». ¿Tenían origen comercial? Si fuera así, y este origen parece más probable que ningún otro, y lo confirman los trabajos de Albert García Espuche, podría establecerse que la llegada mercantil de los catalanes a Castilla se produjo antes de lo que pensábamos. Documen-

---

16. Archivo de la Corona de Aragón, Sección Consejo, leg. 270, doc. 5.

tación debe ser localizada en mayor cantidad. El mismo Jon Arrieta me ha pasado el texto de un privilegio promulgado por el rey el 30 de julio de 1634 en el que arbitra medios financieros para la pervivencia del hospital.[17]

Con relación a la versión original, he eliminado el capítulo dedicado a Francesc Romà Rossell. Una vida y una obra de quien, según el maestro Maravall, introdujo la palabra fábrica y avanzó en la reivindicación del retorno de la universidad a Barcelona y en el planteamiento renovado de la Corona de Aragón a través de los alcaldes de Barcelona, Zaragoza, Valencia y Palma de Mallorca. Un pensamiento destacable y a veces perdurable como en el caso del abogado general del público solicitado en 1767 y que iba claramente en una línea de autonomía política que aún en 1792, muerto ya nuestro personaje, el Consejo de Castilla ordenaba que continuara siendo estudiado.[18] El título del principal libro de Romà, *Las señales de la felicidad de España* (1768), es bien significativo de la Ilustración y su raigambre cameral o bielfeldiana claramente explícita. Este breve recordatorio de la importancia de Romà permite ya comprender que su huella permanece en el resto de los capítulos.

He introducido un capítulo dedicado a tres importantes autores de la Corona de Castilla, Sarmiento, Campomanes y Jovellanos, a modo de contrapunto. Tres autores de importante calado, pero de los que presento una perspectiva poco habitual dentro de la considerable y consistente corriente astur-castellana considerada, con frecuencia, como la española. Mi admiración por Sarmiento parte de ser la única voz que defiende una lengua no castellana, el gallego, en todo el siglo XVIII. Dada la dureza de la represión lingüística es todo un mérito. Las horas que pasé estudiando sus ideas económicas me fueron muy útiles para establecer un contrapunto, en este contexto, a las ideas posteriores donde aparecen ciertos grados de libertad económica. Sarmiento es ajeno y adversario del mercado, por lo que el salto que poco después se efectúa, Campomanes incluido, es muy considerable. Quienes todo lo miran desde un Adam Smith radicalizado difícil les es ver este gran salto que el conocimiento de Sarmiento les puede ayudar a valorar.

Campomanes es ya, pese a sus lazos con Sarmiento, otro mundo, aunque separado del propio de las zonas más desarrolladas. Aquí he utilizado un texto mío que tiene unos 25 años pero que refleja aún el porqué del fracaso, pese a su dilatado poder político, en su intento de constituir una Sociedad Económica de Amigos del País en Barcelona. Otro texto ha intentado incidir en el origen del concepto clave de «industria popular» en el pensamiento del autor asturiano. La erudición permite una perspectiva más clara y limitada.

El tercer contrapunto, Jovellanos, ha sido establecido en coordinación con Vicent Llombart para combatir la idea de su «liberalismo» e incluso de su «metaliberalismo económico» tan en boga en los últimos años. Que conociera a Adam Smith no significó que lo asumiera, sino que lo considerara

---

17. Archivo de la Corona de Aragón, Cartas Acordadas, leg. 1.356.
18. Archivo Histórico Nacional, Consejos, Libro de conocimientos, leg. 53.126, libro que va de 1783 a 1802, D-1. Noticia debida a Alfonso de Otazu.

como una meta o una utopía. Si alguien le influye en la práctica es Jacques Necker, que debe ser considerado un mercantilista liberal o un integrante del «cuasi sistema liberal» o «sistema intermedio». Sus actitudes proteccionistas o prohibicionistas en comercio exterior son las que hicieron exclamar a Carlos Rodríguez Braun: «No nos queda ni Jovellanos».

A menudo se suscitan polémicas en las que uno en buena parte no interviene o lo hace en otro sentido. García Cárcel y Martínez Shaw utilizaron limpiamente sus escritos sobre mi libro para subrayar sus importantes diferencias con Josep Fontana sobre el jansenismo en Cataluña. El primero deseaba que «el "parajansenismo" antiescolástico de los Climent, Amat ... se consiga recuperar mínimamente a estos personajes de la descalificación abusiva de Fontana», y el segundo estaba de acuerdo con la defensa «de los obispos ilustrados de la tan sumaria como frívola descalificación de Josep Fontana». Desde que publiqué hace 25 años mi opinión acerca de la influencia jansenista en el pensamiento económico catalán durante el siglo XVIII y principios del XIX, cierto es que he recibido ironías de Josep Fontana, siempre amigo y con frecuencia discrepante, y cartas reprobatorias de Núria Sales. También es cierto que las ironías y las cartas habían disminuido notablemente en el último quinquenio. En un largo escrito, Fontana habla sobre el jansenismo sin dirigirse a mí: «No me dirijo tanto a Ernest Lluch como al uso que se hace del término entre nosotros». A partir de ahí introduce una distinción entre lo que fue el jansenismo en Francia y en Cataluña o en España. Para Francia acepta las recientes corrientes que lo presentan como un antecedente de la Revolución francesa o como el acuñador de un «constitucionalismo jansenista» o de un «republicanismo jansenista». De esta manera se acoge a lo que Catherine Maire en su *De la cause de Dieu à la cause de la Nation. Le jansénisme au XVIIIe siècle* [19] puso de manifiesto con posterioridad. En cambio, el historiador catalán se niega a aceptar que entre nosotros hubiera algo parecido a lo que Maire ha denominado «la curiosa estrategia de los parlamentos en su oposición a Luis XV, transposición en el Estado de la actitud de resistencia previamente elaborada y comprobada en la Iglesia».

Continuamos sin estar plenamente de acuerdo, aunque coincida con la idea evidente de que el jansenismo no tuvo la misma influencia ni la misma densidad aquí que en Francia. Sin embargo, coinciden en una de sus obras máximas como fue la expulsión de los jesuitas. O bien en la mezcla de «nobleza de toga» y medio comercial avanzado que se da en Cataluña y en Valencia, que es donde prevalecen los prelados jansenistas, jansenizantes, filojansenistas o parajansenistas. Desde 1713 con la descalificadora y teológica bula papal *Unigenitus* la discusión pública, si se quería permanecer en el seno de la Iglesia, no se podía centrar en los cinco puntos considerados, desde hacía algún tiempo, como herejías, o bien había tenido el jansenismo una evolución interna hacia lo económico y lo ideológico hasta ser considerados sus partidarios «calvinistas vergonzantes» en estos planos. Asimismo, hay que

19. Gallimard, París, 1998.

anotar la observación inteligente del padre Miquel Batllori de que cuando se produce la condena papal, la Iglesia española está sumergida en una dura guerra civil e internacional y no está atenta a la gran polémica. El final del jansenismo en Francia provino del Concordato entre Napoleón y Pío X en 1801, que inició una represión durísima e insalvable. Aquí Fontana parece negar, por atribuirlo tan sólo a sectores retrógrados de la sociedad española, las durísimas acusaciones y persecuciones contra los jansenistas. Con su inagotable erudición cita un folleto carlista editado en Logroño y en Barcelona donde se acusa al liberal Tío Juan, en 1835: «Usted es un jansenista y un francmasón». El final de nuestro jansenismo fue durísimo y apoyado desde el gobierno que impide que Fèlix Torres Amat tome posesión de la mitra barcelonesa o desde duros ataques por parte de clérigos que están en las posiciones menos retrógradas en la Iglesia española, como es evidente en los escritos de Jaume Balmes estudiados por Josep M. Fradera. Los expedientes de la Inquisición barcelonesa contra los tenidos por jansenistas después de 1823 son tan duros como abundantes. Un conjunto de causas que hizo que los tenidos por jansenistas no vieran su desaparición en la sección de esquelas de los periódicos sino en la de sucesos. El que fueran considerados constitucionalistas y liberales, así como defensores de la desamortización de los bienes de la Iglesia y, por lo tanto, enemigos, se ve en las altas esferas políticas o de poder pero también en las de nivel medio. Así, Pirala nos cuenta que la sublevación por parte de los oficiales realistas y de autoridades eclesiásticas en la Manresa del 25 de agosto de 1827 pidió el restablecimiento de la Inquisición «libre de jansenistas».

Solamente dedicaré una líneas más al jansenismo en Cataluña y en España. Habría que entrecruzar el trabajo de especialistas diversos, así como abordar el estudio de campos inéditos. Así, por qué el gran compositor Ferran Sor escogió para su única ópera, *Telemaco nell'isola de Calipso*, un libreto compatible con la pedagogía jansenista.[20] O bien su influencia en la arquitectura de los cementerios de Barcelona o de Mataró. Así como la influencia del dramaturgo Racine, representante bastante significativo del jansenismo y, excepcionalmente, traducido al catalán. También sería significativo estudiar los sermonarios donde se expresan ideas sobre el ahorro, la avaricia, el lujo, el trabajo y la austeridad. Es una labor aún no emprendida para saber si este calvinismo católico en el campo de las ideas políticas y económicas existió, hasta qué punto, en qué territorios y entre qué grupos sociales y eclesiásticos. Seguro que mostrará niveles inferiores a Francia pero no más inferiores, en mi opinión, que los existentes en el pensamiento económico, por ejemplo.

La biografía, tan importante, del conde de Aranda por Rafael Olaechea y José A. Ferrer Benimeli ha sido ahora corregida y aumentada con motivo del segundo centenario de su muerte, por lo que será aún mejor base sobre la que apoyarse.[21] Hace poco fueron publicados unos papeles póstumos de Rafael

20.   «Troballes sobre Ferran Sor», *Revista Musical Catalana*, 153-154 (1997).
21.   Rafael Olaechea y José A. Ferrer Benimeli, *El conde de Aranda. Mito y realidad de un político aragonés*, Diputación de Huesca-Ibercaja, 2.ª edición corregida y aumentada, 1998.

Olaechea, a quien abundantes pigmeos discuten méritos, donde se reflejan sus últimas opiniones.[22] Disminuye el peso austracista en los apoyos del conde al mismo tiempo que acentúa su «pactismo» y su «liberalismo estamental de base pacticia» lo más significativo en estas conclusiones maduras de Olaechea está cuando afirma que el conde de Aranda era monárquico pero no hacía cuestión decisiva de la dinastía que ostentaba el poder. Olaechea y Ferrer Benimeli en la biografía del conde insisten en su visión descentralizada del futuro de América, tan distanciada del pensamiento borbónico y en su distanciamiento del enfrentamiento bélico con la República francesa que le condujo al destierro y a la prisión. Por mi parte continúo insistiendo en su prusianismo y en su industrialismo, apoyado en autores como Arteta de Monteseguro teóricamente mucho más poderosos que Campomanes.

En autores contemporáneos sorprende la radicalidad en la defensa de Felipe V, la denuncia de infidelidad de los aragoneses, catalanes, valencianos y mallorquines con terminología común a la de la abolición en 1937 del Estatuto vasco y la gran «suerte» de ser derrotado en 1707 y 1714. En algún caso se participa en el catálogo de un homenaje al conde de Aranda, a través de una exposición con 452 piezas sin citarle ni una sola vez, dentro del anterior tono indicado, mientras se dedica amplio espacio a su adversario Campomanes:[23] ¿provocación?, ¿belicosidad?, ¿unitarismo excluyente? Incluso se olvida que el actual Borbón firmó y juró una Constitución en 1978 más parecida a lo que vertebró la España de los Austrias que a los de sus antepasados de Felipe V a Alfonso XIII.

Muchos son los agradecimientos que debe manifestar un autor. El primero es a Albert O. Hirschman, a quien dedico el libro, de quien he aprendido mucho leyéndolo y durante mis estancias en The Institute for Advanced Study de Princeton. Es permanente mi agradecimiento a Fabián Estapé, así como a Enrique Fuentes Quintana y Josep Fontana. Una compañía constante ha sido la de mi «grupo» de historia del pensamiento económico ibérico: Almenar, Almodóvar, Argemí, Artal, Astigarraga, Barrenechea, Bru, Cardoso, Cervera, Llombart, Malo, Pascual, Sánchez Hormigo, Usoz, Velasco y Zabalza. Antes les enseñaba y ahora me enseñan. Alfonso de Otazu y Anton Costas me han escuchado. Mi departamento en la Facultad de Económicas, con su director Jordi Nadal y miembros como Montserrat Duran, Gaspar Feliu, Pere Pascual y Carles Sudrià, me han creado un ambiente libre. Otros agradecimientos figuran en el texto y en su lugar.

Durante estos años Miguel Herrero de Miñón ha sido un fino interlocutor y fiel amigo, y los desarrollos que junto a Jon Arrieta y Jesús Astigarra-

22.   Rafael Olaechea Albistor y José Ignacio Gómez Zorraquino, «El Partido aragonés y la política ilustrada en España», en G. Pérez y G. Redondo, dirs., *Los tiempos dorados*, Gobierno de Aragón, Zaragoza, 1996, pp. 191-223.
23.   Gonzalo Anes, «La España del siglo XVIII: luces y libertad», *El conde de Aranda*, Palacio de Sástago, Zaragoza, 1 de octubre-13 de diciembre de 1998, pp. 27-35.

ga hemos producido sobre los «derechos históricos» me han hecho vivir en un ambiente «austro-húngaro» o de «las Españas». Con ellos hemos hallado que en la Constitución española de 1978, sin mapa explícito de España, si se combinan sus artículos 2 (nacionalidades), 3.3 (lenguas no castellanas) y 149.1.8 (derechos civiles especiales o forales) con la Disposición Adicional Primera (derechos históricos) y la Disposición Transitoria Segunda (estatutos de la República de 1931), nos encontramos con que se dibujan nuevamente la Corona de Aragón, los territorios forales y Galicia.[24] Mi hermano Enric, Pedro Schwartz y mi hija Rosa, además traductora, me han dado hecho el título del libro, así como el de algunos capítulos. Otra hija, Eulàlia, ha elaborado los cuadros estadísticos, y la tercera, Mireia, ha repasado el sumario. La cultura catalana, con dificultades políticas y por su pequeño tamaño, debe mucho a un número reducido de personas a las que rindo homenaje: Fabra, Coromines, Rubió, Vilar, Batllori, Riquer, Vilar, Vicens, Soldevila y Fuster. Fabián Estapé, Josep M. Bricall, Joaquim Nadal, Joaquim Albareda y Antoni Mayans me ayudaron a presentar el libro. Rosa Perera y Elisabet Serra me han ayudado con el ordenador. Ya cerré cuentas en la edición catalana con quienes durante el franquismo me cerraron el paso universitario: Manuel Batlle Vázquez, Luis Suárez Fernández y Juan Hortalà Arau.

ERNEST LLUCH

24. *La Vanguardia*, 17-XII-1998.

1. UN VISTAZO A LA ILUSTRACIÓN CATALANA

> La Ilustración es la liberación del hombre de su culpable incapacidad. La incapacidad significa la imposibilidad de servirse de la propia inteligencia sin la guía de otro. Esta incapacidad es culpable porque su causa no reside en la falta de inteligencia sino de decisión y valor para servirse por uno mismo de ella sin la tutela de otro. «Sapere aude!»
>
> Ten valor de servirte de tu propia razón: he aquí el lema de la Ilustración.
>
> Si ahora nos preguntamos: ¿vivimos en una época ilustrada? La respuesta será: no, pero sí en una época en ilustración.
>
> IMMANUEL KANT, *Was ist Aufklärung?*, 1784

Ahora, doscientos años después, podemos continuar diciendo que esta no es una época ilustrada, pero que lo es un poco más que entonces, a pesar de que continuamos estando en una época en ilustración, es decir, en la que las luces de la razón tienen que abrir todavía mucha niebla llena de oscuridad. Ahora, más de doscientos años después, estamos de acuerdo con Kant cuando exclamaba: «¡Es tan cómodo no estar emancipado!», pero también sabemos que las oscuridades rebeldes y espesas provocan que hayamos tenido que aprender que: ¡es tan difícil estar emancipado! Nuevos prejuicios y viejos prejuicios, nuevos intereses y viejos intereses han hecho que la libertad haya llegado con angustias inacabables de un largo parto. Condición indispensable para que las luces puedan abrir grietas y perspectivas. Ya lo decía el filósofo alemán, que si la libertad existía todo quedaba abierto: «Para la Ilustración sólo se requiere una cosa, *libertad*, y la más inocente entre todas las que llevan este nombre, es decir, libertad de hacer *uso público* íntegramente de su razón». Inocente y la más difícil, nos ha enseñado la vida de la historia.

Ahora, dos siglos después, valores, ilusiones y utopías que acabaron desembocando en dictaduras, sean azules o rojas, se han desmoronado. La impertinente pregunta de «libertad, ¿para qué?» tiene no sólo la respuesta teórica de Fernando de los Ríos de «libertad para ser libres», sino que amplias zonas del mundo han vuelto nuevamente hacia los conceptos propios de la Ilustración o que la Ilustración acabó de decantar. La libertad, para pensar y vivir públicamente, pero también la fraternidad, la tolerancia, la razón, la igualdad, la ironía y el respeto a la cultura han aparecido como los valores más sólidos. «La persona como medida de todas las cosas» es un lema del viejo y nuevo humanismo que encontró en la Ilustración su plenitud. Plenitud de valores, que es lo que hace que las sociedades actuales vuelvan hacia atrás para reconocerse, para avanzar. Caídos el fascismo y el comunismo sólo estos valores ilustrados aparecen como referencia segura. ¿Qué entidad tuvo la Ilustración aquí y en su momento histórico? Llegará a ser una pregunta clave para saber qué nos ha pasado después. A nosotros y a cualquier país.

Por todo ello, ahora más que nunca se cree que un momento crucial de la evolución de las sociedades es precisamente el de la Ilustración. Un momento que se prolonga en causas y consecuencias bastante después del setecientos. Si concentramos el mensaje ilustrado en unos nombres (Voltaire, Diderot, Kant, Smith, Hume, Goya, Rousseau, Beccaria, Quesnay, Turgot, Hegel) tendremos que saber que en las librerías de Barcelona o de Valencia no se pudieron comprar libremente hasta el Trienio liberal (1820-1823) y con amplios períodos de prohibiciones, que llegaron hasta 1975. Por ello, no es de extrañar que las obras más significativas de estos autores no hubieran sido nunca tan leídas como en las últimas dos décadas. Si queremos aproximarnos a nuestra realidad, el aragonés Goya expresará como artista que las luces encontraban oscuridades impenetrables. Pero Goya no sólo será un gran pintor y un gran grabador: sus pies de grabado demostrarán una capacidad de síntesis ideológica sin par. Al expresar realidades históricamente más cercanas, como la tortura, los tribunales eclesiásticos, las brutalidades de la guerra y del hambre, llegará a ser quien mejor nos hará entender las dificultades de que los blancos prevalezcan sobre los negros, las claridades sobre las oscuridades.

La Ilustración es denominada muy a menudo, aunque la coincidencia sea bastante parcial, «despotismo ilustrado» o «absolutismo ilustrado». Esta manera de etiquetar ha sido a menudo refutada por el historiador justamente más influyente sobre las generaciones actuales aduciendo diversas argumentaciones. La primera es que es una denominación fuera de época al no haber sido formulada hasta finales del ochocientos por historiadores alemanes. El resto de argumentaciones está incluido en este fragmento del estudio preliminar que Josep Fontana redactó para la reedición de las *Cuestiones críticas* de Antoni de Capmany:

> La lectura atenta de estas páginas permitirá descubrir a un hombre que ha ido mucho más lejos que estos especímenes del mal llamado «despotismo ilustrado» español por el camino definido por Kant con el «atrévete a pensar por ti mismo».

Razones, pero no todas las razones abonan la contundencia de Fontana. Si seguimos con la oportuna mención de Kant (a quien también hemos escogido para encabezar estas páginas) nos encontraremos con una sorpresa en la parte final de uno de los párrafos más decisivos:

> Falta todavía mucho para que, tal como están las cosas y considerados los hombres como conjunto, se encuentren en situación, ni tan siquiera en disposición, de servirse con seguridad y provecho de su propia razón en materia de religión. Pero es ahora cuando se les ha abierto el campo para trabajar libremente en este prurito y percibamos inequívocas señales de que van disminuyendo poco a poco los obstáculos a la Ilustración general o superación por los hombres de su merecida tutela. En este aspecto nuestra época es la época de la Ilustración o la *época de Federico.*

Sí, de Federico el Grande de quien es difícil no ver que fue amigo de Voltaire y valorado por Kant y al mismo tiempo no ver en él a un déspota militarista. Es difícil no ver en mis estudiados fisiócratas la primera gran teoría económica liberal y al mismo tiempo su aliberalismo político, según el acertado bautizo de Tocqueville, que les llevará a la exaltación del despotismo chino o inca.

Poco influido personalmente, sobre todo con relación a aquellos años, por el armonismo social y el equilibrio económico espontáneo, entiendo que a menudo el mercado liberal nace de medidas coercitivas duras. Recordemos entre mil ejemplos cómo el conde de Aranda impone el «libro panadeo» con la fuerza de los soldados: más fuerza coercitiva, más mercado, o más Estado, más mercado. El mismo Federico también limitó la tortura, como veremos más adelante. Son los años de la «condición previa indispensable» de A. R. J. Turgot, de la «acumulación previa» de Adam Smith o de la «acumulación primitiva u originaria» de Karl Marx. Quizá por no haber sido nunca leninista, o seguidor de aquel gran adversario de *El capital,* según Gramsci, puedo entender más fácilmente que nos encontramos ante una época que tiene dentro de la economía política «el mismo papel que el pecado original en la teología». Imagen oportuna de Marx para unos años que él mismo estudió en la octava sección del libro primero de su gran obra. Como es oportuna la pequeña historieta de Johann Wolfgang von Goethe entre un maestro de escuela y el alumno más rico de la clase sobre el origen de la fortuna de su padre: éste la ha recibido del abuelo y del bisabuelo, pero este último la había robado. Luces, despotismo y oscuridades espesas del pasado se mezclan en un magma contradictorio y dialéctico. Incoherencias que pugnan, exceptuando estos casos excepcionales, en el interior de los más grandes o de la mayoría de los más grandes ilustrados. Diderot y Goya serán de los más coherentes.

¿Es un término inventado cien años después? No. El barón de Grimm, tan influyente, habla en la *Correspondance éclairé* en 1758 del *despote éclairé* y nueve años después, comentando obras de François Quesnay y Paul-Pierre

Le Mercier de la Rivière, lo vuelve a utilizar cuando este último en su principal libro (traducido por quien será rector de la Universidad de Valencia) mostrará su entusiasmo por un monarca *déspote patrimonial et légal*. Nuestro Francesc Romà i Rossell escribirá el año siguiente y en *Las señales de la felicidad de España* que «la consumación de la grande obra ya empezada ... queda reservada para un Gobierno Monarquico, absoluto, moderado, é ilustrado» (p. 137). Despótico o absoluto e ilustrado son términos contradictorios, y tiene razón Fontana, pero son los términos que expresan una época que no fue la propia de un idilio, como recordaba el hijo de Tréveris.

Cuando empecé a trabajar sobre estos temas el ambiente intelectual oficial negaba la influencia ilustrada en España, o cuando la consideraba, la difamaba. Desde los microclimas abiertos gracias a Jean Sarrailh sabíamos que las luces habían llegado pero un irónico Fabián Estapé nos prevenía y nos advertía. Lo hacía con la imagen, que era cercana, de las restricciones eléctricas: «Sí, las luces llegaron, pero con muchas restricciones». Era una forma menos dramática de decirlo que la de Goya. No llegaron por los obstáculos contra prácticamente todas las libertades y con claros sueltos. Saber leer los textos significa saber leer, no lo que se dice, sino lo que se quiere decir. Haber vivido una dictadura es, *ai las!*, un buen aprendizaje y durante nuestro setecientos casi nadie escribe con libertad. Valorar la sangre vertida por Jaume Caresmar para esclarecer un milagro de Santa Eulalia es un hecho menor y mayor al mismo tiempo.

Cataluña entró con mal pie en el setecientos. La guerra no sólo significó la pérdida de un considerable autogobierno, sino la de un sistema más abierto a las Cortes y a los contrapesos. La evolución doctrinal del austracismo catalán posterior permite observar que mediada la guerra de Sucesión ya se había iniciado una vía de reflexión que tendría como modelo el parlamentarismo inglés y las dualidades austríacas. La compensación del poder real continuará siendo el elemento básico entre 1734 y 1741, en un momento dulce de la reflexión política. En las Cortes de Cádiz y como muestra de una continuidad preservada desde los resortes del silencio que finalmente explotan, cuando hay libertad todo quedará replanteado como si nada hubiera pasado o como si lo que hubiera pasado pudiera ser tergiversado. Las prédicas que en ellas hicieron Aner d'Esteve y Antoni de Capmany dejaron ver cómo la libertad les permitía pensar y hablar, aunque no imponer, unas purificadas Cortes de la Corona de Aragón y unos añorados fueros.

La situación universitaria a finales del seiscientos no era demasiado favorable. Había diversas universidades, pero con un dogal de órdenes religiosas y del clero. La unificación de todas las universidades en Cervera no mejoró nada. No era, pues, la mejor preparación para recibir a la Ilustración teórica y, por tanto, es lógico que cuando tengamos Ilustración sea aplicada. Los movimientos de los *novatores* en el País Valenciano de finales del siglo XVII no tuvieron ninguna correspondencia clara en Cataluña y, por tanto, no se habían preparado para el siglo siguiente, tan decisivo. Feliu de la Penya o los juristas matizan esta afirmación y un historicismo revisado lo ha estudiado por primera vez Ramon Grau. Ya nos hemos referido a cómo la guerra en su dinámica conllevó revisiones de los esquemas jurídicos colectivos. La Nueva Planta significará el aniquilamiento de las instituciones propias y también una falta de capacidad de flexibilidad y, por tanto, de adaptación a una Cataluña que tanto cambiaría económicamente y socialmente durante el siglo. La centralización de tantas decisiones hacía que estructuras culturales como las Academias fueran difíciles de implantar y las deseadas por el Consejo de Castilla, como las Sociedades Económicas de Amigos del País, difíciles de obviar. Digamos ahora sólo que desde el punto de vista estrictamente político, entendido como una reflexión intelectual, hay tres etapas muy diferentes.

La primera es la que va desde 1725 o desde 1734 hasta 1741. Sobrepasado lo peor de la derrota y con el temor de la monarquía universal borbónica, que por su peso rompa equilibrios internacionales, cabe la posibilidad de que, si los catalanes saben concretar y operar con el Imperio austríaco y con una Inglaterra que, por la mala conciencia por el «caso de los catalanes», vuelva a asumir sus responsabilidades morales y diplomáticas, sea posible dar la vuelta a las cosas. Catalanes o no catalanes austracistas emprendieron la tarea de pensar cómo tenía que ser y cómo tenía que mejorar la monarquía de los Austrias: *Via fora*, *Record de l'Aliança*, Arias de Vaydon, Vilana Perles y Amor de Soria fueron sus textos y sus nombres.

Perdidas las esperanzas de un cambio general, llegaron los proyectos reformistas entre 1760 y 1780, con un impulso económico consolidado y con una fidelidad al nuevo orden borbónico de sobra demostrado. La *Representación* del año 1760 de los diputados de Zaragoza, Valencia, Ciudad de Mallorca y Barcelona, probablemente redactada por Romà, el *Proyecto del antiguo Magistrado de Cataluña* (1760-1761), el *Proyecto del Abogado General del Público* (1767), del mismo Francesc Romà i Rossell, o la demanda de leyes particulares para cada provincia, es decir, Cataluña, incluida en el *Discurso* de 1780 de la Junta de Comercio, aprovecharán, sobre todo, las «primeras horas» del «buen rey Carlos».

La tercera etapa la marcará la posibilidad de hablar con libertad en las Cortes de Cádiz. Las «principales ideas», redactadas por Felip Aner d'Esteve, que la Junta Superior de Cataluña dispuso para guía de los diputados catalanes son muy claras: «Debe Cataluña no sólo conservar sus privilegios y fueros actuales, sino también recobrar los que disfrutó en el tiempo en que ocupó el trono Español la augusta casa de Austria». Los vientos globales de las Cortes de Cádiz no lo hicieron posible, pero la voluntad catalana, o de parte de los catalanes, era muy clara. Antoni de Capmany, tan mal visto por un nacionalismo catalán estereotipado, evoca el tiempo, «hasta el año 1714, en que las armas de Felipe V, más poderosas que las leyes, hicieron callar todas las instituciones libres en Cataluña». No eran sólo frases dichas en libertad, sino basadas en trabajos histórico-políticos sobre la *Práctica y estilo de celebrar Cortes en el Reino de Aragón, principado de Cataluña y Reino de Valencia*. Se impondría una mayoría española unitarista, entre la que estaría quien fue primer presidente de las Cortes de Cádiz y máximo dignatario de la Universidad de Cervera, Ramon Llàtzer de Dou i de Bassols, como un representante de dirigentes catalanes bien integrados en la Nueva Planta, pero es evidente que toda la reflexión política que aquí hemos esbozado y que en el capítulo 3 desarrollamos, permaneció. Cuando el catalanismo político durante el novecientos se estructuró, sea *Via fora* o *Record de l'Aliança* o sea la figura de Antoni de Capmany y sus escritos, toda esta teoría ilustrada será recordada y estudiada.

Antoni Comas, uno de los pocos estudiosos capaces, a mi entender, de comprender la cuestión de una manera dinámica, ya explicó hace años que «a pesar de que toda la obra de Capmany está escrita en castellano y que dedica frases de menosprecio al catalán, se puede inscribir en la línea apologética del siglo, ya que reconoce su antiguo esplendor, que fue lengua de la corte y que no es un dialecto».[1] La decadencia era culturalmente anterior a 1714, aunque el uso popular del catalán continuó siendo masivo con posterioridad. Sobre el catalán planeó una represión brutal, que se añadía a un cierto abandono autóctono voluntario. Más de una vez he pensado que el gran vigor de la represión fue tan exagerado que no tuvieron en cuenta que estaban lastimando no a una persona sana, sino a un medio enfermo con tendencia a empeorar. Una manera de ver las cosas que todavía subraya más la voluntad lingüística genocida.

Una voluntad bastante difundida en Europa y resultado de una voluntad homogeneizante. El Rosellón ya la había experimentado en los años 1662 y 1700 de una manera abrumadora. La propuesta del Consejo Soberano del Rosellón fue eficaz. A este lado de la Muga la misma acción llegó con el Decreto de Nueva Planta en el terreno jurídico, formalmente, y por una instrucción secreta a todos los ámbitos posibles desde mayo de 1716. Un País Valenciano con una represión más dura desde 1707 y una Mallorca a la que llegan las normas «catalanas» en 1717. Una segunda oleada represora llegará con la consolidación del crecimiento económico y con Carlos III: 1768 con una prohibición del catalán en el mundo de la enseñanza, de las prédicas y bastante más y en 1772 en el interior del mundo de las empresas. Son fechas imborrables, pero nos equivocaríamos si no viéramos, además, otros hechos adicionales.

El primero es la decadencia previa, de la que la producción de libros en catalán es una demostración (véase el capítulo siguiente). Como en tantas otras cosas del setecientos, sobre todo cuando las luces no son muy poderosas, el peso de las tradiciones de finales del siglo anterior, sobre todo desde 1680, es bastante importante. En este caso, una tradición de descrédito del catalán como lengua de cultura. Sobre todo tenemos que tener presente que «lo que hacía libre a un catalán de mediados del siglo XVII no era la lengua, sino los privilegios o las constituciones».[2] Por eso la resistencia es débil y hay quien escribe como si a pesar de la dura represión quedaran espacios de libertad

1.   Antoni Comas, *La Decadència*, Barcelona, 1986, p. 69.
2.   Xavier Torres, introducción a *Escrits polítics del segle XVII*, Vic, 1995, p. 20.

que no eran utilizados por un voluntario abandono del catalán. Así, Baldiri Reixach, cuando en 1749 escribe que

> hombres doctos catalanes han fallado al no traducir muchos libros extrangeros que son muy útiles, pero sí también han fallado al no escribir en catalán algunos libros muy buenos, que han hecho imprimir en lengua castellana o en latín, como si la nación catalana no mereciera o no tuviera la necesidad de estar tan bien instruida como cualquiera de las demás.

Joan Martí i Castell nos da a conocer un escrito de Pere Sales de finales del siglo XVIII en el que reclama igualmente que los intelectuales catalanes sean fieles al catalán: «Y así [amado lector] no rompieras con tu lengua el hilo de mil ingenios que, teniéndola, no escriben. Repara que lo agradecerás en la edad presente, en la pasada y en la venidera». Había una gran represión, pero también infidelidad al catalán.

Albert Rossich ha escrito que, hablando del siglo XVIII, «tiene que reconocerse de entrada que nadie puede hacerse una idea de lo que era la cultura en Cataluña, ni tan siquiera la literatura en sentido estricto, prescindiendo de lo que se escribió en castellano». Señala, además, con acierto, que en el área de lengua catalana hay, entre lo que queda en pie, más tendencia a la dialectalización que a la integración. La respuesta de los intelectuales catalanes es tan clara que Rossich acierta cuando escribe que «las manifestaciones de normalidad literaria, tienen que buscarse, más bien, entre los sectores menos ilustrados. Con curiosas excepciones». De aquí llegará a una constatación tan clara como cierta:

> …donde tenemos que buscar las obras literarias en catalán es en los manuscritos y los cancioneros manuscritos del XVIII, o bien reproducen los modelos poéticos del siglo anterior, o bien son testigo de la actividad de grupos cerrados que no tienen suficiente fuerza para crear escuela, o ambas cosas a la vez. Los modelos contemporáneos, cada vez más, serán sólo los autores castellanos de moda.

Una visión tan exacta y lúcida pero tan estática no le hace comprender, creo, dinámicas internas y no ligadas a la lengua que posibilitarán la *restauración* o el *nacimiento* del catalán culto y publicado. Por esto estoy plenamente de acuerdo con la primera frase, pero no con la segunda ni la tercera, del siguiente fragmento:

> La presión del neoclasicismo había desacreditado las composiciones frívolas y humorísticas del rococó —esas en las que se había refugiado la continuidad de la literatura en catalán— y las había relegado a una posición secundaria, popular o dialectal; ellos, pues, todavía creían que podía existir una literatura en catalán. Los que vendrán después, no. Puigblanch —¡y quizá Aribau!— ya sólo creían posible ponerle el punto final.

En las historias de la literatura catalana del setecientos no se puede encontrar la obra de los catalanes que escribían en castellano, y en las historias de la literatura castellana éstos no figuran demasiado, o no figuran como catalanes, o, finalmente, si figuran, prácticamente nada recuerda al lector que son catalanes aparte de su lugar de nacimiento cuando está indicado. Ahora no queremos entrar en la discusión de si los catalanes que escriben en castellano tienen que tener o no cabida en una historia de la literatura catalana. Mi enfoque es si es o no imprescindible hacer referencia a aquellos autores que reflejan la realidad catalana o bien las ideas políticas, económicas y sociales que son propias o características de los catalanes al hacer una historia de la cultura con independencia de la lengua en la que escriben. Dejo, por tanto, el criterio de la lengua para sustituirlo por el del contenido que se transmite. Si tuviera que utilizar el de la lengua, la situación es bastante más compleja que la que está ligada a cualquier simplificación. Así, las óperas escritas por compositores catalanes tienen el libreto, como también pasa con Mozart, en italiano.

La ópera será un medio de comunicación mucho menos poderoso que el teatro, de la misma forma que éste llegaba a mucha más gente que la novela. Por lo tanto, al enfoque de elegir contenidos catalanes (por tema o ideas), añadiremos que sean piezas teatrales, porque es verosímil suponer que eran conocidas por más gente que cualquier otra herramienta cultural. Consideraremos dos autores catalanes. Del primero, Francesc Duran, sabemos poco (fue conserje de la Real Academia de San Fernando y murió en Madrid en 1808), pero sí que leemos que conocía perfectamente cómo era la transformación económica que tenía en curso Cataluña y cómo era la actual comarca de la Garrotxa. El título de la única obra suya que conocemos, escrita hacia 1790, es muy significativo: *La industriosa madrileña y el fabricante de Olot o los efectos de la aplicación*. Era una comedia en tres actos y, según Aguilar Piñal, adaptada de un original inglés a la realidad catalana, añado. Fue protestada por pensar que contenía una fuerte crítica social y por demasiado clasista.

El héroe es Esteve Vilabella, fabricante de medias y muselinas establecido en Olot, y la heroína, Cecilia de Aragón y Palenzuela, es una madrileña dedicada primero a imitar telas extranjeras de hilo, seda y algodón, y después a vender tejidos catalanes en una compañía de comercio. El contrapunto lo da un hermanastro de Esteve, que es un «estudiante ocioso» de la Universidad de Cervera que va con un «mal amigo». El padre de ambos viste con el tradicional gambeto catalán, con el que atestigua el gran cambio que ha habido en Cataluña. Un aprendiz asturiano lleva barretina y quiere aprender el oficio para instalar una fábrica en su región originaria. No nos queda otro personaje mayor que un ministro de la Real Audiencia de Barcelona, que representa el interés del rey Carlos III por la industria. ¿Era el magistrado vallisoletano Jacobo María de Espinosa, como me sugiere Pere Molas, traductor de la *Noblesse commerçante* del abate Coyer y protector de la Escuela de Dibujo y del Hospicio de Olot? La obra transcurre en Olot pero se vivirá un proceso de traslado de telares hacia Besalú, a un palacio de un aristócrata que ha entendido el progreso para reducir costes, y una compañía de comercio, que es la que «suministra la moneda a Don Esteban» desde Girona y desde Madrid.

La obra, tenemos que decirlo, contiene todo lo que tiene que contener y no le falta ningún detalle. Así, compara la vitalidad de Olot con el estancamiento de Asturias, lo que provoca que el aprendiz exclame que por eso debe llevar barretina: «Pluguiera a Dios que lo fuera [de Olot]. [Soy] de Asturias y harto me pesa» (p. 2). Tiene razones para elegir lo primero y menospreciar lo segundo: «¡Yo con oficio y dinero! ¡Vaya al diantre la librea!» (p. 3). El magistrado de Barcelona es el «encargado del fomento que dispensa aquel recto Tribunal á esta fábrica y la escuela de dibuixos» de Olot. El mismo magistrado, Prudencio de Verga, tendrá el placer de imponer al fabricante olotense la Cruz pensionada de Carlos III, que era (y es) la condecoración española más alta: «Una justa recompensa de los hombres que procuran avivar las manos muertas» (p. 10). La definición del protagonista es muy nítida: «Ésas son [las verdades] las que hacen fuerza: El fabricante procura que todo el mundo se adquiera el sustento con sus manos» (p. 1) y «aquí en Olot se establezca un número prodigioso de personas extranjeras que he recogido en mi casa y trabajan de mi cuenta» (p. 4).

La protagonista madrileña comienza fabricando telas en Madrid (a pesar de que su apellido sea Aragón), pero, tras un intento de boda forzada con un marqués que acaba con un asesinato, parte hacia Olot disfrazada de un comerciante llamado Juan de Illescas. Finalmente, no podrá evitar que se conozca que es una bella mujer e inmediatamente ella y el empresario se enamoran. Un amor económicamente muy marcado: «Pues vamos, amada prenda ... con tan industriosa esposa me aplicaré hasta que muera». El proceso de industrialización atrae a los aristócratas. Así el magistrado dice al aprendiz asturiano, que ya tiene treinta años: «Hazme tú diligencia de buscar los jornaleros y decirles que se vengan para llevar los telares». Éste pregunta «¿Adónde?» y el primero responde: «A las anchurosas piezas que el Señor de Besalú en su palacio franquea» (p. 10). En dirección contraria, el fabricante de Olot se ennoblece y va «muy gozoso con la Cruz de la Orden de Carlos III en el pecho y espada en la cinta» (p. 15). Hecho que todavía queda más subrayado porque el citado marqués, marqués de la Muralla, antes de morir le dejará el título, además de las fincas, a la pretendida novia al comprender su bondad.

La obra no sólo tiene un asesinato, sino también escapadas a caballo, malentendidos que parecían insalvables, envidias de aquellos a los que no les gusta trabajar, etc., pero, finalmente, el amor triunfa. Un amor basado en la aplicación al trabajo, pero que es compatible con el honor-ennoblecimiento, con la riqueza-beneficio industrial y comercial y con las delicias de la vida, entre las que cuenta mucho el enamoramiento. El padre del fabricante resume esta lección moral sobre la industrialización compatible con la monarquía carolina, diciendo «que mientras la ociosidad labra a sus hijos la ruina, la aplicación a los suyos da honor, riqueza y delicias» (p. 34), cuando los novios ya se han, felizmente, casado.

Si en lugar de considerar el teatro por autores lo hacemos por temas, encontraremos que las obras de contenido industrialista son además de la reseñada de Duran (autor de la primera traducción castellana del *Pigmalión* de Rousseau), otra del segundo autor que estudiaremos, *Pueblo feliz* (1789), y otras dos, *Las víctimas del amor* (¿1789?), de Gaspar de Zabala, y *El fabricante de paños y el comerciante inglés* (¿1784?), de Antonio Valladares de Sotomayor, con autores que pertenecen a la llamada Escuela de Comella. Advirtamos que cuando un hispanista ignorante como David T. Gies identifica a Duran y a este grupo con las teorías rudas y primitivas sobre la industria de Campomanes muestra las insuficiencias de su formación. Es en el industrialismo más moderno donde hay que buscar la matriz y mientras tanto se le puede aplicar a Gies un fragmento de Duran:

> los hombres que no se aplican
> a las artes o a las ciencias
> son del estado polillas.

El segundo autor del que queremos hablar, entre cuya abundante obra teatral, más de doscientos títulos con traducciones al portugués y al italiano, tiene obras que expresan con toda claridad las ideas austracistas. Llucià Francesc Comella i Vilamitjana nació el año 1751 en Vic, donde le tienen absolutamente olvidado, de un padre militar austracista a quien habían arrebatado sus bienes por razones políticas como consecuencia de los hechos de 1714. Huérfano relativamente pronto fue recogido por un compañero de armas, el marqués de Mortara, en su palacio de Madrid. Un marqués que hacía demostración pública de austracismo recogiendo otros huérfanos de austracistas catalanes, como un músico leridano, hasta el punto de que en la corte hace pública demostración de su devoción por la Virgen —austracista— de Montserrat, como así hace constar en su *Història de Montserrat* el cardenal Albareda. Mientras Comella vive en casa del marqués está ocupado en mil y una cosas y, sin tener estudios universitarios, aprendió idiomas, que le facilitaron los futuros plagios, y le permitieron colaborar en óperas, zarzuelas y tonadillas, y conocimientos mitológicos, históricos y de la Europa contemporánea que incorporó a su amplísima dramaturgia. Una sangrante burla de Moratín en *La comedia nueva o el Café*, donde es Don Eleuterio, el hecho de que escribiera en castellano siendo catalán con un doble origen, posteriormente olvidado, y la falta de estudios han provocado que hasta hace pocos años no haya atraído la atención. La primera excepción fue un discurso del catalán Josep Subirà i Puig en 1953, que no tuvo continuidad hasta hace pocos años.

No pretendemos ahora establecer ni siquiera un esquema general sobre la vida y la obra de Comella. No es el lugar. Digamos que vivió principalmente y murió, en la miseria, en Madrid en 1812, a una edad avanzada y siempre en un clima austracista. Pero sabemos que entre 1806 y 1808 dirigió la compañía española del Teatre de Barcelona y Josep Cormina nos cuenta que los últimos años los pasó en su Vic natal. Lo que aquí nos interesa es saber el mundo que los espectadores veían y escuchaban y por el que se sentían atraídos. Entre doscientas obras, conocemos tres dedicadas a exaltar a la emperatriz María Teresa. Son tres obras que, junto a otras, forman un conjunto de piezas teatrales que exaltaban, más que las de ningún otro autor español, el despotismo y las luces de los monarcas como la misma María Teresa, Federico de Prusia, Catalina de Rusia o Cristina o Gustavo de Suecia. Pero la soberana austríaca debía tener, y tenía, un resabio diferente. Sus títulos son *El buen hijo o María Teresa de Austria* (1790), *El fénix de los criados o María Teresa de Austria* (1791) y *María Teresa de Austria en Landau* (1794). Las tres escritas poco después de 1789, cuando Comella decide profesionalizarse como escritor. En la primera, la misma emperatriz pone de relieve el esquema del pensamiento austracista catalán: hay un avance, desde la guerra de Sucesión y anteriormente, de los Borbones en Europa para imponer la monarquía universal. Este avance iba en detrimento de Austria y sólo podía ser detenido, como decían *Via fora* o *El record de la Aliança*, si había colaboración inglesa. Escribiendo cn 1790 la España borbónica estaba en el bando «malo» y en primera fila. Comella hace hablar claramente a María Teresa:

> ...por los Militares cuerpos, único apoyo en quien todas mis esperanzas he puesto. España, Francia, Polonia en fin, casi quantos Cctros Europa admira y venera se oponen a mis derechos ... y aunque ahora mismo escribía para Inglaterra este pliego de su Rey Jorge segundo pocos alivios espero (*El buen hijo*, p. 12).

La situación, si no hay alianza inglesa, es límite:

> Contra mí toda Europa se conjura, y de sus Tropas, el alarde haciendo la sinrazón, tremola sus Vanderas y yo de su rigor soy el objeto (*ibid.*, p. 21).

Por debajo, la emperatriz María Teresa explica la dualidad territorial que podemos suponer llegaba a los resortes silenciados de muchos espectadores: «Y ahora siguiendo el camino, vosotros para Viena, yo para Ungría» (*ibid.*, p. 38); y «Responded: es necesario que toda Alemania advierta, que mientras el Rey de Ungría ciña la sacra Diadema que disfruta por su esposa, no consentirá que en ella se conozca la perfidia, la iniquidad y vileza» (*María Teresa*, p. 23). Un militarismo, a pesar de todo, menos acentuado que el de Federico el Grande («¿las revistas no paso a los Regimientos? ¿No asisto a los exercicios?», *ibid.*, p. 20), una encomendación maternal («pues a mis vasallos debo el dulce nombre de madre todas las veces que puedo», *ibid.*, p. 34) e ilustrado («Ya que vuestra Magestad pretende con regocijos celebrar en sus Estados el éxito que ha tenido la inoculación de los archiduques», *El fénix de los criados*, p. 4), y un fuerte industrialismo basado en el lujo, en el proteccionismo y en la lucha contra el contrabando (*ibid.*, p. 20), eran otras tres características que debían encontrar conformidades entre nuestros antepasados y espectadores.

Ligándolo también con la influencia del cameralismo germánico pero con las especialidades prusianas, haremos una leve referencia a las obras dedicadas a Federico por el vicense —en el doble sentido— Comella: *Federico II Rey de Prusia* (1788), *Federico segundo en el campo de Torgau* (1789) y *Federico segundo en Glatz o la humanidad* (1792). El militarismo más estricto y espartano («había de mandar que mis Generales comieran del pan que come el Soldado», *Federico*, 1788, p. 5) que no le evitó, ¡atención!, perder delante de María Teresa («se perdió, Amigo, marchemos una vez que la fortuna hoy las espaldas me ha vuelto pero no debo extrañarlo si cuerdamente contemplo que ella es muger, y yo no soy nada galán», *ibid.*, 1789, p. 2). Glatz, siempre Glatz.

Este militarismo no le quita los más extraordinarios atributos: «Sois Filósofo y sois Rey a un mismo tiempo» (*ibid.*, 1788, p. 5), «¿sabes que un Rey es imagen de Dios vivo, de Dios teniente en la tierra?» (*ibid.*, 1788, p. 24), que le provocan fomentar también la economía con un tono propio, lo escribo irónicamente, propio del «partido aragonés» o «partido militar» o no tan irónicamente, porque quien escribe es Comella: «¿En las artes también no he florecido diciendo el orbe entero que político soy si fui guerrero?» (*ibid.*, 1788, p. 20). Un eco cameralista era la influencia de la Milán austríaca por medio del profesor de ciencia cameral, precisamente, Cesare Beccaria, que sí había influido sobre Sonnenfels, y María Teresa también lo haría sobre Federico a quien se le hace decir en una misma escena por dos veces: «Haced publicar un bando en que derogo la ley de la tortura» y «desde hoy en mis Estados el uso de la tortura se prohíba» (*ibid.*, 1792, p. 35). Guerra pero también justicia, eran dos de los expedientes en los que más valía que un rey pasara horas. La obra de Comella será una de las más representadas, según Suero Roca, en Barcelona entre 1800 y 1830.

Esta utilización, instrumental si se quiere, de dos escritores catalanes pone de relieve, en mi opinión, al menos dos cosas. La primera es que merecen algún grado de atención y la segunda que una perspectiva catalana o aragonesa en sentido amplio permiten llegar a algunas conclusiones más fácilmente. En el caso de Comella, la mayor atención reciente la ha recibido de americanos o castellanos. En todo caso, tenemos que hacer alguna referencia de orden más general a los literatos catalanes que escriben en castellano, ya que Antoni Comas, con un criterio lingüístico más relajado, y Albert Rossich, con un sentido catalán exclusivo, ya han establecido los hitos fundamentales de los que escribían en catalán. Los espectadores catalanes, sobre todo a Comella, le contemplaban porque hablaba de su ideología o de su circunstancia. Un breve vistazo a otros escritores catalanes o valencianos permitirá ver que la nómina era corta.

Luis Moncir, con una muy amplia obra teatral comparable a la de Comella, nació en Barcelona de una manera circunstancial por la profesión de sus padres. Su obra, también cronológicamente coincidente con el autor vicense, no refleja nada que en Cataluña tuviera un eco específico. De la misma época, Fermín del Rey, que no suponemos catalán, escribió las obras teatrales

Defensa de Barcelona por la más fuerte Amazona (1790) y *Valor, constancia y ventura de Aragón y Cataluña* (1782). Un también comediante y autor, no sé si valenciano o catalán, Josep Vallès (no sabemos si eran dos o uno), escribió una pieza de homenaje a un barco matamonense: *La Nación catalana, gloriosa en mar y tierra* (1757). Un tal Carles Bosch i Mata, con el pseudónimo de Abate Alcino, publicó una larga novela «inocente y entretenida», *Vida de Perico del Campo* (Madrid, 1792). Marià Seriol o Teodoro Cáceres Laredo, ambos clérigos, tienen una obra limitada, en todos los sentidos de la palabra.

Algunos valencianos que escribían en castellano merecen más importancia. Uno de ellos es Pere Montengon i Paret (Alicante, 1745-Nápoles, 1824), que era de familia francesa y antes de que fuera expulsado como jesuita vivió en Valencia, Tarragona y Girona. Es recordado sobre todo por *Eusebio* (del estilo de *Émile* de J. J. Rousseau) que tuvo una larga vida y una larga lucha con la Inquisición. También alicantino es Vicent Martínez Colomer (Benisa, 1762-Valencia, 1820), con una novela notoria, *El Valdemaro* (1792, 1985). Por último, y también estudiado como los anteriores por Guillermo Carnero, Ignasi Garcia Malo tiene dos obras significativas por el tema. Una es una novela de gran éxito, *El benéfico Eduardo* (1803, dos ediciones, y 1804), que es la historia de un terrateniente ilustrado y enamorado de la economía política, defensor de la vacuna y de la educación de las mujeres. Asimismo publicó *La política natural o Discurso sobre los verdaderos principios del Gobierno* (Ciudad de Mallorca, 1811; Barcelona, 1820, y Valencia, 1836).

La producción de libros religiosos es mayoritaria no sólo en Cataluña, sino también en toda Europa. Al mismo tiempo, el grado de influencia de la Iglesia así como el de las creencias son tan altos que las modificaciones del pensamiento religioso no pueden ser menospreciadas. Por otra parte, tenemos que preguntarnos si estas modificaciones tienen o no conexión con el movimiento de las luces. ¿Hay una ilustración católica? Josep Fontana lo ha planteado bien (a pesar de un talante anticlerical: «...lo mejor de la ilustración italiana y los enciclopedistas franceses ... está totalmente ausente de algunos de los imaginarios "ilustrados" catalanes del tipo de los Armanyà o los Climent (si éstos son nuestros ilustrados, ¿dónde estarían nuestros reaccionarios?)».[3] Tras preguntarnos si había modificaciones en el pensamiento religioso y si éstas tenían que ver con las luces todavía nos quedaría preguntarnos si las modificaciones habidas tenían especial relevancia absoluta y relativa en Cataluña y el País Valenciano.

Dos afirmaciones de Appolis pueden basar la primera hipótesis de que los movimientos sí fueron sustanciales. La primera recae sobre el hecho de que la lucha antiescolástica fue viva en Cataluña —y en primer lugar en Barcelona— así como en el País Valenciano. En el resto de España sólo hay que añadir la Universidad de Salamanca. Un obispo de Barcelona, Asensio de Sales, en 1760 quería «purgar la historia de los obispos de esta Iglesia de

---

3. Josep Fontana, «Estudi preliminar» a Antoni de Capmany, *Cuestiones críticas sobre varios puntos de historia económica, política y militar*, Barcelona, 1988, p. 11.

las fábulas», y en el mismo año un servita, Oleguer Badia, quería eliminar «las cuestiones escolásticas ... que llenaban miserablemente las páginas de numerosos teólogos». Era para volver al primer cristianismo, más austero y, por tanto, más ahorrador dentro de la limitación humana.

La segunda afirmación llega al corazón de un economista que cree que los mil y un matices del jansenismo le hacen ser en todo caso una especie de calvinismo católico en el terreno mental ante las cuestiones materiales: de los diez prelados parajansenistas o del *tiers parti*, nueve eran catalanes o valencianos o lo eran por residencia.[4] Influencias jansenizantes llegaron, como casi todas, antes a Valencia (anteriores a 1740) que a Barcelona, pero también se desvanecieron antes. La correlación de lo que se refleja en estas dos afirmaciones con las evoluciones económicas más dinámicas catalanas y valencianas parece bastante plausible. Cuando Appolis tiene que destacar tres parajansenistas no duda en señalar al valenciano y obispo de Barcelona Josep Climent y a los catalanes Fèlix Amat y Fèlix Torres Amat. El segundo será el hombre de confianza del primero, y el tercero, el sobrino e hijo espiritual del primero. No hay que olvidar que es el jansenizante Bernard de Mandeville el que proporcionará la naturaleza del movimiento económico a Adam Smith: no compres el pan al panadero que sea mejor persona, sino al que quiera hacerse rico fabricándolo mejor y más barato. Un principio agustiniano desarrollado: vicios privados, virtudes públicas. Jaumeandreu es quien lo absorberá en el cambio de siglo con toda la fuerza, tal como ya lo había hecho el jesuita expulsado aragonés Miguel Dámaso Generés a finales del setecientos. Volvamos, antes de avanzar, a la pregunta de Fontana: «si éstos son nuestros ilustrados, ¿dónde estarían nuestros reaccionarios?».

El control de la religión sobre los ciudadanos era realmente muy fuerte, como lo muestran las listas nominativas que se enviaban a los obispos sobre los feligreses que no habían cumplido con la Pascua. Control que también era ejercido sobre los clérigos, sea por el mismo Consejo de Castilla sostenido por el regalismo, el galicanismo y el hispanismo arraigado en el siglo XVII, sea por el tribunal de la Inquisición. Un libro tan ponderado y ecléctico como los nueve volúmenes del *Tratado de la Iglesia de Jesucristo o Historia eclesiástica* (1793-1803) del arzobispo sabadellense Fèlix Amat le obligó a presentar 65 respuestas a la Inquisición. Supersticiones, corrupciones, marianismo, laxitud moral, ignorancias, parecían envolver a la Iglesia en general. Sin caer en la identificación de Ilustración con jansenismo, parece evidente que la mayor parte de estos autores fueron excluidos por la Inquisición, desde Arnauld hasta Nicole, pasando por Pascal, autor que, en una comparecencia secreta del preceptor de los infantes Gabriel y Antonio, éste era acusado de haberlo leído. Los arzobispos Armanyà y Amat no debían ser muy ilustrados, como veremos e indica Fontana, pero no sería justo no dar el valor que tiene al hecho de que protegieran al primer catedrático de economía política, el

---

4. Émile Appolis, *Les jansénistes espagnols*, Burdeos, 1966, pp. 29-32 y cap. V, respectivamente.

aragonés Lorenzo Normante y Carcavilla, delante del Santo Tribunal, a causa de la denuncia del actualmente beato Diego de Cádiz. El obispo Climent, como el mismo Armanyà, luchó a su vez contra la superstición, fundó escuelas gratuitas, difundió la lectura de la Biblia, así como la historia eclesiástica depurada. No podemos en ningún caso olvidar que fue expulsado de su sede episcopal de Barcelona por defender para los jóvenes catalanes la exención de «quintas y milicias» en 1773, según la tradición de la Corona de Aragón. Todavía más, le reprochaban haber sostenido y financiado, durante estas bullas, la Diputación de los catorce representantes de los colegios y gremios. Su episcopalismo venció a su regalismo. El fiscal de la Corona de Castilla, el conde de Campomanes, expulsa al futuro arzobispo Amat de Cataluña. La Diputación de los colegios y gremios defiende a los jóvenes supervivientes —catorce fueron muertos— y pide su reorganización como cuerpo como era antes de 1714. El antijesuitismo, el antimolinismo y el antiprobabilismo de Climent y de todos los nombrados fue evidente. En una carta del obispo Climent al jansenista Clément escrita dos años después, el 2 de mayo de 1775, afirma:

> los unos dicen que Campomanes, de acuerdo con O'Reilly, había resuelto desplazarme … puesto que el uno y el otro odiaban a los catalanes; no podían soportar que su obispo les ame y que ellos amen a su obispo. Es por ello que Campomanes ha calificado, en el Consejo (de Castilla), de sedición una carta que escribí para obtener la libertad de cuatro de mis diocesanos detenidos en la cárcel.[5]

Depuración por medio de una historia crítica, presencia del laico en la Iglesia, interés por las cuestiones económicas, sobre todo Armanyà y Amat, estudio y difusión de la Biblia (que culminará con la polémica traducción de Fèlix Torres Amat, en conexión con la, ni más ni menos, Sociedad Bíblica de Londres), moral severa, serán estas las características que harán de Armanyà, Climent y Amat unos hombres de la Ilustración aplicada. El limitado concepto de la libertad del hombre, de raíz jansenista, y el rechazo de los filósofos franceses les alejarán o les harán adversarios de otros puntos básicos de la Ilustración y de sus principios. Ramon Corts i Blay tiene toda la razón cuando en su espléndida biografía de Fèlix Amat lo presenta como un profundo seguidor de una monarquía de derecho divino. Pero esto no evitará que comparta la política religiosa del Trienio liberal, desde la desamortización —a la que su idea de austeridad ya le predisponía— hasta la desaparición de la Inquisición. Ya hacía décadas que todos habían visto también con aprobación la expulsión de los jesuitas. Si Fèlix Amat no fue nunca un liberal doctrinal, sí que lo fueron algunos de sus amigos, como Albert Pujol, que será el primer rector de la Universidad de Barcelona tras ser detenido en 1823 por liberal, o bien su sobrino, que tuvo que abandonar España en 1823 y será amparado por el pastor anglicano Andrew Cheap. No es un detalle menor

5. *Ibid.*, p. 90.

que al inicio del Trienio Fèlix Torres Amat sea miembro de la Comisión Provisional de la Diputación de Cataluña y que su nombramiento como obispo de Barcelona no fuera aceptado por Roma por su conformidad con el régimen constitucional.

Cuando Jaume Balmes se enfrenta con gran dureza a estas corrientes reformadoras y a la familia Amat, que vienen del siglo XVIII a los años cuarenta del siglo siguiente, unas y otra estaban ya desmangados. La presión no fue exclusivamente ideológica, sino de pura y simple represión contra clérigos liberales que afecta a docenas de personas, algunas tan destacadas como el citado Albert Pujol o el primer catedrático catalán de economía política Eudald Jaumeandreu, que será recluido en el convento de Miralles, en las afueras de Martorell. Una represión que todavía está por estudiar y que acentúa el grueso reaccionario de la gran mayoría de la Iglesia catalana. La larga secuencia desde el parajansenismo hasta el liberalismo quedaba truncada también con ayuda de la coerción y de la violencia. Gaspar Feliu da pistas espeluznantes.

No parece que ningún miembro de esta corriente pueda ser considerado dogmáticamente como jansenista. En todo caso, cualquier escéptico del neopositivismo podría decir que, tras la condena papal de 1713 con la *Unigenitus*, si lo eran, el hecho de dar cualquier pista podría ser motivo grave de excomunión, y por tanto un estéril análisis de fuentes no es muy relevante. Por otra parte, dar demasiada importancia al hecho de que en la *Historia eclesiástica* (vol. XI, p. 315) Fèlix Amat se decante «contra el probabilismo y opiniones relajadas de moral» es excesivo, pero no lo es tanto hacerlo cuando «defiende con particular celo la predestinación gratuita y la eficacia de la gracia». Ramon Corts presenta una hipótesis sugerente para estas carencias teológicas: «Parece que en Cataluña, como consecuencia de la guerra de Sucesión, no se siguió con suficiente profundidad la polémica suscitada a raíz de la *Unigenitus*».[6] En todo caso, el paso del jansenismo de posiciones teológicas a posiciones de moral estricta, de reformismo religioso y de pensamiento económico y social no es un proceso exclusivo de España ni de Cataluña. A. O. Hirschman lo ha explicado perfectamente bien.

No insistiré en aspectos del pensamiento económico que ya traté en mi tesis doctoral (interés por la economía, proclividad por el ahorro y por un consumo acompasado, crecimiento sosegado, favorecimiento de la desamortización de los bienes eclesiásticos y condena del lujo), pero quisiera decir alguna cosa más. De nuestros parajansenistas el que más habló contra el lujo es Fèlix Amat, pero creo que tenemos que insistir de nuevo en que uno de los argumentos que utiliza no es el moral, sino el económico. Es decir, el lujo es condenable moralmente, pero también porque origina importaciones. Si en este caso sólo queremos subrayar un aspecto, el otro es de una presentación más nueva. Pienso en una argumentación de raíz agustiniana que desarrolla-

---

6. Ramon Corts, *L'arquebisbe Fèlix Amat (1750-1824) i l'última Il·lustració espanyola*, Barcelona, 1992, p. 22.

ron Blaise Pascal y Bernard de Mandeville. Una argumentación, que expuse en el prólogo de *La faula de les abelles*, de este último autor en su traducción catalana, y que tiene un doble aspecto. La gente que está tocada por la gracia, según la teoría de la predestinación, es reducida y es la que puede seguir los caminos de la austeridad, incompatibles con el lujo. Los que no están iluminados por la gracia gratuitamente son más y no pueden seguir estos caminos austeros. Pero el hecho de que caigan en un vicio privado no evita que llegue a ser virtud pública. En un poema dirigido a Eudald Jaumeandreu, Bonaventura Carles Aribau lo explica con toda claridad y agradecimiento:

> Me mostraste el resorte prepotente
> con que constante el corazón humano
> se mueve y sobra: el interés villano.
> Tú me mostraste como el buen gobierno
> de aquesta vil pasión partido saca.

Las pasiones corregidas y controladas por los intereses y los vicios privados que, dispuestos institucionalmente, llegan a ser virtudes públicas, son dos motores sociales. Esta difusión de un jansenismo de conductas tiene un amplio espectro desde Baldiri Reixach, que en 1749 defendía la enseñanza del catalán, hasta Jaumeandreu y Aribau. Uniéndolo con lo que decíamos antes, la lucha contra el lujo sólo será seguida por una mínima parte de los ciudadanos, y lo que será preciso procurar es que este lujo sea satisfecho dentro de las fronteras económicas, las fronteras de los aranceles o de las prohibiciones.

En último lugar quisiéramos poner de relieve la posición de toda esta hornada de clero parajansenista respecto a la lengua catalana. El primero de ellos, en función de gobierno, el obispo Josep Climent, desde 1768 colabora de buen grado y con obediencia, pese a ser el más episcopalista, en el proceso de castellanización ordenado por Carlos III. Sin embargo, el diccionario catalán-castellano-latín que encarga a Fèlix Amat es también, para escuchar los consejos de Gregori Mayans, un diccionario catalán conceptual. Los que colaborarán en él serán profesores del Seminario de Barcelona. Castellanizador, pero al mismo tiempo publica sermones y pastorales en catalán, cosa que no hará su sucesor. La línea que va de Climent a Torres Amat es la que elaborará el diccionario de autores literarios catalanes que tuvo una larga maduración de cien años. Coincidirán con los frailes premonstratenses, el más destacado de ellos fue Jaume Caresmar, que pertenecían a un orden severo y de un historicismo crítico desde su sede francesa. Armanyà, a quien Fèlix Amat está tan unido como a Climent, querrá en 1792 publicar un catecismo en catalán, pero los estorbos oficiales provocan que el *Compendi de la Doctrina Cristiana*, pese al impulso de Fèlix Amat, no salga hasta 1817, es decir, 25 años después. Una catalanización lenta en los espíritus catalanes de los que hablaremos, pero todavía más por las barreras oficiales, que avanza a finales del setecientos y que adquiere forma bastantes años después del cambio de siglo. Los parajansenistas figuraron entre los más indóciles. Nos queda mucho por estudiar. Sabemos por María Beneyto y J. F. Massip que Racine fue el modelo más admirado y que en el Rosellón fue traducido al catalán, pero queda mucho más por estudiar.

La expulsión de los jesuitas, al tener sólidas posiciones en el mundo de la enseñanza y de la dirección espiritual, da lugar a una insólita experiencia. Su labor en el exilio fue muy importante, y el padre Miquel Batllori les ha hecho una justa crónica, tanto de los que provenían de Cataluña como de los que provenían del conjunto de la provincia que abarcaba toda la Corona de Aragón. Ninguno de ellos fue más importante que J. F. Masdéu, con los 20 volúmenes de su *Historia crítica de España y de la cultura española* (1783-1805). A pesar de ello Masdéu evolucionó tanto que Fèlix Amat le cita con frecuencia porque ve más a su amigo dentro de una larga tradición regalista española que dentro de una vaticanista, más propia de un jesuita. Lo mismo podemos decir de un antiguo jesuita aragonés, Miguel Dámaso Generés, que en sus *Reflexiones políticas y económicas* (Madrid, 1793)[7] mantiene posiciones inversas a las que tenía previamente la Compañía.

Si el viajero más calificado para visitar la Europa ilustrada llegara desde Turín, como Franco Venturi, para preguntarnos qué puede mostrar con dignidad Cataluña, los acuerdos entre los estudiosos serían amplios sobre un número de obras y de autores, aunque no lo bastante. Empezaríamos por la música, ya que algunos catalanes triunfaron ya entonces fuera de Cataluña. Así, Antoni Soler en El Escorial, Tarradellas en Nápoles, Ferran Sor en media Europa, Vicent Martín i Soler en San Petersburgo y en Viena, donde obtuvo el reconocimiento de Mozart. Del primero, el número actual de grabaciones de sus *Conciertos, Quintetos* y *Sonatas*, es considerable, y también es fácil de adquirir *Una cosa rara* de Martín. Soler, formado en Montserrat, fue un teórico musical con *Llave de la modulación y antigüedades de la música*, pero escribió una *Combinación de monedas y cálculo* (1711) que influyó en la política monetaria real. La escuela montserratense está en el origen de músicos como Ferran Sor, cuyas piezas guitarristas seguro que se escuchan en el actual Turín, o Anselm Viola y Narcís Casanovas. La obra para flauta de Joan Baptista Pla está grabada, ni más ni menos, por Jean Pierre Rampal. Recientemente se han grabado sinfonías de Carles Baguer, quien tiene una ópera, *La pincipessa filosofa*, representada en la temporada 1797-1798.

Dedicaremos ahora cierta atención a esta ópera de Baguer y a *Il Telemaco nell'isola di Calipso* que es la única que conocemos de Ferran Sor. El argumento se ha sacado de *Les aventures de Télémaque* (1699) del arzobispo Fénelon, que era un alegato a la pedagogía más libre basada en los descubrimientos por sí mismo, el estoicismo, la austeridad, la sencillez y la templanza. En un sentido más amplio era considerado un alegato contra el absolutismo despótico, el espíritu de guerra y el lujo, reflejando ideas jansenizantes

---

7. Reeditadas en 1996 con estudio introductorio de Ernest Lluch y Alfonso Sánchez Hormigo.

que el arzobispo sustentó durante años. El gran éxito de la ópera de Sor podía ir acompañado de una cierta sintonía con el libreto, dado que había sido representada poco antes como obra teatral.[8] *La principessa filosofa, ossia «El desdén con el desdén»* de Carles Baguer provenía como libreto de la obra de Agustín Moreto (1654). El protagonista era el conde de Urgel pero representaba a Juan José de Austria que había sido muy popular en Cataluña por haber obtenido, como valora Joan Reglà, la reconciliación después de 1640 con la monarquía de Felipe IV.[9] El compositor y organista de la catedral de Barcelona encontraba así una forma de hacer austracismo, de hacer política.

Lo mismo pasará con el comediógrafo Comella, una parte considerable de sus doscientos títulos en castellano —con traducciones al portugués y al italiano— están dedicados a la exaltación de los grandes reyes del despotismo ilustrado: Catalina de Rusia, Gustavo de Suecia, Pedro el Grande y la más elogiada, como no podía ser menos, María Teresa de Austria. Todos los puntos clave del austracismo persistente y purificado serán explicados con pelos y señales. De la literatura catalana sólo podremos explicar la displicencia de los autóctonos y el despotismo oficial contra la lengua propia. La peculiaridad de la Menorca británica no pasó las playas del enclave, aunque experimentó lo bien que le iba la libertad al catalán. Volviendo a la música, podemos confirmar con total contundencia que cualquier tienda de discos de Europa occidental que no tenga grabaciones de Antoni Soler y de Ferran Sor no es una buena tienda. Martín y Soler y Pla también podrían ser comprados, con una obra más reducida. Si buscamos en Cataluña, será una mala tienda la que no tenga la *Antologia històrica de la música catalana*, en la que están bastante representados los músicos catalanes del setecientos. Las carencias de nuestra musicología y un cierto complejo de inferioridad han hecho que no se haya sabido hasta hace poco gracias a Josep Dolcet que la música de Pla se atribuía al italiano Platti.

Poco podremos intentar que se incluyan el arte y la arquitectura catalanes en una muestra representativa de la Europa de las luces. La *Lucrècia* del escultor Damià Campeny o los grabados de Pasqual Pere Moles, ilustrador de la Junta de Comercio, tendrían un papel. La gran aportación de la Universidad de Cervera, el edificio, o el Laberinto de Horta podrían darle dos fotografías. Entre los científicos tenemos que destacar a Salvà i Campillo con trabajos médicos, y sobre el telégrafo eléctrico y la electricidad, y a Martí i Franquès sobre la fecundación de las plantas y sobre química, además de una buena medicina clínica y una tradición botánica, paralela al valenciano Cabanilles. Pero, en todo caso, como señala Riera i Tuèbols, era perfectamente oportuna la pregunta planteada en la oración inaugural de la Conferencia Físico-Matemática Experimental en 1764: «¿Por qué, pues habiendo adelantado en las sciencias methaphysicas, estamos tan atrasados en las physycas o naturales?». Pregunta casi igual de pertinente a finales de siglo.

8. *Revista Musical Catalana*, 153-154, julio-agosto de 1997, pp. 6-9.
9. *Revista Musical Catalana*, marzo de 1998.

A nuestro viajero tendremos que decirle que desde hace años no tenemos ningún balance de la obra jurídica y, por lo tanto, nos resulta difícil hacer una valoración.

Un balance escaso en general es el que tendríamos que presentar al viajero Franco Venturi y del que el componente musical sería hasta ahora el más sobresaliente. Un dramaturgo, un escultor, un grabador, dos científicos, unos pocos botánicos y unos médicos clínicos es lo que tenemos para enseñar. Si pasamos a las ciencias sociales y a la literatura como materia histórica o a la filología, el balance mejorará. El panorama dentro de una Ilustración aplicada volverá a mejorar y dejará una obra conjunta de primer orden. Encontraremos un gran historiador económico (con unos investigadores críticos bastante numerosos): Antoni de Capmany, en una primera fila europea, construirá una visión del pasado que devolverá el orgullo nacional y por esto, a pesar de haber escrito que el catalán había muerto dentro del mundo culto contemporáneo, cuando años más tarde irrumpa la *Renaixença* será considerado un catalán ilustre. Si la historia económica y no sólo la historia económica queda a un gran nivel, la historia de la literatura catalana principalmente escrita en catalán, tras tiempos y tiempos de olvido, será al menos recordada gracias al *Diccionario* editado por el obispo Fèlix Torres Amat. Cuando se produzca la *Renaixença* será utilizado a fondo como herramienta. Una herramienta que habrá sido construida durante un período extraordinariamente dilatado, lo cual demuestra, al mismo tiempo, debilidad y tenacidad: 1735-1849. Esta lentitud también puede verse en la constitución de un diccionario trilingüe catalán-castellano-latín, que es al mismo tiempo un diccionario de la lengua catalana, es decir, un diccionario de palabras catalanas y no de palabras castellanas o latinas. Tanto este diccionario como una gramática catalana serán publicados cuando el siglo haya girado la página del calendario. A una gran obra sobre historia y a un diccionario literario extraordinariamente útil, hay que añadir una visión de la economía del Principado de Cataluña que mira hacia el pasado, pero sobre todo al futuro. Será un discurso hecho para un amplio colectivo, que impulsará la economía catalana por medio de un mercantilismo liberal y neckeriano. Un manuscrito que ha permanecido inédito hasta 1997 pero que guiará la política de la Junta de Comercio desde 1780. Un año, este, en el que las principales obras de la Ilustración catalana empezarán a catalizar casi siempre alrededor de la Junta de Comercio, como dictaminó Pierre Vilar. Llegados a este punto, tendremos que decirle a Franco Venturi que en Cataluña no puede aplicarse su definición de que la Ilustración en España es cosa de funcionarios. Esta visión de la economía había tenido el precedente de unas defensas reformistas de los gremios y de un cameralismo industrialista y de fabricantes a partir de 1766-1768 con Romà i Rossell. La Junta de Comercio, reflejo de los continuos cambios de comerciantes, propietarios y fabricantes, será el máximo catalizador pero no exclusivo, ya que habrá aportaciones y formaciones previas de abogados, religiosos y militares. Desglosemos estos notables frutos de nuestra Ilustración.

Frutos que están en la intersección de dos líneas: la primera formada por la historia, la literatura y la economía, y la segunda por el pasado, el presente y el futuro. La doble confluencia da lugar a una visión general y a un proyecto considerable para Cataluña como país y que hasta bien entrado el *Noucentisme* no tendrá parejo. La solidez de este conjunto hará que durante mucho tiempo sea utilizado por los catalanes posteriores desde ángulos, como el de la lengua, inesperados para los ilustrados que lo forjaron. La obra más destacada fue *Memorias históricas sobre la marina, comercio y artes de la antigua ciudad de Barcelona* (1779 y 1792, 4 vols.), de Antoni de Capmany, escrita en parte con materiales suministrados por Jaume Caresmar y Antoni Juglà. La teoría histórica subyacente está basada en la explicación del crecimiento por las causas siguientes: comercio exterior, lujo, forma democrática de los municipios, «declaración de patria común para todos los catalanes», organización de las sociedades en cuerpos diferenciados y los gremios. Ya hace muchos años que Pierre Vilar escribió que estas *Memorias* son tal vez el primer auténtico libro de historia económica que se ha publicado y nos parece que es cierto. Valoración que Josep Fontana ha completado afirmando que si bien Hume fundamentó la teoría y Robertson la popularizó, ninguno de los dos en sus historias de Inglaterra y de Carlos V nos dio un producto tan bien acabado como el de Capmany. Los grabados de Pasqual Pere Moles hacen de este libro editado por la Junta de Comercio una pieza editorial de gran calidad. Todo ello hace que la Ilustración catalana pueda salir en primera fila europea con Antoni de Capmany con una obra destacada y completada con otras publicaciones abundantes y de considerable nivel. La historiografía de un Masdéu, bien valorada por el padre Batllori y Ramon Grau, enmarca el trabajo de los catalanoitalianos jesuitas.

La visión de la economía y de la sociedad catalanas del momento está contenida en el *Discurso sobre la agricultura, comercio e industria del Principado de Cataluña de la Real Junta de Comercio de Barcelona*, dirigido y elevado a las más altas autoridades españolas en 1780 como expresión de la realidad y de los requerimientos de Cataluña. Ha permanecido inédito hasta 1997. La parte histórica está escrita por Jaume Caresmar, al que acabamos de conocer como colaborador de Capmany, quien a diferencia de éste creerá que Cataluña había sido más poblada en el pasado. Pensará Caresmar que el crecimiento económico catalán ha dependido de la política ilustrada, de la demanda militar, del derecho privado catalán y de la libertad de comercio con América. Capmany coincidirá en la importancia de la demanda militar, pero no la considerará causa originaria porque, aunque cree en su efecto positivo, no cree que hubiera fructificado sin la existencia de una estructura económica estructurada según las causas que hemos enumerado en el párrafo anterior. La parte central del *Discurso* tiene un contenido teórico y una interpretación general de la economía catalana y por veguerías. La de carácter general económicamente pertenece al mercantilismo liberal, por lo que los plagios de Necker pasan desapercibidos, y políticamente, a una tradición austracista y también neckeriana, al plantear que «cada Provincia tiene [que] prescribir las reglas más conducentes y propias». El conjunto del *Discurso* está manufacturado y traducido por este grupo de historiadores, estudiosos y economistas a los que Pierre Vilar llama «los hombres de 1780».

El tercer componente tiene como vector principal las *Memorias para ayudar a formar un Diccionario crítico de los escritores catalanes*, editado en 1836 con un *Suplemento* editado trece años más tarde. Cuando exista el impulso para volver a utilizar en la literatura culta la lengua catalana, se transformará, insistamos en ello, en una herramienta imprescindible. La memoria de la literatura catalana se había perdido y lo que primero se planteaba como una recuperación histórica acabó siendo una herramienta presente de trabajo. Como decía Jorge Luis Borges, cada gran creador crea a sus precursores, y aquí la conocida *Renaixença* cambió la utilización del *Diccionario crítico de los escritores catalanes* de una manera radical: de la consulta a la acción. Hasta tal punto que quien lo firma, Fèlix Torres Amat, escribe a un íntimo poco antes de publicarlo que, si entonces se empezara su redacción, la lengua no sería la castellana sino la catalana. El *Diccionario* empezó a escribirse un siglo antes, en 1735, por un fraile premonstratense, Daniel Finestres, del monasterio de Bellpuig de les Avellanes, y después continuado por Jaume Caresmar del mismo convento, al que también pertenecía el que lo mejoró, Josep Martí (su gran discípulo, con Jaume Pasqual). Aportaciones sucesivas que mantendrán una tensión de búsqueda y de voluntad constante a través de un siglo cambiante. Ignasi Torres Amat le dará el impulso casi definitivo, que finalizará su hermano Fèlix. La calidad y extensión del *Diccionario* es bastante parecida a otros instrumentos similares de la época en otros países europeos.

En este tercer componente hay dos obras más que todavía es necesario mencionar. La primera es el *Diccionario catalán-castellano-latino* (1803-1805), publicado por Esteve, Bellvitges y Juglà. No sólo es un diccionario trilingüe pensado para pasar del catalán al castellano como se dice siempre, sino que contiene, además, la definición de los vocablos catalanes. El arzobispo Fèlix Amat, tío del obispo Fèlix Torres Amat del que acabamos de hablar, es quien les libró materiales reunidos por iniciativa del obispo Climent, que pensaba que lo mejor para aprender bien el latín era saber bien el castellano y de aquí la presencia del latín, al margen de la actitud castellanizadora del obispo valenciano. Pero el trabajo de «la sola colección y explicación de las voces catalanas [que exige] un trabajo ímprobo de varios literatos y de muchos años» apareció como una labor no querida ni deseada si se quiere (a pesar de que Mayans lo había recomendado, como ya hemos dicho), pero inevitable. Antoni Juglà, científico e historiador, había ayudado a Capmany, como ya hemos visto, y había ordenado el archivo de la Lonja de Barcelona para facilitar la actuación del Tribunal del Mar dentro de la Junta de Comercio. Joaquim Esteve también era científico, gramático y poeta y, como el gramático Josep Bellvitges, eclesiástico y del Seminario de Barcelona. El diccionario de la lengua catalana recoge definiciones de voces económicas y no económicas coetáneas. La segunda obra complementaria es la *Gramà-*

tica i apologia de la llengua catalana (1815), de Josep Pau Ballot, financiada en parte por la Junta de Comercio. Ballot había sido el encargado de escribirla por la iniciativa del obispo Climent, que era profesor de castellano en el Seminario y encargado de publicaciones de la Junta de Comercio.

En resumen, las *Memorias históricas* de Capmany, el *Discurso de 1780* y el *Diccionario crítico* son tres obras considerables y de las que la primera no sólo es digna de la Europa ilustrada sino que está en primera fila. La cronología empieza en 1779 y acaba en 1815, aunque la preparación de una de ellas empieza en 1735. La Junta de Comercio aparece como el gran catalizador, con su característica parapública, pero con viva participación de comerciantes, aristócratas, terratenientes y fabricantes. En ella destacan dos tipos de eclesiásticos. Unos están ligados con un cierto filojansenismo —Climent, Amat, hermanos Torres Amat, Ballot— y otros son frailes premonstratenses —Daniel Finestres, Caresmar, Martí, Pasqual—. Algunos, como Capmany, Caresmar, Juglà y Ballot, trabajarán con y para la Junta de Comercio. Muchos de ellos tendrán formación científica —Capmany, Juglà y Esteve—, filosófica —Capmany, Esteve y Bellvitges— o histórica —todos los de las Avellanes, Capmany y Juglà (que hablará de hechos de armas de los catalanes)—, y habrán trabajado directamente en archivos y no sólo sobre libros.

Para acabar, pues, al viajero Franco Venturi le diríamos que la nuestra es una Ilustración aplicada con un gran historiador económico, con la construcción de una visión y de un proyecto político, económico y cultural para Cataluña, dos músicos bastante destacados, que estaban bien acompañados, y unos cuantos científicos y artistas. El setecientos no había pasado en vano y la lengua propia había sobrevivido y partía hacia el siglo siguiente con mejores ánimos. El conocimiento de la historia y de la especificidad catalana habían avanzado bastante.

2. LA PRODUCCIÓN DE LIBROS EN LA «MUERTA VIVA», 1476-1860

El estudio de la historia de la cultura de Cataluña del setecientos conlleva el tema central de la utilización editorial de la lengua catalana. No sólo porque era la lengua hablada en todo el país, sino porque es cuando fue objeto de una serie de durísimas prohibiciones. Prohibiciones que dejaban pequeñas grietas que podían ser aprovechadas. Estudiar la producción de libros en catalán sin tener ni precedentes ni consecuentes era francamente difícil. La misma denominación de «decadencia» ya planteaba que la situación, antes de las prohibiciones, no era buena. En sentido cronológico contrario era preciso ver que, cuando llegara la *Renaixença*, este sería un término que no se presentaría cuantitativamente muy justificado como veremos más adelante. En medio se nos plantaría el setecientos con sus, y también desconocidos, niveles de producción de libros editados en catalán.

No es un tema menor porque «"no hay idioma sin libros". Una lengua desterrada o marginada del papel impreso está condenada a la extinción. Esta clase de "ley sociológica" quedó autoestablecida al día siguiente de que Gutenberg hiciera funcionar su máquina…».[1] Para estudiarlo a fondo se necesita la «prodigiosa erudició» de Jordi Rubió i Balaguer, tan encomiablemente editado por Massot i Muntaner, o la de Josep M. Madurell; pero también «sería necesario establecer estadísticas».[2]

Han pasado suficientes años desde que se inició el análisis cuantitativo de los libros, no para reavivar la polémica entre estadísticos excluyentes y eruditos estrictamente cualitativos,[3] sino para establecer, en un terreno en el que estamos especialmente atrasados, algunas estadísticas que ayuden a centrar y a precisar algunas cosas. De las maneras de trabajar en ello, la más sensata es la de centrarse —en una primera fase— en lo que las propias cifras nos dicen, mostrando ritmos, vacíos, dientes de sierra y ciclos. Hay que confiar en el hecho de que cuanto más estudiemos con detenimiento las curvas esta-

1. Joan Fuster, *L'aventura del llibre català*, Epílogo de Francesc Vallverdú, Barcelona, 1992.
2. *Ibid.*, p. 18.
3. Ricardo García Cárcel, «Prólogo» en Roger Chartier, *El orden de los libros. Lectores, autores, bibliotecas en Europa entre los siglos XIV y XVIII*, Barcelona, 1994, pp. 9-17.

dísticas nos veremos, más adelante, impelidos a salir, con seguridad, hacia
fuera o hacia dentro. Es el viejo consejo de un gran historiador de las ideas
y de las ciencias:

> ...cuanto más penetréis en el corazón de un problema histórico estrechamente
> delimitado, más acabaréis de encontrar en el mismo problema alguna cosa que
> os hará penetrar hacia afuera, hacia más allá de sus confines.[4]

Procuraremos quedarnos en las estadísticas y, cuanto más lo hagamos, más
interrogantes nos plantearemos para alejarnos de ellas. ¿Sólo producción en
catalán del setecientos? La comparación con lo que pasaba antes o lo que
tenía que pasar después de este siglo se tornó inmediatamente punzante.
También el saber algo, también lo más numérica posible, de la producción catalana en castellano o en latín. La comparación con la evolución de la
edición de libros en francés, sobre todo, y en inglés era, consecutivamente,
urgente.

Pronto, cuando apenas se han empezado a vislumbrar algunas cifras, podemos observar que la producción en catalán estuvo durante largos períodos,
sin represión y con represión política, cerca del mínimo por debajo del que
se olvida la lengua como escritura y desaparece la existencia de un público.
Puede estarse, nos preguntábamos, por debajo de la masa crítica, que es la
cantidad mínima de material que permite producir una reacción en cadena.
Una cantidad mínima de la que el francés está alejado muy por encima y el
occitano muy por debajo. Los datos anuales que refleja la figura 2.1 muestran
unos niveles bajísimos; posiblemente, si estableciéramos técnicamente un mínimo productivo nos mostraría que tuvimos una lengua «muerta viva», según
el acertado término de Constantí Llombart, y no sólo durante los siglos XVIII
y XIX valencianos. Alguien, yo mismo, podrá decir con bastante razón que las
conocidas prohibiciones contra el catalán a partir de 1714 provocan que más
que hablar del catalán como una «muerta viva» deberíamos hablar de una asesinada que sobrevive, de una «asesinada viva». Tendría bastante razón.

LA CURVA GENERAL DE AGUILÓ

Para establecer una primera cuantificación hemos trabajado sobre el *Catálogo de obras en lengua catalana impresas desde 1714 hasta 1860*, de Marià
Aguiló i Fuster. Su formación bibliográfica justifica que continúe siendo, mucho después del primer manuscrito de 1860, una obra básica. No sabemos
si los perfiles quedarían alterados, pero lo que ha sucedido con piezas del
mismo talante en otras lenguas demuestra que no lo harían mucho. El hecho
de que la bibliografía de Aguiló sea un «mínimo», dadas las bajas cifras, puede
no ser relevante. Un *Catálogo* que saldrá muy bien parado de las compro-

---

4. A. O. Lovejoy, *Essays in the History of Ideas*, Nueva York, 1960, p. 6.

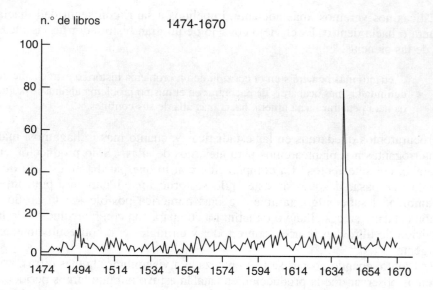

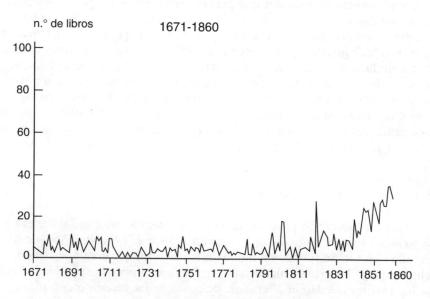

FIGURA 2.1. Libros editados en catalán, 1474-1670 y 1671-1860.

baciones a las que le someteremos más adelante. En el peor de los casos, el *Catálogo* de Aguiló ha sido la pieza que ha determinado la conciencia bibliográfica de nuestra lengua. El carácter sistemático de la obra fue bien explicado por su hijo Àngel. Hemos aceptado tanto el concepto de entrada del *Catálogo* como su división en materias. El rechazo intelectual a aceptar que el *Tirant* sea una entrada como lo es una colección de poesías mediocres o, incluso, malas, provoca que los datos estadísticos tengan que verse sin entusiasmo, pero sí —por las razones que hemos dicho— como un telón de fondo o como un primer diseño. Un primer diseño que coincide, con cifras más bajas pero con el mismo perfil, con series más completas establecidas posteriormente. Pere Anguera ha sugerido incorporar repertorios comarcales posteriores.

La curva que nos indica la evolución de la producción de libros en catalán muestra (figura 2.1) niveles de producción realmente muy bajos que a menudo ni siquiera llegan a los 20 ejemplares. Más exactamente, antes de 1641-1643 (años en los que se publicaron muchos pequeños folletines por motivos de guerra) hay pocos años que sobrepasen los 10 ejemplares: 1492 (12), 1495 (15), 1601 (10), 1625 (11), 1636 (11) y 1640 (11).

Solamente pocos y cortos períodos muestran grandes alzas. La primera es la de los años 1641, 1642 y 1643, como resultado de las publicaciones con motivo de la guerra —y que han estado recientemente reeditadas por Curial.[5] Posiblemente debió influir en esta alza que, desde el otro lado, el infante Felipe actuó por primera vez con la letra escrita en castellano como arma. Entre 1643 y 1705 los años en los que se superan los 10 ejemplares vuelven a ser escasos: 1691 (12), 1695 (10) y 1704 (11). La guerra de Sucesión —y lo comprobaremos más adelante— no significó una mayor utilización de la lengua, y su libertad no originó ningún impulso: 1705 (8), 1706 (11), 1707 (4), 1708 (4), 1709 (5), 1710 (3), 1711 (10), 1712 (10), 1713 (6) y 1714 (5). La guerra de Sucesión a pesar de su larga duración y de la libertad lingüística no motivó ningún auge.

En todo caso, anteriormente había habido un período relativamente dorado —sobre todo por su carácter primerizo— en los años 1493 (12), 1494 (7), 1495 (15) y 1497 (8). Relativamente dorado y coincidente con obras recientes de primera magnitud. *El Catálogo general de los incunables en las bibliotecas españolas*, a pesar de un cierto nivel, corrobora la falta de alegría considerable e inicial de nuestra curva. La producción de incunables en España no llegó al millar, de los que conocemos más de 850. Los libros religiosos suman el 40 por 100 del total y los castellanos superan por tres veces los catalanes. De 69 ediciones de autores clásicos, 45 están escritas en latín, 24 en castellano y 4 en catalán; de las 80 obras de derecho, 9 están en latín, 54 en castellano y 17 en catalán; de las 31 históricas, 6 en latín, 24 en castellano y 1 en catalán; las obras literarias no llegan, con 70 obras, al 10 por 100 y las castellanas, a pesar del éxito importante del *Tirant*, son 59,

---

5. H. Ettinghausen, *La guerra dels Segadors a través de la premsa de l'època*, 1993-1994, 4 vols.

y a las 27 ediciones poéticas en castellano sólo les corresponde una en catalán. Los editores se encuentran en un momento en el que imprimen movidos exclusivamente por la retribución del capital y, por tanto, para los mercados. Poco después el monopolio de Plantino y de los monjes de El Escorial cambiará el panorama, pero no en beneficio de la lengua catalana.[6] Las intromisiones en el mercado editorial serán una constante que debería ir detallándose.

Esta limitada «burbuja productiva» de finales del siglo XV, a la que volveremos, no durará mucho, y los números dan la razón a los que limitaban la época dorada (en nuestra curva no tan dorada) al cambio de siglo y no dan la razón, por una vez, a Joan Fuster, que la prolongaba hasta 1530. Informaciones del período 1500-1520, en el que se basaba el escritor de Sueca,[7] indican un peso catalán equivalente entre Valencia y Barcelona (tema que tocaremos más adelante). Que los libros en catalán fueran más *grossi* es una hipótesis sensata, que, a pesar de ello, será preciso comprobar. Si durante el quinientos hubo una ligera tendencia secular al alza, quedó estabilizada en el cambio de siglo. Las pronunciadas puntas de 1641 (73), 1642 (35) y 1643 (24) no provocaron una reacción en cadena, sino un vado considerable del que se saldría muy y muy modestamente en los años 1707-1714, tal como ya hemos cuantificado. Dos largos siglos en los que las cifras confirman todas las opiniones de Joan Fuster cuando cita que alguien clama en 1601 en Barcelona: «En castellano todo el mundo se da a escribir, estando seguros de que les hará más provecho», o cuando él mismo sentencia que «el caso catalán de la "decadencia" es el de una profunda dimisión lingüística de alcance colectivo, que afecta a los "autores" tanto como a los "lectores"».[8]

Sin embargo, el catalán, aún con cifras bajas, no dejó de existir, iba tirando; de ahí que el nombre de la «muerta viva» resulte muy apropiado a causa del desentendimiento libre de los catalanes respecto a su lengua: «Los catalanes preferían leer en castellano».[9] Difícil será hablar de «decadencia», sobre todo porque la «época dorada» fue breve en años y limitada en producción. Sería preciso tener datos del siglo XVII para confirmar la impresión —cierta para el siglo XVIII— de que el ir tirando de la producción editorial en catalán no conllevó en Cataluña un período extraordinario de la producción editorial en castellano.

Las brutales prohibiciones del catalán a partir de 1714 no estaban justificadas por el temor de una gran importancia libresca. Sorprende y repugna que la acción represora actuara como un resorte inconsciente del unitarismo francés borbónico y ni siquiera por un florecimiento del catalán que hiciera temer por la supervivencia del castellano. Las medidas prohibicionistas fueron en todo caso eficaces e hicieron que el setecientos marcara un descenso,

6. Hipólito Escolar, *Historia universal del libro*, Madrid, 1993, p. 481.
7. F. J. Norton, *A Descriptive Catalogue of Printing in Spain and Portugal 1501-1520*, Cambridge, 1978.
8. Joan Fuster, *L'aventura del llibre català*, p. 22.
9. *Ibid.*, p. 28.

que encontrará a mediados de siglo una limitada recuperación pero que en los años setenta y primero de los ochenta, en unos momentos bastante proclives a los libros, volverá a descender a unos reducidos niveles, parecidos a los del principio del reinado de Felipe V. El golpe de la guerra de Sucesión y el considerable prohibicionismo lingüístico posterior, junto con el prestigio castellano de las limitadas «luces», muestran dos muescas todavía más marcadas, 1714-1747 y 1773-1783, a pesar de que durante el resto del siglo la producción en catalán ya era, en definitiva, poca cosa. Una lengua editorial que llegó a ser casi inexistente.

Entre 1796 y 1806 habrá un notorio impulso, casi sin precedentes, que, tras un interregno, no hará más que fortalecerse con crecimientos, con dientes de sierra, realmente pronunciados: la *Renaixença* había llegado. ¿Renacimiento o Nacimiento? Con los números en las manos, es difícil llamarlo *Renaixença* si no miramos aquel período corto y lejano de 1493, 1494, 1495 y 1497. A pesar de ello, la «muerta viva» vivirá plenamente su *major Naixença* a partir de 1813 o de los años cuarenta. Consecuencia de la Ilustración más que del Romanticismo, según la vieja tesis de Jordi Rubió. Parece que las cifras dan también la razón a su opinión de que «la invasión napoleónica interrumpió o, por lo menos, retrasó la evolución natural del proceso hacia la restauración de la lengua catalana que se perfilaba en las últimas décadas del siglo XVIII».[10] No tenemos datos de la producción catalana en castellano, pero pensamos que tuvo también un gran desarrollo durante las primeras décadas del siglo XIX. La simple consulta de los libros, y de sus solapas, de las principales imprentas barcelonesas lo muestra muy claramente. La libertad y la mayor cultura favorecieron la producción editorial catalana en catalán y en castellano.

LA PRODUCCIÓN POR TEMAS

Si hemos hablado antes de un 40 por 100 de libros religiosos entre los incunables españoles, ahora tenemos que hablar de un porcentaje parecido, 42,7 por 100, para los libros catalanes editados entre 1474 y 1860. El gran Henri-Jean Martin habla de un registro de la Biblioteca Nacional de París entre 1778 y 1789 de las reediciones francesas efectuadas, 1.363.700 volúmenes, de las que el 63,1 por 100 son de libros religiosos. Porcentaje muy parecido, por tanto, al de las primeras décadas de los libros castellanos publicados en Cataluña (1700-1719: 77 por 100; 1730-1739: 55,6 por 100 y 1740-1749: 67,3 por 100) y mucho más alto que el de las tres décadas finales: 36, 46 y 36,7. La curva teológica o religiosa de las publicaciones en catalán será bastante parecida a la evolución global del total editado y perderá fuerza de expansión, a pesar de tenerla, en beneficio de las bellas letras, cuando se produzca el auge de principios del siglo XIX.

10. Jordi Rubió i Balaguer, *Història de la literatura catalana*, Montserrat, 1986, vol. III, p. 11.

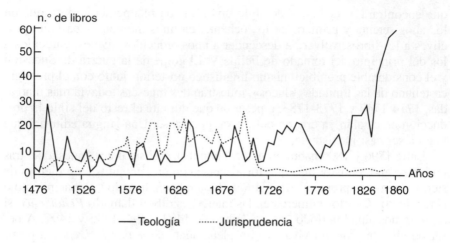

FIGURA 2.2.   Libros de teología y jurisprudencia editados en catalán, 1476-1860.

Las bellas letras, con el 24,4 por 100, son la segunda temática considerada y que —en expresión acertada de Joan Fuster— «se desvanece» durante los tres siglos. El amortiguamiento no tiene casi excepciones: 1495 (5), 1561 (5), 1600 (7), 1660 (7), 1665 (5), 1668 (5), 1671 (5), 1672 (5), 1691 (5), 1701 (7), 1704 (8) y 1784 (6). Serán, en cambio, el gran motor de la *Naixença* editorial catalana, con una curva que, si anualmente tiene dientes de sierra, quinquenalmente es una escala continuada y de escalones bastante altos. Todo esto, temáticamente, lo podemos ver en las figuras 2.2 y 2.3. La jurisprudencia o legislación, con el 19,2 por 100, es la tercera área en importancia. El mismo Aguiló nos avisa de que «las obras de nuestros jurisconsultos están escritas, como es sabido, en lengua latina».[11] En una primera aproximación a los repertorios bibliográficos existentes podríamos avanzar que ambas curvas están correlacionadas: si hay más obras jurídicas en latín, hay más obras jurídicas en catalán, y viceversa. Como ya hemos manifestado en otro caso, entre el castellano y el catalán, no siempre actúan los vasos comunicantes entre ambas lenguas con una cantidad de líquido constante, sino que a menudo nos encontramos ante movimientos de suma positiva. Si los tiempos son más cultos y más libres todas las lenguas avanzan. La curva catalana de la jurisprudencia tiene una consistencia creciente desde el inicio y llega a la cima inmediatamente antes de la guerra de Sucesión. La derrota política supuso un descalabro jurídico y, por tanto, desaparece uno de los componentes más firmes durante el seiscientos e inicios del setecientos. Miremos la figura 2.3.

11.   Marià Aguiló i Fuster, *Catálogo de obras en lengua catalana desde 1474 hasta 1860*, Madrid, 1923, p. 412.

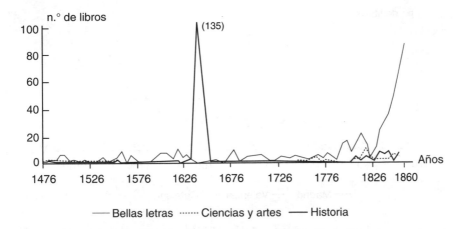

FIGURA 2.3.   Libros de bellas letras, historia y ciencias y artes, 1476-1860.

El 8,3 por 100 de los libros de historia está totalmente distorsionado por haber incluido la literatura publicada entre 1641 y 1643 en este apartado. El resto está concentrado básicamente en las primeras décadas optimistas del siglo XIX. Este es el segundo componente explicativo de la *major Naixença*. El 5,1 por 100 de ciencias y artes queda concentrado en el período 1475-1539 y en el último, y de fuerte expansión, 1816-1860. El intermedio, inacabable, es de un amortecimiento externo. El último componente, con un 0,3 por 100, las publicaciones periódicas, es reducidísimo y de un retraso notorio.

CASTELLANO, FRANCÉS Y ECONOMÍA

Interesaría tener para todo el período 1474-1860 los datos de las ediciones en castellano y latín en el área lingüística catalana. Sólo los tenemos para el período 1700-1800 en un trabajo minucioso desarrollado por Eulàlia Lluch sobre los siete primeros grandes volúmenes de la *Bibliografía de autores españoles del siglo XVIII* de Francisco Aguilar Piñal (quedaba, cuando se trabajó en ello, uno por publicar). La figura 2.4 expresa muy claramente que la edición catalana y la valenciana en castellano sobrepasa tanto la editada en catalán durante los mismos años, que las razones políticas no lo pueden explicar del todo, sin ayuda de otras razones de orden interno. Si el catálogo Aguiló para el período 1474-1860 incluye 3.016 libros, la *Bibliografía* para Cataluña, País Valenciano y las Baleares durante 1700-1800, incluye 3.136 a falta de las letras T-Z. Dos lenguas, dos mundos —alguien podrá decir—, y con razón, pero si consideramos sólo las ediciones en castellano veremos que Cataluña en el conjunto significa sólo el 13,1 por 100 de los libros editados en Madrid durante el setecientos, y que Valencia, que empieza durante

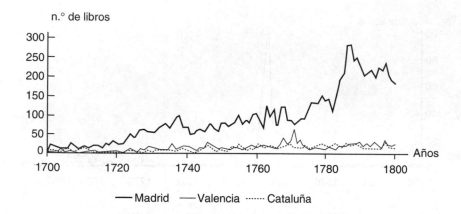

FIGURA 2.4.   Libros de autores españoles editados en castellano en Cataluña, Valencia y Madrid, 1700-1800.

las tres primeras décadas por debajo de Cataluña, acabará publicando bastante más en castellano en el conjunto del siglo que el Principado. Si comparamos ya sea Madrid, País Valenciano o Cataluña y su producción en castellano con el total de la catalana de la figura 2.1 veremos que la pérdida de posiciones es patente y dramática. Barcelona tampoco era una capital dinámica en la edición en castellano durante el setecientos y sólo lo será muy avanzado el siglo XIX. Por lo tanto, durante el siglo XVIII la producción editorial catalana en castellano fue perdiendo en relación con Valencia y mucho más con Madrid: está suficientemente claro. Como si se tratara de una venganza, la represión contra el catalán no significó el desarrollo de la edición en lengua castellana en Cataluña.

Si comparamos la figura 2.1 con la tendencia de crecimiento rápido que muestra la edición francesa entre 1601 y 1671, entre 1700 y 1789 y desde 1806 hasta 1820, la diferencia es realmente abismal, aun sin incurrir en la aberración de olvidar que están en escalas logarítmicas (figuras 2.5 y 2.6). Si comparamos las cifras absolutas, la diferencia también es brutal. No es ningún consuelo inteligente, al menos para las interrelaciones mostradas, alegrarse por el hecho de que ni las curvas de Madrid sean comparables con las francesas.[12] La literatura económica mundial, básicamente en inglés, entre 1550 y 1848 muestra unos ritmos de crecimiento también muy fuertes, a la francesa.[13]

Volvamos al argumento básico de este capítulo y saquemos algunas conclusiones. La producción editorial en catalán tuvo un despegue considerable al inicio del siglo XV y en los primeros años del siglo XVI, pero limitada en el

---

12.   Henri-Jean Martin, «Une croissance séculaire», en Henri-Jean Martin y Roger Chartier, dirs., *Histoire de l'édition française*, vol. II: *Le livre triomphant*, París, 1984, pp. 95-103.
13.   Ernest Lluch, «Ilustración y economía», *Revista de Economía*, 2 (1989), pp. 117-121.

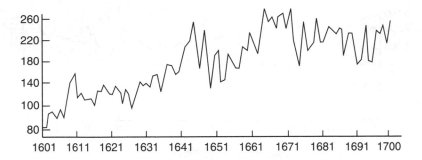

FIGURA 2.5.   Producción francesa conservada en la Biblioteca Nacional de París, 1601-1700.

tiempo y en los volúmenes. A continuación va tirando por medio de un proceso amortiguado que justifica el hecho de decir que nuestra lengua fue una «muerta viva» pero con una voluntad mínima y tenaz. Deberíamos añadir muchos libros al *Catálogo* para que tuviéramos que cambiar esta conclusión. La «burbuja» 1641-1643 no fue del todo significativa, cimentada en un período tan breve si creemos indicativos los datos deducidos de Aguiló, pero nos indica el único período de auténtica normalización del catalán, si entendemos por normalización que igual que mayoritariamente se habla en catalán también mayoritariamente se publica en catalán. Un amortiguamiento general, con esta excepción y también con la de un período inicial tan corto y no muy brillante que hace difícil hablar con rigor de «decadencia». El poco empuje para defender la lengua desde dentro fue brutalmente ayudado por la represión de la guerra de Sucesión, con dos mellas casi letales (1715-1747 y 1773-1783). El enderezamiento de las curvas cuando entraba el ochocientos es insólito y nuevo y por esto se puede hablar de *Renaixença*, pero con tanta propiedad o más de «Enderezamiento» o de *Naixença*, o, insistamos, con la maragalliana *una major naixença*. La depresión editorial del catalán en Cataluña y el País Valenciano fue compatible con un lento crecimiento de la producción en castellano en ambas zonas y una pérdida considerable de importancia en relación con el centro productor de Madrid. La comparación con la producción de libros en francés hace patente que ni el castellano puede hablar de los años que van del 1660 al 1830 como los del «libro triunfante». Admirablemente, y un poco misteriosamente, el Enderezamiento o la *Naixença* dieron vitalidad duradera a la «muerta viva». Sería necesario comprobar si cuantitativamente —que no cualitativamente— el Enderezamiento de principios del siglo XIX del libro en catalán fue paralelo a un enderezamiento del libro castellano publicado en Cataluña. Todos los indicios lo confirman.

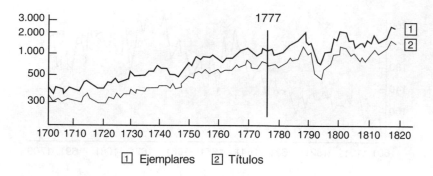

□1 Ejemplares   □2 Títulos

FIGURA 2.6.   Producción impresa francesa según Quérard, 1700-1820.

POR PAÍSES DE LENGUA CATALANA

Un aprovechamiento del *Catálogo* de Aguiló, que había vivido en los tres países más grandes de lengua catalana, tiene que incluir obligatoriamente el reparto de los libros por territorios. Los dos grandes centros son Cataluña y el País Valenciano, pero mientras que, en el primero, la ciudad de Barcelona será predominante, en el segundo, la ciudad de Valencia será exclusiva. Entre estos dos grandes centros se hallará la mayor parte de la producción, a pesar de que contamos en el resto las Baleares, el resto de España y de Europa así como los volúmenes en los que no consta el lugar de edición (figura 2.7).

Si nos centramos en la comparación entre Cataluña y el País Valenciano podemos distinguir las etapas que enumeramos a continuación.

Primera (1476-1610):   Predominio catalán en absoluto acentuado: 250 libros frente a 204.

Segunda (1611-1785):   Predominio catalán acentuado: 664 libros frente a 156. La decadencia valenciana es muy fuerte desde 1685 y, sobre todo, en los años de la durísima represión de la guerra de Sucesión, que fue aniquilación práctica.

Tercera (1786-1815):   Situación igualitaria con 59 libros catalanes y 61 libros valencianos.

Cuarta (1816-1860):   Gran crecimiento catalán seguido por el valenciano con un desfase de treinta años y con niveles claramente inferiores: 449 libros frente a 87.

Las Baleares sólo verán una cierta actividad entre 1661 y 1700 con 26 obras y entre 1836 y 1860 con 46. Es imposible acabar este apartado, por breve que sea, sin referirnos a la existencia dentro de Cataluña de una primera fase entre 1476 y 1730 en la que el predominio de Barcelona respecto al resto de Cataluña es absoluto y radical: 225 frente a 25 (1476-1610), 260 frente a 11 (1611-1650) y 217 frente a 22 (1651-1730), hasta el punto

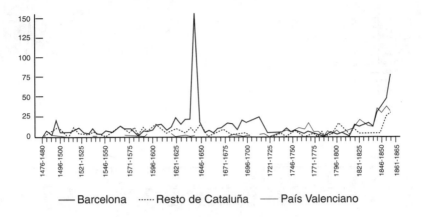

FIGURA 2.7.   Libros editados en catalán por territorios, 1476-1866, por quinquenios (según Aguiló, 1923).

que la gran producción barcelonesa de 1640 pasa desapercibida. Una segunda fase, entre 1731 y 1855, muestra un cambio absolutamente espectacular y que merece más detenimiento: 66 obras barcelonesas frente a 88 del resto de Cataluña (1731-1786), 22 frente a 37 (1786-1815) y 186 frente a 180 (1816-1855). Cuando todo va mal, Barcelona, *cap i casal*, se apaga. En el último quinquenio (1856-1860) retornará el predominio barcelonés: 79 obras frente a 30 en el resto de Cataluña.

COMPROBANDO EL TRABAJO DE AGUILÓ

Tenemos que añadir que el supuesto de Marià Aguiló sobre el hecho de que la mejor jurisprudencia catalana fue escrita en los siglos XVI y XVII en latín, es cierto (Aguiló, 1923, p. 412). La fuente que cita lo demuestra cualitativamente pero no cuantitativamente (Oliver, 1867), a pesar de que hace muy plausible la hipótesis de que el crecimiento de la literatura jurídica catalana en latín fue paralelo al crecimiento que sí que conocemos de este tipo de literatura en catalán gracias al mismo Aguiló. El *Catálogo* de Aguiló está obviamente incompleto, pero es fiable y el único para construir unas curvas-sombra para tener una cierta idea evolutiva. Quien ha dudado de su representatividad sobre los folletines de la guerra de Sucesión no se ha dado cuenta de que la respalda la colección Bonsoms 1701-1714 (438 en castellano y 101 en catalán), 1710-1714 (119 y 22) y 1714 (21 y 9). Incluso en este período «siempre ha habido mucha más gente de habla catalana que "publicaba" la mayor parte y la que ellos consideraban más importante en otra lengua, empezando por Ramon Llull, el incomparable».[14]

14.   Núria Sales, «El llibre català, ja moribund al segle XVII?», *Avui*, 1 de junio de 1995.

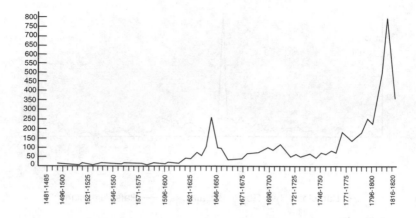

FIGURA 2.8.   Bibliografía sobre Cataluña, 1481-1820, por quinquenios (según Simón Palmer, 1980 y 1982).

Una fuente bibliográfica que nos puede permitir algunas contrastaciones generales es la que hace referencia a las publicaciones sobre Cataluña obtenida tras una búsqueda muy considerable a través de repertorios y bibliotecas. Tiene un interés muy alto porque considera como objeto central la realidad catalana.[15]

La figura 2.8 nos muestra, como mínimo, los siguientes hechos que enlazan con conclusiones apuntadas por la gran curva de Aguiló (véase *supra*, figura 2.1), como constatamos a continuación:

1.   Vemos un extenso período de inexistencia práctica, hasta un «nacimiento» a principios del seiscientos, que no tiene una gran subida hasta antes, durante y después de la guerra dels Segadors, con una depresión posterior.

2.   Advertimos una recuperación en el último cuarto del siglo XVII hasta 1714.

3.   Apreciamos una depresión en la parte central del setecientos: 1715-1765.

4.   Finalmente, tiene lugar un gran crecimiento de bibliografía sobre Cataluña a partir de 1765, con grandes obras escritas en castellano; la catalanización de temas y no de lengua, típica de la Ilustración, dio lugar, a través de una maduración, a una catalanización posterior también de lengua pero de una manera compleja.

Las concordancias entre la curva de los libros editados, según Aguiló, en catalán y la de los libros editados, según Simón, sobre Cataluña, son noto-

---

15.   María del Carmen Simón Palmer, *Bibliografía de Cataluña. Notas para su realización*, Madrid, vol. I (1481-1765), 1980, y vol. II (1766-1820), 1982.

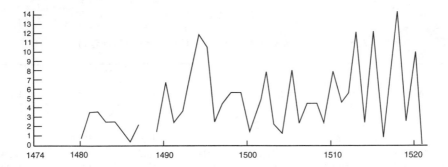

FIGURA 2.9.   Libros publicados en catalán en Cataluña y Valencia, 1474-1521 (según *Catálogo general de incunables*, 1989-1990, y Norton, 1978).

rias. En la parte final de ambas parece interpretarse que la catalanización de temas en castellano precede a la catalanización de lengua. Las proporciones entre las lenguas —1481-1530 (10 en castellano y 33 en catalán); 1531-1580 (19 y 57); 1581-1599 (14 y 15); 1600-1629 (119 y 53); 1630-1653 (337 y 235); 1654-1699 (369 y 126); 1700-1714 (234 y 75); 1715-1759 (468 y 31) y 1760-1820 (3.355 y 83)— muestran una decadencia desde 1581, que la represión desde 1714 acentúa, para el catalán. La recuperación del catalán a finales del setecientos y principios del ochocientos no se hace escribiendo sobre Cataluña. Los 51 libros publicados entre 1481 y 1820 en otras lenguas no afectan a causa de su poco peso.

Dos fuentes de una altísima y admirable calidad[16] nos permiten comprobar, para el significativo período 1474-1520, que el perfil de la curva de Aguiló (figura 2.9) respecto a las publicaciones en catalán era perfecto, con una campana con la cima en 1494 y con unos pronunciados dientes de sierra entre 1513 y 1520. Aguiló y algo más equivalen al *Catálogo* más Norton. No volveremos a explicar que dentro de la producción general en España, la editada en catalán era relativamente poco amplia. El cuadro 2.1 muestra que Barcelona [el resto de Cataluña es poco importante durante el período 1473-1521: Girona (6), Lleida (1), Montserrat (9) y Perpiñán (11)] adelanta a Valencia, y que ésta ve con más rapidez que Barcelona la consolidación de la publicación en castellano. En Valencia será en buena parte a costa del catalán, en Cataluña será un poco más a costa del latín. Respecto a estudios anteriores de Javier Burgos,[17] las cifras correspondientes a Barcelona quedarán ligeramente aumentadas en cantidad y retocados los porcentajes mientras que las valencianas serán más modificadas.

16.   *Catálogo general de incunables*, 1989 y 1990, y F. J. Norton, *A Descriptive Catalogue of Printing in Spain and Portugal 1501-1520*, Cambridge, 1978.
17.   Ricardo García Cárcel, *Las culturas del Siglo de Oro*, Madrid, 1989, pp. 139-140.

CUADRO 2.1

Libros publicados en Cataluña y Valencia (1473-1521)

Años	Cataluña						Valencia					
	Latín		Catalán		Castellano		Latín		Catalán		Castellano	
	N	%	N	%	N	%	N	%	N	%	N	%
1473-1479	11	100	–	–	–	–	9	90,00	1	10,00	–	–
1480-1489	33	67,35	15	30,61	1	2,04	4	33,33	7	58,33	1	8,34
1490-1499	48	55,81	36	41,86	2	2,33	19	45,24	23	54,76	–	16,00
1500-1509	52	58,43	31	34,83	6	6,74	10	40,00	11	44,00	4	39,03
1510-1519	39	45,88	40	47,06	6	7,06	19	23,17	31	37,80	32	39,03
1520-1521	6	35,29	8	47,06	3	17,65	5	35,71	2	14,29	7	50,00

FUENTE: *Catálogo general de incunables*, 1989-1990, y Norton, 1978.

ALGUNAS CONCLUSIONES APROXIMADAS

Primera. La globalización de la fuente del *Catálogo* de Aguiló no es óptima y será necesario hacerla con una más completa, que pronto será fácil y posible gracias a los medios técnicos modernos. A pesar de esto la comprobación de la bondad del *Catálogo* con fuentes más modernas y completas[18] ha demostrado su calidad para llegar a ser una sólida primera herramienta de aproximación.

Segunda. La «época dorada» de la publicación de libros en catalán fue relativamente breve y poco intensa, tanto según el *Catálogo* de Aguiló como según el *Catálogo general de incunables* y Norton. La edición en castellano, más en Valencia que en Cataluña, tiene una destacada presencia desde principios del quinientos.

Tercera. La producción de libros en catalán durante el quinientos y el seiscientos fue relativamente estable pero en unos niveles que parecen relativamente bajos. La libertad de la lengua no fue nunca plenamente aprovechada por los catalanes.

Cuarta. La guerra dels Segadors es el único período en el que las publicaciones editadas en «Cataluña son casi todas en catalán, a diferencia de las

18. Francisco Aguilar Piñal, *Bibliografía de autores españoles del siglo XVIII*, Madrid, vol. I, A-B, 1981; vol. II, C-CH, 1983; vol. III, D-F, 1984; vol. IV, G-K, 1986; vol. V, L-M, 1989; vol. VI, N-Q, 1991, y vol. VII, R-S, 1993; *Catálogo general de incunables en bibliotecas españolas*, Biblioteca Nacional, Ministerio de Cultura, Dirección General del Libro y Bibliotecas, Madrid, vol. I, 1989, y vol. II, 1990; F. J. Norton, *A Descriptive Catalogue of Printing in Spain and Portugal 1501-1520*, Cambridge, 1978; María del Carmen Simón Palmer, *Bibliografía de Cataluña. Notas para su realización*, Madrid, vol. I (1481-1765), 1980, y vol. II (1766-1820), 1982.

de antes y después de la guerra».[19] En la guerra de Sucesión no tuvo lugar un proceso de catalanización, sino una continuidad de un estar entre dos aguas.

Quinta. La dura represión contra el catalán posterior a 1714 originó un descenso del número de publicaciones con dos crisis que significarán prácticamente su desaparición temporal, sobre todo en el País Valenciano.

Sexta. Las evoluciones de las lenguas a menudo no son inversas sino paralelas. Así, en el seiscientos, un auge de las publicaciones jurídicas en catalán parece coincidir con un auge de las publicaciones jurídicas en latín. De la misma manera el aumento de publicaciones en catalán a finales del setecientos y principios del ochocientos coincide con un aumento de las publicaciones castellanas en Cataluña. Asimismo, la depresión forzada del catalán durante el setecientos no significa un aumento de las publicaciones en castellano en Cataluña sino todo lo contrario, si lo comparamos con un creciente Madrid, a pesar de las limitadas proporciones de esta ciudad en un contexto europeo.

Séptima. La catalanización de los temas, medida por Simón Palmer, hecha en general en castellano se anticipa en 20-30 años a la catalanización más en lengua que en temas. Por tanto, la Ilustración, con su interés por Cataluña, arranca un proceso que antes del Romanticismo ya tendrá efectos en la utilización de la lengua propia. La cultura y la libertad van a favor del catalán.

Octava. No se puede olvidar la acción represora contra el catalán pero tampoco una falta de voluntad de utilizarlo libremente por parte de los catalanes. Es necesario un análisis conjunto: la «muerta viva» más la «asesinada viva».

Novena. La relación entre la producción en catalán en Cataluña y en Valencia da una periodicidad bastante clara: primero, equilibrio entre 1476 y 1610; segundo, predominio catalán abrumador entre 1611 y 1785; tercero, igualación entre Cataluña y Valencia en los años 1786-1815, y cuarto, recuperación posterior catalana con un proceso paralelo, aunque inferior, valenciano y con un desfase de treinta años. Dentro de Cataluña, el predominio de Barcelona es absoluto excepto en los años depresivos del setecientos, en los que la capital catalana es minoritaria. En el País Valenciano, la capital es casi siempre todo.

Décima. La *Renaixença* o la *Naixença* tienen su impulso en la «teología» y en las «bellas letras», y un poco en la historia, según la división de Marià Aguiló.

19.   Henry Ettinghausen, «Introducción», en *La guerra dels Segadors a través de la premsa de l'època*, vol. I, p. 42.

3. EL AUSTRACISMO PERSISTENTE Y PURIFICADO, 1734-1741

LO QUE SABÍAMOS

> *Tota Cathalonia presidii habitatio est.*
> *Universa Hispania quoque.*

El día 10 de enero de 1715[1] se derruyó la torre de la plaza del Àngel, que formaba parte de una prisión. Al día siguiente apareció un pasquín que decía *Carceris ruina praesagium libertatis* y que fue contestado por otro: *Carceris mansio ruit cur? Tota Cathalonia presidii habitatio est* («La ruina de la cárcel es presagio de libertad.» «La mansión de la prisión ¿por qué se hunde? Toda Cataluña es habitáculo de presidio.»). El diálogo sutil todavía continuó y, a pesar de la vigilancia, en la fachada del palacio de la Diputación apareció un *Dum renascatur libertas, universa Hispania quoque* («Hasta que renazca la libertad, toda España también lo es.»). Difícil de recoger, un clima y una realidad concretos tras una derrota y en el momento de un «verdadero terrorismo militar [que] reinó … en Cataluña durante mucho tiempo»[2] con una lucidez y con una cultura más elevadas.

De acuerdo, en general, con Ferran Soldevila en el sentido que le dio a la guerra de Sucesión, no podemos seguirle en todo, y mostrarlo es uno de los objetivos de este libro, en la interpretación más general de lo que pasó después y de cuál fue el papel de los catalanes. Un párrafo es central en el pensamiento del gran historiador y, por lo mucho que ha influido, lo reproduciremos en toda su extensión:

> Tras la guerra separatista nació en el espíritu de los catalanes la idea de intervenir en la dirección de España, después de la guerra de Sucesión (parece como si) hubiera nacido en el espíritu de los catalanes la idea de fundirse dentro de España, de asimilarse en ella, de borrar, pues, la diferenciación existente, profunda todavía. Ni Estado aparte ni Estado hegemónico habían resultado alcanzables: los catalanes iban a ensayar el llegar a ser «provincia». En

---

1. Ferran Soldevila, *Història de Catalunya*, vol. III, Barcelona, 1935, p. 21.
2. Ferran Soldevila, *Historia de España*, vol. II, Barcelona, 1995, p. 441.

una época en que la centralización y el uniformismo se veían como un ideal, en que el absolutismo triunfaba en Europa, y en que Francia, la nación centralizadora y absolutista por excelencia, triunfaba en España, ningún otro camino, ninguna otra solución debieron de parecer posibles. Y es necesario señalar el esfuerzo y el celo que los catalanes del setecientos aportaron a esta obra de propia desnaturalización.[3]

La belleza literaria da todavía más fuerza al pensamiento de Soldevila: el heroísmo de los catalanes en el momento de las grandes batallas se sustituye por un sentimiento propio de eunucos que se niegan a sí mismos. Lo que hasta anteayer se defendía encarnizadamente ahora se olvidaba y se sustituía con «esfuerzo y celo» por un afán de autoanulación. Es peculiar o normal que un historiador nacionalista sea tan pesimista sobre sus compatriotas: nunca están a la altura en la que «deberían» estar. La profundidad de la derrota no justifica ni explica que la única resistencia del pueblo catalán sea «inconsciente».[4] Cuando no hay adhesión inconsciente, hay «colaboración de los catalanes». En definitiva, un siglo nacionalmente perdido para Cataluña. No todo estará perdido, para Soldevila, porque habrá un gran empuje económico. Hay un hecho inesperado que el nacionalismo ignorante ignorará (y valga la redundancia): «Es en vano que Capmany declarara muerta para la producción literaria la lengua catalana: él mismo, con su obra, contribuía a salvarla».[5] Hay también unas obras y unos hechos que demostrarán a Soldevila, aunque muy ligeramente, que el austracismo y los austracistas pervivían mirando hacia el pasado y no hacia el futuro. Obras y hechos que tendrán lugar entre 1734 y 1736 y que para volver a oír «un balbuceo» tendremos que recorrer «un largo camino en silencio»[6] que nos llevará a las guerras con la República francesa o con Napoleón. Hasta 1833, en definitiva. Esta es la interpretación no del todo pesimista de Ferran Soldevila, pero *Déu n'hi do*.

Me propongo mostrar que las obras de 1734-1736 y hasta 1741 son bastante más considerables en número, representatividad y duración del período, y que el largo camino en silencio existe, pero está más cubierto de lo que pensaba Soldevila de buenos hostales, de ciudades para hacer parada y fonda y de escritores con espléndidos libros acabados de amasar para estudiar en ellos la historia y la política catalanas. Para mostrarlo no nos olvidaremos de exigir, a todos los que nos encontremos en el camino, calidad intelectual, apoyo social, empuje de las nuevas clases económicas y, además, conexiones internacionales. La imagen presentada por Soldevila se mantendrá en algunos aspectos pero en otros quedará bastante modificada, sugiero con todo respeto.

3. Ferran Soldevila, *Història de Catalunya*, vol. III, p. 3.
4. *Ibid.*, p. 4.
5. *Ibid.*, p. 49.
6. *Ibid.*, p. 28.

Concentrémonos en el período 1734-1736 en el que «hay indicios de ciertos intentos de revuelta». De la mano de Josep M. Torras i Ribé podemos decir que el desencadenamiento de una represión implacable contra los catalanes austracistas continuó durante bastantes años, pero aún en 1735 se ha documentado el levantamiento de grupos armados austracistas por el Campo de Tarragona, comandados por Andreu Garcia. Un año antes se había publicado *Via fora als adormits y resposta del Sr. Broak, secretari que fou del Sieur Milford Crow, al Sr. Vallés, son corresponent de Barcelona, sobre les materies polítiques presents*[7] (existe una traducción francesa con el título de *Alarme aux endormis*), y un año después lo sería *Record de la Aliança fet al Serm. Jordi-Augusto, Rey de la Gran Bretaña, etc., etc. Ab una Carta del Principat de Cataluña, y Ciutat de Barcelona.*[8] Soldevila cita estas dos obras por la reedición que de ellas había hecho el científico Norbert Font i Sagué en 1898 al cobijo de *La Veu de Catalunya*, y hace de ellas una valoración admirativa pero que mira hacia atrás y que les da un carácter «ineficaz e iluso». «Un lenguaje que se acaba» es toda una interpretación que ha ido persistiendo. «Aún una nostalgia austracista, aunque reprimida y progresivamente asfixiada»,[9] acaba de escribir una historiadora con el mismo talante que Soldevila. Pese a todo, poca atención o atención sin lectura está presente en algún otro caso. Así se consideran ambas obras como parte de la «literatura *anticastellana*», de una manera confusa, cuando en todo caso van contra la Castilla que derrotó a Juan de Padilla. Además se asegura que «sin que se sepa demasiado qué quiere decir» *Via fora*, a pesar de que Joan Corominas en su gran *Diccionari* nos habla de su viveza tardía[10] en la entrada *via*. Sólo Eva Serra hace unos cuantos años, reclamó que estos textos fuesen estudiados como miliarios en el camino de la recuperación del pensamiento político catalán junto con el «Memorial de Greuges» (1760), editado por Moreu-Rey, y con el *Proyecto* de Romà i Rossell, que se había editado poco antes. Por cierto, Serra consideraba el *Via fora* «un grito muy vivo y popular en la época».[11]

¿Por qué los publicó Font i Sagué? La respuesta directa es sencilla y obvia: para dar apoyo histórico al catalanismo político que se estaba afianzando. La pregunta tiene que entenderse, por tanto, en el sentido de cómo los poseyó

---

7. Folletos Bonsoms, n.º 834.
8. Folletos Bonsoms, n.º 2.634. Me parece que los autores de estos dos trabajos son austracistas que viven en el interior: el de *Via fora*, de los que se opusieron al archiduque desde el austracismo tradicionalista, y el del *Record*, de los que lo defendieron, pero no se exiliaron. La propuesta de Carreras i Bulbena de que el *Record* sea de Rafael Casanova es verosímil. Los dos escritos están redactados pensando, insistamos en ello, en su efecto sobre el mundo político europeo. Agradezco la cita de Carreras a Ricard Gonzàlez.
9. Rosa Maria Alabrús Iglesias, *Pensament polític i opinió a la Catalunya moderna*, tesis doctoral, vol. II, 1995, p. 724. Los tres volúmenes contienen materiales preciosos y exhaustivos.
10. Joan-Lluís Marfany, *La cultura del catalanisme. El nacionalisme català en els seus inicis*, Barcelona, 1995, pp. 192-193.
11. Eva Serra, «Via fora als adormits», *Almanac de Serra d'Or*, Montserrat, 1974, pp. 174-176.

y cómo los consideraba. *Via fora* lo tenía «gracias al desinterés de un entusiasta amante de Cataluña, el nombre del cual sentimos no nos sea permitido publicar» y lo juzgaba desde el rechazo a la poca ayuda de los aliados y del hecho que los catalanes con «Fidelidad y Amor al Archiduque Carlos, fueran tan mal correspondidos por cierto».[12] El *Record de la Aliança* lo conoce gracias a la *Historia del memorable sitio y bloqueo de Barcelona* de Mateu de Bruguera, que hablaba de él y lo citaba desaprobando la traición, que volverá a subrayar Font i Sagué, de los aliados. Bruguera lo da como un testimonio de que en 1736 «aún se alimentaban esperanzas por algunos buenos patricios [pero] esta exposición y súplica razonada de Cataluña y ciudad de Barcelona puestas á las gradas del trono de Inglaterra, no produjo ningun resultado favorable para la desgraciada provincia, ni se dignó darle una mirada compasiva. Cataluña estaba vencida y esclava y para los vencidos no hay consuelo, amor ni compasion».[13] Font i Sagué, que gritaba «¡Vergüenza eterna para los que mirando tan sólo sus conveniencias abandonaron a Cataluña!», resaltaba que en 1736 «el espíritu de la tierra alateaba aún bajo las cenizas y que habría bastado el apoyo decidido de Inglaterra para que el fuego volviese a encenderse de un extremo a otro de la Patria».[14] Afea a Antoni de Bofarull que dude en su *Història de Catalunya*[15] de que *Record de la Aliança* exista.

Bofarull ayuda a tan poco conocimiento y tanto desconocimiento posteriores. El mismo Soldevila en su *Historia de España*,[16] que describirá tan y tan bien las continuas alternancias entre las grandes potencias y las modificaciones de las fronteras y de las influencias, no da ninguna beligerancia —y los trata de ineficaces y de ilusos— a unos planteamientos que, en otros sitios, las constelaciones de alianzas hicieron reales y realistas. No tenemos tampoco ningún análisis crítico —el que haremos a continuación será primario— que nos permita ver al menos el nivel de conocimiento de la política internacional y del pensamiento político europeo que poseían ambos textos. No avanzaremos mucho, pero sí un poco en el conocimiento de estas dos obras *Via fora* y *Record de la Aliança*. Vamos a ello.

12.   Norbert Font i Sagué, «Nota prèvia» a *Via fora als adormits*, Barcelona, 1898, pp. 4-7.
13.   Mateu de Bruguera, *Historia del memorable sitio y bloqueo de Barcelona y heroica defensa de los fueros y privilegios de Cataluña en 1713 y 1714 con las causas del levantamiento de Cataluña contra Felipe V, y consiguiente proclamación del Archiduque Carlos de Austria, abandono de este, tratado de Utrech, y demás pormenores, convenientemente detallados, hasta la definitiva instalación de los Borbones en España, después de vencidos los valientes catalanes*, Barcelona, 1872, 7. III, p. 683.
14.   Norbert Font i Sagué, «Nota prèvia» a *Record de la Aliança*, Barcelona, 1898, p. 8.
15.   Vol. IX, p. 249.
16.   Capítulos XXXVI y XXXVII.

«VIA FORA», «RECORD DE L'ALIANÇA» Y OTROS

Puny poderós, saviesa, ull ple de ciutat no bastida
jeuen aquí. Són pols? són el futur que tu ets.

CARLES RIBA

¿Cómo son físicamente? Según Núria Sales son «opúsculos»[17] («obra literaria o científica de poca extensión») y según Joan-Lluís Marfany «panfletos» («libro impreso de muy pocas páginas, especialmente en que se ataca violentamente a alguien o algo»). Es exagerado decir que son de un tamaño reducido, ya que en las ediciones de *La Veu de Catalunya*, y a pesar de unas breves páginas añadidas, tienen 247 y 88 páginas, y no tienen en ningún caso un contenido anticastellano, sino más bien condenatorio de la actitud de Gran Bretaña (y de Austria) en el pasado y una demanda de rectificación hacia el futuro.[18]

Sorprende en los dos escritos la alta calidad de los conocimientos políticos y jurídicos sobre los temas tratados. *Via fora* aparece firmado por un inglés que nos explica que hace muchos años que vive en Barcelona y que fue el secretario de Milford Crow.[19] Éste fue quien firmó el tratado de Génova en 1705 en nombre de la reina Ana, que comprometía a Gran Bretaña para defender las libertades catalanas. No sabemos seguro si Broak es ciertamente el autor; Soldevila lo duda puesto que prefiere decantarse por un catalán que por temor a la represión firmó con pseudónimo. Esta verosímil hipótesis no elimina algunas dudas. La primera es que algún inglés, y bien enterado, figuraba en todo caso al lado del supuesto autor, ya que proporciona amplia, poco conocida o desconocida información del lado británico. Si bien es evidente que la referencia del final, «Si vendono in gènova. Da Sebastiano floresta. Al regno del Francolino», parece un guiño al lugar del compromiso firmado que podía salvar a los catalanes, no tengo ninguna respuesta para interpretar que en las líneas inmediatamente anteriores se diga: «Impresa à Barcelona. A costa dels Hereus de Rafael Figueró». Los Figueró eran impresores al menos desde 1647 y lo serán durante todo el setecientos. Publicaron los *Anales* de Feliu de la Penya, fueron desde 1706 impresores reales de Carlos III e imprimieron las gacetas oficiales, *Noticias Generales de Europa* (1701-1704) y *Mercurio Veloz y verídico de Noticias* (1706). No sólo eran austracistas, sino que una bomba les incendió el taller donde imprimían el diario de la defensa

17. Núria Sales, «El segle XVIII (1714-1789)», en *Història dels Països Catalans. De 1714 a 1975*, Barcelona, 1980, p. 38.

18. Citaremos estas reediciones por la difícil numeración original de *Via fora*, pero daremos algunas correspondencias con la reedición: A.2-17; B.2-34; -2C-42; E.2-87; F-100; F.2-104; I.3.4-177; K.2.2-186 y -1.M-211.

19. Para conocer datos y biografías de los primeros años de la guerra de Sucesión me remito a Joaquim Albareda, *Els catalans i Felip V. De la conspiració a la revolta (1700-1705)*, Barcelona, 1993.

de Barcelona de 1714. Hasta este año publicaron en catalán y después no, si nos atenemos a Aguiló. Siendo tan claramente austracistas, ¿cómo es que corren el riesgo de aparecer como financiadores de un escrito que busca el cambio de régimen? ¿Pusieron su nombre sin su permiso los impulsores del *Via fora* que pertenecían a otro grupo austracista estando entre ellos las cosas bastante envenenadas? ¿Había suficiente libertad para hacerlo abiertamente, cosa que no parece posible? En todo caso, los herederos de Rafael Figueró existían y existieron. Rosa Maria Alabrús no valora como yo la dureza anti-borbónica del *Via fora* y cree que sí que podían ser los Figueró sus editores, ya que también editaban en la época textos felipistas. La historiadora gerundense también cree que, dado que Génova era un núcleo de austracistas, puede no ser un símbolo, sino el lugar donde fue redactado y después vendido. Es decir, redactado en Génova en 1726 como respuesta al tratado de Viena, e impreso en Barcelona en el momento en que Felipe V conquistó Nápoles y Sicilia.

Un erudito bastante preciso como Palau i Dulcet afirma que «este violento escrito contra Inglaterra se atribuye al P. Ribera dominico». Conoce el escrito y el ejemplar que ha visto tenía adjunta la traducción francesa. No creemos que Bernat Ribera pueda ser su autor porque entonces vivía en Viena muy cerca de la corte imperial y *Via fora* contiene también importantes críticas a la monarquía austríaca y a los exiliados catalanes. Pero la credibilidad de Palau plantea que pudiera ser que no habiendo redactado el *Via fora* tuviera que ver con una respuesta muy «vienesa» que, como veremos pronto, fue impulsada desde Viena. Alguna campana debía haber tocado Ribera. Una breve biografía[20] puede darnos a conocer a este dominico, de una vida sorprendente. Nacido en Barcelona en 1684, profesó en 1700 y destacó como predicador y catedrático de teología de la Universidad de Cervera. Dos de sus sermones fueron impresos por Rafael Figueró. En 1727 es nombrado capellán de la embajada española en San Petersburgo por el duque de Liria e hijo del mariscal Berwick, que había ganado la batalla de Almansa en nombre de Felipe V. Llegado a Rusia trabajó de acuerdo con el Vaticano como misionero apostólico para la unificación de las iglesias católica y ortodoxa. Este intento, bastante maduro, fracasó, por lo que él no fue consagrado obispo (el duque de Liria le había ofrecido pagarle todos los gastos) y cuando el embajador volvió a Madrid nada le ataba para quedarse en San Petersburgo o Moscú. De aquellos intentos quedó un grueso volumen «unionista» y otros escritos teológicos. Lo más sorprendente es que, cuando a finales de 1730 el duque de Liria vuelve a Madrid, nuestro dominico pasa a la corte imperial austríaca, donde es nombrado *consultor cesari*, y allí permanecerá hasta su muerte en 1777.

Nunca se podría haber localizado la traducción francesa de *Via fora* hasta que la red informática y Montserrat Lamarca permitieron localizarla en la

---

20. Véase Alberto Collell Costa O. P., *Escritores dominicos del Principado de Cataluña*, Barcelona, 1965, pp. 233-236. El *Diccionario* de Torres Amat cita un fragmento bastante divertido de un romance sobre este popular dominico.

biblioteca de Chapel Hill en la Universidad de Carolina del Norte. Encontrarla no era un hecho cualquiera, sino ver si realmente había existido una versión en la única lengua diplomática de la época, lo que significaría un empuje notorio de la operación y una importante capacidad operativa. El contenido es prácticamente idéntico al original catalán y figura que la versión francesa fue impresa gracias a los fondos de un buen ciudadano: *Alarme aux endormis et réponse du sieur Broak, feu sécrétaire de Milford Crow à Monsieur Valles, son correspondant de Barcelonne sur les matières politiques d'à present, traduite premierement en Catalan; et en suite en François per le même M. Valles avec une seconde Response du même Broak à la fin. À Barcelonne. Aux depens d'un bon Cittoien. N.N. Aux soins des heritiers de feu Raphael Figueró Imprimeur. On le debite à Genes, chez Sebastien Floresta, à l'enseigne du Francolin.*[21]

El *Record de la Aliança* aparece con anotaciones firmadas por Alani Albionis e impreso en Oxford, de donde era, dice, también este abogado. El texto del que surgen las anotaciones está dirigido al rey de Gran Bretaña, Jorge-Augusto, y quien lo envía es el Principado de Cataluña y la Ciudad de Barcelona, cosa que directamente era mentira. El carácter clandestino era evidente, ya que decía que estaba firmado en enero de 1736, que sería el de la «comuna redención» y que era el 22 de «Nuestra Esclavitud». Expresión, esta última, que provocó la reacción de alguien, que, en el ejemplar guardado en la Biblioteca Universitaria de Barcelona, la tachó, tanto en catalán como en latín. Oxford como lugar de edición es posible que sea falso, pero parece que se buscaba un golpe de efecto para obtener una positiva acción de los ingleses y de los austríacos y un retorno viable hacia el período anterior a 1714. La obra utiliza el catalán, el castellano, el francés y el latín, una razón más para ver en ella, de nuevo, el deseo de llegar al público internacional utilizando las dos lenguas, la diplomática y la clerical.

¿Son dos textos, *Via fora* y *Record de la Aliança*, aislados? Se ha creído así hasta que con Josep M. Gay Escoda (a quien dedico este capítulo) encontramos una réplica directa al primero en su traducción francesa, *Censura ó Juizio imparcial sobre el papel intitulado en catalan, «Via fora» traducido en frances con el título «Alarme aux endormis» en el assumpto de las materias politicas presentes.*[22] Está firmada por el «Profesor de la Justizia» Ramon Arias de Vaydon en Venecia el 20 de marzo de 1735 y es una gran exculpación de los Austrias y de los exiliados catalanes en Viena. De una manera muy clara se puede advertir la fluidez de la información entre Barcelona, Italia y Viena, así como que el supuesto autor, la firma parece real, ha redactado la respuesta por «superior mandato», ejerciendo «el cargo de censor que me han impuesto». Este hallazgo ya le daba una mayor densidad al período 1734-1736.

Poco después encontré un cuarto, *La voz Precursora de la verdad prego-*

21. Véase *Revista Jurídica de Catalunya*, n.º 2 (1997), pp. 299-304.
22. Real Academia de la Historia, 9-4770. Son 48 folios de 20×30 cm.

nando la esclavitud de Europa por las injustas invasiones de la Real Casa Borbon clama para redimirla del Cautiverio. Su author Dn. Prudencio Veraz de Riaso Zelante de la Ley de Dios de la Justicia y del Bien público. Dedicado al Serenísimo y Potentísimo Rey de la Gran Bretaña Jorge Augusto II Duque y Elector de Annover. Impreso en Colonia, año 1734,[23] a cuyo autor, el austracista aragonés Juan Amor de Soria, iremos conociendo bien. Digamos ahora que las correcciones a mano son suyas, que Riaso es Soria alternando las sílabas y que «Prudencio y Veraz» son pseudónimos, como aclara el manuscrito sin decir nada de Riaso. El texto formado por 81 folios escritos por ambos lados, está firmado el 28 de agosto de 1734 y está tan pulido que parece que esté destinado a la imprenta. Esta debió ser la intención, pero no he encontrado ningún ejemplar y, además, la segunda parte del título, desde «Su author», aparece tachada. Todavía podríamos decir a favor de esta suposición negativa que hay dos adiciones de la mano de Amor de Soria con noticias sobre 1735 y 1738 en la última página. El contenido está absolutamente dirigido al rey británico, y la *voz Precursora de la verdad* (como se cita en el mismo manuscrito) «ha debido salir en Campaña para hacer ver al mundo que si la Real Casa de Borbon ha tenido fuerzas y poder para triunfar dc todos, no ha tenido razon alguna para la ofensa ni para el triunfo». Parece, pues, bastante evidente que por lo menos quien era consejero de la emperatriz María Teresa creía que era una campaña y con tanta coincidencia en el tiempo que es evidente. Un Amor de Soria, que ya era conde, y que está «cn la cdad decrepita de setenta y cinco años». No adelantemos acontecimientos porque todavía tenía que vivir unos cuantos años más, que permitieron a la mano derecha de Ramon Vilana Perles completar su obra política teórica.

Tenemos ahora, pues, cuatro textos publicados o escritos en circunstancias peculiares, pero con una coincidencia en los años en los que fueron escritos. La orientación general es la misma: devolver a toda España o al menos a una parte el sistema vigente antes de 1714. Serán escritos entre 1734 o agosto de 1734 y enero de 1736. Una campaña relacionada con una política imperial propugnada por Viena y sostenida con una voluntad catalana de reencontrar la libertad y eliminar la esclavitud. Para darle la vuelta a la situación es imprescindible un cambio de la actitud británica y en general despertar a la opinión pública con argumentos. Hay una actitud común entre el *Via fora als adormits* (traducido por *Alerte aux endormis*) y este fragmento: «Alerta ó Reyes y Potentados de Europa. Alerta dice otra vez esta voz Precursora de la verdad que está a vuestras puertas el Monstruo que os devora: Ha fingido dormir hasta aora, y reposar para cogeros desprevenidos». En cambio, hay diferencias entre los que pasan la responsabilidad principal o exclusiva a Gran Bretaña, por la falta de cumplimiento del pacto de Génova a causa de los conservadores y de Bolingbroke, y los que la hacen compartir con el Imperio, que no hizo todo, ya que podía haber hecho más, lo que podía.

23. Real Academia de la Historia, 9-5624.

La mala conciencia entre los británicos por este abandono fue notoria, hasta ser considerado como un arquetipo de una falta grave en «el honor de Inglaterra». Los títulos de los dos opúsculos, que así lo recogían, son bastante claros: *The case of the catalans considered* y *The deplorable history of the catalans*,[24] y se habían publicado en 1714. Hay también agrias diferencias entre los catalanes austracistas más críticos con el Imperio y los que creen, quizá por realismo, que la única esperanza radica en el Imperio. Los primeros, residentes en Barcelona, posiblemente porque durante los meses definitivos y finales de 1714 ya mostraron estos desacuerdos, eran críticos con una parte de los exiliados, sobre todo con su adalid (tanto en mando como en el hecho de preceder a los exiliados), Vilana Perles, por considerar que piensan más en ellos y en sus fortunas que en la causa, más como austríacos que como catalanes. Hemos partido de textos importantes, pero, como veremos más adelante, hemos encontrado de los mismos años otros de menor importancia, que sirven para confirmar que se trataba más de una «campaña» o de un período álgido que de unas coincidencias casuales.

Entremos ahora a examinar los cuatro textos principales, aunque sin el espacio y la profundidad que sería preciso. Empezaremos por el que contiene planteamientos más generales y tiene como autor al teórico austracista más importante. Juan Amor de Soria muy pronto estará preocupado para que el exilio esté preparado para el retorno, y así escribe en Viena el 12 de febrero de 1718 que «desde el año 1714 se hallan establecidos cerca de la Real Persona de V. M. el Consejo Supremo de España con Instrucciones suficientes y claras la Secretaría de Estado y del Despacho». Mostraba la urgencia vital del exilio: «Mañana faltarán los españoles actuales, sus hijos serán Italianos u Alemanes según la región de nacimiento».[25] En su primer folio y subrayado afirma que «la visible esclavitud de la Europa por las injustas atropelladas Invasiones de la Real Casa de Borbon». Estas invasiones no incluyen sólo las relativas a la guerra de Sucesión, sino a las del siglo anterior. Las que hacen referencia a Cataluña serán ilegales porque les falta la aprobación de las Cortes Catalanas: «De la Casa de Austria de España, El Condado y Veguería de Rosellon con todo el Pays, fortalezas y Lugares, El Condado y Vegueria de Conflans (*sic*), 33 Lugares del Condado de Cerdaña». Cuando la Casa de Austria haya dado la vuelta a la situación, estas tierras deberán ser devueltas.[26] Lo mismo pasará con las tierras vascas, tanto en este escrito como en *Via fora*, así como con las conquistas posteriores consagradas por los tratados de Viena, Nápoles, Sicilia y los «presidios toscanos», ya que no se firmaron en condiciones de igualdad. Dirigiéndose a un soberano británico, le re-

24. Están recogidos en «*Consideració del cas dels catalans*» seguit de «*La deplorable història dels catalans*» a cargo de Michael B. Strubell, Barcelona, 1992.

25. Juan Amor de Soria, *Para el examen de las cosas de Estado y de las Reservadas. Methodo en la direccion de las Provinciales, ofizios, cargos y distinciones de la Secretaría de Estado*, Real Academia de la Historia, 9-5637[10].

26. Por esta razón la delimitación que hace Eva Serra en el citado artículo es bastante restringida porque las excluye.

cuerda la similitud de esta actitud con las posiciones del rey Guillermo ante del Parlamento. Una posición coherente que se mantuvo hasta el año 1711, en el que triunfaron «los engaños, los manexos y las astucias de la Real Casa de Borbon». El padre del rey inglés, cuando lo vio, mandó a su secretario de Estado a ver a la reina Ana dos veces, pero «pudo mas en la Reina una ciega pasion, y en sus parciales los *toris* ... que el honor propio y de la Nación y el bien universal de la Europa».

«La Corona de Aragon, que asegurada de las promesas de la Gran Bretaña ... perdió su libertad, sus Privilegios y su antiquisimo ser, sin que su razon convertida en desesperaciones pudiere librar al Principado de llegar a ser víctima de la violencia enemiga.» Los reinos de Castilla están también sujetos a un «absoluto despotismo», sin Cortes y con unos tributos multiplicados. La orden para tergiversar la situación empezará a partir de Cataluña como zona más sensible, para pasar después a la Corona de Aragón y acabar en España. Es imprescindible que Gran Bretaña, con los Estados Generales de las Provincias Unidas, no hagan de mediadores por la paz y que hagan «vibrar sus armas». Esta apelación es precursora, como san Juan Bautista, y así le anuncia que los Borbones dan apoyo a los jacobitas para que ocupen su trono. La «Nona conclusio» será más clara que el agua: «Que el Rey Britanico y los Estados Generales de las Provincias unidas ... estaban y estan obligados por su autoridad, por su promesa, por su mediacion y por la Garantia a unir sus armas desde luego con el Emperador contra la Real Casa de Borbon». Como mínimo para volver a antes del tratado de Utrecht, ya que la Paz de Münster y el tratado de los Pirineos tampoco son aceptables.

Toda esta expansión francesa «estaba prevista en el que escrivió y publicó el Cardenal de Richelieu en el libro que autorizó con el nombre de Bessiano Arroyo (*sic*) impreso en Paris el año de 1634 y dedicado al Rey de Francia» y de él hace diversas citas (pp. 69 y 100). Cataluña está incluida en ella porque reclama todos los territorios de Carlomagno. Este libro es en realidad una «Sacra Biblia» a la que se han añadido nuevos capítulos. Ante esta situación, Amor de Soria exclamaba: «Alerta pues ó Rey Britanico, alerta Nacion Inglesa que esta Real Casa de Borbon á dominar vuestros Estados». Más adelante, todavía con más énfasis duplica la advertencia: «Alerta alerta». Grito que tendrá que llegar también a otros monarcas, como el elogiado de Portugal o el de Cerdeña, hasta llegar a una convocatoria general encabezada por cl rey británico que con el Imperio acaben con la situación: «No os queda (o Reyes y Soberanos de Europa) otro arbitrio; otro remedio; otra providencia que la comun concordia, la indisoluble union, la Alianza recíproca y la constancia en las armas».

El pseudoanonimato de este largo escrito, densamente lleno de informaciones sobre la política exterior, parece poco prudente o se quería que no fuera prudente. Precisamente quizá por esto nunca fue editado, pero en todo caso quisiera decir que a principios de 1734 había quien creía, desde la cúspide o cerca de ella, que era preciso que lo fuera. Eran los tiempos en los que Amor de Soria firmaba como consejero de Hungría y de Bohemia de la emperatriz y que tenía el título de conde por concesión del antiguo archiduque y después emperador en su condición de Carlos III de España. ¿Llegó este escrito o su eco a Barcelona? ¿Al menos había emisarios que hicieran llegar su tono en una u otra dirección? Creemos que estamos ensanchando los tabiques de la cámara de los conocimientos de estos años, hasta ahora casi en silencio, pero es evidente que queda mucho y mucho por averiguar.

Casi simultáneamente aparece *Via fora*, otra alerta, *als adormits*. El autor principal afirma que es inglés y si no lo era conocía bastante bien Gran Bretaña. Más específicamente, su enfoque coincide con el de los *whigs* (liberales) que representaban las posiciones más avanzadas y en este caso las favorables a la causa catalana y que estaban enfrentados con los *tories* (conservadores). El supuesto señor Vallès nos informa que él ha traducido el original del señor Broak al catalán mientras que «algún otro paisano» lo ha hecho al francés. Broak vive desde hace mucho en «mi casa» y escribe por esta razón con claridad «a la Catalana». Una claridad que a menudo se convierte en una serie de ataques personales contra exiliados, que le reprocharán desde Viena, tanto por motivos de fondo como de forma.

Broak, real o fingido personaje, está contra el *sistema present*. Afirma que Crow, el firmante británico del pacto de Génova, «no da la culpa sólo a los ingleses» (p. 11). Con un aire como el que acabamos de escuchar nos habla de «la que amenazaba hoy a toda la Europa para la exorbitante Potencia *Gall Hispana* ... es Eco de la Evacuación de Cataluña y abandono de España». Da la impresión de que sabe quién ha tomado la iniciativa: «El emperador es el primero que querría obviar a los males que comienza a sentir y los demás Soberanos deberán cooperar con ellos si los quiere evitar» (p. 12). Para parar a unos Borbones desatados por toda Europa,

> por experiencia se sabe que se debe empezar por Cataluña: no sólo porque ha demostrado saber ayudarse al remedio más que las otras Provincias de España ... no serían pocas las fuerzas que sacaría de su flaqueza si le ayudaban los Garantes que le abandonaron: sino también porque el honor de los Aliados diesen en Cataluña una nueva seguridad por otras provincias de España; ya que éstas tienen el escarmiento de ver a esta Esclava, con tantos *Garantes mudos* por su libertad perdida (pp. 12-13).

El conjunto del texto está lleno, también, de pequeñas reivindicaciones. Así, los síndicos de Barcelona son poco tratados «por el juramento del que se dice Príncipe de las Asturias (título antes nunca reconocido en la Corona d'Aragó)» (p. 14).

El libro tiene tres partes y la primera lleva por título «La llivertat de aqueix Principat mal perduda» (pp. 17-86). Libertad catalana que equipara al equilibrio de Europa. Cataluña en sentido amplio porque «si Cataluña recobrase su Soberanía, tendría que rescindir aquella injusta transacción [del tratado de los Pirineos]» (p. 20). Tampoco acepta el tratado de Utrecht, al que llama cábala de Utrecht, es decir, intriga (p. 32). Infracciones inmediatas son reprochadas a Felipe V: cerrar la Universidad de Barcelona durante tres años traspasando las cátedras a los jesuitas, y encarcelar al embajador catalán, Pau Ignasi Dalmases, en marzo de 1705, con todas las indecisiones posteriores de los aliados, y Broak asegura que no entró ninguna fuerza de éstos hasta que Cataluña, Aragón y Valencia lanzaron a sus propias tropas al combate. Fue entonces cuando Crow, en nombre de la reina Ana, firmó el pacto —incompleto— de Génova. El tratado de Utrecht en sus dos versiones, en latín y en francés, introducía contenidos diferentes respecto a la defensa de la libertad catalana en los artículos 8 y 9 (pp. 49-52). *Via fora* destacará una carta del nuncio del Vaticano en Madrid y arzobispo de Selencia del 9 de julio de 1733, por la que obliga a los obispos catalanes a obedecer al rey sobre los bienes eclesiásticos «aplicando atrevidamente el término de *rebeldía* a la guerra pasada» (pp. 52-53). Una tensión inmediata al período de la publicación de tanto papeleo rebelde, ahora sí es correcto el término. Los ingleses no actúan bien y no reconocieron al embajador catalán como tal, a pesar de que el mismo trato se le había dado en Viena.[27] Era en mayo de 1713 y pedía a la reina: 1) el retorno de los Privilegios del tiempo de la muerte de Carlos II; 2) el mantenimiento de los concedidos por Carlos III; 3) la declaración de haber obrado bien los adheridos a Carlos III, y 4) la libertad para irse con retención de bienes. Unas solicitudes que se hacían también «a beneficio de los otros Reinos y Pueblos de España» (p. 63). Ante un abandono general se vio «perder la libertad catalana, pero no la honra de los catalanes que la defendían» (p. 64). Una Cataluña «sacrificada por una Alianza de los mayores Príncipes de Europa en la negociación de Francia, que la compraba en Utrecht con oro de Castilla» (p. 65). Tuvo culpa Inglaterra, como Robert Walpole[28] ya explicó desde su alta posición política e intelectual, «pero es público que nuestra culpa no fue única» (p. 65). La guerra continuó porque en Cataluña había alguna cosa más que una simple guerra internacional entre reyes y dinastías, contra lo que quieren algunos unitaristas españoles predicar ahora, como Santos Juliá.

También tienen responsabilidad, asegura el *Via fora*, algunos austracistas entre los que destacará Ramon Vilana Perles. Esta parte, que recibirá dura contestación desde el exilio, la dejaremos para más adelante, dado que, hasta donde es posible, separaremos las cuestiones internacionales de las internas.

27.   En las pp. 61-62 el autor da muestras, en un punto que le parece crucial, de su conocimiento de la base doctrinal de por qué eran embajadores. Uno de los puntos en los que la formación jurídica en derecho internacional no parece inferior a la que tenía en política internacional.
      28.   La obra más citada, más de dos docenas de veces, es la de sir Robert Walpole, *Rapport du Comitté secret nonmé per la Chambre basse de Parlement de la Grande Bretagne, pour faire l'examen des livres et papiers qui roulent sur les négociations de la dernière paix et du traité de commerce etc. Fait le 9 juin v.s., 1715. Avec tous les mémoires, lettres secrètes et autres papiers transigés entre les ministres d'Anglaterre et ceux de France. Traduit de l'anglais*, Amsterdam, 1715, 456 pp. El original inglés había sido editado el mismo 1715. A veces se le cita como *Supplément* dando la sensación de que es otro libro, cuando de hecho es la segunda parte del *Rapport* y la que contiene las «*mémoires, lettres secrètes, etc.*». En segundo lugar, se cita la colección *Corps Diplomatique*, y en una ocasión, la opinión de su editor Du Mond (p. 49).

Es difícil hacerlo con las tres cartas escritas por el emperador y la emperatriz el 28 de marzo de 1714, refrendadas por Vilana Perles, que se libran a los comisionados catalanes, pero que nunca llegaron a Londres. En la paz de Rastadt, en cambio, no se habla de España y Viena estuvo de acuerdo. Salvando detalles, pues, ni Gran Bretaña ni el Imperio ayudaron a los asediados en Barcelona. Acusa además de que, en las conversaciones para la aplicación del tratado de Utrecht, el agente imperial que va a París al igual que otro que va a Barcelona durante el asedio clandestinamente, no hacen lo que debían hacer: «Eran españoles; pero (¡pobre Cataluña!) cuando yo residí en Barcelona muchos años ni los conocí ni se hablaba de ellos». El anónimo autor no puede ser ninguno de los austracistas catalanes conocidos.

Via fora acepta toda la responsabilidad inglesa, pero «haré, no obstante, un breve cotejo entre la culpa de los Ingleses y la de los otros» (p. 74). «La culpa de Inglaterra es mayor» (p. 76), pero «¿ha visto V. M. castigar en otras Cortes semejantes crímenes en sus ministros?» (p. 77). Las acusaciones contra austracistas catalanes y españoles son brutales. Al «Plenipotenciario Cessáreo» por haber aceptado la paz de Viena de 1725. Un «nuevo aventurero de Germania» (se refiere al Imperio) ha recibido dinero más en premio por lo que hizo por la paz firmada en Viena que por la participación de su hijo en la campaña de Gibraltar. Hay en Viena «numeroso concurso de españoles honrados quienes sin el carácter o empleo que han merecido, viven de las esperanzas de mejores tiempos», pero «no leo sus nombres en Instrumentos que omiten la libertad de sus Nacionales». Otros sí firman papeles en los que no hay «ni una voz expresa de Privilegios de Aragoneses y Catalanes» (pp. 77-81). El tono es muy duro: «No canonizo de piedad el sacrificio de Cataluña por la Paz de otros Reinos, pero no faltan consultores que así la dispenden» (p. 80). Recomienda al emperador que desenfunde la espada «en su Corte de Viena contra cuantos hayan sufragado la Esclavitud catalana» (p. 80).

Hemos avanzado bastante en el contenido para confirmar nuestra hipótesis de que el autor o autores de *Via fora* eran un inglés muy conocedor de Cataluña y un catalán austracista radicado eń Barcelona. El tono coincide con el de los *Referents als esdeveniments de començaments del segle XVIII*.[29] La parte catalana de *Via fora* refleja los mismos disentimientos con los catalanes que estuvieron cerca del archiduque que este manuscrito. Da la impresión de que pertenecen al grupo menos ligado a Carlos III y a una visión muy lenta en la toma de decisiones, bastante ampliamente aceptada, que era poco compatible con ganar una guerra. Una diferencia que, como veremos más adelante, tuvo una antinomia teórica en el *Epítome* de Grases i Gralla, y que tuvo siempre como pararrayos de la discusión a Ramon Vilana Perles, a quien en este contexto llama «Actuario Real de Renuncias» (p. 82).[30] Un

---

29.   Biblioteca Universidad de Barcelona, ms. 753, n.º 43.
30.   El supuesto o real Broak considera «horrible y bárbara» la introducción del Tribunal de la Inquisición en Nápoles cuando es conquistada por Felipe V, mientras que el supuesto o real Vallès coloca su única rectificación discrepando de estos adjetivos (p. 85).

odio tan y tan fuerte que al final del cuerpo central de *Via fora* es muy contundente: «No tengo la honra del Consejero Cessáreo, pero deseo contribuir en la conservación de sus dominios, y a su gloria (que será mayor con la libertad de Cataluña y de toda España)» (p. 168).

La segunda parte de *Via fora* lleva por título «La justicia ab que se preten son recobro» (pp. 87-121) y se concentra para demostrar la invalidez jurídica de todos los pactos. La injusticia ha provocado que haya habido invasiones y acciones incontroladas: «Yo creo que todo este desorden directamente lo dispone la Divina Justicia para motivar una nueva guerra en España, y con esta restablecer la libertad de Cataluña, Aragón y Valencia».

La tercera y última parte,[31] «Pot restituirse ab utilitat comuna» (pp. 122-168), es la programática y es preciso empujarla porque «puede repetirse hoy el culpable abatimiento de los Castellanos; a la abandonada honra y vigilancia de Catalanes, Valencianos y Aragoneses y a la letal soñolencia que desde los tratados de Utrech (*sic*) aflige a los Príncipes de Europa». El punto básico de esta parte es su oposición a que con la idea de la Farnesia propugnada por Ripperdá se esté tramando un matrimonio entre dos príncipes Borbones y dos archiduquesas austríacas (una ¡María Teresa!). Con palabras barcelonesas y duras vuelve a cargar contra algunos exiliados y naturalmente contra el «Actuari Real de Renúncies» (pp. 151-168).[32] El tono es duro efectivamente, ya que si lo desean es porque «viven de pensiones en Italia», pero «ni conservan el celo por su patria, ni manifiestan honra española, ni previenen su mayor miseria». Vuelven a distinguir entre éstos y «algunos hombres de gran Honra y Nobleza de España, y en mayor número de Cataluña» (p. 155).

Posiblemente o con plena seguridad la parte más dura de *Via fora* es el conjunto de propuestas que hace sobre el futuro. Lo hace a imagen del que acaba de hacer un peculiar personaje hugonote, Jean Rousset de Missy, en una obra de dos volúmenes, *Les intérêts présens des puissances de l'Europe, fondez sur les traitez conclus depuis la paix d'Utrecht inclusivement, et sur les preuves de leurs prétensions particuliéres* (La Haya, 1733), que es de un expansionismo borbónico francés difícil de exagerar. Los *Anales de Cataluña* de Feliu de la Penya servirán a *Via fora* para comenzar a montar su alternativa, como también lo harán los del aragonés Zurita. Teólogos de París «querrán justificar en los Reyes de França la retención de Carcasona, Toulouse, Foix y otras partes … De Rosellón, Cerdaña, Conflent y otros Estados del Condado de Barcelona, usurpados e indignamente cedidos a Francia casi de nuestro tiempo … queriendo hacer después por un Dominio Catalán que con utilidad de la Europa puede revivir» (p. 203). No deja de plantear un reino con un Borbón con aquellos territorios occitanos y estos catalanes dividiendo a Francia en dos reinos. Descendiendo en el mapa y «no querien-

---

31.   El resto son genealogías, cartas de los embajadores catalanes y unas adiciones de Broak especialmente polémicas y duramente comentadas, como veremos, por Ramon Arias de Vaydon. Sólo, tiene, eso sí, una gran entidad su proyecto de futuro que trataremos.

32.   Ferran Soldevila en su *Historia de España* cita una sola vez a Vilana Perles y para decir, al contrario que *Via fora*, que se opuso desde Viena a estos supuestos noviazgos.

do dominar en España o no pudiendo los austríacos» (p. 204), esta monarquía queda *derelicto*, ya que «deben al menos salir los Borbones de ella» (p. 204). Entonces queda «libre plenamente España, y aceptando sus Reynos a un Rey legítimo» (p. 205). «Aunque con mayor pena» (p. 205) puede suponerse que Castilla por medio de sus Cortes quiera continuar con Felipe V, esto obligaría a dejarla incomunicada de Francia. Para alcanzarlo sería necesario hacer un Portugal unido a Galicia a un lado y a otro el Reino o la República de Aragón (pp. 206-211). Ésta estaría constituida por Cataluña (con Rosellón, Cerdaña y Conflent), Aragón, Valencia, Murcia (porque fue conquistada por Jaime I), Navarra (con los territorios correspondientes a Francia) y Vizcaya, Álava y Guipúzcoa (con los territorios también en el otro lado). Los países vascos y navarros se integrarían porque «mejor se ajustarían a dicha Corona de Aragón» (p. 208). En medio, las dos Castillas, Asturias, León, Extremadura, las dos Andalucías, Granada y otras provincias, que sumarían más extensión que los otros dos reinos juntos. Quedarían asegurados a Gran Bretaña tanto Gibraltar como Menorca.

Finalmente, para *Via fora* la última trinchera estará en lo que llama «mis proyectos»: «una República libre del Principado de Cataluña en su integridad antigua» (p. 211). Es decir, con las tres regiones anexionadas a Francia y el condado de Ribagorza. El proyecto afirma que es viable internacionalmente porque es una posibilidad contemplada tanto por los británicos en el pacto de Génova como por el emperador. También es viable económicamente, para la agricultura del Ampurdán, la Ribagorza y el Urgell y por las «utilísimas fábricas» y por el comercio y la marina: «No tenía Portugal mejores disposiciones en el año 1640 para redimirse de Castilla, que tiene hoy Cataluña» (p. 212).

Hemos apuntado antes que los contactos entre Barcelona, Londres, Viena y las ciudades italianas austríacas eran difíciles pero fluidos. Sobre todo refiriéndose a «mis proyectos», si Vallès «sabe la censura que merecerán de tantos Españoles en Viena, estimaré que la comunique». Como ya sabemos, si quería una «censura», una *Censura ó Juizio imparcial*, la tuvo y no oficiosa, sino, como también sabemos, por «superior mandato». También podemos presentir que esta *Censura* tendrá dos grandes componentes. El primero mostrará que Austria hizo todo lo que pudo, y el segundo defenderá a los catalanes y españoles exiliados y cercanos al máximo poder. El dominico Bernat Ribera es, desde este lado, uno de los que, quizá, tuvo algo que decir. Insisto, Palau i Dulcet alguna buena campana debió de oír. Entremos ahora a examinar la *Censura o Juizio imparcial*, aunque sea sintéticamente, pero hay que tener en cuenta que es un auténtico juicio y que al final habrá o no condena.

Via fora es una obra que, según Ramon Arias de Vaydon, si bien es cierto que algunos la critican, «tantos otros la acreditan y aplauden» (f. 2). En dos puntos centrales están de acuerdo: «la livertad de el Principado de Cataluña ha sido injustamente perdida» y «la ambicion de la Casa de Borbon, y sus designios á la Monarquia Universal: ninguno puede dudar de esta Verdad» (f. 3). En cambio, las acusaciones contra el emperador son una a una refutadas.

Si no pudo auxiliar a los catalanes asediados era porque estaba en «necesidad extrema» (f. 5). El pacto de Rastadt le fue impuesto, pero defendió en él los Privilegios de Cataluña, Aragón y Valencia. Tampoco podía hacer nada en 1715 «quando estava ya en campo la guerra con la Porta Otomana» (f. 6). «Connotase los tiempos y las contingencias» (f. 6), reclama. El asedio de Belgrado o las campañas de la «Reyna Farnesia» en Italia no le impidieron que en el tratado de Viena de 1725 «se renovó la especie de los Privilegios de Aragón» (f. 8) en el artículo IX, a pesar de la oposición de Felipe V.[33] Si tuvo que aceptar el tratado de 1731 fue también por necesidad. Si Gran Bretaña abandonó a los catalanes también lo hizo con el emperador, con Portugal y con el duque elector de Hannover. El emperador «sufre la misma llaga del abandono, y del sacrificio y que la ha padecido desde el año 1710» de los británicos (ff. 11-12). En definitiva, si las alianzas se renovasen el emperador está dispuesto «á unir sus Armas y á emplearlas con sus Aliados ... por la Livertad de Cataluña, y por la restauracion de sus derechos, y privilegios en q. se comprehende toda la Corona de Aragon» (f. 12).

Mucho espacio concederá a los ataques que formula entre paréntesis contra la parte dirigente de los exiliados: «Ataca a los Ministros Españoles q. no tuvieron la menor parte en la Paz de 1725» por «malicia» y con «veneno» (f. 12). Acusa *Via fora* de ser una «llengua maldeciente, mordaz, embidiosa y vengativa» (f. 14). Refiriéndose a Francia habla aquí del «Autor de los suspiros de Europa» (f. 15), que narra los incumplimientos de los Borbones. Volveremos a ello. Dejando las peleas a un lado, repasa las coincidencias (ff. 16-21), donde da por sentado que Felipe V tiene que abdicar. Como una visión es también su rechazo a «los ambiciosos principios de Besiano Arroyo (obra del Cardenal Richelieu)» (f. 23), así como al contenido de la obra que acabamos de citar de Rousset («venal maldiciosa pluma») y, por tanto, su opción por la vía aliada de la guerra como el único camino. Ramon Arias de Vaydon (o quien encubra este nombre) va mezclando argumentos y así niega cualquier posibilidad de que el asunto de los noviazgos haya sido verosímil, y, por tanto, la participación de Vilana Perles. En cambio, a continuación, está de acuerdo con que los ofrecimientos británicos de mediación son contraproducentes o por lo menos inútiles.

Respecto a «mis proyectos» de *Via fora*, la lectura que de ellos hace es, en mi opinión, no del todo respetuosa. Rechaza que Felipe V, aunque sea votado por las Cortes, como decía *Via fora*, se pueda quedar en la España central. No ha tenido en cuenta, afirma Ramon Arias, la viabilidad de una gran Corona de Aragón entre dos poderes borbónicos, además de reinar uno de

---

33.   Parece cierto que el embajador luchó para que se respetaran los privilegios: «Petición del Conde de Königsegg [embajador del Imperio en Madrid] de una orden nueva y determinada de cómo debe comportarse en cuanto a lograr la restitución de los privilegios denominados fueros de las provincias aragonesas, puesto que el Rey [de España] no quiere oir nada del asunto y el Duque de Ripperdá no quiere dedicarse a ello» (21 de febrero de 1726; AB 108/16, *Spanien*, fasz. 23), en Pedro Voltes, *Documentos de Tema español existentes en el Archivo de Estado de Viena*, Barcelona, 1965, p. 586.

estos sobre América, «y en último grado se contenta eregir la Cataluña en republica» (f. 34), que tendría el mismo final (f. 44). Sentencia: «En estos proyectos conozco que el Autor no fixó el Pie, ni establezio systema, a su razon de estado, antes con su Variedad, hizo ver que ideaba, y no fundaba» (f. 34). La alternativa que da coincide, con pelos y señales, aunque no lo diga, con la que presenta *Via fora* como primera posibilidad: «Assi concluio q. esta variedad de projectos es opuesta a la prudencia, y q. el mas justo util, y verdadero sería renovar la alianza, y los empeños antiguos con el fin de recuperar cada soverano lo q. la Francia le ha usurpado, y con el firme proposito de sacar la Casa de Borbon y todas sus raizes de la España y de las Yndias, dexando a las Cortes Generales de los Reynos la libre deliveracion que no tuvieron despues de la muerte del Rey Carlos II y q. por sus propias Leyes debieron exercitar libremente en el mas grave punto de la succesion á tantos Reynos» (ff. 35-36).

El resto de la *Censura ó Juizio imparcial* ofrece datos interesantes sobre la fluidez de informaciones —también con Roma— y sobre la dureza entre dos bandos de catalanes con un gran terreno común de acuerdo, con algunas diferencias de fondo y todas las personales. Dejaremos este último aspecto a los historiadores para concentrarnos en una de las cuestiones fundamentales, la del debate de las relaciones entre el archiduque Carlos de Austria y las Cortes catalanas y su equilibrio, que en el plano de las ideas políticas, es fundamental. En último lugar, daremos a conocer la sentencia oficiosamente imperial sobre *Via fora als adormits.*

En la adición II (pp. 218-219) resucita *Via fora* la mayor discusión doctrinal en la Cataluña de la guerra de Sucesión, originada en 1711 por la publicación del *Epítome o compendi de les principals diferencies entre les lleys generals de Catalunya, y los capitols dels redres o ordinacins del general de aquella que al Molt Illustre Senyor D". Ramon Vilana Perlas Marques de Rialp, del Consell de sa Magestat, y son Secretari en lo Despaig Universal consagra lo D'. Francisco Grases y Gralla Ciutadá honrat de Barcelona, y oydor de la Real Audiencia del present Principat de Catalunya* (fue editado en Barcelona y precisamente por Rafael Figueró, una de las razones por la que se puede pensar que ponerle el nombre a la edición de *Via fora*, tan anti-Vilana, pero viviendo bajo un Borbón, era una doble mala jugada).[34] Le da aprobación y censura otro ciudadano honrado, del Consejo de su Majestad y su abogado fiscal patrimonial en la Audiencia de Cataluña, que antes había ocupado Vilana. La dedicatoria a éste, con aquellos grandes cargos, está llena de elogios hacia su erudición legal,[35] su experiencia en las Cortes, las regalías que le convierten en héroe y como el más adecuado para asegurar «las rega-

---

34. Folletos Bonsoms, n.º 3.142. Este ejemplar, como resultado de la gran tensión que provocó, tiene cruzadas con mala traza y con mal talante todas las páginas, y unas frases manuscritas del principio fueron desgraciadamente recortadas.

35. Vilana tiene publicaciones jurídicas (F. B. 6.521 y 10.332) y Grases tiene otras en la misma colección de folletos.

lías de su Majestad, los privilegios de la Patria, y la Justicia de los Reales Ministros» (pp. 2-3). El trabajo iba en contra de un *Paper de Reparos* publicado en 1706, y fue interpretado como un intento de eliminar el poder de las Cortes, razón por la cual, el Consejo de Ciento y la Generalidad lo hicieron quemar. Grases fue destituido y vio confiscados sus bienes, así como Minguella.[36] Esta interpretación ha continuado sobre todo porque la sancionó Jaume Vicens con un contundente «apologeta de l'absolutisme regi». Últimamente Pere Anguera ha visto en ello la pretensión de que las leyes fuesen aprobadas a la vez por el rey y las Cortes, y Víctor Ferro insinúa no estar muy distante de esta posición. Como trasfondo podía estar la lentitud de las Cortes, todavía más grande que las de Viena, cosa que sorprendió al archiduque. Este modelo equilibrado es el que yo sé leer. Sería preciso que algún jurista lo estudiase ya que quien pensaba hacerlo, Gay Escoda, no lo podrá hacer,[37] pero además intentaré demostrar más adelante que el grupo identificado con Grases i Gralla desarrolló un modelo territorial parlamentario muy avanzado.

Ahora volvamos a *Via fora*. Si Grases elogiaba a Vilana, aquí habrá una sucesión de descalificaciones: «antipatricio» sería la primera, y en otras ediciones —V y VIII— se irán añadiendo más. A quien hizo el discurso de proclamación del rey-archiduque Carlos III en 1705 en catalán se le acusaba ahora de preferir el castellano «en su nativo idioma» (p. 225) o de mil y una imputaciones.[38] Dejando las imputaciones, también la persona que se hizo dedicar el *Epítome* afirma que éste proviene del libro de Josep Pellicer, publicado en 1640, y que «con el pomposo título de una pretendida *Lex Regia* se hizo defender de un despotismo (como suelen tantos vanos aduladores)» (p. 219). Da la razón a Carlos III cuando condenó el *Epítome*. Vilana Perles (en la *Censura* le llaman Sr. P.) intentó colocar a Minguella y Grases en Nápoles, pero los nativos se opusieron, afirma *Via fora*. La *Censura* defiende a Vilana Perles diciendo que se le ataca porque promueve actuaciones imprescindibles para servir «a la causa primaria» (f. 37). Sobre el *Epítome* reconoce la protesta de los comunes porque lo consideraban ofensivo con sus fueros. Pero «bien sabe el Autor [¿sabía quién era?] que esta materia fue sometida al Consejo de Estado de Barcelona donde no se halló otro reato en el Libro q. la aprehension de los Comunes en su quexa, y para satisfacer

---

36. Sobre Grases, Pere Anguera, «Sobre Josep i Francesc Grases i Gralla. Un comerciant i un advocat del segle XVIII», en *Estudis Històrics i Documents dels Arxius de Protocols*, 1980, pp. 245-251, y Rosa María Alabrús y Ricardo García Cárcel, «L'afer Grases i la problemàtica constitucional catalana abans de la guerra de Successió», *Pedralbes*, 13 (1993), pp. 557-564. Pere Molas también me proporciona informaciones útiles.

37. Véanse los números 3, 4, 22, 23 y 73, sobre todo, del *Epítome*. También Víctor Ferro, *Dret Públic Català. Les Institucions a Catalunya fins al Decret de Nova Planta*, Vic, 1993, pp. 225-227.

38. Queda por hacer una biografía de Vilana Perles. La perfección de la hecha en la *GEC* por Joan Mercader i Riba sirve para añorarla. Dejó unas memorias publicadas en alemán por el gran editor Wolff, y, que yo sepa, no han sido utilizadas. Localizadas posteriormente no son, ¡lástima!, unas memorias, sino una correspondencia, antes de 1714, entre la archiduquesa y Vilana Perles.

del Libro á escritura legal, se quitó la toga al q. lo aprobó y se pensó en acomodarle para suplir una Justicia lo q. condenaria una Pasion, esta es la Verdad clásica» (f. 37).

¿Y la sentencia? Antes que nada es preciso decir que Ramon Arias de Vaydon la acaba con la misma prosapia que si hubiera ejercido no en el exilio sino en una normalidad establecida: «Así lo siento, y así lo juzgo, sugetando umilmente esta Censura a las Reglas de los sabios, y a los decretos supremos. Marzo 20 de 1735». Afirma que está de acuerdo con el autor de *Via fora* en el «assumpto principal» (f. 45), pero que «al mismo tiempo se constituio criminal por su maledicencia voluntaria contra tribunales, contra Ministros Supremos, contra Personas Reales y contra el mismo Emperador» (f. 46), atacando a exiliados y fomentando malentendidos entre aliados, razón por la que sería «reo de la ultima pena», pero no la aplicó y recomienda a los ofendidos «su paciencia y disimulo».

Record de la Aliança, ahora le toca el turno, es relativamente breve, pero sobre todo fácil de resumir: recuerda los acuerdos y las responsabilidades de los ingleses y no ataca a los austríacos. Incluye también materiales y documentos de primera mano. El autor es otra persona relevante, informada y formada. ¿Eran todos ellos, y sus papeles, unos brindis al sol? Creo que no. Más bien creo que sus proyectos podían haberse realizado. Nadie habría podido prever el cambio del mapa italiano por los ataques de Felipe V. Aún menos que en 1719 Cataluña viviera una invasión anglofrancesa contra Felipe V, en la que los franceses, convencidos por la mala conciencia de los ingleses, estaban dispuestos a retornar los derechos catalanes. Los años 1734-1736 tenían que vivir el final de las guerras italianas, en las que los británicos tenían que apoyar a los austríacos con la paz de Felipe V con el Imperio: ¿no se podía, por una grieta o por una casualidad, encontrar un acuerdo total o parcial sobre Cataluña y la Corona de Aragón? Otras fisuras habían sido aprovechadas. Para dar un ejemplo extraño y real: en 1713 por el tratado de Utrecht, el ducado de Saboya llegó a ser un reino que incluía a la lejana Sicilia, pero ésta le fue «cambiada» en 1720 por la más cercana Cerdeña.

La atribución de la autoría del *Record de la Aliança* por parte de Josep Rafael Carreras i Bulbena a Rafael Casanova y a un grupo constituido a su alrededor ha sido absolutamente ignorada sin otro argumento que el del simple olvido. Desde el punto de vista de los rasgos culturales, tanto los doctrinales como los del patrimonio político, es una atribución altamente verosímil hasta tal punto que nuestras conclusiones provisionales, antes de conocer los supuestos de Carreras, pretendían describir como posible autor a un personaje con experiencia política y con responsabilidad hasta el final de la guerra, que se quedó en Cataluña, sin polémica con los que se fueron a Viena, y con una alta formación jurídica. Casanova cumple estos requisitos. Analicemos ahora los tres textos olvidados de Carreras i Bulbena. El primero es el único que sigue presente en las bibliografías (*Antoni de Villarroel, Rafael Casanova i Sebastià de Dalmau heròichs defensors de Barcelona en lo siti de 1713-1714*, Barcelona, 1912, p. 57), y en él dice que «unos cuantos buenos patricios ... hicieron un bien razonado escrito que elevaron al Rey de Inglaterra», cuya carta central supone que fue elaborada por Casanova, que seguía siendo, para los austracistas, consejero jefe de Barcelona, así como Antoni de Grases seguía siéndolo de la máxima representación de Cataluña. No da ninguna otra prueba que la «convicción de nuestro ánimo» y una lectura literal de la segunda parte del título de *Record de la Aliança*, que incluye una «Carta del Principat de Cataluña, y Ciutat de Barcelona» que podía estar firmada sólo por los que continuaban (Grases y Casanova) siendo los representantes legales de los dos territorios. El segundo texto de Carreras es una hoja manuscrita sin fechar y hasta ahora inédita, que está redactada con un tono más convencido. «Continuaba en Barcelona hasta el año 1736 cuando Casanova escribió junto con otros el mensaje al rey de Inglaterra y entonces por temor de nuevas persecuciones si le descubrían retornó a Sant Boi junto a su hijo ya casado a la casa de su cuñado Bosch donde murió» en 1743. Un texto no sólo redactado con más contundencia, sino con informaciones más concretas.[39] El tercer y último texto, ya citado, es en el que habla de que Casanova era el redactor del *Record de la Aliança*, según dicen notas precisamente de la familia Grases que estaban en el archivo de Pau Comas. Encontrar este último archivo remacharía la argumentación, si es que alguien no quiere confiar en la lectura que hizo Carreras i Bulbena. Si nos creemos lo que leemos, quien podía firmar la citada «Carta» en nombre de la ciudad de Barcelona era su consejero jefe (Rafael Casanova) y quien lo podía hacer en nombre del Principado de Cataluña, el diputado real (Antoni de Grases). Alabrús, en cambio, considera autor del *Record* a un «vicense» de 1705. Todos estamos de acuerdo en que el año 1736 era propicio (muerte de Patiño, alianza entre Francia y Austria, debilitación del rey español) y lo demuestra el hecho de que tres años después Inglaterra entra en guerra con España, esto hace difícil hablar sólo de nostalgia.

La «florida de projectes», por utilizar una expresión de Pierre Vilar para finales del siglo XVII, de talante político a partir de 1734, va más allá de los cuatro que hemos considerado más centrales. Otro de los que hemos encontrado, *Remedios necessarios, justos y convenientes para restablecer la salud de Europa*,[40] fue escrito en 1734 y parte explícitamente de un acuerdo básico con la *Voz precursora de la Verdad*, que como sabemos era de Juan Amor de Soria. Su originalidad, pues, no proviene de pedir una «unión contra la Casa de Borbón», resucitando la Gran Alianza de Austria, Gran Bretaña, Portugal y las Provincias Unidas, sino de redactar un texto articulado para llevarla a cabo. Tanto es así que su parte central es el *Tratado ostensivo entre el Señor Emperador Carlos IV el Imperio, los Serenisimos Señores Reyes de la Gran Bretaña y Portugal y los Señores Estados Generales de las Provincias Unidas*. Contiene una parte pública y una parte reservada. La primera parte expresa posiciones conocidas y también en buena medida la reservada, aun-

39. Archivo Nacional de Cataluña, *Fondo J. R. Carreras i Bulbena*, 07.13.06.
40. Real Academia de la Historia, 9-4770.

que con redacciones bien nítidas. Así, en el artículo 1 reservado dice que es precisa «la abdicacion del Rey Phelipe con su retiro o la forzada fuga». En algunas recomendaciones posteriores hay planes concretos de invasión, prudencia extrema en cuestiones de religión y que es necesario atraer a Castilla y Andalucía, por considerarlas más frías, hacia estos proyectos. De una manera coherente se dedican los artículos 12 y 13 reservados a plantear el desarrollo económico de Andalucía. También hay que tener en cuenta, desgraciadamente, «la aversion que reyna entre las dos Naciones Portuguesa y Castellana» (art. 15 reservado). En el terreno económico es preciso respetar los tratados de Portugal y, sobre todo (art. 6 reservado), constituir una «Compañia Universal de Comercio de Cadiz», que monopolice el comercio americano con las siguientes participaciones (Castilla y Aragón 4, Gran Bretaña 2, Imperio 1 y Provincias Unidas 1). Todo esto después de que el rey Borbón sea destituido y se hayan convocado las diversas Cortes de las dos Coronas (art. 4).

El 10 de mayo de 1742, Juan Amor de Soria escribe al conde de Cervellón (¿el autor?) sobre estos *Remedios necessarios* y el *Tratado ostensivo* manifestándole su acuerdo pleno y añadiendo algunos comentarios, «supongo diligencia inútil ... porque nuestra Corte piensa a lo presente y no a lo futuro». Amor es un hombre de avanzada edad y sin dinero: «Fue poco lo que pude recoger del Banco, y solamente me quedó la esperanza de sacar algun fruto con el tiempo». En realidad, le quedaba poco tiempo a quien ya tenía 83 años. Amor de Soria había dedicado toda una vida a una causa a la que había dado, como veremos a continuación, la principal obra teórica de este «austracismo persistente y purificado» y por eso emociona un poco leer este fragmento: «Conozco vano nuestro deseo por las ventajas de una Casa por la qual perdimos con proporcion lo que cada uno pudo perder, y si volviese el caso, no rehusaria executar lo mismo, aunque haya sido fatal el fruto de las fatigas de casi treinta y seis años, pero el Mundo no paga en otra moneda y oxalá que el desengaño baste para tomar el camino de la Verdad que no puede engañarnos». Un pequeño homenaje querría hacerle: el de reproducir este fragmento. Su interlocutor, conde de Cervellón (o de Cervelló), era Joan Basili de Castellví i Coloma, nacido en Valencia (1675), fue virrey de Nápoles y estaba casado con una valenciana, que era la condesa, y él era conocido del autor de las citadas *Narraciones históricas*. Exiliado en Viena donde tuvo una gran actividad, por la que fue nombrado grande de España, título que en 1727 le fue reconocido por Felipe V. Su hija, me informa Juan Vidal Abarca, se casó con quien lo había hecho con la austracista marquesa de Mortara, viviendo ya todos en Madrid.

Todavía hemos encontrado otro impreso, muy bien impreso, corto y escrito anónimamente, en primera persona: *La verdad por si i en si misma*.[41] Hay una anotación a mano que dice «La Verdad del Duque de Uceda», que parece que se refiere más al nombre del autor que al del propietario del im-

---

41. *Ibid.*

preso. El duque de Uceda había colaborado estrechamente y con cargos muy importantes con Luis XIV y con Felipe V (consejero, gentilhombre, embajador en la Santa Sede e Italia, encargado en 1710 de la conquista de Cerdeña); en este último año marcha a Viena, donde morirá en 1718 tras detentar la presidencia del Consejo Supremo de España.[42] Todo le fue embargado en España, empezando por su palacio en Madrid, que pasará a ser la Capitanía General. El escrito es una introducción a una *Respuesta, y Glosa a una representacion, que el Marques de Mancera hizo al Duque de Anjou, con motivo de aver publicado en el Gavinete de Madrid, hallarse enteramente reducido a la obediencia del Rey de España el Reyno de Nápoles*, de 85 páginas. El marqués de Mancera, que vivía en Venecia, como muchos exiliados austracistas, también tenía, como Uceda, el Toisón de Oro, buena prueba de su inclinación por el Imperio. Hay también dos textos si no importantes al menos significativos: *Declaracion de Guerra contra el Rey de España y el Infante Dn. Carlos por Maria Teresa en Viena a 14 de abril de 1744* y *Declaracion de Guerra de la Emperatriz Maria Teresa contra la Francia en 16 de mayo de 1744.*

EL TEÓRICO JUAN AMOR DE SORIA

> *És lo mantell esplèndid de Reina coronada*
> *de nostre Principat*
> *cobriu ses tres germanes caríssimes, València,*
> *Mallorca i Aragó.*
> *Donau abric a Espanya, la malmenada Espanya.*
>
> JACINT VERDAGUER

Ya nos han ido apareciendo repetidamente escritos de Juan Amor de Soria, gracias a haber seguido la gran llamada de atención que hizo José Antonio Maravall[43] y al vaciado de Francisco Aguilar Piñal en su imprescindible *Bibliografía* sobre los autores españoles del setecientos de los depositados como manuscrito en la Real Academia de la Historia. Queda obra por conocer y el mismo Amor cita un *Tratado de derecho de gentes*. La convocatoria por parte de Maravall para dar importancia a Amor de Soria no ha sido muy seguida, y, cuando lo ha sido, la interpretación de su pensamiento, excepto en un caso,[44] ha sido de signo contrario al maestro de Játiva. A pesar de la aten-

---

42. Debo estas noticias, aquí muy extractadas, sobre el duque de Uceda al extraordinario conocedor alavés Juan Vidal Abarca. Lo mismo digo sobre los Mortara, Cervelló y Mancera. El duque de Uceda nombró a Ramon Vilana Perles como uno de sus albaceas.

43. José Antonio Maravall, «Las tendencias de reforma política en el siglo XVIII español», *Revista de Occidente*, 52 (julio de 1967), pp. 53-82 (reproducido en José Antonio Maravall, *Estudios de la historia del pensamiento español*, Madrid, 1991, pp. 61-81).

44. Maravall le consideraba de «posiciones netamente democráticas» (p. 71 de la reedición), y Carlos Martínez Shaw, «entre los primeros fundadores de la tradición liberal española»

ción que le dedicaremos, creemos que sólo estamos desplazando un poco más allá el tabique del conocimiento de sus ideas. Sobre su papel, muy brillante, en el exilio vienés o austríaco, en sentido amplio, Virginia León Sanz ha recogido los datos fundamentales.[45] No sabíamos nada sobre su lugar de nacimiento aunque «[parece] tratarse de un austracista castellano, especie no muy conocida».[46] Francesc Castellví[47] nos habla de un Narciso Amor de Soria a quien identifica como castellano. Otro posible hermano o sobrino suyo, por los apellidos y las fechas, Antonio Amor y Soria, era natural de Alcolea de Tajo (Toledo).[48] La nacionalidad es muy importante y ahora podemos hablar de una hipótesis bastante verosímil en el sentido de que era aragonés, según confesión propia, de origen navarro. Debió de morir en 1742, año del que conocemos una carta suya del 10 de mayo, como hemos dicho unos párrafos antes, porque, a menos de que haya un error, su hijo ya firmaba este año como conde, y en todo caso en 1744.[49] Dejemos hechos y biografías para ir al enfoque que más nos interesa, las ideas, tras recalcar que su carrera vienesa, y por tanto sus escritos, estuvo al lado de Ramon Vilana Perles, el primer marqués de Rialb,[50] del que fue su mano derecha. De entre todos los escritos conocidos destaca uno.

Los 374 folios a doble cara son hoy su obra conocida más importante y

(«La cultura de la Ilustración», en *Historia de España*, Barcelona, 1989, p. 536), mientras que otros dos, que no citan este trabajo de Maravall, opinan que su «proyecto parlamentario ... se encuentra plagado de contradicciones» (Juan Luis Castellano, *Las Cortes de Castilla y su Diputación (1621-1789), Entre pactismo y absolutismo*, Madrid, 1990, p. 187), y hay quien le incluye «en el grupo de los escritores políticos que en su obra abordan con presupuestos arbitristas los aspectos sociales y económicos» (Virginia León Sanz, «Una concepción austracista del Estado a mediados del siglo XVIII», *Coloquio Internacional. Carlos III y su siglo. Actas*, Madrid, 1990, vol. II, p. 215).

45. Es preciso ver de esta autora, además del artículo citado en la nota anterior, «Origen del Consejo Supremo de España en Viena», *Hispania*, 180 (enero-abril de 1992), pp. 107-142, y *Entre Austrias y Borbones, El Archiduque Carlos y la Monarquía de España (1700-1714)*, Madrid, 1993, pp. 65-68 y 119-126.

46. Carta de Pere Molas i Ribalta al autor, Barcelona 9.I.1996.

47. Francesc Castellví, *Narraciones históricas*, Biblioteca de Cataluña, ms. 421, vol. IV, 1715-1722, f. 93 v. Castellví afirma (f. 79) que en 1726 Amor de Soria le confió sus manuscritos.

48. Carta de Juan Vidal Abarca al autor, Vitoria, 26-III-1996. En cambio, F. Duran i Canyemeres le considera barcelonés (*Els exiliats de la guerra de Succesió*, Barcelona, 1964, p. 22) y le cita como «Joan d'Amor». El mismo Vidal Abarca me dijo que fue nombrado barón en 1729, aunque en la documentación catalogada por Voltes Bou consta como tal dos años antes. Los fondos de Alcolea de Tajo, así como los de todos los alrededores, fueron quemados por los franceses, y lo único que he podido hacer es constatar que los apellidos Amor y Soria son ahora corrientes. En su *Enfermedad crónica y peligrosa de los reinos de España y de Indias* (Real Academia de la Historia, 9-5614, f. 70 v.) despeja estas contradicciones al escribir «aunque nací en Aragón, reconozco mi origen navarro».

49. Pedro Voltes, *Documentos de tema español existentes en el Archivo de Estado de Viena*, pp. 572, 588, 596, 601, 603 y 605. El 19 de marzo de 1748 todavía parece que Juan Amor de Soria firma un original (Real Academia de la Historia, 9-28-6-5621).

50. Las pretendidas memorias de Vilana fueron publicadas en *Sitzungsberichte des phil. cl. des kais*, Akademie der Wissenchaften, XII, Viena, 1854.

extensa, y en el título del manuscrito preparado para ir a la imprenta hace constar sus vínculos con la emperatriz María Teresa. Tenemos que interpretarlo como la manifestación de una relación estrecha, pero también como un inconveniente final para su publicación, dada la contundencia con la que escribe sobre la Casa de Borbón y sobre los pretendidos aliados: *Enfermedad crónica y peligrosa de los Reynos de España y de Indias: sus causas naturales, y sus remedios. Consagrase al Glorioso Apostol y Martyr Santiago Patron especial de las Españas. Author el Conde Don Juan Amor de Soria: Consexero por la Magestad de la Reyna de Ungria y de Bohemia etc. y en el Consejo Supremo de Italia. En Viena de Austria: año 1741.*[51] Está tan a punto de ir a la imprenta que incluso consta la aprobación y la censura eclesiástica de Miguel Monge, cuyos tres cargos definen bastante bien su trayectoria: rector del Colegio Mayor San Vicente de la Universidad de Huesca, abad de San Juan de la Peña e inquisidor del Tribunal de Sicilia. Estos austracistas tienen siempre mucho miedo, recordémoslo, de que se les acuse de poco religiosos y de ir precisamente en contra de la Inquisición, y a menudo cargan las tintas para evitar esta acusación. Monge cree que nuestro personaje es «un Autor al que su Nombre lo anticipa universalmente conocido». Coincide con la necesidad del restablecimiento de las Cortes Generales y de los antiguos fueros y leyes fundamentales de los diversos reinos. Ahora sería preciso que, subrayo la expresión, «la libre razon debería restablecer lo que a costa de tanta sangre, fidelidad y de amor supieron ganarse los mismos Reynos con utilidad y creditos de sus gloriosos Soberanos». Estamos ante una extensa obra que es la cima del pensamiento austracista persistente y purificado.

El motivo de redactar la obra es que le ha llegado un papel anónimo, *Las lágrimas de los oprimidos españoles*, del que creo que hace una valoración positiva pero no del todo satisfactoria. Se deduce que estas *Lágrimas* tenían un contenido claramente contrario al poder real absoluto y, por tanto, favorable a su compensación por las Cortes y las libertades correspondientes. Este papel austracista, que no tenemos localizado, tiene parentesco, plantea Maravall, con un folleto protestante anónimo antiabsolutista de finales del siglo XVII, *Les souspirs de la France esclave*. Una influencia que recibe el mismo Juan Amor de Soria formalmente de una manera directa, ya que asegura que la derrota de Villalar fue «el último suspiro de la libertad castellana». No comparto, en cambio, la opinión de Maravall[52] sobre una influencia directa y primeriza del modelo inglés, porque creo que las influencias primordiales son las de autores españoles como Saavedra Fajardo, el mismo desarrollo y la revisión crítica de las Españas de los Austrias, así como la del

---

51. Real Academia de la Historia, 9-5614. En el capítulo X hay una nota que tiene que ir en el *Tratado de derecho de gentes*, y la parte final de *Enfermedad crónica* (ff. 357-374) la considera un «particular discurso», *Tratado sumario de la obligazion de los Reyes Catolicos y medios precisos para salvarse*, al margen de la obra. Hay indicaciones que demuestran que la obra ya se estaba redactando en Nápoles y en Roma en 1732.

52. José Antonio Maravall, *Las tendencias de reforma política*, pp. 71 y 73.

mismo Imperio.[53] La gran obra de Saavedra Fajardo es la que más influye, interpretación que entronca con el mismo Maravall, que la presenta formada a partir de la idea de que Villalar fue muy importante negativamente y que de acuerdo con Saavedra las Cortes no dejaron de reunirse por capricho de los reyes, sino porque en «las Cortes Generales con frecuencia se ve manifestarse con todo atrevimiento la libertad».[54]

La *Enfermedad crónica* tiene con *Las lágrimas de los oprimidos españoles* todo un acuerdo general, empezando por la desmembración de España en el tratado de Utrecht. Recoge a continuación los puntos de vista del mismo Saavedra Fajardo, pero también los de Fernández Navarrete y el padre Márquez, con su *Governador Catholico* sobre todo, en el que hace referencia a las causas de la despoblación. La falta de convocatoria de las Cortes es lo que ha permitido el exceso y la multiplicidad de impuestos, la prodigalidad real, la inobservancia de las leyes propias y las ventas de los cargos públicos: «De esta abolizion y menosprecio de las Cortes Generales ha nacido el mayor mal de los Reynos» (*Enfermedad crónica*, f. 62 r.). La batalla de Villalar ha sido un punto negativo, como ya hemos dicho, al que se suma la abolición de las Cortes por parte de Felipe II. Cuando en 1538 el condestable de Castilla quiso reaccionar ya fue demasiado tarde. Estas son unas ideas que atraviesan la primera parte hasta hacer suyo el subrayado grito de «Viva Juan de Padilla, la honra de Castilla» (*ibid.*, f. 73 v.).

Además, desde Fernando el Católico no hay igualdad entre las dos coronas, con las naturales tensiones soportadas sobre todo por el Aragón estricto, que no puede exportar a Castilla por medio de sus «industriales» porque no tiene acceso al mar. Por todo esto, entre las dos coronas hay una «recíproca antipatía» (*ibid.*, f. 69 v.) y, a diferencia de los tiempos de Fernando, ni se convocaban Cortes en Castilla ni en Zaragoza, Barcelona o Valencia. Todo esto dio lugar al despotismo.

En la segunda parte Amor de Soria establece fórmulas para salir de la decadencia. El primer capítulo (*ibid.*, ff. 85 r.-99 r.) tiene un encabezado suficientemente claro: «Remedio primero: el restablecimiento de las Cortes Generales en su authoridad, y Libertad antigua». Las competencias de las Cortes serán nombrar a los reyes (por lo que el testamento de Carlos II por sí mismo es inválido), establecer las leyes fundamentales y modificarlas, así como decidir todo lo que haga referencia a impuestos. De una manera ordinaria las Cortes de Castilla, Aragón, Cataluña, Valencia y Mallorca serán convocadas forzosamente cada siete años, y nombrarán a un diputado para formar una asamblea permanente. Cada diez años será convocado el «Consexo General o sea Parlamento de la Monarquia», formado por aquel diputado por

---

53. Algunos intérpretes actuales castellanos igualan a Francia y Austria sin advertir que ésta tuvo un funcionamiento dualista político y lingüístico (véase François Fejtö, *Réquiem por un imperio difunto. Historia de la destrucción de Austria-Hungría*, Madrid, 1990, pp. 78-86), bien diferenciado del que heredaron, asumieron y bautizaron los jacobinos en Francia.

54. José Antonio Maravall, «Esquema de las tendencias de oposición hasta mediados del siglo XVII», *La oposición política bajo los Austrias*, Barcelona, 1972, p. 226.

reino y dos consejeros de cada Consejo Supremo territorial, y presidido por un consejero de Estado elegido por el rey y asistido por dos secretarios. Así sería posible «hermanar y concordar las dos Coronas y sus Naziones, deshaziendo y destruyendo una de las causas de la enfermedad» (*ibid.*, f. 99 r.).

El sistema funcionará de acuerdo con los tres brazos —eclesiástico, militar y nobleza—, pero se evitará «el odio entre Nobleza y Pueblo especialmente en los Reynos de Castilla» (*ibid.*, f. 66 v.), y a través de las tres instituciones citadas (diversas Cortes, una Asamblea permanente y Parlamento de la monarquía) a las que se añadirá una cuarta. Ésta, Diputación de los Reinos de España, tendrá como misión repartir los ingresos públicos y vigilar el cumplimiento de las leyes fundamentales, que son las que afectarán a todos los reinos de España. Tendrá once miembros: siete de la Corona de Castilla en sentido amplio (por Castilla la Vieja, León, Asturias y La Rioja, por Castilla la Nueva y Extremadura, por Andalucía (Sevilla, Córdoba y Jaén), por el reino de Granada, por el reino de Murcia, por Galicia y por Navarra y Vascongadas) y cuatro por los territorios aragoneses. El presidente será un grande de España, entiendo que nombrado por el rey, asistido por dos secretarios, uno por cada corona, elegidos por las respectivas Cortes.

La *Enfermedad crónica* (f. 296 v.) restablece el Consejo Supremo de la Corona de Aragón —nombre viejo y compartido con la tradición vienesa—, pero también muy depurado. Así, prescinde de tesorero, protonotario, teniente y oficiales de registro y solicitador de la Cancillería. Deja un presidente nombrado por el rey entre los grandes de España, dos regentes togados por Aragón, Cataluña y Valencia, y uno por Mallorca, tres secretarios (uno por Aragón, otro por Valencia y el tercero por Cataluña y Mallorca), un relator para la causa de justicia y tres escribanos. Al estilo austríaco, habrá otros ocho consejeros empezando por el de Estado y siguiendo por el de la Guerra, Castilla, Indias, Órdenes, Hacienda, Inquisición y Santa Cruzada (*ibid.*, parte II, cap. XI).

Una parte considerable de este largo manuscrito está formado por el programa económico y la organización militar. La parte económica es heredera de los autores castellanos citados del seiscientos y de Colbert. Es muy significativo que cuando habla de impulsar la agricultura con quince medidas cita a éste y no, como es habitual, a Sully (*ibid.*, f. 196 r.). A continuación, no haría falta decirlo, se muestra como un claro industrialista. Entre las maneras de repoblar España está la de los pensadores castellanos Saavedra Fajardo y Fernández Navarrete, y sólo destacaríamos el deseo de atraer mano de obra del norte de África con el uso de la fuerza. Una amnistía efectiva muy concretada (*ibid.*, ff. 150 r.-154 v.) sobre la guerra de Sucesión puede hacer regresar gente. También quizá vale la pena mencionar la organización del comercio «naval y externo» por medio de tres compañías, la del norte, la del poniente y la del levante de España (*ibid.*, parte II, cap. VII). La Asamblea General del Comercio, formada por estas tres compañías, tenía que administrar un Banco público, como el que había en Viena, que concediese créditos al 4 por 100.

La organización militar está plenamente estructurada a pesar de que subraya mucho el alto coste de las guerras. Quizá por esto quiere un control absoluto por parte de las Cortes. Precisa y revisa la manera diferente de acordar las levas en ambas coronas. Es precisamente en esta parte militar, al analizar las causas justas e injustas de la guerra, cuando establece «juizios legales» contra las ocupaciones por Francia en Italia de diversos territorios (*ibid.*, parte II, cap. X) durante los años 1733 y 1734. Unos años que son los que preceden a las abundantes reflexiones y convocatorias del período 1734-1741, y de las que hemos mencionado protagonistas en el apartado anterior de este capítulo. Como todos los austracistas, son muy sensibles o absolutamente sensibles a la pérdida de la Cataluña de más al norte de los Pirineos. Tenía que ser así, por lo menos por el argumento de que pertenecían a la Corona de Aragón y que ésta nunca, si hubiesen estado reunidas sus Cortes, habría consentido una desmembración de esta dimensión y de este significado. Por esto se indigna cuando da a conocer que Madrid, en el Congreso de Münster, rechazó la oferta francesa de cambiar los Países Bajos católicos por el Rosellón y el Conflent.

El conde Juan Amor de Soria, que había pasado —siendo ascendido y ennoblecido— toda su extensa vida trabajando cerca del poder, no podía acabar esta larga, y permítanme la licencia, *Enfermedad crónica y peligrosa de los Reynos de España y de Indias* sin dar mucha importancia a los mecanismos y a la simplificación de la toma de decisiones. Es una obra que, en mi opinión, era la principal del austracismo persistente y purificado que había perdido la guerra. Influencias posteriores muestran que posiblemente todo este conjunto de pensamiento político y económico ayudó a que el cuerpo de ideas en el que creían persistiese. Al menos su esfuerzo le hacía merecedor de ello. El período 1734-1741 quedaba, parece, cerrado. Sólo nos queda dar la razón a Maravall sobre el sentido parlamentarista y antiabsolutista de Amor, dentro de las limitaciones de los tres brazos, y con unos reconocimientos territoriales propios de las Españas. Amor de Soria, uno de los que reivindicaba Grases i Gralla como uno de los suyos, demuestra que si «por los frutos los juzgaréis» el autor del *Epítome* no tiene que ser considerado precisamente como un absolutista.

La reivindicación foralista en las Cortes de Cádiz

> Las [armas] de Felipe V la derribaron con mayor poder, por aquel derecho de conquista que se atribuyó con la guerra de Sucesión.
>
> Antoni de Capmany

Tras estos años, 1734-1741, se abrirán tres largos lustros de silencio. Después, llegado 1759, empezaron a alzarse algunas voces. La más importante, la de los cuatro alcaldes de las capitales catalano-aragonesas, evocará la organización de la España de los Austrias para concentrarse en reivindicaciones más concretas. Las de Romà i Rossell, del Magistrado o las de la Junta de Comercio aceptarán el marco general borbónico, pero creerán que ya es hora de que los vencedores aprendan reformas concretas de los vencidos. Lo trataremos en otros lugares de este libro, pero los grandes temas liquidados por la guerra de Sucesión sólo volverán a aparecer cuando se pueda hablar con más libertad. Una libertad que si la hubieran presentido les habría hecho estudiar más. Dijo Capmany: «Si yo hubiese podido prever en otro tiempo que había de tener nuestra nación la dicha de celebrar Cortes, y yo el grave y honroso peso de ser uno de sus diputados, ¿cuánto caudal de hechos y de observaciones pudiera haber presentado...?».

Así, la *Exposicion de las principales ideas que la Junta Superior del Prdo. de Cataluña cree conveniente manifestar a los S. S. Diputados de la Provincia que en representacion de la misma pasan al Congreso de las próximas Cortes*, escrita en Tarragona el 13 de agosto de 1810[55] y atribuida al aranés Felip Aner d'Esteve, induce a los diputados a hacer lo más oportuno, porque «debe a Cataluña, no solo conservar sus privilegios y fueros actuales, sino tambien recobrar los que disfrutó en el tiempo en que ocupó el trono Español la augusta casa de Austria». Tienen que recobrarlos por lo que han hecho contra los franceses: «Extraordinarios esfuerzos de fidelidad y amor al soberano han de ser poderosos para borrar de la estimación y aprecio hasta la menor sombra de pasados y lejanos acontecimientos». Una argumentación que quien mejor la ha comentado con agresividad es Nicolás de Azara en una carta que mencionamos en otro pasaje de este libro. Lo que se quería era alcanzar «una Junta o Cuerpo de representación que tubiese el mismo objeto [que el Cuerpo Nacional permanente] con sujeción y relación á aquel y con limitación a la esfera de su Provincia [Cataluña]». Un objetivo que quedó validado por la Constitución de Cádiz y que permitió la existencia de una Diputación de Cataluña mientras la libertad mantuvo la Constitución.[56]

El diputado que ideológicamente y por preparación podía cumplir mejor estas «principales ideas» era Antoni de Capmany. Realmente ya empezó a hacerlo cuando en 1809 recibió el encargo de Jovellanos de recoger materiales para preparar una convocatoria de Cortes y redactó una *Memoria política-histórica sobre convocación y celebración de Cortes*, firmada el 17 de octubre de 1809.[57] Capmany,[58] ya en esta fecha, diez meses antes de las «principales

---

55.   Archivo de la Corona de Aragón, General Indiferente, Caja 2.

56.   Véase Josep Sarrión i Gualda, *La Diputació provincial de Catalunya sota la Constitució de Cadis (1812-14 i 1820-22)*, Barcelona, 1991. Debió tomar un cierto cuerpo porque el intendente le acusa de alcanzar «un verdadero federalismo» (p. 94). También hay que subrayar que entre las primeras diputaciones que se forman están Aragón, Valencia y Cataluña. Durante el Trienio constitucional, significativamente, niegan la existencia de espíritu de «provincialismo».

57.   Publicada y comentada por José Álvarez Junco —que le considera liberal conservador—, «Capmany y su Informe sobre la necesidad de una Constitución (1809)», *Cuadernos Hispanoamericanos*, 70 (1967), pp. 533-551.

58.   Bajo el despotismo ilustrado había publicado dos obras centradas indirectamente en la Corona de Aragón: *Antiguos Tratados de Paces y Alianzas entre algunos Reyes de Aragón y diferentes Príncipes infieles de Asia y África desde el siglo XIII hasta el XV* (Madrid, 1778) y *Ordenanzas de las Armadas Navales de la Corona de Aragón aprobadas por el Rey D. Pedro IV* (Madrid, 1787).

ideas», afirmaba que «la Francia nos despojó a principios del siglo pasado de los restos de nuestra antigua libertad». Hay una gran diferencia entre «la Corona de Castilla [en la que] el poder y representación de las Cortes fue débil e incompleto» y la Corona de Aragón («¿La Corona de Aragón no tuvo por espacio de cinco siglos fueros, constituciones, libertades y franquezas invulnerables, Aragón, Valencia, Cataluña y Navarra no son de España y no lo eran antes?»). Póstumamente se le publicarán todos los materiales que habrá recogido, redactados con aquel punto de prisa porque la historia le ha posibilitado una resurrección política que no esperaba.[59] Dos fragmentos expresan perfectamente unas ideas que, con solución de continuidad o sin ella, enlazan perfectamente con el pensamiento catalán austracista:

> No presento el estado político de las Cortes de Aragón por modelo perfecto de una Constitución … lo presento para mostrar al mundo … hasta qué grado de libertad llegaron las provincias de aquella Corona … qual … no había gozado ninguna nación.

> …la fuerza era grande y el estado pequeño; y la corona y la fama de la nación fueron creciendo cuanto se extendía por mar y por tierra el imperio de sus armas … y así perseveró invulnerable hasta que las armas de Felipe II en Aragón, y las de Felipe IV en Cataluña, intentaron darle algunos asaltos; y últimamente, las de Felipe V la derribaron con mayor poder, por aquel derecho de conquista que se atribuyó con la guerra de Sucesión.

Un final de la *Memoria*, publicado póstumamente, muy parecido al que pronunciaría en las Cortes de Cádiz el día 10 de agosto de 1812 según consta en el *Diario de las discusiones y actas de las Cortes*: «…hasta el año 1714, en que las armas de Felipe V, más poderosas que las leyes, hicieron callar todas las instituciones libres en Cataluña y Barcelona».

Una búsqueda sistemática sobre estos años liberales y constituyentes daría cuenta, estamos seguros de ello, de un número considerable y adicional de reivindicaciones foralistas. Una muy significativa es la de Jaume Rubio, nacido en la incendiada Játiva y que fue alcalde mayor de Vic, lo que demuestra una adhesión borbónica, que, cuando llegaron estas horas más libres, escribió recordando que «esta constitución tan famosa ha conservado a los aragoneses en su libertad, y ha hecho la felicidad de aquel Reino por más de setecientos años, ensalzando el poder y la gloria de sus soberanos, haciéndolos respetables en toda Europa, temibles a sus enemigos, y poniéndolos a la par de los príncipes más poderosos», y reclamando, como es muy corriente, el Fuero de Sobrarbe como limitador del poder real y de su despotismo, siempre latente. Este valenciano escribe estas reivindicaciones no en un texto

---

59.   Antoni de Capmany, *Práctica y estilo de celebrar Cortes en el reino de Aragón, principado de Cataluña y reino de Valencia, y una noticia de las de Castilla y Navarra*, Madrid, 1821. En la «Introducción», bastante breve, es donde expone sus ideas (pp. IV-VII). Gaspar Feliu me ha manifestado la semejanza del título con el del clásico de Lluís Peguera, *Practica, forma y stil de celebrar Corts Generals en Catalunya y materias incidents en aquellas*, 1632, 1701[2] y 1974[3].

cualquiera, sino en una introducción a su versión de una de las obras cumbres de la Ilustración, *Scienza della legislazione* de Gaetano Filangieri.[60]

Cien años habían pasado, la derrota había sido muy importante. Las oscuridades empezaban a ser disueltas por las luces, el despotismo ilustrado, sustituido por unas libertades con muchas intermitencias, las especificidades catalanas empezaban a ser reconocidas y asimiladas, una sociedad transformada socialmente y económicamente era su sujeto activo, todo un mundo había cambiado, pero muchas constantes quedaban vigorizadas. Cuesta más levantarse que caer. Este mirar hacia atrás, hacia las antiguas libertades será habitual (la purificación evita el tradicionalismo) entre los revolucionarios europeos de la primera mitad del ochocientos, como señaló Karl Marx. No es extraño, pues, que Martínez Marina, en su *Teoría de las Cortes*, destaque a Juan Amor de Soria aunque le cite, otra cruz, como «un político del reinado de Felipe V».[61] Si Juan Amor de Soria hubiese oído estas voces de Aner d'Esteve y de Capmany que pedían el retorno —renovado— de las viejas libertades, quizá se hubiera desvanecido el pesimismo, mezclado de tenacidad, que había en su carta del 10 de mayo de 1742, cuando la muerte se le acercaba y que volvemos a reproducir: «...y si volviese el caso, no rehusaria executar lo mismo aunque haya sido fatal el fruto de las fatigas».

Sería preciso recordar que el título completo de la obra de Martínez Marina, muy a menudo olvidado, es *Teoría de las Cortes o grandes Juntas nacionales de los reinos de León y Castilla, Monumentos de su Constitución política y de la soberanía del pueblo* (1813, 1820[2], 1996[3]). Lo más probable es que fuese un encargo paralelo de Jovellanos para tener el equivalente castellano al aragonés que había encargado a Capmany. Martínez Marina redactará también una primera *Carta sobre la antigua costumbre de convocar las Cortes de Castilla para resolver los asuntos graves del reino*, escrita en 1808 y con diversas ediciones inmediatas. En ambos textos no hay prácticamente referencias a la Corona de Aragón, pero sí a Francia y a Inglaterra e incluso a un país tan desvinculado de España como Suecia, razón por la que ha sido considerado como detentor de una «funesta visión castellanista».[62] Sobre todo este episodio falta todavía mucho trabajo para averiguar mínimamente lo que pasó.

60. *Ciencia de la Legislación*, Madrid, 1813, vol. I, pp. CXLII y CXXXVI ss., respectivamente.

61. Francisco Martínez Marina, *Teoría de las Cortes*, Madrid, 1813, vol. II, p. 92. Jacinta Macías Delgado considera que la *Enfermedad crónica y peligrosa* puede relacionarse por la temática con dos obras posteriores e importantes, *Apuntes sobre el bien y el mal de España*, de Miguel Antonio de la Gándara, y *Lo que hay de más y de menos en España para que sea lo que debe ser y no lo que es*, de José de Campillo y Cossío («Pensamiento político y conciencia histórica de un hombre de la Ilustración», en *Actas del Congreso Internacional sobre «Carlos III y la Ilustración»*, Madrid, 1989, pp. 427-428.

62. Véase Francisco Tomás y Valiente, *Martínez Marina, historiador del Derecho*, Discurso de ingreso en la Real Academia de la Historia, 1991, p. 39, y José Antonio Escudero, «Estudio Introductorio» a Francisco Martínez Marina, *Teoría de las Cortes*, Oviedo, 1996, CXXIII-CXXV.

Todo este material fundamenta la hipótesis subyacente de que en el siglo XVIII catalán hay elementos para creer que hubo una continuidad entre los austracistas vencidos y la *Renaixença*. Esta continuidad llegó a Cádiz muy clara de la mano de diputados catalanes. También sabemos que la vigencia de este historicismo, desencadenado por la libertad y no por un mirar exclusivamente hacia atrás, alcanzó al mismo Jovellanos. Pese a todo, la discusión de las Cortes no le fue favorable. Fontana ha escrito que cree que

esta hipótesis no solamente me parece válida, sino que pienso que sería necesario llevarla más allá, acabando de una vez con la fractura tradicional del 1714, que se ha usado para separar artificialmente dos historias de Cataluña: la de un estado medieval que habría ido amorteciéndose y decayendo hasta morir definitivamente en 1714, y la de una recuperación, de una resurrección, que empezaría en el siglo XVIII en el terreno de la economía, pasaría en el XIX al de la cultura y recuperaría en el siglo XX su dimensión política. Lo que pasa es que creo que, a esta reconstrucción unitaria de la historia de Cataluña, le faltan aún muchos fundamentos de investigación.[63]

Lo comparto.

---

63. Josep Fontana, reseña a Ernest Lluch, *La Catalunya vençuda del segle XVIII*, Barcelona, 1996, en *El Contemporani*, 11-12 (1997), p. 87.

4. SER EXTRANJERO SIN SERLO

Étranger dans la cité.

FRANÇOIS QUESNAY

Sólo las tribus que se mantienen juntas por sentido de grupo pueden vivir en un desierto.

IBN JALDÚN

LAS REDES COMERCIALES DISPERSAS: AHORA Y ANTES

El comerciante a larga distancia, que tiene costes sustanciales e inestables por la heterogeneidad y la complejidad de los productos y por la inseguridad jurídica y no jurídica, trabaja todavía más como un «extranjero en la ciudad». Ante esta situación, minorías con características nacionales, lingüísticas, religiosas o étnicas, pueden establecer entre ellas y también con la *cité* una corriente de confianza mutua en un mundo que es más una selva que un desierto. Una fórmula para eliminar estos costes comerciales adicionales es la de partir de grupos que tengan aquella confianza mutua y la reducción de costes consecuentes y que creen redes dispersas de comerciantes.[1] Una fórmula que mantiene sus características fundamentales a través de un larguísimo período de tiempo. Así, las semejanzas entre las redes o diásporas de comerciantes estudiadas por antropólogos[2] o por historiadores de la Antigüedad o medievales,[3] o las estudiadas actualmente,[4] son mucho más importantes. Unas semejanzas entre unos patrones según los cuales la lengua y la cohesión catalanas predisponían a Cataluña a participar en ellas. Es preciso también tener en cuenta el derecho catalán, pero sobre todo porque, aunque

1. Douglas C. North, «Institutions, transaction costs and the rise of Merchant Empires», en James D. Tracy, ed., *The Political Economy of Merchant Empires*, Cambridge, 1991, pp. 22-40.
2. Clifford Geertz, *Peddlers and Princes*, Chicago, 1963.
3. Philip D. Curtin, *Cross-cultural Trade in World History*, Cambridge, 1984.
4. Joel Kotkin, *Tribes. How Race, Religion and Identity Determine Success in the New Global Economy*, Nueva York, 1992.

nos centraremos en la parte final del seiscientos y todo el setecientos, sus raíces históricas son muy anteriores. Así, en el puerto de Beirut, entre 1394 y 1408, el comercio originado por catalanes suponía el 25,8 por 100 y en el puerto de Alejandría, entre 1404 y 1405, el 21 por 100.[5] Este mantenimiento a lo largo del tiempo se debe al hecho de que las circunstancias de fondo cambian muy poco a pesar de que algunos sobrevaloran el ámbito de refuerzo que se da dentro del Estado o del área económica, pero que actualmente, seis siglos después, con la desregulación de áreas económicas sustanciales del mercado internacional y con su crecimiento, se trabaja en un ámbito en el que, al no haber un gobierno mundial, no hay la estabilidad que da un código civil o un código penal. Los costes de transacción son, en términos relativos, tan elevados como en el pasado por aquella carencia de gobierno global. Existe la impresión que desde la segunda guerra mundial los costos de transacción han aumentado.

El motivo principal para crear grandes empresas o formar redes con vínculos internos de confianza mutua es reducir los *costes de transacción*. Cuando las empresas compran o venden tienen que incorporar al precio de mercado costes ocasionados en la obtención de la información previa, en la negociación de los contratos o en la seguridad de la financiación de la operación. Costes que en el interior de una organización desaparecen o se reducen. Si el precio es 100 y los costes de transacción 20, la totalidad o una parte de éstos puede desaparecer en favor de los beneficios de los menores precios o una combinación de ambos. Las redes comerciales como las descritas elevan, a su vez, el grado de lealtad de una parte o la totalidad de los empleados, clientes e inversores. El *efecto* económico de la *lealtad* tiene algunos costos, pero permite según la realidad conocida obtener mayores beneficios, estabilidad más alta y más rápido crecimiento a un plazo no corto.

Recordemos el reciente caso del joven bancario que, por una acción incontrolada en Singapur, hundió la antigua Banca Bahring y después fue muy difícil detenerlo, juzgarlo y condenarlo. La Banca, hundida, fue comprada por un grupo holandés, con lo que se interrumpió bruscamente una larga trayectoria. Por esto las viejas fórmulas resurgen hasta el punto de que una descripción sobre las «tribus» actuales es muy coincidente con las que podríamos encontrar en la literatura que acabamos de citar para épocas anteriores o muy anteriores. Las tres características críticas de las «tribus» actuales son:

    1.   Una fuerte identidad étnica y un sentido de dependencia mutua que ayuda al grupo a adaptarse a los cambios de la economía mundial, del orden político, sin perder su unidad esencial.

---

5.   Herman Van der Wee, «Structural changes in European long-distance trade, and particulary in the re-export trade from south to north, 1350-1750», en James D. Tracy, ed., *The Rise of Merchant Empires Long-distance Trade in the Early Modern World*, Cambridge, 1990, pp. 18-19.

2. Una red mundial basada en la confianza mutua que permite a la tribu funcionar colectivamente más allá de los confines de los límites nacionales o regionales.
3. Una pasión por la técnica y cualquier otro tipo de conocimiento combinada con una mentalidad esencialmente abierta que consigue un desarrollo cultural y científico para triunfar en la economía mundial de finales del siglo xx.[6]

Retengamos esta definición para ver que no es en absoluto diferente de las que veremos después y referidas, no a la actualidad como la que acabamos de reproducir, sino a épocas anteriores y muy anteriores. Kotkin no sólo cree que estos «grupos étnicos dispersos, de una manera u otra, han existido desde los inicios de la historia» y en la actualidad, sino que existirán en el futuro. Una de las razones es que con el fin de la guerra fría y con la extensión de la democracia, la presión contra estos grupos de comerciantes por parte de la mayoría nacional desaparece, por lo que su expansión es más segura. Un crecimiento que ha ayudado a hacer aparecer una revista especializada, *Diaspora: A Journal of Transnational Studies*, dirigida por un armenioamericano que ha vivido en Siria, Líbano y Egipto. En el mismo título hay ambigüedad, porque si el término «diáspora» es el adecuado para los armenios o los judíos, para otros, cuya patria originaria no sufre ninguna tensión, más bien es preciso utilizar, tal y como sugiere la segunda parte del título, «grupos transnacionales». Si antes hemos visto la importancia del comercio catalán a principios del siglo xv, ahora tenemos que decir que la previsión de Kotkin en el epílogo del libro, «El camino hacia la cosmópolis», es que los catalanes, gracias al mantenimiento de su lengua, pueden ser nuevamente origen de intermediarios que se desperdiguen por el mundo[7] en los próximos años.

En un estudio, todavía más reciente, un historiador del pensamiento económico, Thomas Sowell, insiste[8] en la importancia actual, que se proyecta hacia el pasado, de las «minorías de comerciantes». Minorías que no provienen de una raza determinada o de una cultura peculiar: los ibos de Nigeria figuran al lado de libaneses y armenios, y los chinos se han extendido tanto durante los últimos lustros por el resto de Asia, que tienen en la actualidad

6. Joel Kotkin, *Tribes*, pp. 4-5. Kotkin no utiliza el término «tribu» con el contenido despectivo actual de los blancos para describir las relaciones entre pueblos no blancos en tierras expoliadas por blancos, sino con el significado de grupos que forman una comunidad por motivos muy diversos, que pueden ser de lengua, de religión o de cualquier tipo. Es necesario recordar que Albert O. Hirschman advierte que a veces puede pasar al revés; es decir, que grupos que obtienen una determinada especialización económica que les lleva a una determinada forma de vida diferenciada del resto de la población, de la que quieren, y les conviene, estar separados, acaban produciendo una ideología propia y diferente de la que previamente tenían y que les convierte en «tribu».
7. Joel Kotkin, *Tribes*, p. 257. Situación que comparten con escoceses, lombardos, quebequeses y grupos japoneses como los de Hokkaido o Kyushu.
8. Thomas Sowell, *Migrations and Cultures. A World View*, Nueva York, 1996, capítulo 1, especialmente pp. 27-35.

más peso del que nunca habían tenido los judíos en Europa. Así podríamos continuar.[9] Es característica común, por tanto, que siendo siempre minorías cohesionadas donde trabajan, sean muy diferentes entre ellas, y que la mayoría hayan sido objeto de diversas formas de terror. Los armenios por parte de los turcos, los «pogroms» contra los judíos o contra los tamiles en Sri Lanka son ejemplos de estas violencias. En España o en las Indias la dispersión de catalanes, cameranos o vascos no ha originado estas tensiones extremas porque eran extranjeros sin serlo, parecían extranjeros sin serlo o se sentían extranjeros, pero no lo eran. Las tensiones que han tenido, al no ser extremas, han facilitado la expansión histórica de los catalanes, cameranos o vascos, y ahora unos estados-nación más débiles y unos derechos personales democráticos más reconocidos que evitan represiones tenderán todavía más a facilitar este tipo de dispersiones. En todo caso, es necesario observar las tensiones, más o menos graves, no sólo en la perspectiva del juego minoría-mayoría, sino también en el carácter «forastero» que, como explicó Quesnay, tiene todo comerciante con relación a lo que es el corazón de las ciudades, aunque sea del propio país. Presentar a los intermediarios como unos parásitos en general, fue una constante de los fascismos.

La tendencia de las minorías de comerciantes foráneos a vivir encerradas en sí mismas y con una ética severa es condición de su permanencia. Siendo una actividad en la que las estrategias familiares dentro del grupo son fundamentales, la duración de las estirpes es bastante más larga que la de las coetáneas de industriales. Unas minorías que a menudo intervienen en la orientación de la producción industrial e incluso en la propia producción. Así, los comerciantes libaneses en Manchester, ni más ni menos, o los armenios, propietarios de 209 de las 250 fábricas también textiles en la provincia rusa de Astracán durante el setecientos. Actividades extensibles también a la agricultura de unos, originariamente, intermediarios que siempre son estrictamente urbanos y de la *cité*. Redes que siempre reducirán los costes de transacción (de información, de negociación y de seriedad en los tratos). Los factores culturales, sociales y políticos harán de la historia que estamos narrando una historia que no puede ser sólo económica. A menudo es preciso destacar factores religiosos, por ejemplo, el caso de los hugonotes franceses, de los calvinistas británicos o de los actuales y dinámicos mormones.[10] La Virgen de Montserrat o la de Aránzazu serán a las que se encomendarán las cofradías de catalanes y vascos en Madrid o en Lima, respectivamente.[11]

9. Son minorías muy diferentes entre ellas, pero, en cambio, los que se dedican al comercio tienen semejanzas entre sí. Por ejemplo, provienen de un número muy reducido de poblaciones o de «tierras altas».

10. Un caso reciente y de una extraordinaria y compleja dinámica es el de la dispersión de emprendedores palestinos.

11. Recordemos que la famosa «Monja Alférez», Catalina de Erauso, encuentra la confianza en un arriero porque ambos hablan euskera. Otazu ha desarrollado lo que Albert O. Hirschman (capítulo X de *The Strategy of Economic Development*, 1958) escuchó en Medellín ante una actividad emprendedora: «¡Judío o, por lo menos, vasco!» (*Claves*, septiembre de 1993,

La persistencia de las redes comerciales dispersas a través de los tiempos, y con patrones comunes, es realmente impresionante. En su interior, la persistencia de estirpes de comerciantes de productos o de dinero es también más elevada que en otras actividades, sean industriales o de intermediación, que no tienen estas dispersiones a través del espacio. La familia tiene un papel clave, uno de los actuales Rothschild lo explicaba así hace poco al mismo Joel Kotkin: «Es muy simple. Disciplina. La he recibido de mi madre y de mi padre y ojalá que mi hijo se la dé a sus niños. Es la disciplina de la tradición».[12]

No estamos ante un fenómeno exclusivo del presente, sino también del pasado. Los historiadores lo describen como si ya no existiera y por eso es más impresionante que sus definiciones hablarían de hoy si se cambiasen los tiempos de los verbos: «Estas redes estaban organizadas de muy diferentes maneras, algunas tan informalmente que los asentamientos individuales estaban ligados por poco más que la solidaridad de una cultura común. Otras, como las grandes firmas comerciales europeas de los siglos XVII y XVIII, fueron formalmente organizadas, encuadradas por los estados europeos, y se les habían concedido ciertos derechos de monopolio, con poder tanto para comerciar como para utilizar sus propias fuerzas militares y navales».[13] Más semejanzas con los tres criterios de Kotkin: «Estas comunidades de comerciantes se basaban en los principios de solidaridad y ayuda mutua y con frecuencia formaban minorías foráneas «nacionales» aisladas en un puerto o en un país que a veces era acogedor y a veces hostil; con frecuencia se presentaban como organizaciones sociales»[14] y «la red de las diásporas, en la que la religión, las alianzas familiares, las tradiciones de asociación tienen un papel principal, tendrá que ser cartografiada, y estudiado su funcionamiento».[15]

---

pp. 59-60). El mismo Otazu, en un largo manuscrito habla de que, a lo largo del siglo XV, en Europa «el euskera se convirtió para los mercaderes vascos en su lengua predilecta a la hora de cerrar tratos o de emprender nuevas actividades. Casi nadie lo entendía, su sonido no resultaba familiar en ningún puerto que no fuera vasco; resultaba prácticamente imposible adivinar de esta manera el contenido de las conversaciones». Los franciscanos, orden religiosa de la cultura urbana, según J. A. Maravall, estaban siempre cerca.

12. Joel Kotkin, *Tribes*, p. 15.

13. Philip D. Curtin, *Cross-cultural Trade in World History*, p. 3. Las grandes compañías comerciales por monopolio estatal me parece que no tendrían que ser consideradas en este contexto. Curtin, que ignora la persistencia actual del primer patrón, ignora el papel agrícola, industrial y financiero de los comerciantes organizados en redes. Tampoco considera que, desaparecidos como miembros de una red, continúan siendo focos de actividades emprendedoras en lo que habían sido, para seguir los términos de Braunstein, los «puntos de anclaje» o los «puntos de destino» (Philippe Braunstein, «Réseaux familiaux, réseaux d'affaires en pays d'Empire: les facteurs de sociétés (1380-1520)», en *Le négoce internationale. XIIIᵉ-XXᵉ siècle*, París, 1989, p. 25).

14. Frédéric Mauro, «Merchant Communities, 1350-1750», en James D. Tracy, ed., *The Rise of Merchant Empires Long-distance Trade in the Early Modern World*, Cambridge, 1990, p. 255.

15. Daniel Roche, «Introduction», en Franco Angiolini y Daniel Roche, dirs., *Cultures et formations négociantes dans l'Europe moderne*, París, 1995, p. 23.

Mucho antes que los estudios históricos mencionados, en 1958, Albert O. Hirschman, en el libro que ya hemos citado, destacaba el papel de las minorías no sólo en las actividades comerciales, sino en las económicas en general. La discriminación de la mayoría poco dinámica para con los que han creado una sensibilidad especial frente a las innovaciones puede llegar a ser considerable. A menudo serán minorías porque tienen diferencias previas, pero a veces acabarán siendo «diferentes» a pesar de que no haya ninguna razón clara para que lo sean. Hirschman sugerirá que la ética protestante puede no preceder la existencia de grupos emprendedores, sino ser su consecuencia. Un amigo suyo, el antropólogo Clifford Geertz, demostró, en un libro monográfico sobre la existencia de redes de comerciantes, que los patrones según los que estaban formadas eran muy anteriores y parecidos.[16] Dentro de una misma orientación ideológica, Everett E. Hagen [17] desarrolló este enfoque planteando algunas especificaciones y algunos desarrollos, así como mostrando que la parentela puede actuar no sólo dentro del grupo, sino entre clientes y proveedores. La parentela puede ser un pueblo de tamaño pequeño o mediano o una minoría de muy escaso número. Los núcleos de comerciantes se pueden transformar en industriales si hay un proceso de creciente seguridad. La seguridad hará que la proporción capital fijo / capital circulante aumente, porque puede aumentar, y que de aquí provenga esta transformación sectorial.[18]

LAS REDES COMERCIALES CATALANAS DISPERSAS EN EL SETECIENTOS

La cantidad y calidad de estudios sobre la industrialización catalana y española es muy notoria. Sin embargo, en su mayoría parten de la base que su crecimiento proviene básicamente de causas internas sin que el tirón de los mercados, que van desarrollándose poco a poco, tenga importancia relevante. Menos atención aún se concede a la creación de las redes de comercialización, como si trasladar, ofrecer, vender, financiar y cobrar una venta sea algo fácil y rápido. En general, crear una red de comercialización es algo tan lento y tan costoso como crear un proceso productivo. La mayoría de los estudios gravitan sobre la idea de que los procesos industriales crean una oferta nueva o muy diferente que por sí misma crea su propia demanda. En el caso del acero, ácido sulfúrico o «interredes», y en otros casos (otros períodos de tiempo o sectores), es el mercado el que tira de la producción y moldea

---

16.   Clifford Geertz, *Peddlers and Princes*, Chicago, 1963.
17.   Everett E. Hagen, *Economics of Development*, Londres, 1968, especialmente capítulo IV, apartado cuarto.
18.   Algunas especificaciones adicionales de las diversas teorías sobre las redes de comerciantes en Ernest Lluch, «Qüestions preliminars sobre l'Anoia, Igualada i Copons», en Josep M. Torras i Ribé, *La comarca de l'Anoia a finals del segle XVIII. Els «qüestionaris» de Francisco de Zamora i altres descripcions (1770-1797)*, Barcelona, 1993, pp. 5-21.

los artículos que desea se manufacturen. No siempre hay «crecimiento autónomo de la oferta», en expresión de Patrik Verley, sino que en períodos como el siglo XVIII o en sectores como el de la industria de bienes de consumo, el desarrollo industrial depende más del continuado aumento de la capacidad de compra o de cambios en el comportamiento de los consumidores. La localización de la industria será siempre un problema importante, pero si atendemos al componente total de costes podremos ver que la proporción de los de comercialización supera con frecuencia a los de fabricación. Quien dice costes, dice beneficios. Además, el proceso comercial no es un proceso inerte, sino el acicate a través del cual se transmiten los cambios en la capacidad y en los deseos del consumidor. Las revoluciones industriales basadas en nuevas tecnologías, como en el caso de fragmentos de los siglos XIX y XX, en general ven el proceso inverso: es «la oferta la que crea la demanda». Mas en otras épocas, como en el siglo XVIII y en la actualidad o en determinados sectores, es «la demanda la que crea la oferta». También es cierto que los beneficios de comercialización superan en bastantes períodos o sectores a los de industrialización. Si no, Madrid en muchas etapas no hubiera existido, por ejemplo.

Estas consideraciones de ámbito general quieren ser no sólo un marco de reflexión aplicable a diferentes épocas y a distintas situaciones, sino también una introducción al análisis de las redes catalanas comerciales dispersas durante el setecientos. Hemos querido poner de relieve que algunos hechos económicos sólo se producen en una conjunción compleja con rasgos culturales. Más interesado en el campo de las ideas, a la hora de estudiar la gran expansión comercial catalana por el resto de España,[19] quiero empezar viendo si en el centro comercial español más importante quedaban restos de que los catalanes, suponemos que con un peso decisivo de los comerciantes, hubiesen constituido instituciones —cofradías religiosas con sus posibles componentes de ayuda mutua social o educativa— que nos permitan avanzar cualitativamente.

Madrid, nos dice Muset, era el primer centro de consumo y de servicios de la monarquía, de toda la monarquía, podríamos aclarar. «Madrid ofrecía una serie de incentivos y de ventajas que hacían imprescindible que se instalaran y actuaran allí» porque, sobre todo, era el principal punto de redistribución de géneros en el interior, así como un centro bancario, actividad de la que los comerciantes catalanes instalados en la capital también se ocuparon. Trabajar en una ciudad extraña siempre es una dificultad, por lo que los foráneos se agrupaban por naciones de origen cuando sumaban un número suficiente. Desde la segunda mitad del seiscientos, cuando un catalán llegaba a Madrid tenía un arraigo estable gracias a un hospital, una cofradía y una Virgen de Montserrat. Un arraigo que puede darnos constancia de desde

19. Es una lástima que durante unos veinte años no se haya trabajado en la dirección apuntada por Jaume Vicens y Pierre Vilar de la difusión del comercio catalán en el resto de España durante el setecientos.

cuándo esta presencia de los catalanes era ya permanente hasta haber originado unas instituciones propias y que servían de mecanismos de seguridad personal. Es una historia que nunca hemos visto explicada y que puede ofrecer una prueba de que la presencia catalana estaba bastante consolidada y con el comercio como billete de llegada y la monarquía compuesta como receptora.

Una historia que no tiene nada que ver, aunque una visión superficial las pueda confundir, con otra en la que también hay una Virgen de Montserrat. Esta otra historia es la vinculada con la expulsión del monasterio de Montserrat de unos cincuenta y pico monjes, legos y ermitaños castellanos con motivo de la guerra dels Segadors, exactamente el 24 de febrero de 1641. Según explica el cardenal y pariente Anselm M. Albareda, se les acompañó a la frontera con todos los honores por orden de la Diputación de Barcelona.[20] Llegados estos 58 expulsados a Madrid fueron recibidos por el mismo rey Felipe IV, y su arquitecto, Sebastián Herrera, les construyó una gran iglesia en 1667. La expulsión no eliminó su devoción por la Virgen bruna y así una imagen suya presidió y preside Santa María la Real de Montserrat, que todavía hoy, muy resplandeciente, está abierta al culto en la calle de San Bernardo y ya no es conocida como el Montserratico.

Nuestra historia es coetánea y está presidida también por la patrona catalana, pero todo el resto es bastante diferente, por no decir muy diferente. Todo empieza cuando Gaspar de Pons, que sabemos que era catalán, comerciante y caballero, donó una casa de campo con jardín para construir en ella un hospital para los naturales de la Corona de Aragón residentes en Madrid y bajo la advocación, por deseo del fundador, de la Virgen de Montserrat. Podemos suponer que muy posiblemente, por no decir seguro, el benefactor era quien había sido nombrado consejero de Hacienda en 1602, Gaspar de Pons de Monsonís, que fue un experto en finanzas de Felipe II. Asimismo escribió unos textos comentando la «Nueva Recopilación» de las leyes de Castilla.[21] El rey aprobó la donación y la construcción del hospital. Los restos que quedan en pie en la calle Mesón de Paredes entre Tribulete y Sombrerete, son impresionantes. Invito a una visita diurna para darse cuenta de lo que realmente debió ser este primer gran Hospital Real de la Corona de Aragón en Madrid.

Era un hospital lejano e insuficiente, por lo que se construyó uno nuevo en la plaza de Antón Martín. Gaspar de Pons fue nombrado protector del Supremo Consejo de Aragón en 1658, por su mecenazgo, por Carlos II, en el mismo año en que el 21 de marzo ponía la primera piedra Pascual de Ara-

---

20.   Anselm M. Albareda, *Història de Catalunya*, sexta edición revisada y ampliada por Josep Massot i Muntaner, 1977, p. 84.

21.   Para ver más información bibliográfica, Pere Molas i Ribalta, «Catalans als Consells de la Monarquia (segles XVII-XVIII). Documentació notarial», *Estudis històrics i documents dels Arxius de Protocols*, XIII (1995), pp. 229-230.

gón, como regente del Consejo de Aragón y con toda solemnidad.[22] La decisión de la construcción fue tomada por el regente del Supremo Consejo de Aragón Bernardí Pons i Turell, conde de Robles, y por el consejero valenciano Gaspar de Rocafull, conde de Albatera, el 13 de octubre de 1657. Al cabo de veinte años, el 1 de mayo de 1678, se inauguraba el Hospital Real de la Corona de Aragón. A pesar de ser este el nombre oficial, era más conocido como el Hospital de Montserrat, y algún cronista como Pedro de Répide le espetó el nombre de «Hospital de la Coronilla aragonesa».

Que sea conocido como Hospital de Montserrat puede ser debido a la mayor presencia de catalanes con relación a otros aragoneses o bien porque la Virgen de Montserrat fuera un continuado homenaje al catalán fundador. O todo junto, sobre todo porque también es conocida la devoción de Gaspar de Pons por el Pilar. Lo que es un hecho es que en el altar mayor estaba la Virgen de Montserrat, flanqueada por San Vicente y San Lorenzo, mártires. Al lado de la Epístola estaba la capilla del Pilar (pagada por Juan Fernández de Heredia, heredero del conde de Aranda y regente del Consejo de Aragón, según nos cuenta Jon Arrieta) y a su lado la Virgen de los Desamparados, con un cuadro de san Vicente Ferrer predicando en el campo. Todas las devociones principales de la Corona de Aragón unidas igualitariamente al servicio de los enfermos pobres. Consta que existían tres respectivas cofradías que agrupaban a todos los residentes de los tres territorios. Cofradías que tenían una labor estrictamente espiritual, pero también es lógico suponer que, como era habitual, fuesen un sistema de ayudas mutuas entre sus miembros. Si se encontraran los papeles del hospital y de las cofradías lo podríamos concretar, precisar y ampliar. De momento conocemos, gracias a Julio Caro Baroja, que así sucedía en el Hospital de San Fermín de los navarros y en la correspondiente Congregación de los Naturales del Reino de Navarra, fundados en 1684. La de los vascos en Madrid no se fundaría hasta 1715. Mientras tanto tenemos que confiar en reunir pequeñas informaciones.[23]

22. Pascual de Aragón sería nombrado después del cardenal y finalmente murió como presidente del Consejo Supremo de la Corona de Aragón. Véase Jon Arrieta Alberdi, *El Consejo Supremo de la Corona de Aragón*, Zaragoza, 1994, p. 606. Las biografías de los dos condes citados en las pp. 623 y 605, respectivamente.

23. Véase Pascual Madoz, «Madrid», en *Diccionario geográfico-estadístico-histórico de España*, Madrid, 1847, p. 884; Ramón de Mesoneros Romanos, *El antiguo Madrid*, Madrid, 1861, p. 200; J. Álvarez-Sierra, *Los hospitales de Madrid de ayer y de hoy*, Madrid, 1952, pp. 71-72 (donde dice que «este hospital tuvo siempre el prurito de contar entre su personal facultativo a los más célebres doctores madrileños» y da como ejemplo publicaciones médicas del setecientos), y Virginia Tovar Martín, *Arquitectura madrileña del siglo XVII (datos para su estudio)*, Madrid, 1983, pp. 307-308. Dos artículos, el primero con fotografías antiguas espléndidas, han aclarado la arquitectura y la decoración (Virginia Tovar Martín, «El Hospital de la Corona de Aragón: consideraciones a un edificio del Madrid documental desaparecido», y José Luis Barrio Moya, «Algunas noticias sobre la construcción de la desaparecida Iglesia del Hospital de Montserrat en Madrid», *Anales del Instituto de Estudios Madrileños*, XXX [1991] y XXXIII [1993], pp. 37-53 y 21-41, respectivamente).

De momento podemos suponer razonablemente algunas cosas: la presencia de aragoneses, en sentido amplio, es notoria. Una presencia que exige una ampliación del hospital en la segunda mitad del seiscientos, y las considerables ruinas del primer hospital que quedan en la calle Mesón de Paredes muestran que ya se trataba de dos grandes construcciones: el hospital y la iglesia.[24] Los planos y las fotografías del segundo hospital todavía muestran una dimensión más grande. Esta cronología y este crecimiento no contradicen lo que conocemos acerca de la penetración comercial catalana en Madrid y en las Castillas, sino que coinciden bastante.

Hemos encontrado documentación religiosa escrita para el setecientos: la publicación de cuatro sermones para catalanes en honor de la Virgen de Montserrat (1735, 1747, 1768) y de santa Eulalia (1790) y uno de la Virgen del Pilar (1786) dirigido a aragoneses. Una búsqueda paciente en la bibliografía de Francisco Aguilar Piñal siempre da buenos resultados y por su amplitud no podría ser de otra forma. La lectura de fragmentos de los títulos de los cuatro impresos catalanes ya da informaciones: *Oración panegyrica que al más soberano culto de María Santísima de Mont-Serrat consagró la nación catalana residente en esta Corte en la iglesia del Real Hospital de la Corona de Aragón, el día 28 de octubre del corriente año de 1734. Díxola el R. P. Fray Agustín Eura* (Madrid, 1735), *Gloriosos triunfos de María en su especial protección de Cathaluña. Sermón panegyrico, en la solemne fiesta, que a su Soberana Patrona de la Virgen Santísima de Montserrat, consagró la devoción de los Cathalanes, residentes en esta Corte, en la Iglesia del Real Hospital de la Corona de Aragón, el día 30 de octubre del corriente año de 1746. Lo predicó el R. P. M. Fr. Nicolás Serdá* (Madrid, 1747), *Mystico Precioso Montserrat figurado en el Dulcísimo nombre de María. Sermón Histórico-Panegyrico, que en la solemne fiesta, que consagraron en el Hospital Real de la Corona de Aragón a su Soberana Patrona, y Titular la Virgen Santísima de Montserrat, sus amantes hijos y singulares devotos los Catalanes, que habitan en esta Corte, en el día de su Santísimo Nombre el 13 de Septiembre del año de 1767 ... predicó el Rmo. P. M. Manuel de Trinchería* (Madrid, 1768) y *La alegría de la Santa Iglesia, y el honor de la Nación Catalana. Sermón, que en la solemne fiesta que consagró la venerable Hermandad de Catalanes de esta Corte el día 14 de febrero de 1790 a su invicta Virgen, mártir y paisana Santa Eulalia de Barcelona en el templo de María Santísima de Montserrat del Hospital Real de la Corona de Aragón dixo el Padre Manuel Ballesteros* (Madrid, 1790).

Digamos antes de entrar en una cierta descripción de los cuatro sermones localizados que durante la guerra de Sucesión algunos hechos recordarán a los de 1640. Así, el archiduque hizo expulsar a los monjes castellanos de Montserrat porque les consideraba «desafectos» a su causa, y durante estos

---

24.   Elías Tormo, valenciano, explica que las esculturas las habían hecho aragoneses, catalanes y valencianos y que algunas de ellas, cuando en el siglo XIX el hospital se abandona, fueron recogidas por los escolapios (*Las iglesias de Madrid*, Madrid, 1972, pp. 55-57).

años bélicos se intenta que el monasterio de Montserrat no dependa de Valladolid, sino de él mismo. A los monjes que así lo habían intentado se les consideró «sediciosos i desafectes» después de 1714 y no pudieron volver a Montserrat. El archiduque había mostrado su devoción a Montserrat, y en Viena con su mujer continuaron asistiendo a más de una solemnidad al templo ya existente dedicado a ella y del que hablaremos más adelante. En contraposición, los Borbones no heredaron la devoción de los Austrias por el gran monasterio catalán. Inclinación que no tiene ninguna referencia con devociones anteriores de sus territorios de origen, ya que tanto en Francia como en Bohemia y Austria estaba muy extendida la devoción a la Virgen de Montserrat.[25] Estamos, pues, ante una devoción austracista, como lo muestra el hecho de que el marqués de Mortara, que tenía esta filiación, le dedicara una devoción predilecta y pública en Madrid en la entrada de su palacio, donde protegía, avanzado el siglo XVIII, a catalanes, como el dramaturgo Comella, de la misma orientación.

El primer predicador, el agustino Agustí Eura, llegó a ser obispo de Ourense y escribió un número de obras teológicas, de sermones y literarias realmente considerable. Mosén Modest Prats le ha atribuido una de las pocas piezas reivindicativas de la lengua catalana, *Controvèrsia sobre la perfecció de l'idioma català*, durante el setecientos. Poco después de 1734 marchó al obispado gallego mencionado, donde estaría hasta su muerte en 1763. Cuando predicó ante «la Nación Catalana residente en la Corte» faltaban muy pocas semanas para que fuera nombrado obispo. Quizá este hecho inminente, a pesar de que quiere subrayar una reciente estancia en «Mont-Serrat», le hace recordar que «nuestro Invictísimo Monarca Phelipe V ... le ofreció [a la Virgen] personalmente un riquísimo Cáliz» (p. 17). El contenido del sermón es muy mariano y montserratino, sin ninguna referencia temporal, que le lleva a insistir sólo en el hecho de que el monasterio es un centro europeo de «una innumerable multitud de Peregrinos» (p. 9). La edición del sermón está dedicada a Luis Fernández de Córdoba, marqués de Aitona y barón de Llagostera, la Llacuna, Miralcamp de Pinós i Mataplana. También era maestro racional del Principado de Cataluña y gentilhombre de cámara del rey.

El segundo sermón, de 1747, recordémoslo, lo predicó otro agustino, Nicolau Serdà, pero en este caso se lo dedicó a Bernat Antoni de Rocabertí, conde de Peralada, que también era un gentilhombre de cámara y mariscal de campo. Autor de otros sermones escritos, es el único que «recela su humildad, que por no hablar su nativo Idioma»: «Un Forastero haviendo de predicar en extraño idioma». El término «Nación Catalana» aparece continuamente. El predicador parte de la base de que los catalanes que viven en Madrid es porque han querido mejorar su fortuna, pero lo que no encuentra lógico es por qué ha querido ir la Virgen: «La antigua política máxima de dexar la Patria para adelantar Fortuna, me daba motivo, para pensar, si nuestra Sobe-

---

25. Anselm M. Albareda, *Història de Catalunya*, especialmente, pp. 82 y 259-275.

rana Patrona havia dexado la suya, para verse con esta Grandeza y pompa venerada en la Corte» (p. 1). Esto provoca que el fraile agustino se interrogue: «Pues Señora, si no es para mejorar de fortuna, a qué venís a este País extraño? Cómo de Montañesa havéis pasado a Cortesana? O cómo de Cataluña havéis venido a Castilla? Sería esto dexar la Patria porque queréis más a los extranjeros?» (p. 3). Todos los interrogantes son teológicamente inquietantes, aunque al último responde con claridad: «No hay Madre que quiera más a los Estrangeros, que a sus hijos». Ya hemos dicho que es el sermón, de los cuatro, que hace más referencia a la patria de estos catalanes que han buscado fortuna: «La Fiesta es de los cathalanes y para los Cathalanes he de predicar. El sermón será mucha parte Historia de Cathaluña, que ya se llaman en la Corte estos Sermones, Nacionales» (p. 9).

El tercer predicador también fue muy conocido como tal y se le imprimieron más de una docena de sermones. Entre los predicados destaca en 1777 el mismo rey, así como la alta aristocracia en otros casos. Una biografía del fundador de la orden a la que pertenecía, San Juan de Dios, fue una obra singular en la vida del olotense Manuel de Trinchería. Destaca su devoción por la patrona de la «amada Patria mía, Cataluña» y hace mención en 1767 de la devoción que había en la Corte de Viena por el templo de aquella capital dedicado a Montserrat y del que ya hemos hablado. Nunca sabremos cómo podía entenderse esta mención y qué sentimientos desvelaría entre unos catalanes que vivían en la capital de los Borbones. Si se desvelaron sentimientos, éstos debían provenir del talante austracista.

El predicador del cuarto y último sermón era sevillano, el clérigo menor Manuel Ballesteros, y tiene un par más de publicaciones. La novedad más grande es que está dedicado a la patrona de Barcelona, a la que considera «paisana», pero hace referencia a la «noble y siempre dichosa Nación Catalana». Poco contenido más puede destacarse si no es el que hace referencia no a la cofradía sino a «la venerable Hermandad de Catalanes de esta Corte». Este nombre evoca un olor de seguridad social de la época.

El quinto sermón dedicado en 1786 al Pilar por la «Congregación de Aragoneses de Madrid» hace referencia al hecho de que tiene como espacio «tu territorio Tarraconense». Seguro que todos los catalanes o aragoneses en sentido amplio residentes en Madrid no eran comerciantes pero sí que su presencia o la de los que buscaban «fortuna», como dijo el agustino Serdà, era muy significativa y decisiva. En todo caso, Cataluña y la Corona de Aragón eran una referencia estable y tenían en Madrid un espacio de devoción, una fraternidad mínima y un hospital como última instancia para ir a radicar.

Tenemos conocimiento de un sermón, aunque no publicado, predicado más tarde, el 9 de septiembre de 1792, por otro personaje de primera magnitud, Fèlix Amat, arzobispo de Palmira. A él asistieron personalidades de la Corona de Aragón y el general de la Orden Mercedaria. El arzobispo sabadellense escribió que «hubo bastante concurso» de lo que califica «de los Catalanes». Precisamente el recogimiento con que celebraba la misa impresionó profundamente a quien tenía que ser decisivo en su vida y en la de su sobrino (el obispo Fèlix Torres Amat), el capellán anglicano Andrew Cheap.[26]

La devoción por la Virgen de Montserrat es muy antigua y debieron contribuir a ella algunos hechos tales como una geología verdaderamente excepcional y una centralidad geográfica catalana muy gravitatoria, además del marianismo propio de la manera de entender el cristianismo. Por tanto, es natural que cuando los comerciantes catalanes vayan a vender más allá de sus límites se lleven también con ellos la devoción a la Virgen Bruna. No quisiéramos sacar una conclusión precipitada a partir del «mapa de la expansió de Montserrat als Països Catalans» (publicado en la *Enciclopèdia Catalana*), pero alguna idea provisional sí puede ser establecida. En primer lugar, constatar que la difusión está concentrada en un 95 por 100 en un territorio que está entre Barcelona y Lleida. Vilafranca del Penedès y Valls son los puntos más meridionales y Manresa el más septentrional de los centros con un peso demográfico mínimo. De aquí parece extenderse esta expansión de la devoción montserratina por el camino que lleva a Castilla. Como si los comerciantes y los puntos de paso o de partida (Prats de Rei, Santa Maria del Camí, Castellnou del Camí) fuesen su sustentación. Una pequeña representación en el Conflent y en el País Valenciano hacen el resto.

La devoción allende los Pirineos estaba bastante extendida en la tierra de Oc, en Bohemia y en Austria. De la devoción —en una inversión marxista— salió alguna vez un motivo de comercio. Nos explica verbalmente Assumpta Musot que el traslado de las limosnas aportadas por los devotos del otro lado de los Pirineos, sobre todo Tarbes, para enaltecer el monasterio a menudo corría peligro por culpa de los ladrones. Esto hizo que se sustituyera el trajinar monedas, fáciles de robar, por comprar allá mulas de mejor rendimiento y venderlas al llegar a Cataluña. Cultura religiosa y cultura comercial, sobre todo en aquellos tiempos, van unidas y a menudo han sido poco estudiadas en sus interrelaciones. Sirvan estos pocos párrafos como una propuesta.

Volviendo a Madrid, el hospital, y todo lo que representaba, muestra una implantación de comerciantes catalanes y aragoneses en sentido amplio considerable, pero no sabemos su número ni su evolución. Los provenientes de Copons o de otras comarcas catalanas debían ser una parte, pero tampoco sabemos de qué parte. También desconocemos el número de cortesanos catalanes y aragoneses en sentido amplio, pero lo suponemos, provisionalmente, menor. Qué servicios daba la mencionada hermandad es otra incógnita abierta. Si se encontraran los papeles de la hermandad nuestro conocimiento sobre el mundo de los comerciantes catalanes en Madrid y en Castilla en toda su complejidad aumentaría sustancialmente.

El crecimiento de la economía catalana tenía que provocar —y a la vez ser provocado por— ventas en el interior de España con la aparición de re-

---

26. Ramon Corts i Blay, *L'arquebisbe Fèlix Amat (1750-1824) i l'última Il·lustració espanyola*, Barcelona, pp. 120-121.

des comerciales dispersas. Este avance —agrícola, industrial y comercial— es el que daba base a la insistente y a la vez razonable reivindicación de la libertad directa de tráfico con América. Fernández de Pinedo ya mostró testimonios, incluso los de rechazo, «de esta, en apariencia, sorprendente integración catalana dentro de la monarquía hispana».[27] Protestas que a veces eran de los artesanos castellanos por la entrada de tantos zapatos catalanes. La compra de materias primas castellanas también fue notoria. Un conjunto de testimonios que corroboraban lo que ya se ha dicho: «La ponderación del consumo exterior no tiene que hacerse en perjuicio del reconocimiento de un mercado interno, más importante todavía».[28]

Caminos abruptos dificultaban el nuevo comercio, pero al mismo tiempo demostraban que casi siempre se exagera cuando se ve en los transportes un obstáculo considerable para la industrialización. Todo un mundo nació para salvar los malos caminos, formado desde los tratantes de ganado hasta los arrieros con la mula, admirable mula, como protagonista.[29] Ya hemos visto, al hablar de la necesidad de llevar a Cataluña dinero piadoso para la *Moreneta*, que este animal tenía mejores cualidades de liquidez que la moneda. Santa Coloma de Queralt, junto con Prades, fueron las dos poblaciones más centrales para los tratantes de ganado y los arrieros mientras que destacaba una gran compañía comercial, los Cortadellas de Calaf. Un territorio que casi coincidirá con el de los comerciantes o al menos en el que habrá muchos comerciantes.[30] Un mundo muy complejo de tratantes de ganado, muleros, arrieros, trajineros, negociantes y comerciantes que investigaciones como las de Assumpta Muset nos enseñarán a conocer con todo detalle.

Los comerciantes catalanes dispersos por España pertenecen casi en un 60 por 100 a la Cataluña central —Calaf, Copons, Manresa, Vic— si añadimos Olot y Tortellà; Barcelona no llegaba al 5 por 100, el núcleo de Reus-Altafulla-Salou todavía menos, y el Maresme llegaba, por tanto, a un 30 por 100 con Mataró como primera capital comercial catalana, siendo la segunda Canet y más modestamente Calella. El destino de estos comerciantes era, según Muset, Castilla (180), Galicia (127), Andalucía (111), Aragón (75), Valencia (63), Murcia (44), Extremadura (14), País Vasco (10) y Asturias (2) (figura 4.1). Será necesario saber bastante más de lo que sabemos antes de hacer muchas interpretaciones, ya que Asturias tradicionalmente ha sido abastecida desde núcleos como Valladolid y Ponferrada, y más adelante ha-

27.   Emiliano Fernández de Pinedo, «Coyuntura y política económicas», en Manuel Tuñón de Lara, ed., *Historia de España*, vol. VII, Barcelona, 1980, p. 107.
28.   Jordi Nadal, «La economía española, 1829-1831», en *El Banco de España. Una historia económica*, Madrid, 1970, p. 351.
29.   Véase Núria Sales, *Mules, ramblers i fires (segles XVIII i XIX)*, Reus, 1991.
30.   Son muy útiles los números 82, «Camins, traginers, ramblers i mules», y 88, «Indianes i mercat peninsular. La berguedana», del *Atles d'Història de Catalunya* (Víctor Hurtado, Jesús Mestre y Toni Miserachs, eds., Barcelona, 1995), preparados por Jesús Mestre i Campí (82 y 88), Àngels Solà i Parera (82 y 88) y Jaume Font i Garolera (82). El mapa sobre los «Orígens dels comerciants catalans» lo ha elaborado Assumpta Muset y sobre él trabajamos a continuación.

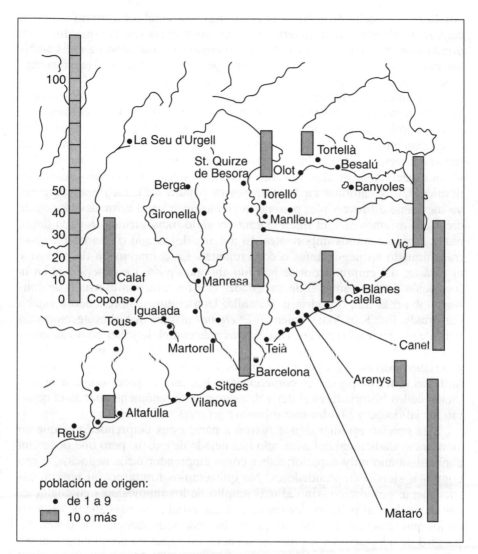

FIGURA 4.1. Origen de los comerciantes catalanes (según A. Muset en V. Hurtado, J. Mestre y T. Miserachs, eds., *Atles d'Història de Catalunya*, Barcelona, 1995).

blaremos de cómo fue protagonista una de las familias Jover de Copons. La concentración en la Cataluña interior —una *highland* o un *goiherri*— no sorprende, así como tampoco que esté en la línea límite de una agricultura menos productiva cerca de otra que lo es más y cercana a núcleos industriales. Sobresale también el hecho de que se localice —esto, como hemos visto en las páginas más teóricas anteriores, es normal— en poblaciones pequeñas absolutamente especializadas en el comercio (Calaf, Copons, Tortellà e incluso

Altafulla). El hecho de pertenecer a un grupo nacional minoritario, como el catalán, predispone, pero determinadas circunstancias son las que disponen que lo sean, no unos de aquí y de allá homogéneamente, sino de unos ámbitos muy determinados y reducidos. Será, por tanto, significativo concentrarse en las cuatro poblaciones que acabamos de enumerar.

Para empezar a hacerlo estableceremos unas apreciaciones sobre cómo evolucionaron estas poblaciones especializadas, Copons y Tortellà, concretamente, a lo largo del tiempo. Su especialización se inició en el último tramo de crecimiento de finales del siglo XVII. Sin embargo, no fue hasta pasada la mitad del siglo XVIII cuando, primero en Copons y después en Tortellà, existe un espectacular arraigo que fue frenado por las guerras, las crisis económicas y los cambios en los transportes (figura 4.2). La decadencia era ya inevitable e irreversible, pero no queremos caer en el error de algunos de creer que estamos ante el final. Durante el siglo transcurrido, un poco largo, habrá habido cambios importantes. El tratante de ganado o el arriero se han transformado en negociantes o comerciantes. La comprensión del riesgo y el carácter del emprendedor se han ido abriendo paso. La experiencia en la formación de compañías o de sociedades con formulación escrita o de confianza iba más allá o podría ir más allá. Una cultura emprendedora estaba construida. Fue Karl Marx quien en *El capital* plantea que el proteccionismo permite producir mercancías, pero que es más complejo saber cómo se fabrican los fabricantes. Precisamente en la formación del emprendedor schumpeteriano podríamos asegurar que una de las matrices más considerables fue la de las redes dispersas de comerciantes. Por eso, es preciso evitar la tentación de los historiadores al dejar de estudiar este fenómeno cuando el negocio inicial decae y olvidar que sobrevive en otras actividades.

Será preciso estudiar dónde fueron a parar estos emprendedores que en su negocio tradicional del comercio han dejado de existir, pero que tienen un capital humano muy superior: saber cómo emprender otros negocios, cómo continuar siendo emprendedores. No quisiéramos limitarnos al terreno estrictamente económico, sino al más amplio de los innovadores en cualquier campo, incluso el político. Así tendremos que estudiar si, más allá de los años en los que se acaba el comercio que les ha dado vida, tienen o no tienen capacidad de adaptación a las nuevas situaciones o mueren como empresarios, sea en los «puntos de anclaje», sea en los «puntos de destino». Si se adaptan, ver si han sido capaces de crear una «atmósfera emprendedora» que sea duradera y que el aislamiento, respecto a la mayoría de las sociedades en las que vivían, podía ayudar a conservar. Buenos conocedores de los estorbos a la libertad, sea política o sea económica, será necesario analizar si han sido también estos núcleos semillas del futuro liberal. Parece que las brutales e incendiarias destrucciones por parte de los carlistas de Copons y Tortellà no fueron casuales, sino objetivos políticos cuidadosamente seleccionados. Volveremos a este enfoque en el último apartado de este capítulo.

El caso de Calaf, población con antecedentes comerciales importantes y medievales, está absolutamente marcado por haber originado la compañía co-

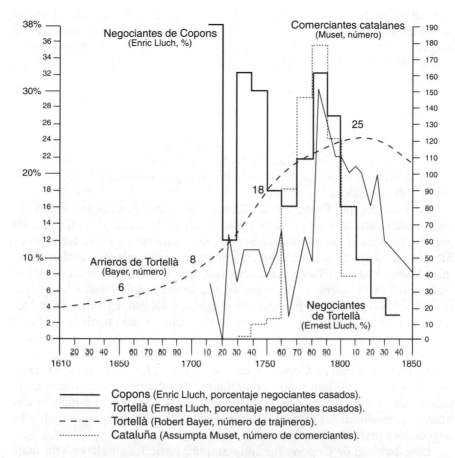

FIGURA 4.2. Negociantes de Copons y de Tortellà. Observaciones: 1. La cifra de los negociantes de Copons corresponde a los casados (elaborada por Enric Lluch), y la de los de Tortellà, a los padres de bautizados (elaborada por Ernest Lluch). Ambas fuentes dan resultados parecidos y mínimos, ya que bastantes negociantes vivían donde comerciaban. 2. En Copons, a pesar de algunos precedentes aislados, los negociantes aparecen de golpe en los años diez del setecientos y disminuyen muy rápidamente tras cien años. 3. En Tortellà aparecen primero los trajineros en una población muy pelaire (entre el 40 y el 60 por 100) y el empuje mercantil no llega hasta mediados de siglo, pero tendrá una caída más tardía que en Copons (según Ernest Lluch, *Qüestions preliminars sobre l'Anoia*, p. 12).

mercial probablemente más importante de la Cataluña de la época. Iniciada la compañía Cortadellas[31] por tratantes de ganado y arrieros hacia 1730, encontró fórmula jurídica en 1777 y perduró hasta 1830 con cambios societarios importantes. La compañía trabajó básicamente en Aragón, a pesar del comercio colonial, por lo que a menudo es conocida por el nombre de esta región (o el de Calaf), aunque tenía sucursales en Barcelona, Manresa y Reus, así como factorías en Aragón. La lista de actividades productivas es impresionante: cría y comercio de animales de tiro, fabricación y venta de jabón, aguardiente y vidrio, comercio importador de granos, de lana y de seda, comercio exportador de medias de algodón y pañuelos de seda, de indianas de papel, arrendamiento de derechos señoriales y de décimas y repoblación de lugares abandonados.

Copons, del que Francisco de Zamora hizo una descripción extraordinaria, es el caso más significativo que tenemos de especialización, lo que permite estudiarlo sin contaminaciones prácticamente de otras actividades. Situado en medio de la zona catalana comercial por excelencia, está en el camino hacia el interior. Tiene cerca uno, o diversos, núcleos industriales y está en el límite de la «niebla de la Segarra» que separa, según mostró Josep Iglésies, dos zonas de diversa productividad agrícola natural. El volumen reducido de la población permitía —ya hemos visto que ha sido también un factor propiciador en otros lugares del mundo— que todo el mundo se conociera, cosa que facilitaba llevar a cabo una política de alianzas matrimoniales muy eficaz; eran catalanes de Copons y aún de tal o cual familia.[32] Tenemos pruebas de que no eran tampoco comerciantes estrictamente dependientes de industriales y agricultores, sino que orientaban la producción e incluso asumían responsabilidades directas en ella. Era también Copons, villa real, y los negociantes tuvieron exenciones.[33]

La expansión de Copons fue muy amplia. Enric Lluch elaboró un mapa no publicado (figura 4.3), según el cual en 1779 la parte más considerable era la del norte de la península. El sur está menos representado y con menos fuerza. Tenían tres establecimientos en América y también estaban presentes en Barcelona, Girona y Perpiñán. Tenemos que tomar nota de que la relación con Aragón es escasa como si ya la ocupara la compañía Cortadellas. El peso de Castilla la Vieja es el principal, esto explica el título del trabajo inédito de Enric Lluch. Un negociante de Copons estudiado por Jaume Torras viaja ocho semanas por Castilla y en las cartas que manda a su casa sólo habla de

---

31.   Afortunadamente hay una amplia bibliografía, sobre todo de Guillermo Pérez Sarrión y Núria Sales, sobre los aspectos económicos. Sería preciso completarlos con una exploración como semillero ideológico y político, sobre el que diremos alguna cosa más adelante.

32.   Es básica la obra de Assumpta Muset, *Catalunya i el mercat espanyol al segle XVIII: els traginers i els negociants de Copons i Calaf*, con prólogo de Ernest Lluch, Publicacions de l'Abadia de Montserrat, 1997.

33.   Véase Archivo de la Corona de Aragón, Real Audiencia, Acord. Reg. 1025, f. 91, 7 de enero de 1807. Noticia que debo a Josep M. Torras i Ribé.

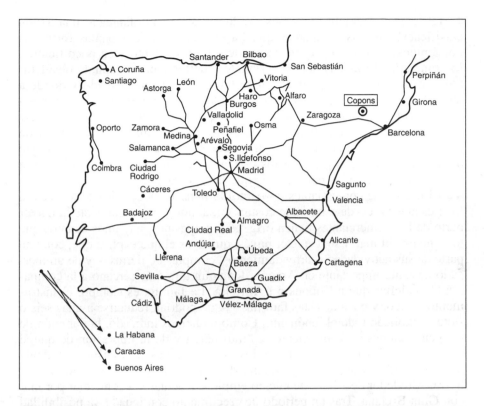

FIGURA 4.3. Establecimientos de los naturales de Copons en 1779 (según Enric Lluch i Martín, *Els comerciants catalans a Castella en el segle XVIII: els traginers de Copons*, texto inédito proveniente de la tesis de licenciatura presentada en 1957 en la Puda de Castellolí el 23 de octubre de 1961 como lección inaugural del curso 1961-1962 del Centre d'Estudis d'Igualada, con un mapa basado en información de Jordán Frago, «Geografía nueva de España», en Nicollé de la Croix, *Geografía moderna*, 1779, pp. 98-99).

uno que no sea de Copons, y es precisamente en Molina de Aragón, y que Javier Burgos me perdone.[34]

Tortellà tiene muchas semejanzas con Copons, desde el punto de vista que tratamos, pero con cierto retraso. Un retraso que queda compensado, porque, pasada la época de los negociantes y de los arrieros, la fuerza económica que quedó en la misma población fue bastante más considerable que en Copons. Como si tanteasen los territorios no ocupados por otros catalanes, Tortellà se dirigió hacia el sur. La referencia a la comunidad de origen aparece muy clara, como la base de una confianza mutua que hace innecesario nada más: «…pero sin intervención de instrumento o acto alguno, sólo con el uso, costumbre y estilo observado entre los negociantes del sobredicho lugar de

34. Jaume Torras, «La construcció del mercat», en *Els espais del mercat*, Valencia, 1993, p. 23.

Tortellà, hecho, practicado y observado».[35] Bayer ha planteado una aguda clasificación de las compañías que ha estudiado: *a*) compañías formadas por amigos para llevar a cabo un negocio muy concreto y en poco tiempo; *b*) compañías formadas por comerciantes fuertes con un capital considerable pensando en abrir sucursal donde hubiera un buen mercado y donde a menudo estos hombres acabarían instalándose, y *c*) compañías de gran prestigio basadas en familias, y que son las que llegarían a ser más fuertes y duraderas, comerciando también con América y, sobre todo, con el sur de España y Andalucía en primer lugar. A Tortellà le pasa como a Copons, que tienen, todavía hoy, a pesar de los estragos carlistas, una pinta más urbana y distinta que la de las poblaciones que las rodean.

El núcleo de comerciantes de Altafulla tiene la característica, respecto a los tres anteriores, de estar en la costa. Así, aunque originariamente la mayor parte de los comerciantes tienen orígenes campesinos, hay unos cuantos que lo tienen en el mar. Este carácter payés, quizá, es el que explica que, con una parte de sus actividades —arrendamientos, compras de tierras— y de un mercado bastante importante en Aragón, tenga un aire más cercano a la compañía Cortadellas que a Copons o a Tortellà. La familia es siempre el instrumento básico, y once de estas familias —que podrían reducirse a unas seis o siete— explican todo el fenómeno. Como ya hemos indicado, la duración de las generaciones de comerciantes es muy larga y da la impresión de que si no fuera por las mejoras sustanciales en los medios de transporte todavía lo habría sido más: puerto y aduana de Tarragona y nuevos caminos por tierra. Alrededor de 1740 este núcleo empieza a actuar y a comerciar por mar con Gran Bretaña. Tras un período de crecimiento continuado, la posibilidad de comerciar directamente con América le dio un impulso adicional y muy fuerte. Como muestra de aquella extraordinaria continuidad, «el papel de los grandes comerciantes, los también llamados negociantes, continuará siendo desempeñado por los descendientes de aquellos que obtuvieron su capital de la explotación de sus patrimonios agrarios».[36]

EL «DÍA DESPUÉS» DE LAS REDES COMERCIALES DISPERSAS

Ya hemos indicado en párrafos anteriores que las redes comerciales dispersas una vez desaparecidas como tales pueden mantener allí de donde vienen o allí donde han ido una «atmósfera emprendedora» que continúe promoviendo nuevos campos de actividad. También hemos sugerido que la

35. Era innecesario cualquier acto notarial, nos aclara Robert Bayer i Casteñé, autor de una obra magnífica (*Tortellà*, Ajuntament de Tortellà, 1990, p. 244). Era una compañía, Manella i Pelegrí en Cia, formada para comerciar con Andalucía en 1775. Hay un apartado dedicado a Tortellà en Ernest Lluch, «La revolució industrial a la Garrotxa (1777-1822)», *Annals de l'Institut d'Estudis Gironins*, vol. XXV-II (1981), pp. 219-225. En ambas fuentes es posible constatar el impulso industrializador posterior.
36. Salvador J. Rovira i Gómez, «Los comerciantes de Altafulla (segunda mitad del siglo XVIII)», *Estudis altafullencs*, 2 (1978), p. 33.

importancia de su actividad, mientras haya durado, puede haber originado un clima político y científico muy diferente del de los lugares de alrededor. También nos hemos planteado si la violencia carlista en Tortellà y Copons fue una simple coincidencia. Queremos abrir así una nueva perspectiva que incluso los buenos historiadores tienden a olvidar cuando hablan de esta temática. Ahora aquí sólo daremos una rápida ojeada.

Laureà Figuerola, que fue el realizador de la política económica liberal, había nacido en Calaf, donde su padre trabajaba en la compañía Cortadellas, así como, creemos, bastantes miembros de la familia. La ese que hace el tren para pasar por Calaf es un recuerdo, de momento, permanente, de este arraigo. El padre de Laureà había estudiado economía política en Zaragoza con Normante y Carcavilla, el gran perseguido por la Inquisición, y cuando se trasladó a vivir a Barcelona con su hijo, mantuvo relación directa con Guillem Oliver, que es el definidor de la «política económica de la reforma burguesa». Una sola frase de éste, nacido en Mallorca, lo sitúa políticamente: «Los restos del feudalismo no se avienen bien con un sistema liberal y es menester uno u otro». Se trata de un Oliver que había trabajado en la compañía Cortadellas, y cuando dejó de hacerlo mantuvo unas actividades casi idénticas a las características de esta compañía. Si la figura de Figuerola es muy conocida como el defensor del librecambismo industrialista, entre muchas otras cosas, la de Oliver fue, previamente, en dirección parecida al ser alcalde constitucional y diputado en las Cortes.[37] Algunos de los socios de la compañía tuvieron también actividad política. Es el caso de Manuel Lasala, diputado en Cortes durante el Trienio constitucional, y de Antoni Satorras, gobernador civil de Tarragona y diputado en Cortes por Barcelona en 1843. Cuatro grandes mimbres pueden hacer un cesto.

Los hijos de Copons a veces regresaron, pero a menudo, pasado el momento de ser negociantes, arraigaron en los «puntos de destino». Este es el caso de los Jover, radicados en Córdoba. Una dinastía que empieza con un Amador Jover nacido en Copons muy a principios del setecientos, y un descendiente suyo y con idéntico nombre es rector de la Universidad de Córdoba en la década de los noventa de este siglo XX. Una continuidad consciente, que da lugar entretanto, en el siglo XIX, al nacimiento de la Banca Amador Jover e Hijos, que tuvo unos cincuenta años económicamente espléndidos. Paralelamente, los «nuevos cordobeses» invirtieron en fábricas de diversos tipos de jabón y de cerusa, así como en la construcción y en la propiedad inmobiliaria. La transformación de los Albons y de los Carbonell, llegados como negociantes de Alcoy, fue todavía más espectacular, como lo tiene muy presente cualquier observador de la vida económica española actual.[38]

37. Véase Anton Costas, «Estudi preliminar», en Laureà Figuerola, *Estadística de Barcelona en 1849*, Barcelona, 1993, pp. 5-24, y Ernest Lluch, *El pensament econòmic a Catalunya (1760-1840)*, Barcelona, 1974, cap. XI. Recordemos que en 1777 la compañía tomó el nombre de Soler, Bosch i Figuerola, siendo ya socios los Cortadellas.
38. Teresa Romero Atela, «La Sociedad de Banca de D. Amador Jover e Hijos», *V Congreso de la Asociación de Historia Económica*, San Sebastián, 29-30 de septiembre y 1 de octubre de 1993.

En Asturias y en San Sebastián el arraigo de los de Copons ha estado de reciente actualidad, ya que la Caixa de Pensions en 1995 compró en su totalidad un banco que fundaron, el Banco Herrero, y el Banco de Sabadell compró un 10 por 100 de otro banco también fundado por gente de Copons, el Banco Guipuzcoano. El Banco Herrero fue fundado por unos arrieros de origen gallego —Ferreiro antes de castellanizar el nombre—, que se trasladaron a una población muy comercial, Fortanete (Teruel), pero manteniendo parentela y amigos en Valladolid, de donde se marchan definitivamente en 1828. En la capital castellana toma como principal socio a Francesc Vidal, de Copons, que vivía entre Valladolid y Barcelona, junto a un sobrino también de Copons así como su mujer. Uno de la parentela instalada en Villafranca del Bierzo, Bernat Capdevila, fue un liberal radical. Finalmente, en 1841, Ignacio Herrero y Anton Jover i Pradell fundan el Banco Herrero. La historia continúa y afortunadamente está escrita.[39] Sólo falta decir que los descendientes de Copons no sólo tienen casas de comercio y de crédito, sino también una fábrica de hilados y de tejidos de algodón en Valladolid. En 1866 los Jover vuelven a Barcelona, donde siempre habían mantenido una banca, entre otros muchos negocios. Una historia, la barcelonesa de los Jover, que consta en las enciclopedias.

La familia Brunet, aunque Jordi Nadal me indica que no es la única, ha presidido dos siglos de la vida económica donostiarra. Llegados dos hermanos de Copons a finales del setecientos, fundaron muy pronto una sociedad de comercio y de banca. La casa solariega que construyeron no fue destruida por el gran incendio, y todavía permanece esplendorosa en la parte vieja con el apellido hecho de hierro forjado en el balcón principal. Diversificaron bastante las actividades y fueron también hacia la industria, con un comportamiento que ha sido juzgado como «catalán». La primera fábrica de papel continuo y una de tejidos serían dos muestras. Construyeron un barrio, Ondarreta (atravesado por la Avenida de Brunet), los tranvías y el gas. No repetiremos que también fundaron el antecedente del Banco Guipuzcoano. En un terreno más amplio, un Brunet fue alcalde constitucional, y otro, un político republicano destacado.[40]

Una de las compañías más importantes de Tortellà trasladó a Barcelona sus actividades comerciales, donde también instaló una fábrica muy importante. La calle de Santaló es un recordatorio de su influencia. Otros casos serán los Fontcuberta, que trasladaron la fábrica a Mataró, o los Salabert, que trasplantaron su actividad industrial a Barcelona, Besalú y Banyoles. No serán los únicos. Cuando el autor de este libro trabajaba de viajante de comercio, el principal mayorista de renglones para sastrería era *can* Reynés,

39. Véase Alfonso de Otazu y Llana, en R. Anes y A. de Otazu, *El Banco Herrero*, Oviedo, 1987, pp. 17-30.
40. Véase Montserrat Gárate Ojanguren, «La familia Brunet, San Sebastián y América», *Boletín de Estudios Históricos sobre San Sebastián*, 24 (1990), pp. 105-134. Por otra parte, salen en todas las historias económicas y políticas vascas.

instalado en la Vía Layetana, antes de llegar a la avenida de la catedral a la izquierda. Había oído decir a mi padre que antes eran negociantes en Tortellà; si fuera cierto (ahora cuando paso por allí veo que continúa existiendo) sería un caso de prolongación excepcional. Había un mausoleo en el mismo Tortellà dedicado a los héroes de 1873 que tendría que ser repuesto o sustituido. Un mausoleo en el que había signos de la francmasonería[41] y del liberalismo perseguidos por los carlistas y por los vencedores de 1939 hasta su destrucción.

No publicado todavía en toda su extensión el estudio sobre los comerciantes de Altafulla, poco podemos decir que no sea reproducir un párrafo y hacer un recordatorio. El párrafo es: «El ascenso social de estos comerciantes fue notorio; uno consiguió la nobleza de Cataluña, dos llevaron a sus hijos a estudiar a Cervera, donde obtuvieron el grado de doctor en Filosofía, mientras que un cuarto se hizo con el empleo oficial de subdelegado de marina. Por lo que se refiere al resto del grupo cabe decir que la mayor parte superó su estamento originario convirtiéndose, junto a la pequeña nobleza local, en la oligarquía de Altafulla».[42] Sería preciso dilucidar algunos significados. El recordatorio será para un miembro de una de las grandes familias, los Martí d'Ardenya, el científico Antoni Martí i Franquès, nacido en Altafulla en 1750, y que, suponemos, era uno de los dos estudiantes de Cervera. Podemos dudar, si este es el caso, que acabara allí sus cursos. Esto no le impidió ser uno de los más destacados científicos catalanes de todos los tiempos y con alcance europeo. Dominador de idiomas y propietario de una magnífica biblioteca, viajó a París, Londres, La Haya y Bruselas, entre otras capitales, cosa que hacía compatible con la dirección de fincas y del comercio a larga distancia. Obtuvo precisiones sobre el oxígeno en relación con la teoría de Lavoisier, que le mereció resonancia en Francia por medio de J. B. Biot y Claude Berthollet. Su ingreso como miembro de la Academia Médico-práctica de Barcelona —ya lo era de la Academia de Ciencias Naturales y de la Económica de Tarragona— le permitió presentar uno de sus trabajos más importantes sobre los sexos y la fecundación de las plantas en el terreno de la botánica, que tanto le interesaba.[43]

Será preciso estudiar con más profundidad el «día después» de las redes comerciales dispersas. La ojeada que nos habíamos propuesto me parece que ha servido para comprobar que vale la pena trabajar en ello. La supervivencia de la «atmósfera emprendedora» comercial en otras actividades, la creación de actitudes políticas avanzadas y el impulso educativo nos han dado unas muestras significativas y positivas.

---

41. Robert Bayer, *Tortellà*, pp. 177 y 233-258.
42. Salvador J. Rovira i Gómez, «Los comerciantes de Altafulla», p. 31.
43. Véase una síntesis bien construida en el artículo correspondiente escrito por Eugenio Portela Marco en el *Diccionario histórico de la ciencia moderna en España*, vol. II, Barcelona, 1983.

5. LAS ENSEÑANZAS UNIVERSITARIAS: CERVERA, LOS MILITARES Y LA JUNTA DE COMERCIO

> En las universidades, ni se enseña ni creo que pueda alcanzarse la enseñanza de aquellas ciencias que son el verdadero objeto de estas instituciones.

> Las ramas de la educación que generalmente se enseñan en las universidades, tal vez no se enseñan muy bien. Pero es indudable que si no fuera por estas instituciones no se enseñarían de ninguna manera, y tanto el público como los particulares experimentarían el daño que supone la falta de tan importantes enseñanzas.

> ADAM SMITH

Rehacer y explicar la historia de la enseñanza superior entre 1714 y 1842 o 1851 en Cataluña es bastante difícil, dado el número de interpretaciones tan diferentes como inesperadas. Un ejemplo será el de una parte considerable del catalanismo, más exactamente el conservador, que ha escrito en favor de la Universidad de Cervera, como veremos más adelante. O bien el jesuitismo, que ha hecho lo mismo. Desde otras posiciones, esta universidad es denostada y se destaca la respuesta de la sociedad civil catalana, fundando la Academia de Matemáticas y el Colegio de Cirugía. Interpretación que sólo tiene el inconveniente de que ambas escuelas fueron establecidas por iniciativa pública y con carácter militar. Esta dispersión de opiniones está basada no sólo en hechos poco conocidos y controvertidos, sino también en el hecho de que en la Europa de la época el nivel de la enseñanza superior era muy discutido y discutible, como lo manifiestan las dos citas de Adam Smith con las que hemos encabezado nuestro escrito.

Este capítulo lo hemos estructurado sobre tres ejes. El primero sobre quien tenía legalmente el monopolio universitario, la Universidad de Cervera, explicando no sólo sus hechos más relevantes, sino también sus diversas interpretaciones. En segundo lugar, haremos una síntesis de las dos escuelas militares ya señaladas y demasiado a menudo, no consideradas. El tercer eje es el formado por las cátedras de la Junta de Comercio, iniciativa que sí estaba ligada a un grupo social catalán, la burguesía comercial. De todas maneras era una institución parapública, de matriculación obligatoria y con ingresos públicos. Finalmente, haremos una referencia a cómo el retorno de la universidad a Barcelona, largamente reclamado, no fue consecuencia de un momento sino de un proceso que duró entre 1822 y 1842.

La Universidad de Cervera (1714-1842)

La fundación de la Universidad de Cervera y la desaparición de todas las otras universidades catalanas están ligadas al signo final de la guerra de Sucesión y al temor a los estudiantes, que en Barcelona, durante el siglo XVII, bajo los Austrias, ya habían tenido muchos conflictos, no sólo con el jesuítico Colegio de Cordelles, sino también con el Consejo de Ciento. El hecho de que hubiera en esta fundación un intento de renovación universitaria y de matriz regalista no tiene que esconder que sólo fue llevado a la práctica cuando parecía que, tras la derrota, se podía ganar a los núcleos universitarios más inmovilistas. Entre éstos estaban los obispados y las órdenes religiosas, sobre todo los dominicos. Los jesuitas, que estaban al margen de las siete universidades suprimidas, veían Cervera como la vía de penetración en la enseñanza superior, y así lo hicieron, y para obtener la convalidación por la Universidad de Cervera de algunas asignaturas universitarias de su barcelonés Colegio de Cordelles. La iniciativa de la creación de Cervera nació de un pequeño grupo del entorno del rey Felipe V, y tanto es así que la muerte de su impulsor directo, Luis Curiel, representó que se entrase en dificultades y que se produjera un avance de los sectores más retardatarios. Confirma esta interpretación el hecho de que en el momento de la fundación ni el Consejo de Castilla, ni la Junta Superior de Justicia, ni los principales funcionarios del rey en Cataluña participaran en dicha iniciativa, y que el capitán general, la Real Audiencia, de la que dependerá, e importantes felipistas o bien fueran indiferentes, o bien hostiles a Cervera. La ausencia de una política universitaria general y de una financiación sostenida hicieron que aquella decisión, en la que había un elemento de castigo, no pudiese ser utilizada por los Borbones como un elemento de prestigio de atracción. Incluso tras la muerte de Luis Curiel, en 1724, se tuvo que buscar un pacto negativo con Roma para parar los pies a aquellos sectores clericales aún más retardatarios. El pacto se estableció sobre la base de considerar que no era una universidad de nueva planta, sino de unificación de las preexistentes, hecho que daba de nuevo entrada a las órdenes religiosas y hacía que la máxima autoridad universitaria, el canciller, quedara vinculada al obispo de Lleida. A pesar de ello, la universidad continuó dependiendo directamente de la corona, que, insuficientemente, aseguraba, junto a obispados y ciudades, su financiación. La gradual desaparición de quienes habían participado en el proyecto inicial hizo perder interés, y por esto a mediados de siglo dejó de depender de la corona para pasar a la Real Audiencia.

Sólo la gran calidad jurídica de un Josep Finestres y de su entorno, así como un cierto jesuitismo, dio contenido a la Cervera de mediados de siglo. El impulso reformista del primer Carlos III no llegó al claustro de Cervera, aparte, y poco, de algún elemento aislado. Tras la expulsión de los jesuitas y hasta 1789, se introdujeron algunos cambios. Por ejemplo, el del canonismo jansenista moderado, y con la ruptura del escolasticismo filosófico, los benedictinos de Sant Pau del Camp de Barcelona introdujeron a Descartes, Newton y Locke (a los que después Dou mostró su rechazo); o la voluntad de reformar Medicina en 1784 por parte de Josep de Masdevall. Algunas reformas llegaron a puerto, pero el ambiente interno era tan desfavorable que hasta diez años después no se plantearon que el informe sobre la reforma universitaria de 1772 podía ser útil para salir del atascamiento en el que estaban. El médico Masdevall intenta esta reforma en 1784 pero, tras abandonar Cervera muy entusiasmado, escribe desde Barbastro al conde de Floridablanca recomendándole que elimine de Cervera los estudios médicos y que los incorpore al Colegio de Cirugía de Barcelona. Algún problema, como el de las prácticas, en una pequeña población sin hospital y, por tanto, sin prácticas, era realmente insoluble.

En el cambio de siglo, la división entre dos sectores del profesorado más y menos avanzados [1] se fue acentuando en la Facultad de Medicina y entre algunos profesores de cánones. El nombramiento de Ramon Llàtzer de Dou como canciller, en 1804, con su carácter premoderno, compatible con sus conocimientos jurídicos y económicos, marcó en todo caso el carácter general reaccionario hasta 1832. Esto hizo que, cuando el proceso de regreso a Barcelona estuvo en marcha, los catedráticos más abiertos fueran a la capital barcelonesa sin esperar la disolución cerveriense de 1842. Hay que añadir que los que resistieron pasaron a la efímera Universidad carlista de La Portella y a formar la ideología integrista catalana de un calado social considerable.

Antes de dar entrada a otros aspectos de la Universidad de Cervera parece adecuado centrarse en las diversas interpretaciones a las que ha dado lugar, porque también es una manera de conocerla. Es preciso insistir, por de pronto, en que desde los últimos lustros del setecientos la insistencia barcelonesa para recuperar la universidad fue constante. Desde esta perspectiva, el primer rector de Barcelona, Albert Pujol, de ideología liberal, en el discurso de inauguración de los Estudios Generales en 1837 consideraba que la erección de Cervera había ido en contra de la libertad y a favor del mundo miserable y rural. Los mismos argumentos utilizará el historicismo catalanista de Antoni de Bofarull, Víctor Balaguer, Sanpere i Miquel, Coroleu o Aulèstia. El catalanismo conservador y católico rompió esta línea. A pesar del pecado original de su fundación, Cervera, según el obispo Torras i Bages, por la realidad catalana y la labor jesuítica, fue «un centro de ciencia regional» más importante que la que había en los medios universitarios de finales del siglo XIX en Barcelona. Finestres, Aimerich, Cerdà y Dou son las figuras más

---

1.   Joaquim Prats, *La Universitat de Cervera i el reformisme borbònic*, Lleida, 1993.

elogiadas. Clascar, Rubió, Borràs y Casanovas siguen valorando el papel de los jesuitas, razón por la cual, una vez expulsados, la universidad decae y el supuesto catalanismo también. Los juristas catalanes, a causa del valor profesional de Finestres y Dou, mantuvieron un anticerverismo matizado. El catalanismo más de izquierdas, desde Ferran Soldevila a Josep Fontana, ha vuelto a conectar con los liberales y los historiadores románticos. Esta interpretación tiene las siguientes características básicas: 1) el balance de la Universidad de Cervera fue escaso; 2) sólo hubo algunos grandes profesores o alumnos en Derecho y Filosofía, y 3) alta valoración de la enseñanza superior barcelonesa —Academia de Matemáticas y Colegio de Cirugía— atribuyéndola a la sociedad catalana y sin poner de relieve que compartían con Cervera la fundación borbónica y, además, tenían carácter militar.

Si volvemos a estudiar aspectos concretos de la Universidad de Cervera nos encontraremos con las carencias que tenía. Así, no disponía de material químico elemental, razón por la cual tenían que pedir los materiales de rechazo de la cátedra de la Junta barcelonesa, o bien había médicos que salían de las aulas sin haber visto nunca un cadáver, o bien una biblioteca pequeña y cerrada durante largas temporadas. El origen de estas dificultades, en parte económicas, se debía al hecho de que, prácticamente desde el primer momento, no se pudo llevar a cabo el Real Decreto de Erección del 11 de mayo de 1717. Luis Curiel, protector de la universidad, chocó con una falta de colaboración de las autoridades felipistas, que le impidieron asumir la financiación de las universidades abrogadas, paralizar los otros estudios de nivel universitario y disminuir, ni que fuera provocando problemas graves, los privilegios eclesiásticos. Tanto es así que la muerte de Curiel en 1724 estuvo a punto de suspender la universidad por culpa del ataque de los sectores más reaccionarios. Todo iba tan lento que los estatutos no se aprobaron hasta el año 1726, y el reconocimiento de la Santa Sede no llegó hasta que las posiciones regalistas se encogieron mucho. Nada de esto puede reducirse a una acción hecha, como se sigue pensando, con total voluntad y con total claridad por parte de Felipe V.

El sector que, dentro de la situación del momento, preconizó Cervera quería una secularización de la vida universitaria, así como un fortalecimiento universitario por parte del Estado, que le hiciera llegar a algunos nuevos sectores sociales. Las dificultades encontradas por Luis Curiel ya preveían lo que pasaría entre 1726 y 1750 y que, en palabras de Joaquim Prats, llevaron al «abandono definitivo de la experiencia de Cervera». Ni el hecho de actuar sobre un país vencido facilitó que las fuerzas ganadoras pudieran organizar un proyecto realmente modernizador en algunos aspectos previstos.

El papel de los jesuitas en Cervera se interpreta de una forma muy contradictoria, como ya hemos señalado. Nos podemos decantar por la tesis de que no tuvieron un gran papel, pero también es preciso decir que el hecho de que Josep Finestres, la principal figura de la universidad, fuese un hombre próximo a la compañía matiza esta actitud, a menudo condicionada por una comprensible exageración de la argumentación defendida por hombres como el jesuita Ignasi Casanovas. La llegada de Carlos III motivó una serie de acciones como el rechazo del Colegio de Cirugía de Barcelona o bien que no se planteasen realmente reformas cuando era el momento. Así, Cervera no tomó la vía de la reforma como las universidades de Salamanca, Valladolid o Valencia. Alguna reforma se había introducido aprovechando el vacío jesuita en filosofía y en cánones, pero en la tercera y última actividad en la que la reforma penetró, la medicina, no se planteó hasta 1784, y con un resultado muy pobre, como ya hemos visto.

Las reformas de Godoy no tenían que suponer una gran mejora. La Facultad de Filosofía será la única que continuará evolucionando mientras que Cánones quedará estancada. Los cambios en Medicina continuarán tropezando con la falta de un hospital y de presupuesto para montar, por ejemplo, la imprescindible cátedra de química. Ante el Plan de Caballero de 1807, y siendo canciller Dou, hubo una división del profesorado con una resultante conservadora, que supuso otro freno para la universidad. El momento ya era otro. Es entonces, como veremos, cuando la Junta de Comercio de Barcelona empezará la creación masiva de cátedras.

En Cervera, la falta de presupuesto y de un contexto social vivo, las rivalidades corporativas, unas diferencias ideológicas insalvables para encontrar un mínimo común denominador y un canciller del que la primera presidencia de las Cortes de Cádiz dará una impresión equívoca, nada ayudaba a que pudiesen seguir la vía del futuro. Sólo el triunfo del absolutismo, en 1814 y 1824, prolongó la vida de una universidad medio muerta que se autodisolvió a finales de 1842. Unos cuantos profesores y unos cuantos alumnos no la salvaron de un balance global bastante penoso.

LAS ENSEÑANZAS MILITARES DE RANGO UNIVERSITARIO

La Real y Militar Academia de Matemáticas de Barcelona (1720-1803)

La Real y Militar Academia de Matemáticas de Barcelona empezó a funcionar en 1720, pero como consecuencia de un proceso que arrancaba de finales del seiscientos. Efectivamente, en 1694 el ingeniero Larrando de Manleón explicaba matemáticas y fortificación y al año siguiente se consultaba a Fernández de Medrano, director de la famosa Academia Militar de Matemáticas de Bruselas, sobre cómo tenía que ser la que se quería constituir en Barcelona. Una Real Orden del 12 de agosto de 1701 disponía la erección de la Academia barcelonesa, pero tuvo una vida interrumpida en 1705, al caer la ciudad en manos del archiduque Carlos, y no renació hasta superada la guerra de Sucesión.

La reavivó Jorge Próspero Verbom al ser nombrado ingeniero general y con el impacto de haber sido discípulo predilecto de Fernández de Medrano en Bruselas. Quería una escuela que no sobrepasase los 40 alumnos de matemáticas y los 20 de dibujo. Cifra que, como veremos, ultrapasó el éxito cuando, a partir de 1720, abrió sus puertas. La Academia fue pensada para preparar ingenieros, hecho que la convirtió en pionera en Europa y en monopolizadora en España. Durante todo el siglo, las dificultades presupuestarias no impidieron que tuviera un alto nivel, gracias a un buen cuadro de profesores con amplias publicaciones.

La localización de Barcelona no sólo estaba determinada por los antecedentes históricos, sino también por la concentración de tropas, como lo muestra el hecho de que 30 de los 94 batallones de infantería estaban en Cataluña, 18 de los 60 de caballería y 18 de los 30 de dragones, así como 34 de los 86 de ingenieros. La causa era la proximidad de la frontera francesa, al ser el punto de partida y de abastecimiento de las expediciones hacia Italia, y la necesidad de asegurar la sumisión de Cataluña.

El 15 de octubre de 1720, cuando abrió las puertas, entraron alumnos militares, pero también civiles. La participación de éstos fue constante y en unas proporciones limitadas que a menudo eran sobrepasadas. Había mayoritariamente españoles, pero también extranjeros en un número a menudo considerable. Por tanto, no era exclusivamente militar ni española. Las primeras levas fueron muy significativas de lo que acabamos de decir y de los tres tipos de estudios que se impartían: 1) matemáticas para ingenieros con 34 alumnos (de los que cinco eran franceses, dos italianos y un flamenco); 2) una escuela de náutica en la que se aprendía «lo que pertenece a hacer a un buen piloto» con 11 alumnos (de los que dos eran italianos y uno francés); 3) matemáticas para artilleros con 29 oficiales (de los que doce eran italianos y uno francés). El número de alumnos, volveremos a verlo más adelante, creció y así, en 1724, el número de estudiantes de dibujo, con el ingeniero de origen francés La Sala, ya era de 150.

El director barcelonés Mateo Calabro muy pronto encontró dificultades ante su superior el marqués de Verbom. Dos razones hubo por lo menos. La primera la de haberse acercado a los 200 alumnos, mucho más de los 40 que el ingeniero general creía que eran los óptimos; pero además estaba la de pensar que muchos de ellos eran hijos de «criados de escalera abajo». Este carácter demasiado abierto en un doble sentido no fue eliminado, ya que sabemos que en 1735 el de mayor categoría obligó a despedir a tres alumnos hijos de un tabernero, de un curtidor y de un herrero. Efectivamente, Calabro confiesa que él no quería ser «genealogista» y que no les pedía ningún requisito de nobleza o de ciudadano honrado. Como si la historia avanzara al revés, las condiciones sociales de entrada fueron haciéndose más restrictivas. Acusado de falta de preparación, fue sustituido por el ingeniero Pedro de Lucuze al año siguiente, pero a los doce meses el número de discípulos era de 115.

Pedro de Lucuze que dirigirá la Academia desde 1739 hasta 1779, estableció el primer año una ordenanza muy ajustada a la voluntad de Verbom. Así, un techo de 40 alumnos con el 10 por 100 de civiles. Sólo con los ingresados, muy a menudo se acercaban a esta cifra. Cincuenta y ocho cursos de entre 1735 y 1796 de los que tenemos datos muestran una mediana de cuarenta alumnos nuevos cada año. No fue hasta el año 1751 cuando se admiten 240 alumnos, que era una cifra más cercana a la que parecía la demanda, a pesar de que en este año se fundó la Escuela de Artillería de Barcelona, con las naturales tensiones por rivalidad. Unas cifras que muestran, por otra parte, que ni una decena parte entraron en el cuerpo de ingenieros militares, lo que quiere decir que se dedicaron a otras actividades militares; pero también es preciso estudiar el número de ellos que pasó a ejercer como civiles y profesores de matemáticas. Manuel Arranz es quien me indicó que la influencia de la Academia se manifiesta en la calidad del trabajo y en las bibliotecas de los maestros de obras de la época. Sería necesario estudiar si esto mismo no puede extenderse a otros sectores industriales, dado que se estudiaba mecánica o hidráulica, por ejemplo.

No es hasta 1790 cuando la Academia de Barcelona pierde su papel de monopolio hispánico al quedar reducida al antiguo reino de Aragón. Nuevas reformas fueron introducidas por iniciativa del nuevo ingeniero general José Urrutia, para quien el director barcelonés Domingo Belestà redactó un proyecto de una escuela práctica para el Real Cuerpo de Ingenieros de Barcelona. Cambios poco continuados hicieron que finalmente la Academia barcelonesa cerrara en 1803. Prácticamente, una enclenque plaza de la Academia delante de la de Sant Agustí Vell y unas pocas ruinas quedan como débil testimonio de esta importante institución.

Sí, queda la biblioteca, con 750 obras y 2.030 volúmenes, que es una muestra cierta del alto nivel de la Academia. La mitad de los volúmenes son franceses, una cuarta parte castellanos, el 12 por 100 latinos, el 7 por 100 italianos y el 5 por 100 ingleses. Una cuarta parte son de matemáticas puras y un 15 por 100 de física, mecánica, hidráulica y filosofía natural, y un 11 por 100 de astronomía, náutica y geografía. La parte más significativa la forman los 254 volúmenes de las *Mémoires pour l'Histoire des Sciences* (1701-1767), los 104 de *Histoire et Mémoire de l'Académie Royale des Sciences* de París (1666-1784), 94 de las actas de la Academia de Leipzig, 78 del *Journal des Beaux Arts*, las *Philosophical Transactions* de Londres y los *Novii commentarii Academiae Scientarum Imperialis Metropolitanae* (1747-1770) de San Petersburgo. Los mismos textos que sabemos que se estudiaban confirman el nivel que tenía la Academia. Jordi Juan Santacilia (y también quizá Benet Bails) ayudó decisivamente a la constitución de esta biblioteca en la que había 28 volúmenes de la Enciclopedia francesa de Diderot y de D'Alembert. Por esto no es de extrañar que, en el duro y crucial momento de 1790, el inquisidor general mostrara un interés muy especial por la biblioteca de la Academia.

Esta Academia, aunque desconocida hasta hace poco, tendrá que ser relacionada con el desarrollo económico y social de la Cataluña del setecientos.[2]

---

2. Sólo es preciso citar a Joan Riera, «L'Acadèmia de Matemàtiques a la Barcelona Il·lustrada (1715-1800)», en *Actas del II Congreso Internacional de Historia de la Medicina Catalana*, Barcelona, 1975, pp. 73-128; Aurora Rabanal Yun, *Arquitectura industrial del siglo XVIII en*

Por lo que sabemos había muchos catalanes entre los alumnos de la Academia y no es arriesgado pensar que tuvieron un papel en aquel desarrollo. La catedral nueva de Lleida, el barrio de la Barceloneta, la Fábrica de Tabacos de Sevilla o el castillo de Figueras fueron obras de catalanes discípulos de la Academia. Tres de sus alumnos destacaron mucho: Miguel Constansó (1739-1814), que acompañó a Gaspar de Portolà a California, Carles Beranger (1719-?), que colaboró con el virrey Amat en Perú, y Rafael Llobet (1748-?).

El Colegio de Cirugía de Barcelona (1760-1843)

Los estudios de medicina en Cervera estuvieron marcados por una falta de modernidad, pero sobre todo por una considerable ausencia de prácticas. Así, el año 1749, con cinco disecciones de cadáveres, fue un año extraordinario, pues parece seguro que durante años los estudiantes se licenciaban sin ninguna práctica. En 1768 tuvo que extinguirse una fantasmagórica cátedra de anatomía y se obligó a cursarla en el rival Colegio de Cirugía de Barcelona, fundado en 1760 y que empezó a funcionar al año siguiente. Fue fundado por Pere Virgili, que provenía del único colegio de cirugía existente, el de Cádiz, desde 1748. De naturaleza militar, fueron una consecuencia de la renovación al estilo prusiano de la marina y del ejército de Fernando VI. El nivel de los colegios fue claramente superior al de la enseñanza médica universitaria, por lo menos porque partían de creer que el libro más original era el cadáver. Por esta razón, los títulos que daban eran equivalentes a los universitarios. Desterrado el latín, la proximidad de hospitales, los duros exámenes y el internado, buenos libros de texto y una mayor abundancia de cátedras explican con sencillez su superioridad sobre la Universidad de Cervera.

El Colegio de Cirugía barcelonés tuvo como enemigos a los médicos universitarios, al protomedicato y a los antiguos colegios de cirujanos, pero, a pesar de esto, mediatizó cada vez más a la Universidad de Cervera. La diferencia era tan grande que consta que en 1788 quien no servía para cirujano se hacía médico. Por este motivo, hubo una unificación entre ambos estudios entre 1799 y 1801, que no cuajó definitivamente hasta 1827, cuando pasará a ser el Colegio de Medicina y Cirugía de Barcelona, que, dieciséis años más tarde, dará paso a la Facultad de Medicina. La fundación, en 1770, de la Academia Médico-práctica de Barcelona ayudó a la consolidación de la línea representada por el Colegio. Buena parte de los catalanes más destacados fueron sus profesores, como el citado Virgili, Gimbernat, Puig o Velasco, o sus alumnos Galli o Monlau. En definitiva, pues, la Facultad de Medicina de la Universidad de Barcelona, nacida en 1843, nacerá del militar Colegio de Cirugía.

España: las Reales Fundiciones, 1988, tesis inédita, y H. Capel, J. E. Sánchez y O. Moncada, De Palas à Minerva. La formación científica y la estructura institucional de los ingenieros militares en el siglo XVIII, Barcelona, 1988.

LAS ENSEÑANZAS SUPERIORES DE LA JUNTA DE COMERCIO (1769-1851)

Para interpretar el sentido de la obra de enseñanza superior de la Junta de Comercio es necesario destacar que ésta estuvo formada por la burguesía comercial y también vinculada con la naciente manufactura de indianas. Entre los dirigentes directamente ligados a las cátedras destaca el número de los que tenían títulos de nobleza —marqués de Palmerola, marqués de Gironella, marqués de Monistrol de Anoia, marqués de la Ciutadilla y el barón de Castellet de una manera destacada—, así como el ciudadano honrado Josep Francesc Seguí. Destacarlo no puede menospreciar el papel de un Melcior Guàrdia o bien de Francesc Plandolit, Joan Canaleta, Ramon Bacardit o Magí Corominas. La dinastía de los Gassó, y especialmente el primero de ellos, Antoni Bonaventura Gassó, autor de *España con industria fuerte y rica* (1816), mantuvieron la secretaría desde 1792 hasta el final y, por tanto, influyeron bastante en ella.

A pesar del peso de un grupo con puntos de vista coincidentes, el papel de los catedráticos fue autónomo e importante. Sería un error pensar que sólo aplicaron los intereses ideológicos, científicos y técnicos de la Junta de Comercio, ya que en unos momentos realmente ascendentes tuvieron la libertad suficiente para impulsar la enseñanza hacia donde creían que debía ir. Este papel de puntas de lanza, más o menos capaces o más o menos coherentes, es el que ejercieron los Sinibald de Mas, Pasqual Moles, Agustí Canelles, Francesc Carbonell, Francesc Santponç, Joan Francesc Bahí, Pere de Vieta y Josep Roura. A pesar de esto, ninguno de ellos, ni la misma Junta, manifestaron nunca una idea global sobre el conjunto de las diversas escuelas o cátedras. Podría deberse esta carencia a la prudencia obligada, porque una contemplación del conjunto de cátedras como un todo habría llevado a la consideración de que se estaba haciendo una universidad o un estudio general, lo cual era legalmente, como mínimo, discutible. Nos decantamos, en cambio, por creer que al menos había un factor sucesivamente pragmático pero la deducción de que se van abriendo cátedras en función de las necesidades del sistema productivo no puede establecerse, tal como nos advierte quien ha estudiado más esta labor de rango universitario.[3] Además es, naturalmente, una relación que varía con el tiempo. Así, la escuela para pilotos nace por una necesidad directa —¿por la eliminación de esta especialidad en la Academia de Matemáticas?—, pero desde 1805 la relación es menos inmediata. Otro caso es el de la Escuela de Nobles Artes, que durante los primeros lustros tiene una relación directa con la fabricación de indianas, pero con el paso del tiempo, en el cambio de siglo, se fue pareciendo cada vez más a las escuelas de Bellas Artes actuales. Es paradójico que la aparición de industriales que se dotan de estructura propia no suponga su participación en la enseñanza, que dejan en ma-

3. Jordi Monés i Pujol-Busquets, *L'obra educativa de la Junta de Comerç 1769-1851*, Barcelona, 1987.

nos de la Junta de Comercio, como lo es también que en el siglo XIX no haya ninguna disciplina vinculada directamente con la industria textil. A pesar de lo que acabamos de decir, es manifiesta la influencia del comercio, de la industria e incluso de la agricultura como resultado de unas condiciones generales, más que concretas, de la producción.

En una visión general es preciso subrayar que en el período 1805-1837, y no antes, las cátedras de la Junta de Comercio tienen su gran expansión numérica y cualitativa. Por un lado, amplían las disciplinas y elevan el nivel científico hasta una oferta de un nivel que no tenía parejo en la Universidad de Cervera. Por otro, se emprenden enseñanzas como las de Economía Política y Constitución, que estaban directamente ligadas a la necesidad de montar un esquema general político y de política económica adecuado a las necesidades de la burguesía, pero también de otros grupos sociales catalanes. Es precisamente durante este período cuando la autonomía de los profesores aumenta considerablemente y la aprovecharán para adquirir una calidad que les servirá de base al retornar la Universidad desde Cervera a Barcelona.

Desde 1837 hasta 1851, las cátedras continuaron funcionando y aumentó el número de alumnos, por un lado, y la proclividad por las ciencias experimentales, por otro. Muestra del primer fenómeno es que la media de alumnos, que entre 1836 y 1840 fue de 1.777, ascendió entre 1846 y 1850 a 2.164, en todo caso siempre superiores a los 1.200 de los años 1821 y 1824.

La obra educativa de la Junta de Comercio es significativa de la reacción de la ciudad de Barcelona y, sobre todo, de los comerciantes ante el vacío universitario existente. No obstante, es necesario destacar e insistir en que las iniciativas de la Junta de Comercio son tardías y sólo dos de ellas, Náutica (1770) y Nobles Artes (1775), tuvieron una vida arraigada durante el setecientos. Así, la de Comercio (1786) tuvo una corta vida, reanudada durante el siglo siguiente, y la de Arquitectura no acabó de ponerse en marcha y prácticamente no lo fue nunca.

Por tanto, el grueso de las actividades de nivel universitario de la Junta de Comercio no empezó a funcionar hasta 1814. Algunas lo hacían desde el cambio de siglo, 1805, como las cátedras de Química, Taquigrafía y Estática, pero no es hasta el año 1814 cuando todas las nombradas hasta ahora, y además las de Economía Política y Física, funcionan. Ya no se estaba ante unas cátedras aisladas sino ante un conjunto bastante complejo como para que se pueda hablar ya de una institución universitaria. La voluntad de crear este conjunto chocaba con la dificultad de que la Junta de Comercio tenía importantes problemas económicos, y por eso todavía tiene que valorarse más el hecho de que se fueran poniendo en funcionamiento nuevas cátedras: Botánica y Agricultura (1816), Matemáticas, Aritmética y Geometría (1819), a las que seguirán las de idiomas (francés, italiano e inglés), Constitución, Maquinaria y Arquitectura Naval. Y después de 1845 se encauzaron los estudios de Dibujo Lineal y Derecho Mercantil.

No fue la Junta de Comercio la única institución que promovió cátedras. Así, en 1805, el militar Colegio de Cirugía había ido más allá de sus funciones y tenía cátedras de Física Experimental, Botánica y Química, y la Real Academia de Ciencias y Artes impartía un curso de Matemáticas, que era una continuación del que tradicionalmente y hasta su expulsión había tenido el jesuítico Colegio de Cordelles, y también un curso de Cosmografía.

Para acabar de esbozar la labor de la Junta sólo queremos destacar algunos hechos singulares. De acuerdo con el primero, es preciso insistir de nuevo en que sólo la Escuela de Náutica y la de Nobles Artes tuvieron plena vida durante el setecientos, y que la última fue la que posiblemente tuvo una evolución general más positiva. Trayectoria que tuvo un tono marcadamente ascendente si nos atenemos al número de alumnos según sus promedios:

1775-1808	332
1821-1824	658
1836-1840	708
1847-1850	1.020

La aportación más aplicada primero y más genérica después es bastante conocida: su nombre popular es Escuela de la Llotja. La Escuela de Pilotaje, que tuvo con Sinibald de Mas problemas que Agustí Canelles resolvió, no era la única en Cataluña, ya que compartió su trabajo con las de Mataró, Arenys de Mar y Tarragona, como todavía sería durante muchas décadas. También la cifra de alumnos, partiendo de los 20 de 1770 y de los 24 de 1773 (6 plazas para Mataró, 4 para Barcelona, Tarragona y Sant Feliu, 2 para Tortosa y 4 para el resto), ascendió a casi 70 en 1820 y a más de 80 en 1837, pero con un punto intermedio y uno posterior de alrededor de 20.

Valorar a algunas, como las de Química, también es difícil de hacer por el número de alumnos, a pesar de que una media de 26 en el período 1814-1819 fue aumentando en el período 1824-1837. Será después, alcanzado el año 1844, cuando se consigan cifras superiores a los 100 antes de que fuera absorbida por la Escuela Industrial en 1851, tras unos años más descriptibles. Ahora bien, la demostración de la vitalidad de la cátedra la tenemos en los extranjeros que colaboraron en ella, en su profesorado formado en Montpellier o en el hecho de que seis de sus alumnos ocuparán cátedras en universidades españolas. Pongamos de relieve que si bien la Junta de Comercio tenía dificultades económicas, ¿cuáles debían ser las de la Universidad de Cervera cuando en 1818 le pedía no sólo un profesor sino el material sobrante? Valoraciones positivas parecidas tienen que hacerse de las disciplinas de Física y Matemática.

La cátedra de Botánica, que en la década de 1830 superó, cuando menos, el centenar de alumnos, fue una de las que están ligadas a la personalidad de Joan Francesc Bahí, que precisamente había estudiado en Cervera. Juicio positivo que también puede hacerse de Eudald Jaumeandreu, que conectó directamente con la Junta de Fábricas. Así, no sólo establecerá una teoría general del prohibicionismo, sino que también elaborará la guía práctica de defensa de la industria catalana. Jaumeandreu completará su acción con la enseñanza de Derecho Público y de la Constitución de 1837. Digamos sólo que las cátedras de comercio y de idiomas, en especial el francés, tuvieron su mayor expansión a partir de 1835 y hasta finales de 1850. Todo muy tarde y cuando el setecientos era un recuerdo.

EL LIBERAL Y LENTO RETORNO DE LA UNIVERSIDAD A BARCELONA (1822-1842)

Las reivindicaciones para que la universidad volviera a Barcelona son bastante continuadas. La llegada de Carlos III inició un período de mayor libertad y, desde entonces, de acuerdo con los altibajos de la vida colectiva, la universidad era siempre un punto concreto cuando había un planteamiento crítico. Todas las representaciones, o casi todas, que durante el setecientos tuvieron un planteamiento aunque fuese ligeramente crítico reivindicaban una o la universidad para Barcelona. No era, es preciso insistir en ello, el recuerdo mediocre de la que había habido, sino más bien la necesidad de una ciudad que encabezaba una ola de crecimiento. No obstante, no sería hasta el ochocientos que Barcelona aparecería como un hecho de racionalidad universitaria posible.

Quien primero lo planteó desde el poder fue el poeta y político liberal Manuel José Quintana en el *Informe de la junta creada por la Regencia para proponer el arreglo de los diversos ramos de la instrucción pública* de 1813. Punto innovador era hacer coincidir las universidades con los grandes núcleos urbanos y los casos de Canarias, Barcelona y Madrid eran los más sobresalientes. El absolutismo de entre 1814 y 1820 tenía que paralizar la propuesta, que no encontraría convalidación gubernamental hasta el 29 de junio de 1821. El traslado de los estudios cervarienses queda consagrado con la inauguración de la nueva universidad en el Salón de Ciento el 16 de febrero de 1822, aunque las dos universidades coexisten hasta el mes de noviembre. Pagando el Ayuntamiento, y sobre la base de las enseñanzas superiores de la Junta de Comercio, la Real Academia de Ciencias y Artes y el Seminario y Artes, la universidad se pone en marcha por poco tiempo. La derrota del liberalismo da paso a una década ominosa y, por tanto, al retorno a Cervera (y a Alcalá de Henares).

La revolución de 1835 abrió un período que supuso el restablecimiento definitivo a través de cuatro fases sucesivas. La primera la marca el 5 de diciembre del mismo 1835 con la autorización de una serie de cátedras barcelonesas. La presión hizo que el 21 de noviembre de 1836 se crearan provisionalmente los Estudios Generales de Barcelona, lo que permitía ordenar las cátedras creadas y mostrar las ventajas del liberalismo. Al año siguiente, el 1 de septiembre de 1837, tuvo lugar el restablecimiento de la universidad en Barcelona, pero todavía de una forma provisional. Reunidos de hecho los dos claustros es elegido rector Albert Pujol, frente al candidato cerveriense Jaume Quintana. Pujol era profesor de derecho político y constitucional y muy amigo de Eudald Jaumeandreu, y a causa de ser liberal moderado fue sustituido en 1840 por Domènec Vila, siendo el nuevo vicerrector Agustí Yàñez, profesor de química de la Junta de Comercio. Hasta el 10 de octubre de 1842 no se restablecerá la Universidad de Barcelona definitivamente, por parte del general Espartero, y el resto del claustro de la de Cervera aceptará su desaparición el día 1 de septiembre. Pero las cátedras de la Junta de Comercio continuarían teniendo vida propia hasta el año 1851, otra razón para subrayar que el retorno de la universidad a Barcelona fue más un proceso que una sola decisión. Tenemos que concluir diciendo, en primer lugar, que lo que se había decidido en 1717 duró bastante más de un siglo, pero, además, que el hecho de devolver la universidad a Barcelona no fue un momento, sino un proceso que se prolongó desde 1821 hasta 1842 o, incluso, hasta 1851.

6. LA ESPAÑA VENCIDA DEL SIGLO XVIII. EL CAMERALISMO, LA CORONA DE ARAGÓN Y EL «PARTIDO ARAGONÉS» O «MILITAR»

> Voi a citar a V. A. un autor bien clásico entre los Soberanos, viviente en el día, y que a la gloria de sus talentos militares ha juntado la de buen Económico en sus posesiones, la mayor parte de terrenos ingratos, dispersos, despoblados: El Rey de Prusia.
>
> El conde de Aranda al príncipe de Asturias
> (París, 22 de abril de 1781)

La guerra de Sucesión dividió España en dos grandes zonas. La correspondiente a la Corona de Aragón perdió la guerra y con ella sus fueros, sus libertades y sus instituciones. El decreto del 29 de junio de 1707 lo expresa con toda dureza: «Considerando haber perdido los Reynos de Aragón y Valencia, y todos sus habitadores por la rebelión que cometieron ... todos los fueros, privilegios, exenciones y libertades que gozaban ... se añade ahora el justo derecho de conquista que de ellos han hecho últimamente mis armas». Derecho de conquista que ejerció con gran dureza sobre el reino de Valencia y Aragón y también sobre Cataluña y Baleares.

No era sólo una cuestión territorial, ya que había castellanos defendiendo Barcelona aquel 11 de septiembre de 1714. Tampoco era solamente una defensa de las libertades catalanas o aragonesas, y por esto el Consejo de Guerra anterior al asalto final reclamaba «los instrumentos de la piedad divina para la libertad del conjunto de la Monarquía de España» o el general Villarroel arengó en última instancia «para nosotros los catalanes y toda la Nación española combatimos». 30.000 bombas, un 20 por 100 de los habitantes muertos y casi la mitad de los edificios derribados o afectados fue un duro balance para los barceloneses. La Corona de Castilla también tuvo abundantes hijos que combatieron por una España más compuesta como la monarquía hispánica de los Austrias y contra una España uniformizada como la borbónica.

¿Qué pasó tras la llegada de la paz? Paz vigilada si nos atenemos a que en Cataluña, durante todo el siglo, el número de soldados llegó a los 35.000 y nunca fue inferior a los 20.000, con una proporción media de un soldado por cada 25-30 habitantes. Por su parte, los fueristas aragoneses en sentido amplio proporcionaron centenares de exiliados y los del exilio interior vivieron arrinconados. El gran historiador nacionalista Ferran Soldevila sustentó que no quedaron ni las brasas. Los «centralistas militantes», como se define Pablo Fernández Albadalejo, piensan que los vencedores vencieron claramente y los que piensan como ellos continúan venciendo claramente. Actitud dominante en la historiografía, en la que Campomanes o Jovellanos encuentran un espacio infinitamente más amplio que el de Mayans, Arteta de Monteseguro o Capmany. Los vencedores vencen claramente y, en cambio, a partir de Carlos III, hubo la voluntad de que se reconociera que «hora ya es de que los vencedores aprendan de los vencidos», escribió en 1768 un hijo de austracista. Un resorte de la voluntad empieza a surgir desde el silencio. Un silencio expectante y persistente.

Escribí estas páginas pensando en un doctorando aragonés que trabajaba sobre el pensamiento económico en el Aragón del setecientos. Para intentar guiarlo tenía que atender tanto a la valoración de lo que se pensó en la Corona de Aragón como en compensar la exclusiva valoración de las influencias francesa e inglesa en nuestra Ilustración. En cambio, la actual discusión sobre qué es España y sobre qué fue España me ha llevado a la conclusión de que estamos ante uno de los momentos en los que el presente es también historia. He procurado, lo aseguro, no exagerar en el sentido contrario a la historia oficial castellanista dominante.

Nuestra intención es demostrar, como segundo hilo conductor, que el cameralismo germánico influyó en España. Es sabido que se sustenta que la influencia germánica no existió, ya que la mayoritaria fue la francesa o, en todo caso, la inglesa.[1] No creemos que la influencia del cameralismo germánico y en general de Prusia y Austria fuera muy importante dentro de la Ilustración económica española, pero sí que lo fue en los territorios de la Corona de Aragón y, en alguna medida, en el País Vasco, así como en el resto de España.

Aclaremos que el cameralismo maduro fue una corriente estructurada internamente pero recibiendo y desprendiendo influencias. Así, Hegel tuvo como principal maestro económico al escocés James Steuart,[2] Bielfeld apren-

1.   No hay, por ejemplo, ni una línea sobre la influencia germánica ilustrada en España en Reyes Mate y Friedrich Niewöhner, eds., *La Ilustración en España y Alemania*, Madrid, 1989. El único balance solvente es el de Francisco Aguilar Piñal, «Conocimiento de Alemania en la España Ilustrada», en Siegfrid Jüttner, ed., *Spanien und Europa im Zeichnen Aufklärung*, Peter Lang, Frankfurt, 1990, pp. 1-12. El mayor erudito de literatura económica, por su parte, sólo conoce un texto de los traducidos al castellano de Von Justi (Kenneth E. Carpenter, *Dialogue in Political Economy. Translations from and into German in the 18th Century*, Harvard University Press, Boston, 1977, p. 65).

2.   G. W. F. Hegel, conocedor de Adam Smith y de James Steuart, optó por este último. La consideración del Estado como idea superior y la conveniencia de un plan económico general son lo que le lleva a decantarse por Steuart.

dió tesis fundamentales de Melon, y Sonnenfels lo hizo de Veron de Forbon-nais. A la inversa, Bielfeld marcó al napolitano Genovesi o bien el camera-lismo influyó al francés Accarias de Serionne, servidor de los Países Bajos austríacos. Hemos optado por concentrarnos estrictamente en el cameralismo, por diversas razones que el contenido del trabajo esclarecerá, pero habríamos podido partir de un mercantilismo maduro, liberal y fuerte, que evidente-mente comprende a un Bielfeld o a un Justi. Recuperar esta influencia es re-cuperar asimismo la acción de los territorios de la Corona de Aragón, muy olvidada por el castellanocentrismo más habitual.[3] Un hispanocentrismo que en la historia del pensamiento económico se centra casi exclusivamente en el eje asturcastellano. Tras la derrota de 1714 y sus unificadoras consecuencias, la llegada de Carlos III, con algunas concesiones inmediatas a los catalanes, inició un nuevo proceso que catalizó en el partido aragonés o militar y en el conde de Aranda.

La influencia cameral influyó básicamente a través de este partido —con algunos partidarios en Castilla— en temas económicos prácticos. Enumere-mos algunos: la defensa de los gremios como tejido industrial, un industria-lismo libre, el final de la discriminación de la Corona de Aragón respecto al mercado americano, el papel de una Hacienda fuerte y un déficit que se concentrará más en una administración adecuada o en la generalización y el perfeccionamiento de los impuestos que en arbitrismos como «la única contribución» y, como último cjcmplo, un ejército que actuase en ciertas ope-raciones económicas o que con una marina más poderosa reservara el mer-cado americano.

Los comerciantes y los militares provenientes de la nobleza menos pode-rosa tenían que ser los motores económicos junto al «pueblo menudo» de los consumidores, los artesanos urbanos y los campesinos con telares, depen-dientes de mercaderes. La alta aristocracia mejor aliada que los *golillas*. Grandes actuaciones públicas, como regadíos y colonizaciones, tenían que emprenderse. Si en el campo económico, el social y el militar fueron dos prusianos, Bielfeld y Justi, junto con Federico II, los que más influyeron a partir del ejemplo prusiano, en la organización territorial se miraron en el es-pejo austríaco. No en vano Austria, donde vivían muchas familias españolas exiliadas, probaba la coexistencia de unas leyes generales, la autoridad del emperador, con leyes particulares en los diversos territorios. Francia podía ser, y lo era con las asambleas provinciales a través de Jacques Necker, otro espejo, aunque en 1789 lo rompiera. La monarquía absolutista es lo que se pretendía, y Austria demostraba que su funcionamiento era posible. Habían pasado tantas décadas de fidelidad que era lógico esperar que los «vencedo-res aprendiesen de los vencidos»[4] aunque fuera un poco.

3.   Un caso casi excepcional en un libro generalista es *Bourbon Spain, 1700-1808*, de John Lynch, Oxford, 1989 (hay trad. cast.: *El siglo XVIII*, Barcelona, 1991). También lo es, natural-mente, la *Historia de España* de Ferran Soldevila (nueva edición, Barcelona, 1995, 3 vols.).

4.   Este capítulo es un paso más dentro de una línea, de la que menciono *El pensament econòmic a Catalunya (1760-1840)*, Barcelona, 1973, capítulos I y IV.1; «La Idea General de la

EL CONOCIMIENTO DE FEDERICO EL GRANDE
Y MARÍA TERESA EN ESPAÑA

La expansión de las ideas económicas es eficazmente impulsada cuando se han concretado en políticas económicas con éxito en el país donde se forjaron y cuando éste tiene un poder militar y económico. Esta interpretación[5] es especialmente relevante en el caso del cameralismo. Son los autores ligados a Federico el Grande los que más se difunden, Bielfeld y Justi, mientras que los relacionados con los estados germánicos menos poderosos influyen menos, incluso en el brillante caso de Sonnenfels, tan representativo de la Viena de María Teresa. En el caso de Federico II y de Bielfeld además hay dos razones que colaboran en la difusión del cameralismo germánico: su considerable producción literaria propia y el hecho de que escribiesen en francés. Para ser breves destacaremos, sin voluntad exhaustiva pero sí de ir a lo más esencial, algunas de las traducciones de sus escritos u obras sobre su personalidad que hasta ahora han pasado desapercibidas.

Podemos iniciar este apartado con la *Carta del castellano de Avilés a un amigo suyo en Madrid, sobre la presente guerra de Alemania, la corte y estados del Rey de Prusia, su vida, tropa, gobierno, etc.*, escrita el 14 de diciembre de 1757,[6] después de que el conde de Aranda haya pasado allí cuatro meses y «de cuyos talentos y aplicación tengo oído los debidos elogios».[7] Obra significativa fue la traducción por el gran matemático catalán Benet Bails de la *Instrucción militar del Rey de Prusia: Traducida del alemán al francés por M. Taesch ... y del francés traducida al castellano* (Madrid, 1762). Bails en su prólogo explica perfectamente la interacción entre economía y

---

policia de Tomás Valeriola», *Recerques*, 10 (1980), pp. 125-137; «Romà i Rossell, un pensament germànic per a Catalunya i Espanya», introducción a *Las señales de la felicidad de España y medios de hacerlas eficaces*, Barcelona, 1989, pp. V-LIII (que con cambios es el capítulo 8 de este libro), y «El cameralismo ante la España de Carlos III: influencia y contraste», en *Carlos III y la Hacienda pública, Hacienda pública Española*, 2 (1990), pp. 73-86. Quiero dedicar este capítulo a Manuel Arranz Herrero, desaparecido antes de que se valorara su innovadora labor, por la razón que durante años sólo podía hablar, sin recibir conservadoras reconvenciones, con él de mis enfoques. Al fin y al cabo, éramos dos caresmarianos, perdonadnos...

5.   La interpretación de Hirschman consiste en los siguientes elementos integrados en tres etapas: primera, una nueva doctrina económica adquiere importancia dominante dentro de un país con poder militar y con prestigio de su progreso económico; segunda, este país está deseoso de exportar dicha doctrina y conseguir con ello una hegemonía internacional, y tercera, aunque un cuerpo convincente con el patrocinio del mencionado país que tiene un destacado poder mundial parece una combinación invencible, la nueva doctrina encuentra pronto resistencias y tiene una vida corta con frecuencia de tres décadas. Véase Albert O. Hirschman, «How the Keynesian Revolution was exported from the United States, and other comments», en Peter A. Hall, *The Political Power of Economic Ideas: Keynesianism Across Nations*, Princeton, 1989, pp. 347-359.

6.   Dentro de *Epistolario español*, Biblioteca de Autores Españoles, Madrid, vol. LXII, 1965, pp. 184-193. No citaremos todas las obras sobre Federico II o de él mismo por falta de espacio.

7.   Página 190.

ejército: «Quan infeliz sería la suerte del pobre Labrador, y la de aquellos que se alimentan con su trabajo, si faltara quien se opusiesse al codicioso? y de qué serviría la industria, si el valor se desdeñara de emplearse en la protección del comercio?». Otra extensa obra, 432 páginas, consolidará el conocimiento de la figura del rey prusiano: *Historia de Federico el Grande, actual Rey de Prusia. Sacada de diferentes memorias, enriquecida con el retrato de S. M. Prusiana con los planos de las principales batallas y con sus más útiles Ordenanzas de Gobierno civil, militar y político. Por Don Ignacio López de Ayala* (Madrid, 1768). Subrayamos sólo la yuxtaposición de lo civil, lo militar y lo político. Poco después aparecerá en Lima la *Traducción de una carta latina* (1771).

En la bibliografía más esencial habrá un vacío desde 1768 hasta 1785, cuando se abrirá un nuevo período de traducciones. Se iniciará con *Pensamientos escogidos de las máximas filosóficas de Federico II actual Rey de Prusia. Entresacadas del espíritu de los Monarcas Filósofos, y puestos en castellano por Don Jayme Villa-López* (Madrid, 1785), como si su muerte le diera un impulso adicional. A este hecho se dedican *El Héroe del Norte. Endecasílabos, que con motivo de la muerte de Federico Segundo, Rey de Prusia* (Madrid, 1786), de José María Heras Alfonso, y *Epicedio a Federico el Grande, Rey de Prusia que falleció el 17 de agosto...* (Madrid, 1786).[8] Al año siguiente aparecerán tres obras de mayor envergadura: *Pasages escogidos de la vida privada de Federico II Rey de Prusia, con algunas observaciones sobre el Estado Militar de su Reyno; sacadas de un anónimo francés por D. Damián Lázaro de Cerdabar* (Madrid, 1787), *Cartas sobre el patriotismo, según el original impreso en Berlín (traducidas al castellano) por D. Francisco Javier Giron* (Madrid, 1787) y *Discurso sobre literatura alemana* (Madrid, 1787). En el primero de ellos, *Pasages escogidos*, vuelve a dar la visión globalizadora («los objetos de la política, la administración militar, el manejo de la Real Hacienda, la legislación y el comercio, todo se resolvía y ordenaba por él mismo») (pp. 7-8), o «el genio marcial de este Monarca ha hecho al estado militar de Prusia el más superior que puede imaginarse ... la distribución y el empleo de la Real Hacienda es igualmente admirable» (p. 4), antes de dedicar al erario público algunas páginas (72-78). La muerte seguirá atrayendo la atención con la *Carta crítica e instructiva del Príncipe Real moribundo a su hermano* (Madrid, 1788) y *Elogio del Rey de Prusia, escrito en francés por el conde de Guibert, y traducido en castellano por D. Francisco Antonio de Escartía* (Madrid, 1788).

Dos grandes obras aparecerán sin solución de continuidad. La primera fue la *Vida de Federico II, Rey de Prusia, enriquecida con un gran número de notas, piezas justificativas y memorias secretas, cuya mayor parte no se ha publicado todavía, traducida por D. Bernardo María de Calzada* (Madrid, 4 vols., 1788-1789). El traductor, teniente coronel de Artillería u oficial de la Secretaría de la Guerra, fue perseguido por la Inquisición poco después

8. José Iglesias de la Casa, *Poesías*, 1786-1788.

(1790-1791) hasta que la vio prohibida por el edicto inquisitorial del 6 de septiembre de 1792 «por insertarse a la letra varios fragmentos de las obras de Voltaire». Efectivamente fue la obra que contenía mayor número de textos de Voltaire de la época.[9] La segunda obra también fue traducida por un militar, el capitán de Infantería Francisco Paterno, *Colección de las guerras de Federico II el Grande. En veinte y seis planos, que comprehenden las batallas campales y grandes acciones ocurridas en las tres guerras de Silesia, con la sucinta explicación de cada una. Dada a luz en alemán y francés, por D. Luis Muller, Teniente de Ingenieros al servicio de Prusia* (Málaga, 1789). En 1791 se negó la licencia de impresión de las *Obras póstumas de Federico II de Prusia,* a causa de «una absoluta ignorancia del idioma francés», a José María Heras, que, como acabamos de decir, ya había traducido *El Héroe del Norte.* Un poco más tarde se publicó *El arte de la Guerra. Poema escrito por Federico II Rey de Prusia traducción de verso por D. Genaro Figueroa* (Madrid, 1793) e *Instrucción secreta de Federico II dió a sus oficiales ... en ocasión de la guerra de Baviera* (Madrid, 1793).

En resumen, una buena muestra sobre Federico II se publica en dos etapas: 1757-1768 y 1785-1789. Para completarla, y de alguna manera lo haremos en este trabajo, tendríamos que extender nuestra visión a otras obras militares y económicas prusianas. Detengámonos antes para relacionar al conde de Aranda con Prusia y sus armas pero después de referirnos al más reducido eco abarcado por la emperatriz María Teresa. Un eco en todo caso tardío, ya que se produce con motivo de su muerte el 29 de noviembre de 1780. Dos folletos de una cierta extensión (47 pp.) se publicarán en 1781 y de los que ahora damos indicación de un *Breve Resumen de la vida y hecho de María Teresa de Austria, Emperatriz viuda de Alemania, Reyna de Hungría y Bohemia ... sacado del original francés* (Madrid). Muerte nuevamente recordada en la *Oración fúnebre en la gloriosa muerte de la Augustíssima Emperatriz María Teresa Reyna de Hungría y de Bohemia, Archiduquesa de Austria ... Compuesta por el P. Adeodato Turqui, capuchino ... Traducida al castellano por Dionisio Sáenz Galinsoga* (Madrid, 1784, 52 pp.) y en *Compendio histórico de la vida de María Teresa, emperatriz de Alemania, reina de Hungría y de Bohemia, sacada de la galería universal de las personas célebres* (en *Correo de Madrid,* 1789, pp. 2:500-2.503, 2.506-2.508, 2.518-2.519 y 2.526-2.528). Uno de los dramaturgos de más popularidad y de talante austracista, Comella, fue quien la llevó a escena en *El buen hijo o María Teresa de Austria* (1790), *El Fénix de los criados o María Teresa de Austria* (1791) y *María Teresa de Austria en Landaw* (1793), como ya hemos explicado en

---

9.   Véase Francisco Lafarga, *Voltaire en Espagne (1734-1835),* Oxford, 1989, pp. 20, 40, 131 y 146-147. Calzada tradujo también *Herman de Unna: Rasgo historial de Alemania, trasladado a la lengua española,* Madrid, 1807, 2 vols., y el libro de Ch. F. Rosette de Brucourt, *Ensayo sobre la educación de la nobleza,* Madrid, 1792, entre otras muchas obras, entre ellas algunas de Condillac, Voltaire y Diderot. Calzada era socio de mérito de las Sociedades Vascongada y Aragonesa (véase Ana María Freire López, «Un traductor del reinado de Carlos III: Bernardo María de la Calzada», *Investigación Franco-Española,* 2 [1989], pp. 71-80).

el primer capítulo. El mismo Comella escribió una trilogía (traducida al portugués) sobre el otro monarca germánico: *Federico II Rey de Prusia* (1788), *Federico en el Campo de Torgau* (1789) y *Federico II en Glaatz* (1789). De Comella, no obstante, ya hemos hablado. Muerta María Teresa, se hablará de la obra de su hijo, *Nuevo Código Criminal del Emperador de Alemania, publicado en Viena en 15 de Enero de 1787. Traducido del Alemán al Francés por M. L. D., y de éste al español por L. B. O.* (Madrid, 1788).

EL CONDE DE ARANDA Y EL EJEMPLO PRUSIANO Y AUSTRÍACO

«Habrá quien en lo político posea las mayores luces, pero como éstas, con las militares juntas, suelen producir juicios diferentes, de los que cada carrera por sí sola formaría; también esta unión de profesiones me facilita la discusión de las ideas que conducen a explayar los pensamientos.»[10] Aranda escribía este texto «prusiano» al rey Carlos IV en una extensa *Representación* el 23 de febrero de 1793. Habían pasado ya muchos años desde que había escrito alguna cosa que para él había sido cierta: «Comprendo que la buena inteligencia con el Rey de Prusia nunca puede ser nociva a la casa de Borbón, como tampoco a él la recíproca con ella».[11] Era fruto de una estancia en Prusia de cuatro meses en 1753 y 1754, de la que trajo el regalo[12] personal de Federico II de una marcha militar que con los años sería, el 3 de septiembre de 1770, el *Himno de honor de España o Marcha Real*,[13] y un informe sobre la organización militar prusiana y su relación con la sociedad.

De esta experiencia saldrán las *Ordenanzas de S. M. para el régimen, disciplina, subordinación y servicio de sus exércitos* del 22 de octubre de 1768, que han tenido más de dos siglos de vida. Larga vida posiblemente a causa de las resistencias que encontraron al principio. Para el mismo Aranda, el incidente último que le costó en 1773 la presidencia del Consejo de Castilla fue forzar el ingreso en el ejército de prisioneros comunes, ante la opinión de O'Reilly. La influencia prusiana fue mal recibida, como lo explica su protegido José Cadalso en la Carta XXI de sus *Marruecas*: «Cuando se trató de

10. Citado por Rafael Olaechea y José A. Ferrer Benimeli, *El conde de Aranda (Mito y realidad de un político aragonés)*, Zaragoza, 1978, vol. II, pp. 104-105. Esta magnífica biografía merecería haber sido ampliada por sus autores.

11. Archivo Histórico Nacional, *Estado*, leg. 4.164, desp. 1927.

12. Este regalo fue desmentido por Fernando Redondo Díaz («Leyenda y realidad de la Marcha Real española», *Revista de Historia Militar*, 54 [1983], pp. 63-89). En cambio, concluye que «la Marcha Granadera es española ... lo cual no descarta definitivamente la existencia de una marcha de procedencia prusiana entre los toques españoles». Posibilidad, en cualquier caso, muy verosímil, ya que, como ha señalado Federico Sopeña, un amplio repertorio de flauta dulce era influencia de Federico el Grande, «tan admirado en la corte española» («La Música», *La época de la Ilustración*, vol. I, *El Estado y la cultura, 1759-1808*, de la *Historia de España* de Ramón Menéndez Pidal, Madrid, 1987, p. 634).

13. José María Sánchez Diana, «El despotismo ilustrado de Federico el Grande y su influencia en España», *Arbor*, XXVII (100), 1954, pp. 530-531.

introducir en nuestro Ejército las maniobras, evoluciones, fuegos y régimen mecánico de la disciplina prusiana, gritaron algunos de nuestros inválidos diciendo que esto es un agravio manifiesto al Ejército español». A pesar de estas resistencias y los cambios introducidos por Floridablanca, la orientación prusiana duró hasta 1842. Se cerraba, pues, un círculo que había empezado «cuando Aranda subió al poder después de la caída de Esquilache, [y] el "prusianismo" entró en nuestra política».[14]

En cambio, para Aranda la influencia prusiana no se limitaba al campo estrictamente militar. Por lo menos es necesario resaltar otros cuatro aspectos. El primero es que sus escritos económicos que conocemos —pienso en el llamado «pequeño Código de constituciones sociales» que fue su carta del 12 de abril de 1776 a la Sociedad Económica Aragonesa— conectan absolutamente con el marco cameralista y de los economistas aragoneses de su época. Es una lástima que Aranda haya recibido un trato bibliográfico tan menor, pues las muestras que tenemos de sus papeles confirmarían, creemos, nuestra aseveración. La opción de Aranda por la marina dentro de unos crecientes gastos militares (en contra de la opción terrestre de Ensenada) es la que marcará la Hacienda pública de su época. Al fin y al cabo, el mercado americano sólo podía ser defendido por una fuerte armada.

Un segundo aspecto es el de la colonización económica militarizada. Federico II de Prusia había establecido muchos asentamientos desde esta perspectiva, hasta un total de más de cien mil personas. Por esta razón, «cuando el Gobierno de Carlos III coloniza Sierra Morena y desde Austria se protesta por el método español de buscar colonizadores para los nuevos territorios, Madrid responde que se contenta imitando lo que hacen otras naciones, en particular Prusia».[15] Lo profundizaremos más adelante.

Un tercer aspecto es el del origen de los mandos militares. Aranda propugnó la integración de la nobleza y, especialmente, dotar a los jóvenes nobles sin fortuna de centros de formación militar. Esto hace que se replantee la posición de la nobleza en la sociedad, especialmente la que no dispone de recursos. Uno de los miembros del partido aragonés lo explicará con toda claridad. La nobleza pobre o mediana tiene que dedicarse al comercio, en parte para obtener recursos para sufragar los estudios militares a otros componentes de la familia.

Es preciso añadir un cuarto elemento, ya que «según Aranda, el esquema en el que Federico inscribe su ilustración —la *nobleza* militar que se ocupa alternativamente del mando de las unidades y de la administración del Estado— es esencialmente válido para España».[16] Por esta razón, Aranda no veía ninguna antinomia entre ejercer de militar y ejercer de político: eran necesa-

---

14. José María Sánchez Diana, «El despotismo ilustrado», p. 535.
15. Miguel Alonso Baquer, «La relación fuerzas armadas y sociedad en la España de Carlos III», *Carlos III y la Ilustración*, Cátedra Campomanes, Madrid, 1988, p. 192.
16. José María Sánchez Diana, «España y la política exterior de Federico II de Prusia (1760-1786)», *Hispania*, XV (1955), p. 216.

rias ambas vertientes. Cuatro aspectos (económico, colonización, armada y nobleza militar-comerciante-política) que hicieron que fuera «entusiasta admirador del Rey de Prusia el que amplió el terreno favorable a Berlín».[17]

Los viajes de Aranda por el territorio germánico no sólo tuvieron como referencia Berlín, sino también Viena, por diversas razones, donde consta, repetidamente, que fue recibido con el mismo entusiasmo. El mundo de Aranda parece reflejado por un historiador del siglo pasado, que, recogiendo la tradición oral, afirmaba que era «más aragonés que español», lo que le acerca a una concepción de España con una descentralización basada en el talante de la Corona de Aragón. Las conexiones aragonesas de Aranda le impedían aceptar plenamente la organización borbónica, pero también se separaba de los foralistas de su región, «que pretendían hacer las reformas en Aragón para Aragón». Su acción más bien se identificaba con «los que pretendían hacer estas mismas reformas en Aragón para Aragón y en beneficio de la riqueza nacional incluyendo el antiguo Reino aragonés en el engranaje más amplio de la nación española regentada por la dinastía borbónica», como escribió Forniés. Han aceptado el nuevo orden borbónico, pero pretenden cambiar elementos pacíficamente y desde dentro. De aquí indignaciones como las de Azara ante los alborotos catalanes contra las levas obligatorias: «Los bestias de los catalanes han echado a perder en un día lo que habían ganado en sesenta años».[18] Condición de fidelidad porque, como decía Romà i Rossell, «los vencedores aprendan de los vencidos». No gratuitamente entre los amigos de Aranda muchos pertenecían a familias austracistas, como su secretario durante tantos años, el nacido en Graus, Ignacio de Heredia. O bien su amigo Gregori Mayans[19] y su protegido Romà i Rossell, que descendían de familias transterradas.

Viena tenía que ser para todos ellos una referencia. No gratuitamente, a «Carlos III [de Austria], que había luchado por la libertad de los catalanes, su pasado le obligaba a reconsiderar el estatuto de Hungría y de sus partes anexas, sea Croacia, Eslavonia y la Transilvania. Es bajo el signo de este reino constitucional que la dieta húngara votó, nueve años después, la Pragmática Sanción».[20] Lustros después, un nuevo gesto de la emperatriz María Teresa para crear «un ayre de confianza» nuevo entre «Ungaros y Alemanes»[21] fue

17. Francisco Forniés Casals, «La Cátedra de Economía Civil y Comercio de Zaragoza en el período de la Ilustración (1784-1808)», en *La Cátedra de Economía Civil y Comercio de Zaragoza fundada y sostenida por la Real Sociedad Económica Aragonesa de Amigos del País (1784-1846)*, Zaragoza, 1984, p. 122.

18. Carta de Nicolás de Azara a Manuel Roda en mayo de 1773, citada en Rafael Olaechea y José A. Ferrer Benimeli, *El conde de Aranda*, vol. II, p. 74.

19. Véase Gregori Mayans i Siscar, *Mayans con Manuel de Roda y conde de Aranda*, transcripción, estudio preliminar y notas por Antoni Mestre Sanchís, Valencia, 1990.

20. Eva Balázs, «La Hongrie dans l'Europe des Habsburg à la fin. Une société à deux visages», en *Unité et diversité de l'Empire des Habsburg à la fin de XVIIIe siècle*, «*Études sur le XVIII siècle*», Bruselas, 1988, p. 76.

21. Francesc Romà i Rossell, *Las señales de la felicidad de España*, pp. 311-312.

bien recibido. La conciencia entre los aragoneses en sentido amplio era muy clara sobre su situación discriminada. Lo era tanto y tan clandestina que sólo encontramos huellas de esta conciencia en la correspondencia íntima. Demos unas muestras: Joan Antoni Mayans, el inteligente hermano de Gregori, escribe a Vega de Sentmenat, catedrático de la, en absoluto sospechosa, Universidad de Cervera en enero de 1785: «Es observación de un hombre sensato que el reino de Aragón es el que ha producido mayores hombres en España, i que esta crianza se ha acabado con sus Fueros». El mismo Gregori escribía a José Cevallos en octubre de 1751 que «Martí no fue bibliotecario real, porque calumniosamente se le imputó que era austriaco y poco afecto a los jesuitas». Precisamente es el militar Luis de Nieulant quien, en una carta a Gregori Mayans, refleja su situación de una manera nítida en el crucial año de 1760:

> Se a verificado, es cierto que Amat es el mejor Wirrey del Perú, es catalán, i Cruilles valenciano: viva la corona de Aragón i bendito sea Dios que llegó el tiempo que todos semos castellanos, no es esto lo más admirable, si que un valenciano haya llegado a un puesto tan alto, yo creí que en las letras sólo savian ascender, pero en las armas, en los puestos honoríficos i sobresalientes de la milicia, no me lo provara la experiencia de algunos siglos a esta parte; mayor mérito en Cruilles, mayor agradecimiento de sus paysanos por el honor que establece o renueva en la patria. Espero en el asumpto algunos azotes de Vm. que aunque duelan aprovechan pues instruyen.[22]

El mismo Aranda había solicitado repetidas veces el restablecimiento de «los usos y costumbres» de «la nación aragonesa». Cuando gobernó o proyectó, lo cierto es que se movió en esta dirección. Veamos algunos casos significativos. Sus once meses como gobernador del reino de Valencia (1765-1766) le permitieron conocer bien la carencia casi total de aragoneses, en sentido amplio, en la Audiencia. Presidente del Consejo de Castilla desde abril de 1766, redactó un proyecto de reforma que lo abría a los magistrados de la Corona de Aragón y concretamente a los catalanes, «porque siendo muchos, muy fundados y estudiosos los sujetos que aquel Principado produce, están tan desatendidos, que son rarísimos los que hay en otros Tribunales, y en el Consejo [de Castilla] ninguno». Cuando cesó de presiden-

---

22.   Véanse las anteriores citas en Antoni Mestre, *Historia, fueros y actitudes políticas. Mayans y la historiografía del XVIII*, Valencia, 1970, pp. 290, 409 y 437. Felipe V, cuando en 1725 veía nacer de nuevo protestas, escribía al papa explicándole que «li regne delle Corone d'Aragona che non sono molto affetti» (p. 437). Hay una brutal cita anticastellana de Gregori Mayans en la p. 420. Un libro mucho más reciente e igualmente bien elaborado es el de Amparo Alemany Siscar, *Juan Antonio Mayans y Siscar (1718-1801). Esplendor y crisis de la Ilustración Valenciana*, Valencia, 1994. Lo leí tardíamente y me impresionó la cantidad de coincidencias que he constatado con mi planteamiento en lo que ayuda la clara personalidad de Juan Antonio. A su vez, Gregorio tenía relación directa con el conde de Cervellón exiliado en Viena y, como sabemos, proyectista político activo.

te en la Audiencia de Valencia había tres valencianos, tres aragoneses y un catalán.[23]

Casi al mismo tiempo, Aranda instituyó «los diputados y síndicos del común de los pueblos», que podían ser elegibles y que entendían del abastecimiento de las ciudades. De esta manera se establecía un mecanismo de vigilancia política municipal que acompañaba la pragmática del 11 de julio de 1765, que sancionaba el libre comercio de granos. Pero no tan sólo era una decisión de política económica para vigilar un libre mercado sin alzas que creasen tensiones sociales, sino para satisfacer una de las demandas más reclamadas desde 1714 en la Corona de Aragón. El motín de Esquilache fue una oportunidad aprovechada.[24]

Un aire habsbúrguico, o de la Corona de Aragón, tiene el famoso proyecto americano de Aranda: «Deben colocarse tres Infantes en América, uno como Rey de México, otro del Perú, y el tercero de Costa-Firme, y V. M. [Carlos III] tomará el título de Emperador». En el mismo sentido reclamó contra la discriminación de los habitantes americanos tal como se había quejado de la de los aragoneses en sentido lato.[25] El mismo aire de familia tienen los *Apuntamientos para la reforma del reino* escritos por Victorián de Villava en 1787, que le valieron ser considerado el precursor de la emancipación de los indios. La monarquía sería balanceada por un Consejo Supremo de la Nación, sorteados y elegidos sus miembros proporcionalmente entre todas las provincias con la supresión de los virreyes. Las Audiencias tendrían, asimismo, igual número de oidores europeos que americanos.[26]

PARTIDO ARAGONÉS: NOBLEZA MILITAR, NOBLEZA COMERCIANTE Y PUEBLO MENUDO

La llegada al trono de Carlos III abrió unas «horas liberales» para los territorios vencidos de la Corona de Aragón. Habían pasado ya unas décadas, en las que habían demostrado su fidelidad como para reivindicar modificaciones dentro de un marco irreversible. Se puede afirmar, como Pierre Vilar, que las curvas económicas empezaban a tener un comportamiento alegre, y esto facilitaba las cosas. Ante esta constelación de circunstancias se presentó a Carlos III una *Representación de los diputados de las ciudades de Zara-*

23. Véase Rafael Olaechea y José A. Ferrer Benimeli, *El conde de Aranda*, vol. II, pp. 31-32.
24. Nunca podremos decir hasta qué punto no fue desaprovechada.
25. Véase Rafael Olaechea y José A. Ferrer Benimeli, *El conde de Aranda*, vol. II, pp. 79-87.
26. Véase el manuscrito de Alfonso Sánchez Hormigo, *Victorián de Villava, un ilustrado aragonés en América*, presentado en las «Jornadas sobre Historia del pensamiento económico», Zaragoza, 5-7 de diciembre de 1991.

goza, Valencia, Barcelona y Palma (1760).[27] Inmediatamente pasan a hablar en nombre de los aragoneses, valencianos, catalanes y mallorquines. Le explican que desean que «en el feliz reynado de Vuestra Magestad sean felices los reynos de la Corona de Aragón», ya que desde principios de siglo «se habían gobernado con las leyes de Castilla y no por las que tenían como propias» (p. 2). A pesar de la buena voluntad de su padre: «¿Quanto havia de trastornar una entera mudanza del antiguo govierno de aquellos reynos?» (p. 2). La acusación, hábilmente, no se dirige ni contra Felipe V ni contra los ministros, sino contra los cargos de segunda importancia: «Los mismos que pretenden que en aquellos reynos se observen con rigor las leyes generales, y aún las particulares de los pueblos de Castilla que nos son gravosas, no quieren que se cumplan las que nos son favorables» (p. 7). Le recuerdan que los cuatro reinos aragoneses no eran uniformes, ya que Jaime I en los reinos de Valencia y Mallorca «no les dio las leyes de Aragón, ni de Cataluña, sino otras especiales y las más aptas para hacerlas felices» (p. 6).

La *Representación* se preparó y se presentó con motivo de las Cortes de mediados de julio de 1760. El peso en su redacción fue, parece, básicamente barcelonés, y Francesc Romà i Rossell tuvo en ella un papel preponderante a juzgar por la letra. Por lo menos, el jurista de Figueres mantuvo en su *Proyecto del abogado general del público* una gran coherencia con la *Representación*. Dos aspectos sobresalen en la propuesta de cambios. El primero es el de reformar la estructura política de los municipios y el segundo, que los naturales de la Corona de Aragón tengan una representación proporcional en los altos cargos. Aranda años después se movió hacia la consecución de estas reformas, como ya hemos visto.

El británico William Coxe fue quien recogió la denominación de «partido aragonés», aunque sus adversarios hablaban a veces de «turba aragonesa». Este partido estaba liderado por el conde de Aranda, a quien se atribuye en su paso como presidente por el Consejo de Castilla la adopción de una «serie de saludables regulaciones … como la difusión de nuevos y más liberales principios y los intentos de limitar el poder excesivo de la iglesia y naturali-

27. La *Representación* está transcrita en *Textos jurídics catalans*, estudio introductorio de Josep A. González Casanova, VI (1), Barcelona, 1990, pp. 1-19, con el título dieciochesco de «Memorial de greuges de 1760». Es preciso considerar que no estamos simplemente ante la esperanza que se suscita con cualquier inicio de reinado: Carlos III, apenas llegado a Barcelona, concedió a las ciudades y villas catalanas el establecimiento de un procurador síndico como en Castilla, el perdón de contribuciones y el nombramiento de «naturales» para cargos de la monarquía. Véase un buen resumen de estas y otras cuestiones en Pablo Fernández Albadalejo, «La Monarquía», *Actas del congreso Internacional sobre «Carlos III y la Ilustración»*, vol. I: *El Rey y la Monarquía*, Madrid, 1989, pp. 54-56 y 59. Me gusta coincidir con el padre Batllori: «Tengo para mí que el llamado partido aragonés del reinado de Carlos III con aquellos *dii maiores* y sus *dii minores*, como Roda y Azara, serán una nebulosa mientras no se haya estudiado a fondo la importante emigración del reino de Aragón a una Viena dominada por el jurisdiccionalismo de Giannone y por el episcopalismo de Van Espen, verdadero padre del febronianismo» («La expulsión de los jesuitas y el jurisdiccionalismo antirromano: raíces napolitanas y austracistas», en *Carlos III y la Ilustración*, Madrid, 1989, p. 240).

zar un espíritu de tolerancia hasta entonces desconocida en España».[28] Al mismo tiempo, la propia denominación del partido designa su origen territorial predominante, así como el término alternativo, militar, lo completa. La nobleza comerciante o los comerciantes que deseaban el ennoblecimiento, apoyados en unos gremios a los que sólo querían ligeramente reformados, eran su primera base económica. La nobleza comerciante tendría que ir acompañada e incluso precedida por la nobleza militar. Al fin y al cabo hacía muy poco tiempo que en Francia se había abierto una larga polémica,[29] originada por *La Noblesse commerçante* (1756) del abate G.-F. Coyer y continuada por *La Noblesse militaire, ou le Patriote français* del Caballero d'Arc. Nos parece adecuada esta interpretación de la actitud de Aranda: «La solución de los males profundos, a su modo de ver, pasaba por la fundación de un estamento militar extraído de la nobleza, pero no identificado con ésta».[30] De esta manera, se encuentra con una línea divisoria. Por un lado, está en contra de que los *golillas* ocupen el ejército y el Estado, a pesar de tener algunos rasgos comunes. Se separa, asimismo, de los *golillas* en una mayor consideración de la «economía moral» del pueblo menudo, como lo demuestran las coplas populares a favor del hijo de Siétamo. Su intervención en 1772, llevada a cabo personalmente con toda dureza a favor del precio bajo del pan en contra de las maniobras monopolísticas de las panaderías,[31] demuestra que no estamos ante meras palabras, aunque no, obviamente, ante un revolucionario, pero tampoco ante un déspota del tipo «todo para el pueblo, pero sin el pueblo». Un moderador de la monarquía, un puente entre el rey y el pueblo, en palabras de John Lynch. Por otro lado, se separaba de una nobleza poderosa y antirreformista que ni le era necesaria, ni quería evolucionar.

Una diferencia fundamental es que, en el poso de la historia, haya sido considerado, y su protegido Urquijo todavía más, como un noble avanzado. Por bien que no consta que haya sido francmasón, no tiene que ser casualidad que así se le haya considerado durante tanto tiempo y por la misma masonería, ya que en el gran Templo masónico en París se le ha dedicado un rosetón. No eran tampoco tan desconocedores de la psicología humana Condorcet y Voltaire para equivocarse tan rotundamente. Otra cosa es que fueran imprudentes al dar a conocer públicamente su confianza liberal y antiinquisitorial en Aranda. Según el embajador Coxe, cuando Aranda se entera de lo que se ha escrito en París, no lo desmiente, sino que se queja de que esta «imprudencia abrirá un fermento tal contra mí que mis planes se frustrarán».[32]

---

28. William Coxe, *Memoires of the Kings of Spain of the House of Bourbon, from the Accession of Philip the Fifth to the Death of Charles the Third, 1700 to 1788*, Londres, 1813, p. 363. Véanse también pp. 276-279, 321-328, 361-375 y 382.

29. En *Économie et population. Les doctrines françaises avant 1800. Bibliographie générale commentée*, París, 1956, he contado 23 libros en el bienio 1756-1757 sobre esta polémica.

30. Miguel Alonso Baquer, «La relación fuerzas armadas y sociedad en la España de Carlos III», pp. 205-206.

31. Rafael Olaechea y José A. Ferrer Benimeli, *El conde de Aranda*, vol. I, p. 43.

32. William Coxe, *Memoires of the Kings of Spain*, vol. III, p. 366 n.

La base económica de los apoyos sociales de Aranda será la de unos comerciantes a los que conviene socialmente un componente noble, y trabajar con América exige una marina poderosa. Los gremios y el trabajo a domicilio con cabecera comercial proporcionarán manufacturas. En la producción de éstas intervendrán además las fábricas, ante las que no tendrá el horror de un Campomanes o de un Jovellanos. La policía de las ciudades y villas será importante. Grandes obras públicas como el canal de Aragón o la educación a través de la Sociedad Económica Aragonesa completarán su visión básica.

Con la nobleza inmovilista tenía grandes diferencias. La primera es que no tenían, ni tenían que tener, siendo la mayor parte castellana, ningún recuerdo de los viejos «usos y costumbres» de los reinos de Aragón, pero tampoco coincidían en las reformas que llevar a cabo. A pesar de esto, hubo otros sectores de la nobleza que le dieron apoyo claramente. Así, cuando se le encarga la defensa en la guerra de Portugal, «la nobleza de vuestros Reynos de la Corona de Aragón» se dirige al rey para que «se confíe a su solo zelo la defensa de sus costas» de la amenaza naval inglesa. Si se acepta esta colaboración de la nobleza se podrá comprobar que «su fuego marcial no está apagado».[33] La *Representación* es bien recibida pero la paz llega inmediatamente después, el 3 de noviembre de 1763. Un segundo apoyo aparente lo protagonizan en 1766 los «Diputados de la Nobleza de Cathaluña ... con el fin de que sus Individuos estén representados como en casi todas las ciudades de estos Reynos, assi de Castilla, como de Aragón». Se consideran como clases de la nobleza: «Nobles, Caballeros, Ciudadanos Honrados de Barcelona y Burgueses de Perpiñán que deben estar en el gobierno de la ciudad como ya han sido aceptados los artesanos».[34] En la reunión presidida por Aranda el 6 de noviembre de 1766 se les niega, ya que ante el pasquín que catalizó los alborotos de ese año, 103 gremios actuaron debidamente, mientras que la nobleza quedó «sorprendida». Tampoco se les autoriza para formar una cofradía de la Concepción de Nuestra Señora. No era este el tipo de nobleza en el que pensaba Aranda, dada la contundencia de la respuesta, aunque fuesen de la Corona de Aragón.

Si los *golillas* eran partidarios de una monarquía absolutista y el partido aragonés lo era de una monarquía pactada nobiliaria y estamental, sus límites en el último caso han aparecido claros. Otra diferencia entre los *golillas* o asturcastellanos y los aragoneses era el equilibrio entre el monarca y el gobierno judicial representado por los Consejos. Aranda a un lado, y el «tándem político» formado por Campomanes y Floridablanca —como diría Llombart— en el otro. Diferencias muy patentes con el conde de Floridablanca, que fue contrario a los militares. Algunas frases de León de Arroyal, en su famosa obra, no publicada hasta 1841, pondrán de relieve, por un lado, la

33.   Francesco Beccatini, *Vida de Carlos III de Borbón, Rey Católico de España y de las Indias*, Madrid, 1790, vol. II, pp. 41-43.

34.   Archivo General de Simancas, *Gracia y Justicia*, 860 (24). Debo esta información a Josep M. Gay Escoda.

dureza de las descalificaciones y, por otro, cuál fue el ejemplo de referencia. Primero las descalificaciones: «El Conde de Floridablanca, que entendía tanto de economía como de castrar ratones» y «al escribir la última carta del tomo anterior tuve la dicha de que muriese Lerena», protegido del murciano. Confrontemos estas descalificaciones con: «La pequeña Prusia ha dado un ejemplo sorprendente al universo de lo que puede un reino en una mediana administración; y el emperador es más glorioso por la guerra que ha hecho al mal gobierno dentro de sus estados, que por la que hace un turco por apoderarse de los ajenos».[35] Estas discrepancias no deben hacer olvidar las coincidencias, así como tampoco que todos los ilustrados, de Campomanes a Jovellanos y de Aranda a Olavide y a Arteta, tuvieron tropiezos con la justicia, contra los que querían verlos siempre dentro de los estrictos límites del Antiguo Régimen. Los que encuentran poco ilustrados a los ilustrados españoles olvidan que todos ellos tuvieron dificultades con la Inquisición y actuaron a menudo anónimamente, como Capmany. Veamos cómo penetraron en España los economistas de Federico II, Bielfeld y Justi.

LA DIFUSIÓN DE BIELFELD, JUSTI Y SONNENFELS

Nipho y unos tempranos Bielfeld (1762-1786) y Justi (1771)

El gran periodista económico Francisco Mariano Nipho, que es quien domina la prensa económica del siglo XVIII, se constituyó en un temprano, casi inmediato, difusor de Bielfeld y de sus *Instituciones políticas*. Bielfeld «riega gran parte de su obra periódica».[36] Ya en la *Estafeta de Londres* en 1762 hay rastros de esta cabeza de puente difusor: «Una nación Comerciante debe hacer la guerra mas para proteger su Comercio que para disputar la soberanía a sus vecinos».[37] Esta frase en la *Carta segunda*, mostraba ya claramente alguna de las ideas fundamentales del que presentaba como modelo la labor de Federico II de Prusia. Casi un cuarto de siglo después, Nipho seguía reimprimiendo la traducción de fragmentos fundamentales del capítulo X, «De la opulencia del Estado en general» del primer volumen de las

---

35. León de Arroyal, *Cartas económico-políticas*, edición, prólogo y notas de José Caso González, Oviedo, 1791. Las citas corresponden respectivamente a las pp. 3, 149 y 84. Hay muchos otros elogios al ejemplo prusiano. Véanse pp. 83, 93, 94, 96 o 158. Añadamos la cita abreviada en la que elogia la constitución aragonesa, sobre todo en relación con la castellana: «La constitución aragonesa ... es la más solemne que conocemos y con todo no puede llamarse propiamente pacto social, por cuanto en ella tuvo muy poca intervención el común de la sociedad. En Castilla no hay más constitución que la costumbre, ni más costumbre que la casualidad» (p. 178).

36. Luis Miguel Enciso Recio, *Nipho y el periodismo español del siglo XVIII*, Valladolid, 1956, p. 116. J. Langlet en su *El Hablador juicioso* elogiaba en 1763 también las *Instituciones* de Bielfeld.

37. *Estafeta de Londres*, 1762, p. 57.

Instituciones en su apartado XIV, «El oro y la plata no hacen la opulencia de un Estado».[38]

Habían pasado, pues, sólo dos años desde la edición de *Instituciones políticas* cuando Nipho comenzó a divulgarlas. No le pudo pasar desapercibido que unos versos de Voltaire encabezaban la obra:

> Descends du haut des cieux,
> sérène verité
> Réponds sur mes Écrits ta force et ta clarté
> Que l'oreille des Rois s'accoûtume a t'entendre.

En cambio, es en 1763, al año siguiente, cuando Nipho traducirá masivamente a Bielfeld. Lo presentará como «Ayo y Maestro del Príncipe Don Fernando, hermano del actual Rey de Prusia, en sus *Instituciones políticas* (obra digna de leerse ad laudes, & per horas) dándose a conocer por uno de los mejores Médicos Políticos de nuestra edad», y su *Correo general histórico, literario y económico (en continuación de la Estafeta de Londres)* incluirá traducciones o resúmenes de capítulos y apartados significativos. A veces se extiende más allá de lo que deseaba: «Otro era mi intento, pero el Barón de Bielfeld me ha entretenido: yo doy por bien empleado el rato, y creo que V. S. no lo tendrá por perdido».[39]

Un estudio detallado de las traducciones o resúmenes de Bielfeld por parte del aragonés Nipho sería muy extenso y no precisaría mucho más el impacto ideológico que ahora queremos subrayar. La carta III, «Sobre la materia ascendente, y cómo podría España reparar sus atrasos, respecto a todos los ramos de la Literatura, estableciendo en sus Ciudades Capitales Académicas de Ciencias, y Artes & c.», es la versión (pp. 70-90) del capítulo IV del primer volumen de las *Instituciones* (párrafos I-III); la carta IV (pp. 112-117), «Pensamiento utilísimo para el feliz adelantamiento de la Agricultura», está sacada del capítulo X del primer volumen, «De la opulencia del Estado en general», en sus párrafos II, IV y XV, donde se recoge una significativa definición de Von Bielfeld sobre lo que es la opulencia: «La civilidad de una Nación, sus costumbres, la bondad de sus leyes, la prudencia y rectitud de su Govierno: sus reglamentos interiores para sostener el buen orden y la sociedad, sus progresos en Artes y Ciencias, el feliz suceso de sus negociaciones, y sobre todo su poder terrestre y naval»; y las cartas VII y IX, «Sobre la política que necesitan para su valimiento y constante manutención o substentáculo las Manufacturas» (pp. 228-332), son un largo canto industrialista a partir del capítulo III del volumen II de las *Instituciones* en su casi total extensión.

Tiene un interés especial la inclusión, en el trimestre segundo del *Correo general*, del pensamiento económico-militar del prusiano (pp. 97-147), que corresponde a la traducción de las *Instituciones* que hará Torre i Mollinedo en

---

38.   *Estafeta de Londres*, vol. II, 3.ª impresión, 1786, pp. 179-183.
39.   *Correo histórico, literario y económico de la Europa*, 1763, trimestre primero, p. 90.

el capítulo VI del primer volumen (pp. 373-448). Los rasgos militares son evidentes y, por tanto, es imposible aceptar la opinión de Enciso de que no fueron «Bielfeld, ni Nipho, muy militaristas que digamos».[40] El tercer trimestre de 1763 del *Correo general* no refleja tan nítidamente traducciones de Bielfeld o, por lo menos, lo hace de una manera más escondida. Un hombre como Nipho, tan religioso como piadoso y ortodoxo, tenía que ser sensible al hecho de que Bielfeld hubiera recibido una «excomunión»,[41] por lo que su influencia se mantiene, pero de una manera mucho más sumergida, más secreta. Esto es evidente en este tercer trimestre del *Correo general*, en la carta VI, «Correspondencia que guardan entre sí Artes, Agricultura, Comercio y Ciencias» (pp. 159-179). Otro de los aspectos clave del pensamiento bielfeldiano y cameralista es, obviamente, lo que hace referencia a la Hacienda pública. Las cartas I, II, III, IV y V del cuarto trimestre de 1763 lo recogerán con suficiente extensión y precisión.

Años más tarde, en 1769, el periodista económico de Alcañiz reaparecerá con una nueva publicación, *Correo general de España*, en el que el «Plan de la obra» recogerá las características del cameralismo. Además traducirá las «Reflexiones generales sobre la decadencia de la agricultura, artes y comercio de España», que son fragmentos adaptados de Justi,[42] en los que el industrialismo se muestra en una posición muy radical: «Un Estado puede subsistir sin comercio, pero sin Manufacturas no puede ser floreciente … este es el medio [la manufactura] mejor de estender la Población y fomentar la Agricultura». Paralelamente: «La buena Agricultura, siempre se dirige al beneficio de las Manufacturas». Acelerar la industrialización es tan posible que se puede vencer el retraso en diez años. Por lo menos, sí que es cierto que en la década de los sesenta, Nipho aceleró suficientemente el conocimiento de Bielfeld y de Justi.

Nipho fue siempre un reformista económico aun cuando en otros aspectos opina de forma diferente de manera que el adjetivo contradictorio es absolutamente justo. Los diversos juicios que ha recibido lo demuestran,[43] aunque los más adversos se refieren a sus gustos y criterios literarios, por lo que el juicio de Sempere i Guarinos no queda afectado: «La Política Económica

---

40. Luis Miguel Enciso, *Nipho y el periodismo español*, p. 116 n. Una de las citas más conocidas, aunque hay muchas del mismo autor, de Bielfeld, pone de relieve admirativamente que «el carácter dominante de la nación alemana consiste en una fuerte pasión por la guerra, a la cual todo lo sacrifican, hasta su libertad» (*Instituciones políticas*, vol. VI, p. 38). El mismo *Correo de Europa* ya en 1763 había reproducido una cita de Bielfeld muy clara: «Para conseguir un Estado formidable en sí mismo y respetable a sus vecinos es preciso que el Estado militar, y todo lo que depende de él, esté establecido, y mantenido sobre un pie sólido» (vol. II, capítulo VI, p. 375). Pocas páginas después dividirá la sociedad entre Estado civil y Estado militar.

41. *Correo histórico, literario y económico de la Europa*, 1763, trimestre tercero, p. 9.

42. *Correo general de España y Noticias importantes de Agricultura, Artes, Manufacturas, Comercio, Industria y Ciencias*, vol. IV, n.º 84, 30 de abril de 1771, pp. 141-144.

43. Es muy equilibrada y completa la visión de María Dolores Sáiz en el capítulo «Nipho y el periodismo profesional», en su *Historia del periodismo en España. I: Los orígenes. El siglo XVIII*, Madrid, 1983, pp. 226-237.

le debe muchos esfuerzos y una gran copia de datos que son los que más en ella se necesitan».[44] Un juicio de Sempere que demuestra la adscripción de Nipho y de él mismo al mercantilismo entreverado de aritmética política.[45]

Las obras traducidas de Von Bielfeld (1767-1803)

Bielfeld, con sus *Instituciones políticas*, escribió una de las obras que más influyeron en toda Europa entre 1760 y 1789 y todavía después.[46] Una importancia que ha hecho escribir que «en una historia del pensamiento político es imposible ignorar» esta obra.[47] Es cierto que esta percepción no es fácil de encontrar a causa, sobre todo, de que demasiado a menudo se estudia la historia del pensamiento no en función de lo que ha pasado en cada momento, sino a partir de las ideas que han sobrevivido, dentro de una concepción demasiado presentista. Por otro lado, la obra de Bielfeld, escrita a la sombra de Prusia, penetró en España con la fama justificada de que era un «libro netamente anticatólico».[48]

Es cierto que las *Instituciones políticas* tuvieron que sufrir mutilaciones por parte de la Inquisición.[49] Su traductor, Domingo de la Torre y Mollinedo, ya contaba con esto, si nos atenemos a lo que escribirá el censor años después. Esta declaración se produce en 1781 cuando Valentín de Foronda solicitó traducir esta larga obra en lo referente a la «descripción en que se hallan todos los Reynos de Europa» ya que De la Torre había traducido «el modo de governar un Reyno». De la Torre se opondrá a Foronda por pensar que le lesiona sus intereses editoriales adquiridos,[50] pero es evidente que aparecerán discrepancias ideológicas.

44. Juan Sempere y Guarinos, *Ensayo de una biblioteca española de los mejores escritores del reynado de Carlos III*, Madrid, 1789, vol. IV, p. 146.

45. Falta hacer un estudio detallado de los economistas difundidos por Nipho, entre los que siempre destacará Bielfeld, tanto en cantidad como en prontitud y reediciones. En cambio, hay otras difusiones como las de William Petty, «L'Ammi des Hommes» de Mirabeau y John Nickolls (realmente Plumart de Dangeul) en 1762. El estudioso sistemático de Nipho, Enciso Recio, cita, por orden descendente a Bielfeld 14 veces, a Duhamel 6 y a Justi y Mirabeau 5. Subrayamos la atención concedida a Justi mientras que Duhamel de Monceau y el «caballero Nickolls» siguen con sólo dos citas.

46. José Antonio Maravall, *Estudios sobre la historia del pensamiento español (siglo XVIII)*, Madrid, 1991, p. 398.

47. Giuseppe Ricuperati, «Il pensiero politico degli illuministi», vol. IV: *L'età moderna*, vol. II, p. 364.

48. Jean Sarrailh, *La España ilustrada en la segunda mitad del siglo XVIII*, México, 1957, p. 249.

49. El éxito de su edición original en francés fue considerable: 1760 (4 vols.), 1761 (4 vols.), 1762 (4 vols.), 1767-1772 (3 vols.). No entraremos en un detalle concreto, pero es necesario pensar que la obra completa, que se comenzó a publicar en 1760, no se publicaría plenamente hasta 1772, dos años después de su muerte. El manuscrito original se acabó en agosto de 1770. La traducción alemana empezó a aparecer a partir de 1761. Se tradujo al ruso y al italiano.

50. Barón de Bielfeld, *Instituciones políticas: obra, en que se trata de la Sociedad Civil, de las Leyes, de la Policía, de la Real Hacienda, del Comercio y Fuerzas de un Estado; y en*

De la Torre «ha omitido prudentemente todo aquello que puede perjudicar», mientras que Foronda «pone en su traduccion muchas cosas que deviera haver suprimido, y usa en algunas partes de expresiones que son denigratorias, y injuriosas a Personas del maior respeto».[51] Acusan a Foronda de no haber eliminado ofensas contra el Santo Padre y muchos otros pasajes. Valga uno de ellos como ejemplo: «El Gavinete de Madrid debe mantener su autoridad contra los Grandes, contra el Clero y contra la Inquisicion». Un Foronda combativo a quien no debía extrañar que el conde de Floridablanca, el 7 de agosto de 1781, se decantase por De la Torre.

Poco sabemos de De la Torre y Mollinedo. Socio de la Matritense, su expediente fue extraviado. El cargo que más resaltaba era el de oficial mayor de la Contaduría de la superintendencia general de Juros, aunque lo era también del Montepío de Oficinas Reales. Tradujo la *Memoria reservada sobre el establecimiento de rentas provinciales que trabajó y presentó Mr. Necker* (Madrid, 1776 y 1786), que dedicó al conde de Lerena en unas fechas en las que acababa de reformar nuestras rentas provinciales. Es una de las reformas a las que se puede aplicar lo mismo que a «la "reforma" de 1790, con las ideas de Aranda y la mano de Floridablanca coincidentes por una vez».[52] Otra traducción de un interés menor es un folletín historicista de autor desconocido, *Memorias históricas del Comercio de los Españoles dentro, fuera de Europa desde que empezaron los Fenicios en España, hasta nuestros tiempos* (Madrid, c. 1770). Dos traducciones de Necker[53] son una demostración de que mercantilistas de su estilo como del de Forbonnais o Genovesi pertenecen a la misma constelación ideológica que los cameralistas.

Sabemos que se le concede licencia en 1776 para imprimir el *Manual de Ministros o idea sucinta de la política de los estados; de los Principios que deven fundarse los Calculos Politicos: De las causas señales que contribuien a la ruina de un estado: De los caracteres en que se conoze su elevacion ó aumento; y de la estadistica o de la Ciencia que enseña qual es el arreglo politico de todos los estados modernos del Mundo conocido; con el Methodo que se ha de seguir para el estudio de la Historia de España.* Este largo título permite saber ya lo que confirma su lectura: se trata de un resumen de la policía de Bielfeld escrito para conocimiento de los funcionarios españoles.[54]

---

general, de todo quanto pertenece al Gobierno, vol. I, 1767; vol. II, 1768; vol. III, 1771; vol. IV, 1772; vol. V, 1781, y vol. VI, 1801. Los cinco primeros volúmenes están dedicados a Miguel Cayetano Soler. El volumen V dedica atención a la Corona de Aragón.

31. *Dn. Valentin de Foronda vezino de la ciudad de Vitoria sobre que se le conceda licencia para imprimir el tercer tomo de las Instituciones Políticas del Baron de Bielfeld q. ha traducido del frances al castellano en que hay instancia de Dn. Domingo de la Torre y Mollinedo, en que hacen contradiccion a la antecedente pretension por los motivos que expone.* Archivo Histórico Nacional, *Consejos*, 554-86.

52. John Lynch, *Bourbon Spain*, p. 300.

53. Es imposible exagerar la utilidad de la *Bibliografía de autores españoles del siglo XVIII* de Francisco Aguilar Piñal.

54. Archivo Histórico Nacional, *Consejos*, 5538-71.

La segunda obra es muy amplia y está dirigida a aquellos que para los cameralistas tenían un papel funcionarial clave: *Reglamento económico metódico, útil para los mayores progresos de la Real Hacienda*. La obra impresa no hemos podido encontrarla, pero sí diversos y amplios comentarios y censuras.[55] En el informe de Felipe de Rivero se ponen de relieve dos elementos que ahora nos interesa destacar: la «lectura reflexiva» de Bielfeld (y de Ward) y el hecho de estar dirigido a los que constituirán la estructura del Estado, fundamentalmente los intendentes. Bielfeld irá acompañado, no sólo de Ward, sino también de autores que aparecerán más adelante como Arteta de Monteseguro,[56] Melon (maestro de Bielfeld) y Antonio Ponz. Pocos años después, lo que supone un éxito del *Reglamento*, De la Torre publica una *Segunda parte del nuevo reglamento económico-metódico, útil para los mayores progresos de la real hacienda relativo á fábricas, manufacturas, y artes* (Madrid, 1789).[57]

En definitiva, Bielfeld no sólo tiene a un traductor y adaptador, en De la Torre, sino a un prosélito y divulgador. Los mismos adjetivos pueden aplicarse a Foronda, así como el de más fiel, aunque sea menos necesario insistir en ello a causa de que es más conocido.[58] A pesar de esto, antes de hacer alguna referencia es necesario subrayar que dos personajes tan diferentes como ambos traductores de Bielfeld se sentían por diversas razones atraídos por él.

La traducción bielfeldiana de Foronda será finalmente publicada en Burdeos y comprenderá sólo las partes dedicadas a España y Portugal. El lugar de impresión está condicionado por los juicios adversos a los que hemos hecho referencia. Un análisis comparativo detallado del original de Bielfeld, la traducción y los cambios de De la Torre, el expediente censor y la traducción y las notas de Foronda constituyen un caso significativo para conocer las *sombras* a las que estaban sometidas las *luces* en España. El texto de Foronda fue *Instituciones políticas. Obra en que se trata de los Reynos de Portugal, y España ... Escrita en idioma francés por el Barón de Bielfeld. Y traducida al castellano aumentada de muchas notas por don Valentín de Foronda* (Burdeos, 1781). El mismo Foronda constituirá su propia obra sobre policía.

Bielfeld vio, asimismo, traducido su *Curso completo de erudición universal o análisis abreviado de todas las Ciencias, Bellas Artes, Letras escrito en*

---

55.   *Informe de D. Felipe de Rivero sobre la obra intitulada «Reglamento» ... que presentó al Consejo D. Domingo de la Torre y Mollinedo*, Archivo de la Real Sociedad Económica Matritense de Amigos del País, leg. 54, doc. 9, 88 fols. Censura muy amplia de los directores de Rentas en Archivo Histórico Nacional, *Consejos*, 5547-79 y 923-23.

56.   En el capítulo 37 se considera el *Discurso* en su capítulo IV como la expresión teórica de la apertura del comercio con América.

57.   Hay una reseña en *Memorial Literario*, vol. IX, diciembre de 1786, p. 506.

58.   Véase la sólida biografía de José Manuel Barrenechea, *Valentín de Foronda, reformador y economista ilustrado*, Vitoria, 1984. En sus notas, Foronda se alegra de que «nos podemos lisongear, que veremos dentro de poco tiempo adoptado un Plan completo para la dirección de la Real Hacienda» (p. 139).

francés por el célebre alemán Barón de Bielfeld (Madrid, 1802-1803, 4 vols.). La traducción, del valenciano Pascual Arbuxech, comprende diversas partes típicamente camerales como los capítulos XLIII, «La Política en general o la Prudencia común», y XLIV, «La Política de los Estados», del volumen II. La repercusión de la obra fue motivo de polémica. Así, Sebastián de Jócaro i Madaria publicó *Disertación crítica y apologética del Arte de llevar cuenta y razón contra la opinión del barón de Bielfeld acerca del Arte en general y del método llamado de partidas dobles en particular* (Madrid, 1793). Siendo Jócaro oficial de la Contaduría de Indias puede ser un ejemplo más de cómo el hamburgués era conocido por los altos funcionarios de Hacienda. Todavía queremos reseñar uno de los muchos ataques que se le hacen a Bielfeld para ver cómo se le veía desde la reacción y con qué aliados. Así J. B. Muñoz le considera un autor impío como Maupertuis, Locke, Helvetius, Rousseau y Voltaire, que son los que había utilizado el benedictino Pozzi[59] a favor suyo.

Las obras traducidas de Von Justi (1784-1791) y de Von Sonnenfels (1781)

Justi, sin duda el más representativo del cameralismo «maduro» o «científico», según Pierangelo Schiera, tuvo dos traducciones al castellano. La primera, *Elementos generales de Policía escritos por el señor Juan Henrique Gottlobs de Justi, & c. y del idioma francés traducidos al español con varias notas conducentes a España, añadidas por el mismo traductor D. Antonio Francisco Puig i Gelabert* (Barcelona, 1784). La traducción se hizo «apenas la Real Audiencia de este Principado de Cataluña tuvo a bien mandar, que todos los Abogados, no sólo por conveniencia, si también por necesidad debiesen estar instruidos, tanto en la Jurisprudencia forense como en la Ciencia del Gobierno, que está dividida en los tres ramos de Policía, Política y Economía». Efectivamente, un Real Decreto de 1783, con carácter general, había dispuesto la necesidad de estos conocimientos, política y economía, para la recepción de los abogados. Por idéntica razón el mismo Puig traducirá al año siguiente el *Derecho Público Criminal* del jansenista Jean Domat, que había presentado simultáneamente a Justi ante el Consejo de Castilla y cuyo original era de 1697. Puig cita otros libros de la misma orientación, como el de De la Mare, que traduciría, subrepticiamente, Tomás Valeriola en su *Idea general de la Policía* (1798-1805).

59. Véase Juan Bautista Muñoz, *Juicio del Tratado de educación del muy reverendo padre Cesáreo Pozzi, por el honor de la literatura española*, Barcelona, 1779. La enciclopédica y amplia influencia de Bielfeld explica que existan rastros suyos en diversos campos. Así, el cura de quien ostentó la máxima jerarquía, el conde de Floridablanca, le acusaba de propugnar la tolerancia en materia religiosa, se le consideraba tan poco recomendable como a Voltaire o Rousseau o bien se le criticaba por haber introducido indirectamente en España una obra contraria al déspota, que era una «apoteosis cívica de clero de origen shaftsburiano» (Francisco Sánchez-Blanco, *Europa y el pensamiento español en el siglo XVII*, Madrid, 1991, pp. 274, 275, 331 y 351).

Justi tendrá una segunda edición de sus *Elementos de la Policía General de un Estado*, traducida por Miguel Gerónimo Suárez y Núñez.[60] Ambas traducciones, la de Puig y la de Suárez, lo fueron a través de la edición francesa. Nos referimos a *Éléments généraux de police, démontrés par des raisonnemens fondés sur l'objet & la fin qu'elle se propose* (París, 1769), a partir del original *Grundsätze der Polizei-Wissenschaft in einen vernünftigen, auf den Endweck der Polizei gegründeten Zusammenhange und zum Gebrauch akademisher Vorlesungen abgefasset* (Gotinga, 1756).[61] La traducción francesa no era completa, sea por eliminación de fragmentos que podían no interesar al lector, sea simplemente por censura.

La única traducción que conocemos de Joseph von Sonnenfels no pertenece a su obra científica, sino a su discurso con motivo de la muerte de la emperatriz María Teresa: *Los últimos instantes de la vida de María Teresa de Austria, Emperatriz de Alemania, Reyna de Hungría y Bohemia. Discurso pronunciado por Mr. Sonnenfels, Profesor de Política y Hacienda en la Universidad de Viena ... Traducido del alemán al francés y del francés al castellano. Lo da a luz D. Jerónimo Copin* (Madrid, 1781, 47 pp.). La extensión del discurso le da mayor consistencia de lo que era de suponer y el mismo título pone claramente de relieve, nuevamente, el papel puente del francés entre el alemán y el castellano. El contenido da importancia a los temas económicos. Juan López de Peñalver en sus *Reflexiones sobre la variación del precio del trigo* (Madrid, 1812) cita *Über Wucher und Wuchergesetze* (Viena, 1789) de Sonnenfels.

EL CAMERALISMO EN ESPAÑA

Proyectos económicos militaristas

Hemos encontrado algunos proyectos que tratan de organizar militarmente tanto la economía como la sociedad española. Los que vamos a citar se escriben en los años en los que el conde de Aranda gobierna con más fuerza. Unos pertenecen a José López de Colmenero, militar y académico de la Real Sociedad Geográfica de Valladolid, y propugnan el establecimiento de una nueva sociedad formada por oficiales del ejército con el objetivo de fomentar la agricultura, la industria y el comercio.[62]

---

60.   En *Memorias Instructivas y Curiosas sobre Agricultura, Comercio, Industria, Economía & c.*, vol. XII, memoria CXVI, pp. 377-496.

61.   Kenneth E. Carpenter, *Dialogue in Political Economy. Translations from and into German in the 18th Century*, Boston, 1977, p. 91.

62.   José López de Colmenero, *Memoria de algunos abusos o defectos cuio remedio pudiera lograr la Real Sociedad Económica propuesta por Dn. —, Académico de la Real Geográfico-Histórica de Cavalleros de Valladolid y Capitán del Real Cuerpo de Artillería*, Madrid, 31 de enero de 1768; *Proyecto para aumento de vasallos, ejército y fomento de árboles, industria y fábricas, con el establecimiento de una Casa General de Misericordia, que sea útil*

Se trata de un proyecto para «aumentar vasallos poblando las Costas demasiadamente descubiertas, y Pueblos decadentes, igualmente que el Exercito sin ser necesario de quintas ni lebas, fomentar Plantios de Arboles utiles à la construccion de Vageles, y otras fabricas, formando un Cuerpo Economico en forma de Regimiento dividido en treinta compañias de a ciento o mas hombres». Se asumen muchos de los elementos habituales en el proyectismo ilustrado, así como «reducir los tributos a uno solo» o la experiencia de las colonias de Sierra Morena, pero tienen como elementos diferenciadores los estrictamente militares. No sólo por la experiencia propuesta, sino como ejecutores del sistema tributario: «El Militar que es el Abogado que defiende los pleitos de la Corona, es también el resguardo de las rentas Reales auxiliando a sus dependientes».

Otro proyecto militarista es la *Idea de Político Gobierno*, escrito a finales de 1768, o principios de 1769, por Pedro Ramírez Barragán, un propietario extremeño. Los editores del manuscrito hablan de «un modelo perfecto de jerarquización y cumplimiento ciego de todas las órdenes y disposiciones que emanan de la superioridad. La sociedad civil ha de acomodarse, pues, a determinados aspectos de la vida. Esta *militarización* podría sostenerse si se equipara el Ejército al Reino».[63] La sociedad civil está llena de vicios y corrupciones, mientras que la sociedad militar aparece como un ideal perfecto. El mismo manuscrito de Ramírez Barragán lo dice con toda claridad: «Quien biere con tan pocas Leyes cómo se comprecnden cn una reducida Ordenanza, el floreciente estado en que oy se halla la militar disciplina, y governarse el Exército ... y viere por otra parte las quiebras que padecen en todo el Reyno, Provincias, Ciudades, Villas y Lugares».[64] Comentando esta *Idea*, Fernández Albadalejo da por sentado que su autor pensaba que tendría una buena acogida por parte de Aranda, «pero esta presunción resultaría errónea».[65] Esto porque supone que el aragonés coincidía con Campomanes en la necesidad de una administración civil, aunque matice a continuación que en

---

al Estado y a los recogidos en ella. Y se inserta una memoria de algunos de los abusos que deben corregirse por la Real Sociedad Económica que se propone, Madrid, 31 de enero de 1768 (ambos manuscritos en la Fundación Universitaria Española), y *A la Patria. Dedicado y reiterado Preliminar sobre la formación proyectada del Real Legislativo Económico Cuerpo medio entre el solio y Común de los pueblos, reverentemente propuesto por —, Académico actual de la Real Geográfico-Histórica de Cavalleros de Valladolid y Teniente Coronel de Exército ... establecido en Rusia en fines del año de 1774* (manuscrito en el Centro de Estudios Históricos del CSIC).

63. Ángel Rodríguez Sánchez, Miguel Rodríguez Cancho, José Luis Pereira Iglesias e Isabel Testón Núñez, *Gobernar en Extremadura (un proyecto de gobierno del siglo XVIII)*, Cáceres, 1986, p. 101. Un escrito de un estilo parecido es el de Josep Castellnou, *Nuevo Plan de Tropa de Cavallería combinada con la Agricultura, razonada en sistema físico-económico de Hacienda Agraria*, Ministerio de Asuntos Exteriores, Madrid, ms. 201.

64. Ángel Rodríguez *et al.*, *Gobernar en Extremadura*, p. 169. Véase, sobre todo, la Quinta Proposición.

65. Pablo Fernández Albadalejo, «La Monarquía», *Actas del Congreso Internacional sobre «Carlos III y la Ilustración»*, pp. 83-84.

aquellos momentos Aranda redactaba las *Ordenanzas* de 1768. En esta misma dirección, es preciso recordar que Carlos III mostraba a su confidente Tanucci su satisfacción por haber nombrado presidente del Consejo de Castilla a un capitán general.

Pero no se trata sólo de ideas. Una Real Orden del 15 de agosto de 1777 comunicaba a Matías de Gálvez, teniente del rey en las islas Canarias, «que se reclute gente en aquellas islas para completar el batallón de Infantería de Louisiana y formar el segundo que debe aumentarse». Era una leva militar que daba preferencia a los soldados que tenían familia, y a los que ofrecía tierras, aperos y dinero. Era la propuesta de una colonización en la que los batallones estarían formados por soldados que simultanearían la actividad militar con la económica. Cuajó una orden como esta y fue precisamente el gobernador de la Luisiana española, Bernardo de Gálvez, quien se encargó de asentarlos.[66] No tiene que olvidarse que los Gálvez eran del «partido aragonés», y sostenidos por Aranda y O'Reilly.[67]

El mismo secretario de Estado y de Despacho Universal de Indias, José de Gálvez, dirigió dos reales órdenes el 22 de junio y el 19 de septiembre de 1778 a la Intendencia de Galicia para trasladar a familias gallegas encuadradas hacia «establecimientos de colonias» en «las provincias del Río de la Plata». En un manuscrito poco posterior, del 2 de octubre de 1778, de José Cornide, «Observaciones sobre el establecimiento de colonias en las provincias del Río de la Plata, Paraguay y Tucumán», está absolutamente presente la experiencia de Sierra Morena. Doce expediciones se trasladaron bajo la fórmula de experiencias colonizadoras desde Galicia hasta América entre 1778 y 1784.[68]

En las mismas *Nuevas formaciones* de otro «aragonés», Pablo de Olavide, se olvida casi siempre su carácter militar, empezando por el fuero del peruano.[69] La primera demostración del carácter militar es que se encargase a Gaspar von Thurriegel reclutar unos seis mil colonos alemanes y flamencos para colonizar Puerto Rico y América del Sur, que, finalmente, se desviaron hacia Sierra Morena. Un viajero británico y, muy posiblemente, espía militar objeta dos cosas que le preocupan del encargo a Thurriegel. La primera es que se recurra a un militar al servicio del rey de Prusia y la segunda, que

66. Véase Pablo Tornero Tinajero, «Emigración canaria a América: la expedición cívico-militar a Luisiana de 1777-1779», *I Coloquio de Historia Canario-Americana* (1976), Las Palmas, 1978, pp. 345-354; Miguel Milina Martínez, «La participación canaria en la formación y reclutamiento del batallón de Luisiana», *IV Coloquio de Historia Canario-Americana* (1980), Las Palmas, vol. II, 1982, pp. 133-223, y Gilbert C. Din, «Canarios en la Luisiana en el siglo XIX», *V Coloquio de Historia Canario-Americana* (1982), Las Palmas, vol. I, primera parte, 1985, pp. 463-478. Debo su conocimiento a Antonio Macías.

67. El irlandés O'Reilly sirvió en la corte prusiana de Federico II, donde fue contratado por Ensenada para renovar la artillería española.

68. Véase un balance sintético en María Xosé Rodríguez Galdo, *Galicia, país de emigración. La emigración gallega a América hasta 1930*, Archivo de Indianos, Colombres, 1993, pp. 31-38, y las dos monografías de J. A. Apolant que se utilizan.

69. Marcelin Defourneaux, *Pablo de Olavide el afrancesado*, Sevilla, 1990², p. 483.

en el mismo período unos diez mil gallegos se trasladaron hacia Brasil. La primera observación era realmente preocupante para William Dalrymple, que en su condición de comandante estaba destinado en Gibraltar y que viajó por España atendiendo, sobre todo, a los centros de carácter bélico.[70] Había práctica, pero con teoría.

Olavide en su *Plan de estudios para la Universidad de Sevilla*, firmado el 18 de febrero de 1768, insistía en que se estudiase la obra de Bielfeld: «Se prescribía a los estudiantes juristas en este año de su pasantía la lectura y estudio del primer tomo de las *Instituciones políticas* del barón Bielfeld, cuya obra preferimos a las demás de su especie, por estar escrita en forma de sistema y con tanta claridad que no necesita de más comentario ni explicación que su simple lectura. Ésta la podrán repetir muchas veces en el tiempo de su pasantía, obligándoles a dar razón de ella al catedrático del cuarto año en los días que se signe, cuyo ejercicio nos parece suficiente para que se formen y salgan buenos políticos. Ya la nación ha adoptado esta obra, pues se anunció en la *Gaceta* traducida a nuestro idioma, con lo que se facilita su uso, el que limitamos a sola la primera parte, que trata del gobierno interior del Estado, porque las demás pertenecen a negocios extranjeros y coinciden con el Derecho Público de las naciones, que no se enseñan en las Universidades».[71]

Si volvemos a pasar de Bielfeld a las *Instrucciones de las Nuevas Poblaciones* se puede palpar la proximidad respecto a las colonias militares camerallstas. En la *Instrucción para la contaduría de las nuevas Poblaciones de Sierra Morena* (1767) se utiliza ya en la segunda línea la palabra felicidad en el mismo momento en que se estaba introduciendo gracias a Bielfeld.[72] Si Dalrymple hubiera leído los papeles oficiales habría visto que la condición de Thurriegel no era secreta, ya que se trata de una *Capitulación* que «de parte de S. M. Catholica el rey de España, y de las Indias, ha sido ajustado con Don Juan Gaspar de Thurriegel, Teniente Coronel de Caballería y Comandante del Cuerpo de Voluntarios del General Mayor de Geschray al Servicio del Rey de Prusia». En el articulado consta la contratación por parte de Thurriegel de ocho oficiales alemanes y flamencos. El desarrollo de la *Capitulación* irá marcando el carácter militar. Así, la tropa estará a las órdenes de Olavide, «Intendente del Exército de Andalucía y Superintendente General

70. Véase William Dalrymple, *Travels Through Spain and Portugal in 1774; With a Short Account of the Spanish Expedition Against Alger in 1775*, Londres, 1777, pp. 24-25, y Ana Clara Guerrero, *Viajeros británicos en la España del siglo XVIII*, Madrid, 1990, pp. 33, 63-64 y 180-184. El libro de Dalrymple fue traducido al alemán (1778) y al francés (1783).

71. Pablo de Olavide, *Plan de estudios para la Universidad de Sevilla*, estudio preliminar por Francisco Aguilar Piñal, 2 ed., revisada y actualizada, Sevilla, 1989, p. 136.

72. *Instrucción para la contaduría de las Nuevas Poblaciones de Sierra Morena* (1767) reproducida en Luis Perdices Blas, *La agricultura en la segunda mitad del siglo XVIII en la obra y empresa colonizadora de Pablo Olavide Jáuregui*, Universidad Complutense, Madrid, 1986, vol. III, p. 1.703. Las tres notas siguientes se refieren también a esta recopilación de Perdices Blas. Son aspectos que se repiten en otras cédulas e instrucciones.

de las Nuevas Poblaciones»,[73] intervendrá en el «corte de maderas, saca de piedra, edificación de casa, y descuajo de las tierras», y «a cada partida de estas gentes habrá de acompañar algún Sargento o Cabo de satisfacción, o persona de toda confianza del Comisionado» que «llevará Pasaporte del Gobernador militar».[74] No se trata de una colonia militar, pero sí militarizada. Creo que hay otra vertiente poco destacada, como es la discriminación contra castellanos y extremeños: «En cada lugar puede ser útil admitir, desde luego, dos o más vecinos *Españoles*, especialmente de Murcia, Valencia, Cataluña, Aragón, Navarra y toda la Costa septentrional de Galicia, Asturias, Montañas, Vizcaya y Guipúzcoa».[75] Volviendo al tema municipal y a sus aspectos militarizados es preciso recordar que el *Reglamento de Nuevas Poblaciones* ha sido considerado como «la intención ideal ... del municipio de Carlos III».[76] Las experiencias en la Corona de Aragón de colonizaciones privadas basadas en el restablecimiento en 1772 del fuero alfonsino son especialmente significativas para la incorporación central del contrato enfitéutico.[77]

Catalanes y aragoneses

Si se coloca la bibliografía económica del setecientos por orden cronológico, el «primero de todos» será *Las señales de la felicidad de España y medios de hacerlas eficaces* de Romà i Rossell, de 1768, y el segundo, *Discurso sobre Economía Política* del militar y alicantino Enrique Ramos, con el pseudónimo de Antonio Muñoz, editado el año siguiente. Serán además los primeros en inscribir en un título castellano las palabras «felicidad» y «economía política». Ninguno de los dos debutaba. Romà había sido posiblemente el redactor de la *Representación de 1760* y autor de la *Disertación histórico-político-legal por los Colegios y Gremios de Barcelona* (1766), mientras que Ramos había publicado las *Reflexiones sobre el papel intitula-*

---

73.   *Real Cédula de su Magestad a consulta del Consejo aprobando el pliego, que para la introducción de seis mil colonos Flamencos y Alemanes presentó el Teniente Coronel D. Juan Gaspar de Thurriegel*, Perdices Blas, ed., Madrid, 1767, p. 1.640.
74.   *Real Cédula de su Magestad y señores de su Consejo que contiene las instrucciones que deben observar los comisionados de las Casas de Almagro, Almería, Málaga y Sanlucar para la introducción de los seis mil Colonos Católicos Alemanes y Flamencos, que deben poblar la Sierra Morena*, Perdices Blas, ed., Madrid, 1767, pp. 1.679 y 1.682-1.683.
75.   *Real Cédula de su Magestad y señores de su Consejo que contiene la Instrucción y fuero de población, que se debe observar en las que se formen de nuevo en la Sierra Morena con naturales y extranjeros católicos*, Perdices Blas, ed., Madrid, 1767, p. 1.665.
76.   Javier Guillamón, *Las reformas de la Administración Local durante el reinado de Carlos III*, Madrid, 1980, p. 27.
77.   Mucho trabajo y mucha propuesta útil podríamos encontrar en P. Pla: «La jurisdicción alfonsina como aliciente para la recolonización del territorio», y E. Giménez, «Fuero alfonsino y Fuero de la Población de Sierra Morena en los proyectos de colonización de la Corona de Aragón en la segunda mitad del siglo XVIII», *Revista de Historia Moderna*, 12 (1993), pp. 79-183.

do: El trigo considerado como género comerciable (1764).[78] La adscripción cameral de *Las señales* es nítida en el prólogo: «Las *Instituciones políticas* ... es la obra más clara y útil para todos» y el *Discurso* dedicado a Aranda dedica mucha atención a la *polizeiwissenschaft*. Un núcleo coherente empieza a dibujarse.

Fue Puig i Gelabert quien agrupó a Romà i Rossell con Antoni de Capmany y con Arteta de Monteseguro. No en vano Capmany mostró su conexión doctrinal con Romà y fue militar y conductor de los colonos catalanes en las *Nuevas Poblaciones* e introductor de técnicas de cultivo y textiles (1774-1776).[79] Arteta, en su obra económica fundamental, *Discurso instructivo sobre las ventajas que puede conseguir la industria de Aragón con la nueva ampliación de puertos concedida por S. M. para el comercio de América* (Madrid, 1783), constituye el precedente de Romà i Rossell.[80] A su vez, Miguel Dámaso Generés, en sus *Reflexiones políticas y económicas sobre la población, agricultura, artes, fábricas y comercio del Reyno de Aragón*, publicadas diez años más tarde, se considera un seguidor de Arteta.

El sólido núcleo estrictamente aragonés[81] tiene en su haber un conjunto de traducciones significativas y difundidas. La primera es la de las *Lecciones de Comercio o bien de Economía Civil del Abate Genovesi* (1785), traducidas y anotadas por Victorián de Villava. El napolitano, viejo conocido de Carlos III, sentía una dependencia troncal de Bielfeld y de Montesquieu. Lo dice así explícitamente en sus *Lecciones*, «savio Bielfeld accanto all'illustre Montesquieu», y así lo recomienda.[82] La influencia de Bielfeld es cada vez más destacada en la obra de Genovesi,[83] sobre todo en lo que se refiere a la administración financiera. La segunda traducción evocada es el *Espíritu del señor Melon en su Ensayo político sobre el comercio* (1786), de Lorenzo Normante y Carcavilla. Melon influyó mucho sobre Bielfeld pero además

---

78.   La extensa obra económica, matemática y militar del mariscal de campo Ramos (Alicante, 1738-Madrid, 1801) tendría que ser estudiada globalmente.

79.   Es necesario recordar su obra *Qüestiones críticas sobre varios puntos de historia economica, politica y militar*, Madrid, 1807, publicada en el último tramo de su vida. Existe una reedición de 1988 con estudio de Josep Fontana. Un hermano de Capmany colaboró con el matemático Bails, de quien hemos citado una traducción prusiana.

80.   José Francisco Forniés Casals, *La Real Sociedad Económica Aragonesa de Amigos del País*, Madrid, 1978, p. 291. Bielfeld es citado favorablemente por Arteta.

81.   Arteta, Asso, Normante, Villava, la Económica y tantos otros aspectos tienen ya un número alto de estudios monográficos. Sería ya hora de atender autores como Barberí y, sobre todo, una visión de conjunto. Esperemos que la realice Javier Usoz Otal, sería el mejor homenaje a Clemente Herranz y Laín.

82.   Véase la carta de Antonio Genovesi a Angelo Pavesi del 6 de enero de 1765, que le había solicitado lecturas: «Solo le raccomando la lettura assidua del Montesquieu, cioè *L'Esprit des Loix* e del Bielfeld, la *Politica*», en Antonio Genovesi, *Autobiografie, lettere e altri scritti*, Milán, 1962, pp. 176-177.

83.   Véase Eluggero Pii, *Antonio Genovesi. Dalla politica economica alla «politica civile»*, Castello, 1984, p. 251, y Gerolamo Imbruglia, reseña de F. Arata, «Antonio Genovesi. Una proposta di morale illuminata», Padua, 1978, en el *Bolletino del Centro di Studi Vichiani*, X (1980), pp. 225-232.

Normante recomienda su lectura (p. 69) y lo prefiere a veces al mismo Melon (p. 78). Lo cierto es que el aragonés, en su *Discurso sobre la utilidad de los conocimientos económico-políticos*, que en 1784 abrió la cátedra de economía de la Sociedad Aragonesa, ya recomendaba vivamente la lectura de las *Instituciones*.[84]

Ahora dedicaremos un inciso proporcionalmente más amplio a Mateo Antonio Barberí, con una obra tan extensa como poco estudiada.[85] Por lo menos citaremos algunas de sus primeras obras, y coetáneas de las primeras de Romà y de Ramos: *Miscelánea política* (1763-1764), *Documentos políticos e instructivos* (1765), *Cartas político-instructivas sobre las ventajas que facilita el comercio, y proporciones del Reyno de Aragón para practicarlo* (1768) y *Cartas político-instructivas sobre varios puntos de la felicidad pública* (1770). En esta última demuestra profundos conocimientos sobre la polémica entre la nobleza comerciante y la militar. Su objetivo era establecer «los principios generales de la Felicidad Pública al Reyno de Aragón» (p. 4) mediante la Real Compañía de Comercio y Fábricas, que ayudará también al comercio de productos agrícolas. Para Barberí «seria auxilio convenientissimo el que en cada familia de la Nobleza pobre, ó no muy acomodada, huviese un hijo Comerciante que sufragasse à los precisos dispendios de la carrera militar» (pp. 6-7), y por esto ruega que «no se desdeñe la aplicacion al Comercio que es senda por donde la Nobleza pobre llegará al Templo de la Fortuna» (pp. 20-21).

Barberí, por su parte, elogia (pp. 39-40) a Tomás Anzano y sus *Reflexiones económico-políticas sobre las causas de la alteración de precios que ha padecido Aragón* (1768), que tendrían continuación en *Discursos sobre los medios que pueden facilitar la Restauración de Aragón* (1768). Anzano también publicaría «Un systema de gobierno de un Hospicio General» en 1778 y una traducción ampliamente anotada del *Essai sur la police générale des grains, sur leurs prix, et sur les effets de l'agriculture* (1755), de Claude-Jacques Herbert. Cuando se publica, cuarenta años más tarde, se hará «executado todo de orden del Supremo Consejo de Castilla por el Comisario Ordenador, Don Tomás Anzano, Tesorero del Exército y Reyno de Aragón».

Este conjunto así trazado de economistas catalanes y aragoneses tiene

84.   En 1788, en el tercer curso de economía civil, se seguía a Uztáriz y Bielfeld, mientras que en el primero se seguía a Danvila y en el segundo, a Ward. En cambio, el 6 de abril de 1804, la Sociedad Aragonesa, consultada por el consulado de la Coruña sobre la enseñanza de la Economía, responde que «las *Instituciones* de Bielfeld por difusas y superficiales, las *Lecciones* de Genovesi por inexactas y rellenas de erudición, parecieron poco acomodadas al intento». El promotor de la cátedra, Juan Antonio Hernández de Larrea, en una interesante bibliografía incluía a Bielfeld (*Nota de algunos libros que tratan de agricultura, artes, comercio y política*, 25 de octubre de 1775, en el Archivo de la Real Sociedad Económica Matritense, leg. 3, doc. 1).

85.   Barberí nació hacia 1740 en Tarragona, según la Enciclopedia Espasa, y en 1723 en Cádiz, según Aguilar Piñal. El mismo Aguilar Piñal da cuenta de diez obras impresas y cinco manuscritas, cantidad muy abundante para la época. Recordemos que *La Noblesse commerçante* de Coyer fue automáticamente traducida por Justi (1756).

algunas características que hemos ido señalando. En primer lugar, que muchas de sus obras se publican a finales de la década de los sesenta, antes de que lo hicieran Campomanes, Ward o Campillo. También hemos destacado que son los que introducen con plenitud conceptos como felicidad o economía política, pero quisiéramos destacar algún punto más. El primero es el de solicitar, casi obviamente, que la Corona de Aragón dejara de estar discriminada en el comercio libre con América. Fue aquí también Romà el primero de todos que afirmó por escrito público en *Las señales* que «tengo pronosticado que la época feliz de esta grande obra será aquel día en que se conceda el libre comercio a Indias sin la menor sujeción» (p. 269). Esta aseveración de Vicent Llombart también tiene que ir acompañada del hecho de que fue el primero en hablar de un mercado interior libre interiormente y protegido exteriormente.

Otra posición diferenciada de los economistas catalanes y aragoneses respecto a los asturcastellanos es la mejor o peor consideración de los gremios. Para los primeros, será una realidad artesanal a reformar pero a defender, mientras que para los segundos serán un poco peor. Romà a tal efecto publicará en 1766 su *Disertación histórico-político-legal por los Colegios y Gremios de la Ciudad de Barcelona y sus privativas*. Arteta, con su *Disertación sobre el aprecio y estimación que se debe hacer de las artes prácticas* (1781), o bien el Plan Gremial de la Sociedad Aragonesa, están en una línea posterior bastante diferente. En el otro lado de España, un Campomanes o un Jovellanos no destacan tanto los aspectos de caldo de cultivo artesanal o industrial. Campomanes partirá de un taxativo «los gremios tienen directa oposición a la felicidad pública», y el capítulo XV de su *Discurso sobre el fomento de la industria popular* (1774) tiene un título largo y significativo: «Los gremios exclusivos con fueros privilegiados y sus cofradías son contrarios a la industria y a la buena policía. Hay muy poca enseñanza en ellos. Medios para cortar los abusos, que impiden la industria». La práctica de Campomanes fue más moderada, pero Capmany, con su *Discurso económico-político en defensa del trabajo mecánico de los menestrales y de la influencia de sus gremios en las costumbres populares, conservación de las artes y honor de los artesanos* (1778), intentó frenarla también teóricamente.

Los prejuicios contra la industria, la valoración de lo que ya es y de sus posibilidades serán otras piedras de toque diferenciadoras.[86] Aranda anotó en 1761 que «de pocos años a esta parte han adelantado mucho las fábricas de España, y ya no dirán lo mismo que de las antiguas, si traficasen ahora con ellas», corrigiendo una *Proposición* de la ciudad de Dantzig.[87] Romà afir-

86. En las líneas siguientes no haré más que profundizar en la misma dirección que el espléndido artículo de José Antonio Maravall, «Dos términos de la vida económica: la evolución de los vocablos "industria" y "fábrica"», publicado en 1973, poco leído por la pereza intelectual y política; véase *Estudios de la Historia del pensamiento español (siglo XVIII)*, pp. 139-162.
87. Véase Francisco Javier Guillamón, «Noticias sobre el comercio de la ciudad de Dantzig: la Embajada del conde de Aranda en Varsovia (1760-1762)», *Anales de la Universidad de Murcia*, XL (3-4), 1983, p. 1.279.

mará «que las fábricas hagan felices a los pueblos en donde se establecen, nadie lo duda» (*Las señales*, p. 177); se decanta por las pequeñas, de «uno u dos Telares» (*ibid*., p. 181), aunque estimula las fábricas de indianas, que eran más grandes (*ibid*., p. 277). Ante el *putting out* sólo existe la limitación de que «faltan caudales para los adelantamientos en este ramo» de la hilatura descentralizada (*ibid*., p. 278). Para Campomanes el planteamiento es muy diferente y preprotoindustrial y así titula el capítulo 16 del *Discurso sobre el fomento de la industria popular* (1774): «Modos de fomentar la industria popular. Las fábricas populares, para que sean útiles, deben hacerse de cuenta a los vecinos, y no de comerciantes o de compañías». Posición a la que se contrapone Arteta de Monteseguro: «Para que los jornales sean baratos, deben estar las fábricas en lugares, donde sean baratos los comestibles: por cuyo motivo están comúnmente mejor en las aldeas, como sucede en Inglaterra, donde aun las fábricas famosas que toman sus nombres de ciudades grandes, y están situadas dentro de sus muros, no tienen allí sinó almacenes, tintes, prensas y talleres para dar la última mano; pero el hilar, texer y demás maniobras se hacen en las aldeas circunvecinas: bien que siempre sería del caso la cercanía a las Ciudades para dar empleo a la mucha gente ociosa de ellas» (*Discurso instructivo*, 1783, pp. 75-76).

José Antonio Maravall subraya que Jovellanos, en su *Oración pronunciada en la Sociedad Económica de Madrid, con motivo de la distribución de premios* (1785), optaba por un modelo arcaico y aislado: «La riqueza de las familias podía encontrarse en el aprovechamiento de aquellos desperdicios de la aplicación y del tiempo, con que están tan bien halladas la pobreza y la desidia».[88] Posición que se contrapone a la de un Enrique Ramos, que propone que la industria no tribute,[89] o a la de un Normante, que no tiene ningún prejuicio contra la industria. Más todavía, el economista de Berdún predica que «las *Fábricas* requieren mayor y más constante protección, tanto por su dificultoso establecimiento, como por lo que promueven aquellas (la industria popular y oficios)» (*Proposiciones de Economía Civil y Comercio*, 1785, pp. 55-56). Una diferencia entre Jovellanos y un aragonés, en sentido amplio, que se mantendrá cuando en 1787 el asturiano propugne unas subvenciones de la hacienda pública para que un marsellés se instale para fabricar gorros en detrimento de las fábricas de Olot, defendidas por Jaume Amat, que los fabricaban desde hacía tiempo pero sin ninguna ayuda pública. Jovellanos es así vencido por su proclividad práctica a las ayudas estatales y a su desconocimiento de la industria española al estar arraigado en la civilización agropecuaria.[90] En cambio, Generés exultará pocos años después:

---

88.   *Obras publicadas e inéditas de D. Gaspar Melchor de Jovellanos*, edición de Cándido Nocedal, BAE, vol. L, 1859, p. 31.
89.   Enrique Ramos, *Discurso sobre Economía Política*, pp. 185-188.
90.   Para esta polémica entre Jovellanos y Amat, véase Ernest Lluch, «La revolució industrial a la Garrotxa (1777-1822)», *Annals de l'Institut d'Estudis Gironins*, XXV-II (1981), pp. 193-230, y las pp. 201-215 de este mismo libro.

«¡Oh industria, madre fecundísima de todos aquellos bienes que puede desear la sociedad humana para ser feliz!».[91]

Cerramos este apartado centrándonos en cómo para un Arteta y un Generés, Cataluña actuó como un espejo para Aragón.[92] Arteta cita a Cataluña en veintidós ocasiones, a Valencia en diez y a Castilla en siete. Las referencias se centran en proponer que los comerciantes aragoneses ocupen en Aragón el lugar que están ocupando los catalanes, desarrollar la industria lanera (en esto tiene el apoyo de Bielfeld), la zapatera y la papelera. También evocará Arteta una cédula de 1706, en la que la reina gobernadora disponía que se integrasen en Aragón, Tortosa y sus Alfacs y todas las poblaciones ribereñas del Ebro, así como «la ciudad de Lérida y todos los lugares y territorios que están entre los Ríos Noguera y Cinca» (*Discurso instructivo*, 1783, pp. 157-158). Generés, partidario de la «grande industria» y de un industrialismo radical (*Reflexiones*, 1793, pp. 158-187), hará grandes elogios de Cataluña. Prescindirá de la reivindicación de Lleida y las cuencas de la Noguera y del Cinca, aunque mantendrá la del delta y la de la ribera del Ebro.

Valencianos, mallorquines y vascos

Apellidos y orígenes valencianos han ido apareciendo de manera dispersa, que será reflejo de una falta de vertebración regional, vivan o no dentro del reino de Valencia. Influyó también que después de Mayans «falló la segunda generación valenciana del siglo».[93] Si a Enrique Ramos sería ya oportuno considerarlo un cameralista blando, o a León de Arroyal como parcial, alguna cosa parecida podríamos decir de diversos libros traducidos por el originario de Gandía Pascual Arbuxech: *El Hombre de Estado* (Madrid, vol. I, 1789; vol. II, 1790, y vol. III, 1791), cuyo original, de Nicola Donato, era de 1753, *La pública felicidad* (Madrid, 1790), de 1749 de Muratori, y el *Curso completo de erudición universal* (Madrid, 1802, 4 vols.), de 1768 del mismo Bielfeld, con unos capítulos ya señalados de ciencia de la política y de la Hacienda.

La Sociedad Económica Mallorquina de Amigos del País adoptó desde 1778 al maestro napolitano de Carlos III, Antonio Genovesi, como punto de referencia. Su obra, *Lecciones de Comercio o bien de economía civil*, traducida por el aragonés ya citado Victorián de Villava, fue la base de los extractos que diecinueve de sus socios presentaron en la Academia de Economía

91. Miguel Dámaso Generés, *Reflexiones políticas y económicas*, 1793, p. 47.
92. Véanse los trabajos de Guillermo Pérez Sarrión, «Reformismo e Ilustración en la obra de Antonio Arteta (1745-1813)», en Antonio Arteta de Monteseguro, *Discurso instructivo*, 1985, pp. VII-L, y Jaume Torras Elías, «Relaciones económicas entre Aragón y Cataluña antes del ferrocarril», en *Las relaciones económicas entre Aragón y Cataluña (siglos XVIII-XX)*, Huesca, 1990, pp. 17-32.
93. Antonio Mestre, *Historia, fueros y actitudes políticas*, p. 292.

Política, que funcionó entre 1798 y 1800, en el seno de la «Sociedad»,[94] de los que he dispuesto gracias a Carles Menera.

Los vascos, que se alinearon con los Borbones, vencedores durante la guerra de Sucesión, y gracias a esto conservaron sus fueros, han aparecido, en cambio, más que otros pertenecientes a pueblos vencedores. No obstante, añadiremos todavía algunos elementos camerales adicionales en el País Vasco. Éstos aparecen en los *Discursos sobre el comercio* de Juan Antonio de los Heros, escritos entre 1763 y 1775, aunque no se publicarán hasta 1790,[95] en los que influyen decisivamente nombres aquí conocidos: Forbonnais, Bielfeld, Coyer y Accarias de Serionne. Influencias que se mantienen en el siglo XIX en su versión estricta de la ciencia de la policía en un economista liberal como Valentín de Foronda. En el libro básico sobre el alavés, se cita a Adam Smith 44 veces, con la fuerza de su nombre, mientras que en 50 páginas se cita a Bielfeld, muy desapercibido a pesar de que es conocido que Foronda lo había traducido. La influencia de Bielfeld aparece en temas centrales, por ejemplo, en la creencia de una «libertad sabia» que no «podría ser ilimitada», en sus proyectos económicos y financieros y en su concepción de la ciencia de la policía como base de la ciencia del bienestar.[96]

En la Sociedad Vascongada de los Amigos del País fueron «receptores … de los autores de la ciencia de la policía desde los tratados y versiones más tradicionales, como el estudio de De la Mare, hasta los más modernos de Bielfeld o Justi». Para Peñaflorida la ciencia de la policía habría centrado «el programa ideado para la cátedra de política del Seminario de Bergara (1775)». Muchos de los temas de la ciencia de la policía están, pero no la vertebran, en los *Extractos* de la Vascongada.[97]

Pensamos que el influjo del cameralismo en España tendrá que ser más considerado en el futuro, sin entrar en el coeficiente de ponderación que le corresponde.[98] Su interrelación con la Corona de Aragón y con el partido ara-

94.   Archivo RSEMAP, Caja 55.

95.   Juan Antonio de los Heros, *Discursos sobre el comercio*, prólogo de José Manuel Barrenechea, Madrid, 1989.

96.   Véase José Manuel Barrenechea, *Valentín de Foronda, reformador y economista ilustrado*, especialmente pp. 122-124, 223-227, 230-232 y 263-268. La influencia de Bielfeld fue importante sobre Arriquibar. Véase «Estudio preliminar» de J. Astigarraga y J. M. Barrenechea, en Nicolás de Arriquibar, *Recreación política*, Instituto Vasco de Estadística, 1987, pp. 23-24, 34 y 46-50, y sobre todo la propuesta de colonias agrícolas militarizadas, pp. 182-184.

97.   Véase la tesis exhaustiva y madura de Jesús Astigarraga Goenaga, *Pensamiento económico y reforma ilustrada de la Real Sociedad Vascongada de los Amigos del País (1760-1793)*, Universidad de Deusto, San Sebastián, octubre de 1990, pp. 406-407. Véanse asimismo pp. 505-506, 1.319-1.338 y 1.618-1.620.

98.   En un estudio que no fuera un esbozo general tendría que entrar la adaptación de De la Mare por Valeriola, que hemos estudiado en otra parte, o el *Discurso sobre la Policía* de Manuel Nicolás Marín, Granada, 1793. Podríamos todavía citar, cambiado el siglo, el *Ensayo de los elementos del buen gobierno* de Luis Pereyra de la Guardia, Cádiz, 1811, de influencia forondiana. Asimismo, se tendrá que estudiar el peso de los alumnos de la cátedra aragonesa de Economía Civil entre los altos funcionarios de Hacienda, que fue muy elevado. Por lo menos entre éstos los conceptos de la ciencia de la policía tardaron a desaparecer. Salvador Almenar los ha

gonés o militar queda suficientemente mostrada, creemos, en este esbozo general. La integración de buena parte de Cataluña[99] dentro de la Corona de Aragón parece evidente que continuaba bastante viva.

El partido aragonés no perduró doblado el siglo, pero la idea de la Corona de Aragón tenía que durar unas siete décadas más.[100] En Cataluña no desaparece hasta la eclosión del catalanismo político a finales del siglo XIX, al mismo tiempo que el ascenso del nacionalismo español unitarista en Aragón la hacía desaparecer también. Un hecho importante y olvidado fue que las Cortes de 1808 volvieron a establecerse de acuerdo con el método desaparecido por la fuerza de las armas en 1707. José de Palafox había sido nombrado capitán general por la presión de manifestaciones populares, pero no quería ser máximo responsable político sin que las Cortes de Aragón le votaran como tal y así se hizo: las Cortes de Aragón volvieron a funcionar en 1808.[101]

El liberalismo catalán y aragonés recogieron la tradición foral y de su organización territorial. Raro es el planteamiento liberal que no los asume. Posteriormente, la influencia del catalanismo ha tendido a ver esta reivindicación como un ente extraño o una referencia simbólica. Deberá hacerse una revisión a fondo dándole su auténtica dimensión. Asimismo, hay que recordar que las ideologías integristas que desembocarían en el carlismo, por su propia identidad, hacían suya la labor política de Felipe V, mientras que los liberales de la antigua Corona de Aragón, aparte de conectar con su propia historia interrumpida por pertenecer al bando perdedor de una guerra, se basaban en las libertades medievales antes de la llegada del absolutismo, que, tal como destacó Karl Marx, era elemento habitual en toda Europa. Algo parecido puede

---

detectado en Carlos Berramendi, José Muricio Chone de Acha y Ramon Viton, intendentes del ejército, en su *Memoria sobre la naturaleza e importe de las necesidades ordinarias y extraordinarias de la nación española*, Cádiz, 1812, pp. 8-9, y en la obra del Consulado de Veracruz, *Voz imperiosa de la verdad y desengaños políticos contra preocupaciones vulgares*, México, 1810, que «cita a Ward y muchas veces a Bielfeld» (R. S. Smith, «José María Quirós, "Balanza de Comercio Maritimo de Veracruz" e ideas económicas», *El Trimestre Económico*, XIII (1947), p. 711). Es preciso subrayar que una buena parte de las obras de la época de las *luces* influyen en el siglo siguiente. Un caso es la Real Orden del 30 de julio de 1801 pidiendo obras alemanas sobre el mundo rural. 38 libros son recomendados desde la embajada de Berlín (de autores como Von Justi, Benekendorff y Schubert). La obra escogida fue *Introducción al estudio de la Economía rural de los ingleses, para servir de base a la perfección de Alemania* de Albercht Thaer [AHN, *Estado*, 3248 (5)]. En esta nota hay un programa de trabajo sugerido por los comentarios del profesor Enrique Fuentes Quintana.

99. Entre las reivindicaciones del partido aragonés no figuraba el pleno uso de la lengua catalana, sino todo lo contrario (véase Francesc Ferrer, «La Il·lustració contra el català: la Reial Cèdula d'Aranjuez», *L'Avenç*, 121, diciembre de 1988, pp. 8-15). Por otro lado, nadie lo pedía o no lo podía pedir. Sin embargo, el partido aragonés sí que pedía el conocimiento de la lengua y el derecho propios de los diferentes territorios por parte de los altos cargos, cosa que no hacían los estrictamente borbónicos.

100. He dado una visión general de esta perduración en «El liberalisme foralista en el segle XIX: Corona d'Aragó i País Basc», *L'Avenç*, 230 (1998).

101. Antonio Peiró Arroyo, *Las Cortes Aragonesas de 1808. Pervivencias forales y revolución popular*, Zaragoza, 1985.

decirse de los territorios forales vascos y navarros: se votaba más en los municipios forales que en los municipios liberales. El último acto de esta memoria actualizada fue el Pacto de Tortosa firmado el 18 de mayo de 1869 por los republicanos federales aragoneses, catalanes, mallorquines y valencianos. Su objetivo era defender la Revolución de 1868 y reclamar el estilo político de la antigua Corona de Aragón. La reivindicación había durado más de un siglo y medio a una derrota militar en toda línea.

7. CONTRAPUNTOS DE LA CORONA DE CASTILLA: SARMIENTO, CAMPOMANES Y JOVELLANOS

Haber centrado mi atención en la Corona de Aragón y en Cataluña no quiere decir que no considere el pensamiento político y, sobre todo, económico de la Corona de Castilla. He ido publicando trabajos de los que en este capítulo agrupo algunos a modo de contrapunto. La selección ha tenido en cuenta algunos puntos claramente valorativos. Escribí la visión económica de Sarmiento porque me obligó a trabajar en un autor que desconocía a requerimiento de Maria Xosé Rodríguez Galdo y del que sólo conocía por Fausto Dopico su aislada y única defensa de una lengua, el gallego, que no fuera la castellana. También me influyó su peso en Campomanes a la hora de escoger lecturas. Campomanes es personaje central de la España de su tiempo y, por lo tanto, imprescindible. Doy por bueno lo dicho por Vicent Llombart en la magnífica biografía que le dedicó. Sin embargo, en mi opinión, es necesario subrayar y ampliar dos aspectos. El primero sobre el cómo y el porqué la ciudad de Barcelona se negó a secundar la iniciativa de la fundación de una Sociedad Económica de quien era casi todopoderoso en aquella España. El segundo es analizar la matriz teórica de su fundamental «industria popular» según un escrito preparado con Lluís Argemí. Los dos trabajos sobre Jovellanos, uno de Vicent Llombart y otro mío, son una reacción, civilizada, espero, a una interpretación hiperliberal del pensamiento del asturiano. Una interpretación que sitúa como smithiano a su *Informe sobre la Ley Agraria* cuando con Jesús Astigarraga lo consideramos, en todo caso, neckeriano. Tampoco vemos que su liberalismo y su librecambismo sean tan nítidos, por lo que presentamos un Jovellanos proteccionista e incluso prohibicionista, proclive con alguna frecuencia a otros grados de intervención. Habrá que matizarnos posiblemente, pero el neoliberalismo sin sordina y con abuso no erudito nos ha obligado a destacar rasgos que, sin ser exclusivos, son los que con frecuencia definen su práctica.

LA VISIÓN ECONÓMICA DE SARMIENTO

«No hago más que cagar papeles»

> No hago más que cagar papeles. Todos los quieren y ninguno los quiere copiar.

Así se expresaba en una carta íntima, como corresponde a las que se dirigen a un hermano, el 13 de agosto de 1760 al socaire de las incidencias menores que le habían acontecido después de haber remitido al conde de Aranda los apuntamientos que le había encargado para componer un discurso sobre caminos reales (Sarmiento, *Epistolario*, carta 104). Informar, opinar, dictaminar o aclarar fue la interminable tarea de fray Martín Sarmiento, aunque no le devolvieran una copia tal como se habían comprometido al solicitarle opinión.

Dos aspectos de su vida son reales pero pueden inducir a dar una idea equivocada. El primero es que ya en 1754 escribía desde Pontevedra que

> hace ya más de 44 años que me han trasplantado desde esta villa al monasterio de San Martín de esa Corte, en donde he gastado mi juventud sin salir apenas de un rincón, arrimado a una pared, como ostra, y sin ejercicio de mi potencia locomotiva (*ibid.*, carta 138).

Mas este aislamiento es más físico que intelectual, puesto que a través de este proceso continuo de fabricar, por decirlo con otro modo menos escatológico pero espero que igualmente eficaz para expresar su esfuerzo continuado, papeles, intervenía continuamente en la vida pública.

Intervenciones que le alejan de una imagen de erudito «arrimado a una pared» para acercarle a la de un asesor político. En sus opiniones económicas es bien evidente su falta de formación específica en esta nueva ciencia, pero, sin embargo, ello revela su deseo, incluso su pasión, por influir en la realidad escribiendo bastantes páginas donde se refleja su visión de la economía. Consciente de que son años en los que la economía política se ha transformado en terrenos que no conoce, aquella pasión por intervenir opinando le evita ser exigente intelectualmente y escribe lo que se conoce, sabiendo que en economía es poco. Dos aspectos, su vida recluida para poder fabricar más papeles que le permitan ser mucho más sociable que los demás a través de la escritura y su pasión por influir en la vida colectiva como asesor público, impregnan la personalidad de fray Martín Sarmiento con bastante más vertientes que las de un sabio erudito aislado tal como a él mismo le gusta presentarse (*ibid.*, carta 183).

Sus dictámenes a veces incluso se repetían como lo reconoce cuando contesta en la tardía fecha de 1765 al duque de Medina-Sidonia:

Pregúntame V. E. mi *dictamen* sobre *mesta* y no tengo nada que añadir a lo que diferentes ocasiones he tenido el honor de decir a V. E. y lo cual no es fácil reducir a una *carta*. Así pues apuntaré aquí en resumen algunas *razones* que me han hecho hacer el *juicio* que tengo de la *mesta* (*ibid.*, carta 175).

Repetirse es más propio de asesor que de intelectual. No es este el momento de explicar las razones que expone, pero sí lo es de subrayar que el último párrafo de esta carta acaba proponiendo medidas políticas muy concretas y en un estilo contundente. Así, y como una muestra, «que cada labrador tenga cerrada su *hacienda*».

Insisto en este aspecto de asesor político puesto que las pistas que el mismo Sarmiento da pueden inducir a una imagen muy equivocada de su real acción: «En el plano de la reacción intelectual / sociedad Sarmiento será partidario de que el intelectual no entre en sociedad, ni en política. Quiere que esté al margen, "escondido" en su celda —en la que él tenía una tertulia, como puso de manifiesto en estas cartas—, dando a la luz aquellas obras que contribuyan al adelanto del país».[1] No está tan al margen ni tampoco «da a la luz las obras». Hacerlo le podía desgastar más e influir menos. En todo caso, era otro enfoque. Precisamente el vivir apartado le permitía poder escribir más, tal como lo comunicaba al conde de Campomanes el 19 de septiembre de 1761: «Escribo porque no tengo otra cosa que hacer viviendo tan solo y retirado en mi rincón» (*ibid.*, carta 203). Uno de los mejores conocedores del benedictino le presenta como el protagonista de «la vida de un monje erudito» en el título de un apartado, pero en su contenido ya le da otro sentido: «Recibe constantes peticiones de dictámenes y, sobre todo, goza de la confianza de los monarcas —Felipe V, Fernando VI—, a quienes asesora», «consultor universal», «actividad febril» y visitas continuas e importantes: Campomanes, Aranda, Quer, Medina-Sidonia o Armona además de los gallegos emigrados en Madrid.[2] Resumamos con uno de sus mejores conocedores: «No es exagerado decir que más de las dos terceras partes de los escritos del benedictino responden a consultas hechas por altos personajes de la corte».[3]

«Se hizo moda en Madrid hablar de la Agricultura»

Cuando empezaba a escribir la *Obra de 660 Pliegos* en 1762, hace constar que «se levantó en Madrid una voz, común en todas las conversaciones, sobre la Agricultura, Población y Comercio. No se oía hablar más que de

1. J. Álvarez Barrientos, «El hombre de letras español en el siglo XVIII», *Actas del Congreso Internacional sobre Carlos III y la Ilustración*, Ministerio de Cultura, Madrid, 1990, p. 423.
2. J. Filgueira Valverde, *Fray Martín Sarmiento (1695-1772)*, Fundación Barrié de la Maza, A Coruña, 1994, pp. 23-28.
3. J. L. Peinado, *Fray Martín Sarmiento, testigo de su siglo*, Universidad de Salamanca, Salamanca, 1972, p. 27.

Agricultura, otros de la Población, y otros del Comercio. Daca la Agricultura, toma la Agricultura» (Sarmiento, *Obra de 660 Pliegos*, f. 389). Tiene toda la razón Sarmiento cuando afirma a continuación que esta moda madrileña es un eco de lo que acontece en Europa. Incluso obras muy anteriores en el tiempo no tuvieron influencia hasta estos años o bien sus reediciones posteriores son las que tuvieron real influencia. Pocas obras económicas cita Sarmiento, pero algunas responden al juicio que acabo de emitir. Así (Sarmiento, *Epistolario*, carta 101) es el caso del *Dictionnaire économique, contenant divers moyens d'augmenter son bien et de conserver sa santé*, que son dos volúmenes publicados en Lyon y en París en el lejano 1718 en su segunda edición. Los dos volúmenes de suplemento de otro autor (*ibid.*, carta 101) no los he sabido detectar en el repertorio más completo existente.[4]

Sarmiento, lo acabamos de decir, se acoge al eco de «la moda de la Agricultura», aunque rechace el que se la utilice para aumentar los arbitrios de los campesinos. Al incorporarse a esta «moda» en los primeros años sesenta se hace partícipe de una oleada más general incluso para obras publicadas mucho antes pero que no merecen atención hasta que se acerca el ecuador del siglo. Es muy conocido que la *Teoría y práctica de comercio y de marina*, que Jerónimo de Uztáriz publicó con escasa difusión en 1724, no se amplió hasta las reediciones de 1742 y 1757. Por ello no es de extrañar que Sarmiento la cite por esta tercera edición en los párrafos 654, 655, 725 y 733 de su *Obra de 660 Pliegos*. Algo parecido acontece con su cita elogiosa de Jethro Tull en el párrafo 793, «ese libro, que creo costeó el público, debía haberse repartido de balde a muchos de los labradores de España, y a los curas», que siendo un texto editado en Londres en 1731, *The horse hoeing husbandry, or An Essay on the principles of tillage and vegetation*, no llega al castellano en 1751 más que a través de la versión francesa modificada de H. L. Duhamel de Monceau, publicada en 1750: *Traité de la culture des terres suivant les principes de M. Tull Anglois*. La traducción castellana efectivamente llevaba el impulso de la mano pública de Campomanes que además había introducido unas traducciones de un famoso texto árabe. Simultáneamente a cuando escribía Sarmiento, otras versiones de Tull, vía Duhamel, tuvieron lugar.[5]

Si creemos a Sarmiento, el 15 de mayo de 1761 conocía la existencia del último libro de Victor Riqueti, marqués de Mirabeau, antes de su conversión a la fisiocracia aun cuando fuera de un pujante agrarismo, *L'Ammi des hommes ou Traité de la population* (Aviñón, 1756-1758). Ahí resume, en una carta a J. A. de Armona, una razón temerosa por la que no editar ni leer:

---

4.   *Économie et Population. Les doctrines françaises avant 1800. Bibliographie générale commentée*, París, 1956.
5.   E. Lluch y L. Argemí, *Agronomía y fisiocracia en España (1750-1820)*, Institución Alfonso el Magnánimo, Valencia, 1985.

Hoy más que nunca son muy peligrosas las resultas de un libro después de impreso. Aunque guste a muchos y éstos le aplaudan, como no guste a *dos* o *tres* ... Buen ejemplo es el libro *El amigo de los Hombres* del cual habla Umd. He oído que a su autor le habían puesto en la *Bastilla*. No sé si aquí está venal ese libro. Víle pero no le leí pues acaso se mirarán como culpados los que le leyeren (reproducida en Peinado, 1972, apéndice II).

Un temor que para Francia era exagerado pero no para España, dado que todos los ilustrados de Olavide a Arteta y de Campomanes a Aranda vieron la sombra o el cuerpo de la Inquisición. Ha leído ya la obra, o lo confiesa, el 7 de febrero de 1767, cuando escribe a Pedro Rodríguez Campomanes corroborando su negativa a la posición de los abogados de La Coruña que atribuyen a la Orden Benedictina, gran propietaria, el atraso de Galicia:

> Este autor (*el amigo de los hombres*) no es monje, sino un secular francés moderno, el cual afirma que toda la Francia sería una selva impenetrable a no haber sido por los *benedictinos, agricultores de instituto*, que la desmontaron, cultivaron y amansaron. Lo mismo ha sucedido en *España* (*Epistolario*, carta 208).

No mucha más literatura económica había leído Sarmiento. En realidad, en la Europa más avanzada no se había lanzado este tipo de literatura con fuerza hasta los años 1758-1760 y en España el inicio de una literatura económica continuada no se produce hasta 1768. Sarmiento está, pues, en un momento de transición donde ha llegado la «moda» aunque todavía no ha cuajado pero cuando ya no se la puede ignorar. Es el mismo caso de Gregori Mayans según revelan sus escritos económicos. Sin embargo, su idéntica pasión por intervenir opinando sobre la realidad les impulsará a establecer su visión sobre la economía y sus políticas sin pertenecer en economía política al «espíritu del siglo».

«Todo regnícola es acreedor por derecho natural a ser preferido en el consumo de los frutos de su País»

En lo que hace referencia a los aspectos agrícolas, pesqueros y demográficos, la visión económica de Sarmiento ha sido bien analizada.[6] Por esta razón, nos vamos a centrar en otros aspectos y sectores, y sobre todo en sus criterios de orden general, que no han merecido prácticamente atención. ¿Qué se debe producir y en qué territorio debe hacerse?, pueden ser los pri-

---

6. M. Dubuis, «En torno a unas reflexiones de fray Martín Sarmiento acerca de la despoblación de España», *Cuadernos de Estudios Gallegos*, XXVII (81-83), 1972; J. L. Peinado, *Fray Martín Sarmiento, testigo de su siglo*, Universidad de Salamanca, Salamanca, 1972; F. Dopico, *A Ilustración e a sociedade galega. A visión de Galicia dos economistas ilustrados*, Galaxia, Vigo, 1978.

meros interrogantes a contestar. Sabido es que para Sarmiento debe existir una consideración general, es decir, española, de la lengua, de la cartografía, de la geografía y de la historia, así como de la economía, pero al mismo tiempo de todos y cada uno de estos aspectos debe hacer una consideración particular, es decir, gallega. Subrayemos que en la Cataluña de la época no hay ninguna defensa del catalán tan vigorosa —ni de mucho— como la que Sarmiento expresa del gallego. Avancemos que Sarmiento siempre parte de Galicia para llegar posteriormente a la dimensión de España. Sin embargo, el resto de España que no está relacionado con Galicia no existe más que como abstracción, y solamente se hablará de forma concreta de Asturias, Castilla, Extremadura y Portugal. Las Indias tampoco existirán sino de manera bastante secundaria. El salto de Galicia hasta España se hace sin transición real y concretada.

El ser de un país —primero Galicia, después España— es lo que da preferencia al consumo y a la exportación y no el precio y el beneficio. Solamente se puede exportar lo sobrante después de haber satisfecho las necesidades internas con independencia de los costos. Además, serán preferidos los sectores de bienes de lujo para exportar, y en el momento de establecer preferencias se creará un orden sectorial de acuerdo con criterios de autoabastecimiento y del tipo de consumo masivo en el que no jugará como guía el tipo de beneficio o el mercado. De ahí su animadversión hacia los comerciantes tanto libres como organizados en compañías privilegiadas. Las preferencias económicas no tienen relación, pues, ni con el mercado ni con el beneficio. De ahí que su defensa del libre comercio tiende a coincidir más con la defensa del pequeño comercio que el que tiene lugar en condiciones más amplias. Así, si bien critica a las compañías privilegiadas, también lo hace a los que «llaman mercaderes y comerciantes [que] todo lo quieren estancar; que no podrían si no estancasen todo el *dinero* para utilizar el *cohecho* en libertarse de toda *ley*, *justicia* y *equidad*, metiéndose a *legisladores* con leyes acomodadas a su insaciable *avaricia*» (Sarmiento, *Obra de 660 Pliegos*, p. 3.601). Es decir, contra el gran comercio, como se verá en sus duros ataques a los pesqueros catalanes. Polémica en la que sostendrá los puntos de vista del sector pesquero tradicional aunque introduciendo también dentro de él limitaciones a la libertad:

> …con señalar en cada puerto 20 ó 30 barcos no más y cuyos patronos sólo tuviesen *fijo* el privilegio y lo demás, aunque tuviesen barcos, no gozasen de él hasta que hubiese vacante, y por antigüedad de *fábrica* de barco, se quitaban los abusos y fraudes, se sostenía la pesca, no se aumentaba el número de *libertados* y la expectativa segura animaría a hacer más *barcos* (*Epistolario*, carta 18, 9-III-1757).

Volvamos a los criterios cuasiautárquicos de organización de la producción: «Todo regnícola es acreedor por derecho natural a ser preferido en el consumo de los frutos de su País. Así cuanto sería inicuo extraer de Galicia granos y aun otros generos casi tan "simpliciter" necesarios por que la multitud de personas los necesita todos, tanto será más útil y justo que se extraigan los que o sobran por muchos o se deben remover por perniciosos». Para exportar hay que prohibir la importación de vino en Galicia y limitar el consumo de vino gallego: «Lo intolerable es que aun a Galicia se lleva vino extraño. Se debe prohibir la introducción de vinos extranjeros y quitar la ocasión de que se beba todo el vino que se coge en Galicia» (*Discursos sobre caminos reales*, ff. 41 v. y 40 r.). Principios que lleva a criterios generales: «El comercio se debe hacer de los frutos que no son precisos y sobran o pueden sobrar para la extraccion y para la introduccion de los frutos que son necesarios y no los puede llevar la tierra; esta es la basa fundamental del Comercio en quanto a frutos; lo demás es fatuidad, tiranía, mohatra, iniquidad, monopolio y dar alas a la mira, ociosidad y perdicion del Rey» (*Cartas sobre la seda y el cáñamo*, f. 233).

Su agrarismo ha hecho olvidar su creencia más absoluta y voluntarista en la industria y de ahí sus lecturas de Uztáriz. Un industrialismo al que aplica los mismos criterios selectivos que para la agricultura:

> En quanto a manufacturas hay mas extension, pues apenas habrá pais que no sea capaz de todo género de fabricas; de estas unas son para la precisa y comun utilidad y otras para el *lujo* y el *regalo* y solo para gente rica y adinerada. De las primeras no se debe hacer comercio por extraccion para extrañas pero sí de las segundas y estas se deben multiplicar y promover (*ibid.*).

En conclusión, aclara que es contrario a una compañía que exporte aperos, pero, en cambio, sería favorable a una que exportase vasijas de oro. No hay límites para el crecimiento industrial: «Londres ni París no tienen mejores influjos celestes, para que solo allí y no en Pontevedra se pueden fabricar dichos géneros si ponen ahí las manos y el Rey quiere que se pongan».

Quien haya leído a Campomanes puede ir comprendiendo que la influencia de Sarmiento existe más allá de un recomendar los libros con los que debía formar su biblioteca personal. Influencia que no siempre existirá, como en el caso del cáñamo y del lino, pero sí en muchos casos y, sobre todo, en el substrato de su visión general. Añadamos un ejemplo altamente significativo: «Las fábricas mayores no se deben establecer en los lugares mayores, ni cerca de ellos, sino en países retirados que abundan de gente pobre, de aguas, de leña y de alimentos, para que las manufacturas se puedan comprar con conveniencia y se pueblen los despoblados» (*Apuntamientos*, n.º 479).

De los mencionados criterios se desprende una gradación en la conveniencia para Galicia de los diferentes sectores económicos (*Epistolario*, carta 61) que presentamos tal como lo hacía él mismo:

1.º granos   4.º cáñamo
2.º vino   5.º cera
3.º aceite   6.º moreras

«Para extracción a países vecinos cualquier cosa es mucho»

La percepción de las relaciones comerciales externas españolas era absolutamente negativa y de ella partía en su visión: «No sólo padecemos un puro comercio pasivo de los extraños, en aumento y beneficio suyo, sino que si éstos nos sacan algo, nos extraen lo necesario, y nos embarcan lo superfluo» (*Apuntamientos*, n.° 314). Una de las actitudes más sorprendentes de Sarmiento, al estilo de Uztáriz, es su casi absoluta falta de confianza en el mercado americano en grado muy inferior aún a los pocos grados de confianza que tiene en los circundantes: «Siempre voy en la suposición de que para extracción a países vecinos cualquier cosa es mucho, pero para la América y en varias compañías de usureros, todo es infinito. La inicua de Caracas con sus usuras, hizo que muchos decenasen los árboles y que todos seamos sus tributarios, sin Dios ni ley» (*Cartas sobre la seda y el cáñamo*, f. 238). Dos casos concretos que muestran su abjuración del mercado americano y su reluctancia al castellano: «¿Qué sería, si hubiese Compañía en Campos de Trigo para extraerle a la América y en navíos?» y «un solo navío mediano que se cargase de lienzos en Galicia para la América, no solo ese Reyno, sino también toda Castilla se quedaría en cueros. Aun estoy mal con tanta extracción para Castilla y se debía moderar» (*ibid.*, f. 232). En escrito del 30 de diciembre de 1743, *Fábricas y distinción del papel*, había defendido principios del autarquismo más absoluto: «Yo diría, que sería muy necesario se atajase este abuso (de extraer trapos) prohibiendo con rigurosas penas que saliese trapo alguno de España por más conveniencias que se siguiesen a los que lo venden, u ofrecieran los que lo compran».[7]

Solamente a través de estos recorridos podrá haber alguna apertura hacia América: «Me río de los que dicen que en Galicia no hay comodidad para fábrica de paños; mienten o son tontos; más cerca está Galicia de la Extremadura y León que Inglaterra y aunque Bilbao de los lavaderos de Segovia. En la cordillera de Galicia hay mil sitios de agua, leña y gente pobre para poner fábricas de paños, con solo traer la lana de Castilla. Déjennos pues el hierro y traigamos lanas, pónganse fábricas y de ese modo podrá haber alguna extracción moderada para las Indias» (*Cartas sobre la seda y el cáñamo*, ff. 237-238). Recorridos nada cortos que, como por el que puede hacer avanzar al cáñamo y al lino, deben avanzar «a bocaditos».

Los mecanismos de mercado no existen y así en un escrito de 1751 sobre los caminos de Galicia escribe que «el Rey debe prestar el gremio sin intereses y prohibir que ninguno se meta a tiranizarle con empréstitos usurarios» (*Discursos sobre caminos reales*, f. 3 v.). O bien cuando asegura que habría sal si el Rey constituyera salinas reales a su costa (*Cartas sobre la seda y el cáñamo*, f. 237).

---

7. G. Gayoso Carreira, «El padre Sarmiento y el papel», *Cuadernos de Estudios Gallegos*, XXVII (81-83), 1972, p. 171.

*«Los catalanes van a Galicia a apurar la semilla
de sus avarientos aparejos»*

Sarmiento se oponía, hecho muy conocido, a la penetración de los catalanes, y en ello insistiremos, mas no ha sido destacado que tampoco quería que existieran mecanismos de mercado en la pesca para los mismos gallegos: «Salí de ahí y estoy muy irritado por la infame conducta de los pescadores, que si hallasen modo de vender toda la pesca en alta mar al gran turco, no traerían al pueblo una sardina. Esta villa y vecindades tienen derecho *natural* a ser preferidos a proporción de lo que se pesca *velis nolis*, a la usura de pescadores, y por lo mismo que sólo ellos pueden pescar» (*Epistolario*, carta 20, 23 de marzo de 1757).

Para nuestro benedictino, mala será la llegada de los catalanes a quienes atribuirá el mismo grado de rechazo que a «extranjeros», «genoveses» o «mallorquines». Veámoslo en dos textos suyos: «Ningún extranjero viene a España y menos a Galicia a cultivar las tierras sino a chupar sus frutos, sus empleos y su dinero», escribe en respuesta a la Junta de Agricultura del Reino de Galicia (*ibid.*, carta 130, 18 de diciembre de 1765), y «habiendo llamado a Roma catalanes para que allí pescasen, fue preciso expelerlos a coces y con mil *diablos* porque ya llevaban arrasada toda la *pesca*. Así se arrasó casi la de los *atunes*, por haberse metido en ella genoveses, mallorquines y catalanes» (*ibid.*, carta 50, 6 de diciembre de 1758).

*«¿Y qué será contando los 32 caminos? Bien sé que el vecindario
pasaría de un millón»*

«Mi fin principal es que en toda España se introduzca el comercio interior universal» (Sarmiento, *Apuntamientos*, f. 3 v.) es la afirmación que encabeza su justificación para demostrar la necesidad de caminos reales en España que le encargó en 1757 quien era entonces comandante general de Ingenieros, el conde de Aranda. Justificación que escribía «para solicitar el bien público como buen español, buen gallego y buen pontevedrano aunque tan ignorante como abstracto de todos esos comercios» (*Apuntamientos*, f. 4 v.).

Sabida es la inquina de Sarmiento a la guerra, *«Viva la Agricultura y viva la Pesquería* y hasta a la *guerra y a las maniobras»* (*Epistolario*, carta 51, 14 de diciembre de 1758), mas ello no le impide escribir a Aranda para que en el Plan de Caminos Reales «se observará mejor la disciplina militar de la tropa, ejercitada en obras corporales, y con algún útil más, que descansada en una continua inacción desde donde es muy desabrido el tránsito a las fatigas de una guerra» (*ibid.*, carta 129, 25 de julio de 1757). Unos años antes ya había mostrado a Esteban Álvarez Bandura su apoyo al proyecto de una nueva orden militar (*ibid.*, carta 183, 20 de agosto de 1742). Es decir, que su pacifismo no le hacía menos proclive al militarismo como forma de organización, lo que le debía aproximar al conde de Aranda, quien encabezaba al «partido aragonés» o «partido militar». A su vez, el aragonés era el único político ilustrado que podía comprender su cerrada defensa de la lengua gallega.

En los *Apuntamientos* en defensa de la construcción de un sistema de caminos reales sorprende, sobre todo, la voluntad de montar sobre él un proyecto de auténtica colonización realizado por medios militarizados y según criterios absolutamente matemáticos. Una visión que le acerca de una manera extraordinaria a la metodología prusiana colonizadora de la que Aranda estaba impregnado. Calificó bien a este proyecto quien tituló el escrito de Sarmiento como una «utopía matemática del siglo».[8] Veamos este enfoque con algún detalle.

Se parte del mástil de la capilla del Palacio Real desperdigándose según los 32 vientos y según este criterio se establecen los recorridos de los caminos reales. Mas

> entre edificios y edificios de los que ya quedan propuestos como necesarios para los Caminos Reales, se señalen tierras a mozos, hijos de labradores, para que casándose puedan fundar allí casa, y cultivar el terreno que se les asignare. Todos los edificios y asimismo estos caseríos ni un palmo siquiera se han de entrar en los 200 pies del Real Camino. Otra faxa de cada lado, que tenga de largo 28 millas horarias y una milla horaria de ancho (*Apuntamientos*, n.ᵒˢ 317 y 318).

A partir de ahí los cálculos aritméticos se multiplican, y valga la redundancia, hasta llegar mecánicamente a una colonización de gran cuantía: «¿Y qué será contando los 32 caminos? Bien sé que el vecindario pasaría de un millón» (*ibid.*, n.º 322). Demos algunos ejemplos de cómo llega a este volumen de colonos reales: cada 4 millas, una aldea mediana; cada jornada, 14 aldeas; 168 aldeas en cada camino y cerca de 5.000 en todos ellos; cada milla, 65 labradores útiles; cada aldea, 256; cada jornada, 3.584 vecinos útiles y multiplicados por 12 jornadas dan 43.000 vecinos por cada camino. A su vez establece proporciones de ganado, árboles y otros elementos rurales por cada colono real: 2 bueyes, 2 vacas, 12 colmenas, 2 cerdos, 2 cerdas, 24 gallinas, 1 o 2 gallos, 20 moreras (dado que la ganancia de la seda es superior a la del aceite, el vino o los granos), un total de 148.377.600 árboles (de los que ha rebajado los que corresponden a Portugal).

No nos vamos a extender en más detalles que solamente subrayarían la singularidad de la propuesta de Sarmiento pero querríamos mostrar algunos elementos significativos: «La renta que pagaren los colonos jamás se ha de reducir a dinero sino a alguna parte alícuota de los frutos que cogieren», espacios terrenos despoblados de señores aunque no se hagan los caminos reales y «pide la equidad, justicia y economía que esos nuevos Colonos se

8.   L. Sánchez Agesta, *El pensamiento político del despotismo ilustrado*, Universidad de Sevilla, Sevilla, 1953, p. 135.

entresaquen de los labradores del país comarcano» (*ibid.*, n.ᵒˢ 363, 369 y 318). Es lógico que estos *Apuntamientos* levantaran una «afervoada loanza» en el conde de Aranda.

«*Todo lo demás de España se debe cultivar*»

La otra gran colonización sería la desaparición de la Mesta. Su existencia es peor que los efectos de la peste del siglo XIV: «La peste duró algunos años, pero la desidia y pasa de *400 años* que dura. A esa peste y *desidia* debe su origen la *mesta*». Esto es lo que escribía y reescribía Sarmiento el 13 de septiembre de 1765 al duque de Medina-Sidonia. El abandono posterior en favor del ganado «impidiendo que cada uno *cierre su Hacienda* contra todo el Derecho *Natural*, Romano y del *País*» fue automático. Sarmiento calcula la devastación de la Mesta en términos de habitantes —«*población* que es el alma de un estado si se hace guerra a la ociosidad»— que mide, ayudándose de Uztáriz (también conocía a Zavala), en 60.000 vecinos en la mesteña Extremadura que hay que comparar con los 250.000 que posee Galicia. Aún más, sin Mesta, Extremadura alcanzaría los 500.000 vecinos. Si medimos en ganadería, el resultado será también espectacular: «En cuanto a *ganado*, más alimenta Galicia que la *Extremadura*». Los pequeños rebaños son mejores que los grandes: «Pocos reflexionan en que más montan infinitos pocos que pocos infinitos».

Las recomendaciones intervencionistas finales hablan por sí solas:

> Exceptuando algunos *bosques* para la diversión de las *personas reales*, todo lo demás de España se *debe cultivar* como en tiempos de Tertuliano. Que cada labrador tenga *cerrada su hacienda*. Que se le señale tierra que cultive, ni *tanta* más que ni tanta menos. Que se le señale tal número de ganado que debe *criar* ni tanto más ni tanto menos. Que los labradores formen un *cuerpo* y formen *sus leyes*, pues los *mesteros* hicieron las suyas, que *Carlos V confirmó* el *año de 1544* (*Epistolario*, carta n.º 175).

Sarmiento tiene una visión de la sociedad[9] en la que se decanta en favor de la alta aristocracia y en favor del pueblo y un menor apego hacia los grupos sociales intermedios. Una visión arandaniana que tiene un punto clave en la defensa de los benedictinos como grandes propietarios. Defensa de la que arranca su principal escrito en el campo social: *Obra de los 660 pliegos*. Las compañías privilegiadas o los comerciantes e incluso los trabajadores individuales, cuando obedecen en ciertas ocasiones a las reglas del mercado, recibían sus reconvenciones más duras. Los «ricos vendedores de tienda» contribuyen menos al rey que los «pobres vendedores de calle» (*Obra de los 660 Pliegos*, n.º 37.435). Unas actitudes que justifican que se pueda decir que

---

9. M. Dubuis, «En torno a unas reflexiones de fray Martín Sarmiento acerca de la despoblación de España», p. 121.

Sarmiento rechaza al capitalismo comercial y que sobrepone los criterios mercantilistas territoriales al mercado libre.

Divide a los agricultores en mayorazgos, labradores ricos, labradores pobres («a ésos se les debe contemplar y privilegiar»), forasteros pobres, huérfanos pobres y viudas pobres.[10] Su crítica a los mayorazgos tiene su origen en que atribuye a los «foreros» de los benedictinos el deseo de convertirse en tales. Son también causa de atraso los seglares que huyen del matrimonio, los que no se hacen cargo de su mujer e hijos, la falta de hijos para evitar costes, la pérdida de la fecundidad por vicio, la constitución maníaca de mayorazgos y la concentración de mayorazgos.

No fueron causa de atraso los árabes ni los judíos (que eran «corma de la población») ni la marcha de personas hacia América. A los clérigos, que siempre fomentan el cultivo, como máximo solamente se les puede achacar que no viven suficientemente en el campo. Tampoco serán unos tributos excesivos la causa del atraso, sino «los infinitos intermedios, sacaliñas, sacamantas, sacatrapos y sacabocados que quieren ser reyes» (*Obra de 660 Pliegos*, n.º 739). Unos duros y originales adjetivos que corresponden a la estimación cuantitativa que presenta (*ibid.*, n.º 493) en referencia a las rentas provinciales:

Pagó Galicia	20
Entraron en Cajas Reales	4
Luego se estafaron	16

La causa central de atraso será la falta de colonización con caminos reales, la existencia de la Mesta y una que está conexionada: una «enorme desigualdad que se tolera en la jerarquía de los que habitan en España» (*ibid.*, n.º 759). Recordemos que es la Mesta la que hace que prevalezcan unos «pocos infinitos» sobre unos mejores «infinitos pocos». Un igualitarismo el de Sarmiento «limitado por el reconocimiento de los señores feudales y por la discriminación de la mujer en el sistema sucesorio».[11]

CAMPOMANES, BARCELONA Y EL CÁÑAMO

La no fundación de la Sociedad Económica de Amigos del País de Barcelona.[12] *El papel de las Sociedades Económicas*

La fundación de la Sociedad Vascongada de Amigos del País en 1765, a pesar de su valor indiscutible, fue seguida por un período de diez años en los

10.   *Ibid.*, p. 129.
11.   F. Dopico, *A Ilustración e a sociedade galega. A visión de Galicia dos economistas ilustrados*, p. 111.
12.   Esta sección corresponde a la traducción del capítulo V de Ernest Lluch, *El pensament econòmic a Catalunya (1760-1840)*, Barcelona, 1973, pp. 119-134.

que sólo se fundaron a su semejanza las de Baeza y de Tudela. Si tenemos en cuenta que estas dos sociedades, según parece, tuvieron una vida muy mediocre, tendremos que estar de acuerdo con el hecho de que el florecimiento posterior de un gran número de sociedades está unido a la iniciativa que en 1774 adoptó el gobierno central. Como ha escrito Carande, «la Sociedad de Azcoitia surge autónoma; las sociedades ulteriores nacen a su imagen y semejanza; las promueve el poder central. Aquélla, en suma, inspira una política que las otras reciben ya trazada, se adelantara o no a los deseos de los socios».[13] Así pues, sería un error menospreciar el peso que tuvo la iniciativa del poder central en la creación de las Económicas, tal como lo empieza a demostrar el hecho de que entre 1765 y 1774 se emprendiese la fundación de dos sociedades y que, en cambio, entre 1775 y 1784 se fundasen cincuenta y cinco. Esto no significa que creamos que la creación dependiera exclusivamente de la invitación estatal, sino que sólo en algunos casos ésta sirvió únicamente para catalizar una situación real latente. Creemos que, como punto de partida, tiene que tenerse en cuenta que la estrategia de desarrollo en el poder no era la única posible y que, por tanto, la recepción de las sociedades va unida a la diferente visión que se tenga de la manera de difundir las luces y de fomentar el desarrollo. Un hecho indiscutible es que la iniciativa de Campomanes de establecer Sociedades Económicas estuvo vinculada a la edición de su *Discurso sobre el fomento de la industria popular* (1774) —es decir, de su visión del desarrollo económico—, que, con sus treinta mil ejemplares, se repartió «a todas las chancellerías, audiencias, intendencias, corregidores, y a los obispos para que los distribuyesen entre los curas de los obispados, encargándoles que lo leyesen y difundiesen las ideas que el libro contenía. También se enviaron ejemplares a los superiores regulares».[14] Estos envíos sistemáticos de los *Discursos* de Campomanes por toda España también llegaron, claro está, a Barcelona. La Audiencia, la Junta de Comercio y el Ayuntamiento de Barcelona recibieron comunicaciones del gobernador del Consejo, a las que dieron cuenta del envío de «ejemplares de los *Discursos* de Campomanes sobre el fomento de la industria popular y la educación de los artesanos con el encargo de que las difundieran, y propagasen la creación de las Sociedades Económicas recomendadas por aquél».[15] El papel de la Audiencia, «inspirada por los intereses de la propiedad agraria burguesa y noble»,[16] según parece, fue muy reducido, ya que sólo se limitó a repartir los ejemplares de los *Discursos* y, según lo que también puede su-

13. Ramón Carande, «El despotismo ilustrado de los "Amigos del País"», *7 Estudios de Historia de España*, Ariel, Barcelona, 1969, p. 151.
14. Gonzalo Anes, «Coyuntura económica e "Ilustración": las Sociedades Económicas de Amigos del País», en *El P. Feijóo y su siglo*, Oviedo, 1966, p. 122.
15. Jaime Carrera Pujal, *Historia política y económica de Cataluña. Siglos XVI al XVIII*, Bosch, Barcelona, 1947, vol. III, p. 54. Para todos los detalles administrativos que explicamos a continuación seguimos al mismo autor y la misma obra, vol. III, p. 54, y vol. II, pp. 614-815.
16. Pierre Vilar, *Catalunya dins l'Espanya moderna*, Edicions 62, Barcelona, 1964, vol. II, p. 393.

ponerse, a «ponerlos en lugares visibles de las tres Salas». Una actitud pasiva que sólo fue alterada cuando, en julio de 1781, recibió, a través del Consejo, los informes que había hecho el Ayuntamiento barcelonés en febrero y agosto de 1776, es decir, cinco años antes. Esta posición tan tardía que adoptó la Audiencia coincidió, básicamente, con la del Ayuntamiento: creían en la necesidad de prestar apoyo a la enseñanza que ejercía la Academia de Ciencias y Artes y la Junta de Comercio sin haber fundado ninguna sociedad.

El segundo destinatario, la Junta de Comercio, recibió del intendente unos cuantos ejemplares del primer discurso —*Discurso sobre el fomento de la industria popular* (1774). Sin embargo, su respuesta fue más bien breve y, limitándose sólo a lo que le había indicado el intendente, «redactó un resumen de cuanto había realizado para promover las fábricas, comercio y agricultura desde su erección, indicando los donativos y premios concedidos a inventores y perfeccionadores de artefactos y manufacturas». Este escrito, que no hemos podido localizar, fue enviado al gobernador del Consejo, al secretario de Hacienda y a la Junta General de Comercio. El segundo *Discurso* —*Discurso sobre la educación popular de los artesanos y su fomento* (1775)— no parece que llegara a la Junta, o por lo menos, no hay ninguna anotación en el libro de actas que así lo señale. En conjunto, pues, se puede decir que la Junta de Comercio no se preocupó demasiado, por lo menos de forma directa, de la posible fundación de una Sociedad Económica que le hiciera la competencia. Una muestra de su despreocupación es el hecho de que en la escrupulosa biografía de la Junta de Comercio que hizo Ángel Ruiz y Pablo no hay ninguna referencia a este pasaje de su historia.[17]

Las representaciones del Ayuntamiento de Barcelona

Las representaciones del Ayuntamiento de Barcelona fueron la respuesta a los *Discursos* de Campomanes y a la propuesta de fundar una Económica.[18] Fueron dos papeles muy extensos, para las normas municipales, enviados el 27 de febrero y el 10 de agosto de 1776, es decir, unos meses después de haberlas recibido (18 de noviembre de 1774 y 31 de marzo de 1775). La

---

17.   Ángel Ruiz y Pablo, *Historia de la Real Junta Particular de Comercio de Barcelona (1758-1847)*, Barcelona, 1919. La Junta ofreció su colaboración a la Sociedad Económica de Tàrrega en 1778 (Archivo Municipal de Tàrrega, *Relación individual de las tareas y exercicios, que han sido en el presente año 1778, la ocupación de la Rl. Sociedad, según resulta del Libro de sus Actas que para en la Secretaría de mi cargo*). Poco después, al recibir la demanda de colaboración para clases de labores, empieza a adoptar un tono irónico muy acusado como veremos.

18.   Archivo Histórico Municipal de Barcelona, *Informes y Representaciones*, 1776, ff. 60-106 y 289-341. Se han incorporado en el apéndice de mi tesis *El pensamiento económico en Cataluña entre el renacimiento económico y la renovación industrial: la irrupción de la escuela clásica y la respuesta proteccionista*, Facultad de Ciencias Económicas y Comerciales, Universidad de Barcelona, 1970, vol. III, pp. 3-47, por cuya paginación citamos.

intención de las *Representaciones* es, fundamentalmente, responder a los *Discursos* de Campomanes. Es decir, examinar los principios que contenían estas obras y su concordancia con la realidad barcelonesa. De esta manera, no tienen como fin principal el rechazo del establecimiento de una Sociedad Económica, sino que es más bien por exclusión por lo que no aceptan esta institución. Sólo una vez se mencionan las Sociedades Económicas, incluso con un tono favorable, aunque las comparan, en sus funciones, con los magistrados subalternos, contra los que precisamente estaba Campomanes, que intentaba sustituir con las sociedades a los magistrados en unas funciones que, en realidad, no cumplían.

Se consideraba que lo que intentaba Campomanes era la «aplicación de sus vasallos a las Artes y manufacturas que les pueden ser más útiles y fáciles de desterrar la punible ociosidad y voluntaria pobreza de que tantos daños recibe la causa pública», y por esto el Ayuntamiento analizaba, en primer lugar, el estado de la economía en Barcelona y en Cataluña. Y juzgaban la situación como muy buena, no sólo en Barcelona, sino también en el resto de Cataluña, donde, además, existía una industria popular de forma espontánea —«no hay casi lugar, ni villa, en el Principado donde no se hallen establecidos uno o más telares de lienzos para el consumo y decente porte de las familias de sus habitantes y aldeas comarcanas».[19] Esta visión de progreso autónomo de la economía catalana que —recordémoslo— contrastaba con aquella tan negativa de Campomanes[20] provocaba que, en realidad, pareciese poco útil al municipio el programa que sugería el poder central. Es normal, pues, que el programa industrial con iniciativas públicas de Campomanes no fuera aceptado porque creían que era inútil a causa de las nuevas industrias y de los gremios, y sólo recomendaron la instalación de industrias «con las limosnas de los prelados, curas, eclesiásticos y de algunos hacendados o con los sobrantes de los caudales públicos»[21] en los pueblos.

La opinión del Ayuntamiento era, pues, que el desarrollo económico ya se realizaba por medio de las industrias privadas, que aseguraban la ocupación de la mano de obra, y por esto rechazaba la idea de Campomanes según la cual era preciso socorrer a las fábricas en sus inicios con caudales públicos o casi públicos. El mismo Campomanes había proporcionado dinero proveniente de la venta de joyas de los jesuitas para ayudar a una fábrica madrileña de estampados de papel. Era natural, pues, que los catalanes que, desde Romà hasta Capmany, habían estado a favor de la actividad privada rechazaran esta parte, por lo menos para Barcelona, del programa que les ofrecían desde el centro.

19. *Representación al 1.er Discurso de Campomanes*, p. 168.
20. Recordemos que, entre otras cosas, Campomanes pronosticó la desaparición de las «fábricas nuevas» catalanas y que Galicia tenía una economía «mucho más sólida y duradera» que Cataluña. En el caso de Cataluña, pues, no se puede aceptar que el «programa de Campomanes es el resultado de un buen conocimiento de la realidad económica de su tiempo», y por lo menos para Galicia, tampoco.
21. *Representación al 1.er Discurso de Campomanes*, p. 171.

La discrepancia sobre los gremios[22]

Que el Ayuntamiento defendiera los gremios no sólo era necesario a causa de la coyuntura histórica, sino también por el hecho de que las Sociedades Económicas tenían que vigilar su actuación, lo que, hasta aquel momento, era competencia de la Junta de Comercio. Este era un motivo que por sí solo ya justificaría la resistencia a las ideas de Campomanes y a la fundación de las Sociedades Económicas. Unas citas de Campomanes servirán para demostrar que no sólo era un problema de competencia:[23] «Conviene que sean oídas por el Consejo las sociedades económicas, en razón del uso o abuso de las ordenanzas gremiales»,[24] y el hecho de que «los socios amigos del país ... tuviesen el encargo de Protectores de los oficios y artes útiles de la república».[25]

Los gremios, según el Ayuntamiento, significaban un doble orden de beneficios para la sociedad. El primero era de orden económico, como lo demuestra el hecho de que influyeran en los «progresos del comercio marítimo, han facilitado con notable incremento la recaudación y percepción de los reales impuestos y por él han fomentado visiblemente la Industria Popular de toda la provincia, sin otros auxilios que el de sus laboriosos ingenios, ni más preliminares e instrucciones académicas que las que prescriben y entrañan sus respectivas ordenanzas».[26] En el terreno social, ayuda la «dirección política de los gobiernos locales, que auxiliada del conocimiento práctico e individual que le facilita la actual subdivisión en gremios y asociaciones industriales, asegura en medio de una multitud casi sin número el acierto, la prontitud y ejecución de sus disposiciones y providencias, la tranquilidad y el buen orden de la República y un método, el más trivial y suave, para conservarlo».[27] Ante las posiciones que quieren que los gremios desaparezcan, mantienen una actitud radical: «Verdaderamente parecería objeto lamentable a la vista del pueblo una revolución de esta clase, bien que le será siempre

---

22.   La semejanza en el planteamiento de los gremios que hace Capmany en las *Representaciones* con el *Discurso económico-político en defensa del trabajo mecánico de los menestrales y de la influencia de sus gremios en las costumbres populares, conservación de las artes y honor de los artesanos*, Madrid, 1778, no deja ninguna duda. Esto confirma todavía más la relación, por lo menos intelectual, que había, aparte de la administrativa, entre Capmany, los gremios y el Ayuntamiento de Barcelona al margen de las más conocidas con la Junta de Comercio. Sin embargo, las *Representaciones* comprenden problemas de comercio exterior que Capmany sólo considera muy de pasada.

23.   Pedro de Rodríguez, conde de Campomanes, *Discurso sobre la educación popular de los artesanos y su fomento*, Antonio Sancha, Madrid, 1775, pp. 284-291 y 305.

24.   Pedro de Rodríguez, conde de Campomanes, *Discurso sobre el fomento de la industria popular. De orden de S.M. y del Consejo*, Antonio Sancha, Madrid, 1774, p. CLXVII.

25.   Pedro de Rodríguez, conde de Campomanes, *Discurso sobre la educación popular de los artesanos y su fomento*, Antonio Sancha, Madrid, 1775, p. 284.

26.   *Representación al 1.ᵉʳ Discurso de Campomanes*, p. 175.

27.   *Representación al 2.º Discurso de Campomanes*, p. 239.

grata la que se dirija a purificar, corregir y aun cortar los defectos o vicios particulares que acaso encubra o haya introducido una equivocada inteligencia de las reglas positivas de nuestros gremios».[28] Estas divergencias de opinión provienen, a menudo, del hecho de que se prescinde de «los casos, tiempos y circunstancias de los reglamentos de la teórica». En los casos barcelonés y catalán estas circunstancias sostienen la continuidad —poco reformada— de los gremios. La dureza municipal puede ser evaluada justamente al considerar que Campomanes sólo propuso una reforma gremial.

El beneficio económico de los gremios se basa, sobre todo, en el hecho de que la mayor competencia que quieren establecer «un gran número de advenedizos y profesores extranjeros», significa «ejercer públicamente sin otra recomendación que la de su natural inventiva o travesura de ingenio, expuesta por lo común a una infinidad de contingencias y tropiezos de que puedan seguir notables daños a la causa pública».[29] Su defensa, pues, ya no se basa, como en el pensamiento de Romà i Rossell, en el hecho de que ya hay realmente una competencia, sino, y casi exclusivamente, en el hecho de que no hay suficientes garantías respecto a la calidad; es decir, por un razonamiento puramente gremial —«poca solidez, aparente bondad y corta duración de sus artefactos [de los manufactureros]», «obras defectuosas», «artes y oficios en manos sin experiencia o poco instruidas».

El problema de la introducción de géneros extranjeros va unido con la defensa de los gremios. Con este planteamiento es natural que se inclinen, en general, por un prohibicionismo total que sólo puede tener una excepción en el caso «de un arte nuevo o alguna fábrica útil». Cuando no haya prohibición los productos importados tienen que cargarse con los derechos que han gravado las materias primas, las contribuciones reales y las personales de los miembros de los gremios. Ahora, incluso en el caso de productos nuevos, hay una «desconfianza», «acreditando quan nociva puede ser a los patricios y regnícolas la comunicación de unos ingenios más audaces por lo común que industriosos no imponiéndose reglas ni ordenanzas positivas que los uniformen con las que observan los nacionales en lo respectivo a su gremio».[30]

Esta posición en contra de las fábricas extranjeras no se mantiene con el mismo tono cuando se refieren a las «nuevas fábricas» nacionales que se han instalado.

Entre las más visibles de esta clase descuellan con alguna preferencia las de indianas y lienzos pintados de cuyos estables cimientos (subdivididos en los tres objetos correspondientes a lo fino, superfino y entrefino) experimenta la industria popular los más ventajosos progresos con ruina de las extranjeras.[31]

---

28. *Representación al 1.ᵉʳ Discurso de Campomanes*, p. 177. Realmente, Campomanes no quería provocar la desaparición de los gremios, sino reformarlos, y por esto la diferencia está en el concepto y en el grado de las reformas.
29. *Ibid.*, p. 180.
30. *Ibid.*, p. 182.
31. *Ibid.*, p. 193.

Hay también otros juicios igualmente positivos: han «contribuido a la brillantez de nuestro comercio», son «muchas sus ventajas», o, finalmente, «sus ventajas serán por consecuencia inseparables de los tres ramos de la industria, comercio y agricultura». Cuando hablan de sus defectos —bien después de haber subrayado los «varios y costosos prerrequisitos» que necesitan—, aclaran que no son inevitables: «No dejan con todo de ocasionar algunos perjuicios en la práctica que por ser ajenos de su instituto podrían fácilmente corregirse y evitarse».[32] Esta falta de enfrentamiento permite plantear, como mínimo, dos hipótesis, que sólo la historia de los hechos podrá verificar: la limitación de la nueva industria a la textil algodonera, que no tenía ningún gremio claramente predecesor, ¿no limitaba, a la vez, el enfrentamiento?[33] La necesidad de aliarse para defenderse de los países más avanzados y un Estado ineficiente: ¿no podía constituir, por provisional que fuera, una base común entre artesanos gremiales y fabricantes? Nos parece que el hecho de aceptar «industrias nuevas» no tiene el mismo tratamiento en las opiniones de Campomanes,[34] que creía, fundamentalmente, en la «industria popular».

El lujo y la industria rural

Campomanes había mantenido una actitud contraria a las leyes suntuarias a pesar de que le preocupaba que el lujo hiciera aumentar las importaciones. En cambio, sí que «el consumo del rico que refluye dentro del Estado y anima la industria popular es una mera traslación de los fondos de mano en mano y muy conveniente porque la más opulenta ocupa a la menesterosa y aplicada. Semejante circulación es perfecta y en lugar de impedirla deben animarse por todos los caminos justos y honrados».[35] Por otra parte, permitía que las diferencias estamentales estuvieran relacionadas con diferencias en el «gasto y vestido». Sin embargo, su industrialismo visto desde la agricultura influye también aquí en las suspicacias que tenía contra las «fábricas finas» porque «contribuyen demasiado al lujo y tales fabricantes se desdeñan de continuar en los duros trabajos del campo»,[36] y era favorable a las manufacturas bastas porque «se multiplican con más facilidad que las finas: son más compatibles con la agricultura y, por consiguiente, más ventajosas».[37]

32. *Ibid.*, p. 193. La posible objeción de que las «nuevas industrias» eran una extensión de los despachos de los comerciantes nos parece válida parcialmente porque ya hay constancia de numerosos establecimientos que ya no lo son.

33. En Francia, excepto en Marsella, hubo un fuerte gremio algodonero que provocó que la lucha entre las corporaciones y los nuevos industriales fuese muy fuerte.

34. Ricardo Krebs Wilckens, *El pensamiento histórico, político y económico del conde de Campomanes*, Ediciones de la Universidad de Chile, Santiago de Chile, 1960, pp. 232-257.

35. Pedro de Rodríguez, conde de Campomanes, *Discurso sobre la educación popular de los artesanos y su fomento*, Antonio Sancha, Madrid, 1775, pp. 339-340.

36. Pedro de Rodríguez, conde de Campomanes, *Discurso sobre el fomento de la industria popular. De orden de S.M. y del Consejo*, Antonio Sancha, Madrid, 1774, p. LIII.

37. *Ibid.*, p. CXCV.

Las *Representaciones* no presuponen nuevo material sobre el asunto del lujo, ya que siguen muy de cerca los puntos de vista de Romà i Rossell. Así, mientras rechazan «el lujo desordenado», ven en el lujo un instrumento para regular la evolución económica general. De esta forma, «las fatales resultas que en los siglos anteriores produjo a las naciones más opulentas la libre introducción y propagación del lujo desordenado»[38] no pueden dejar de tener muy presente el aspecto con el que «mira la política al lujo graduándole como origen de la prosperidad del comercio y uno de los principales fomentos de la agricultura, manufacturas, artes y oficios cuando no excede los límites de la moderación que le contienen y constituyen utilísimo al Estado, siendo en extremo perjudicial siempre que rompiendo los diques con sus desórdenes y excesos transpasa sus fondos a manos de los extranjeros sus rivales, exponiéndole a llegar en breve al último período de su decadencia».[39]

La enseñanza y la universidad

El tema de la enseñanza, en sus diversos aspectos, ocupa la segunda *Representación* en todo su conjunto y también la última parte de la primera. La máxima necesidad en este campo es la reinstauración de la Universidad Literaria en Barcelona: «Parece no será violenta digresión la que en consecuencia se dirija a tratar formalmente de un restablecimiento de estudios generales o de planificación de una Universidad Literaria tan necesaria en esta ciudad, como utilísima al resto de la Provincia con otras ventajas a favor de la Industria Popular, que las que consigue ni permite su actual mansión en la de Cervera».[40] Ahora, de momento, ya se dispone, a pesar de esto, de una Escuela de Dibujo,[41] que había sido instalada por la Junta de Comercio a instancia de los «industriales» y de los mismos gremios,[42] y que amplió lo que éstos ya llevaban a cabo con éxito. Nos encontramos de nuevo con un contraste con Campomanes, quien había dirigido frases muy duras contra las enseñanzas que hasta entonces habían dado los cuerpos gremiales. El Ayuntamiento se refiere también a la Escuela de Náutica, que dependía también de la Junta, y todo ello estaba, sobre todo la reivindicación universitaria, muy alejado del concepto de «educación popular». La enseñanza se concibe muy ligada a la industria y de tal forma que se vayan «careando siempre sus progresos con los que vaya adelantando la industria como tan correlativos y unívocos para que se adquiera la literatura a beneficio del Estado por

38. *Representación al 1.ᵉʳ Discurso de Campomanes*, p. 189.
39. *Ibid.*, pp. 139-190.
40. *Ibid.*, p. 199. La restauración de la universidad no se consiguió hasta el año 1835.
41. *Representación al 1.ᵉʳ Discurso de Campomanes*, p. 202, y *Representación al 2.º Discurso de Campomanes*, p. 223.
42. Ángel Ruiz y Pablo, *Historia de la Real Junta Particular de Comercio de Barcelona (1758-1847)*, Barcelona, 1919, p. 164. Campomanes proponía también unas Escuelas Patrióticas de Dibujo a cargo de las Sociedades Económicas.

medio de la unión de una sabia teórica con una práctica floreciente».[43] Esta enseñanza es preciso que se imparta a todas las clases sociales,[44] a pesar de que diga que «importa mucho que se conserve en lo posible la igualdad de clases en las alianzas de todos los estados y que no sea la pobreza involuntaria obstáculo inseparable...».[45]

Sociedad económica y economía barcelonesa

La respuesta del Ayuntamiento es francamente contraria a la propuesta de Campomanes tanto en el planteamiento de la forma en que tienen que desarrollarse las fuerzas productivas como en la adopción del instrumento que eran las Sociedades Económicas. De una forma muy esquemática creemos que los cuatro puntos divergentes eran los siguientes: a) la existencia de un proceso de desarrollo en marcha que, si necesita una aceleración, no es con los métodos de Campomanes, que más bien habían sido pensados para partir de cero; b) la disconformidad con la reforma de los gremios, que creían compatibles con las «nuevas industrias», y esto lleva a un enfrentamiento con la creencia de Campomanes de que «nada es más contrario a la industria popular, que la erección de gremios y fueros»; c) un concepto diferente del lujo, que revela, de nuevo, las diferencias entre el mercantilismo liberal agrarista de Campomanes con el mercantilismo liberal industrialista del Ayuntamiento y, en general, de los escritores catalanes de la segunda mitad del siglo XVIII, y d) las divergencias sobre la «educación popular», que debían ser mucho más acentuadas porque en 1714 se había suprimido la Universidad de Barcelona y que se manifiestan cuando reclaman que vuelva y en los elogios de las Escuelas de Náutica y de Dibujo de la Junta de Comercio que actuaban con un nivel alto de estudios.

La diferencia fundamental, o la primera, era, seguramente, la de los gremios, porque, desde el agrarismo de Campomanes, estas instituciones urbanas eran el enemigo mayor, como ya hemos dicho antes. Campomanes atacaba a los gremios no sólo porque creía que eran unas barreras a la competencia y unos obstáculos a la monarquía absolutista, sino que lo hacía, además, porque creía que era una manera de atraer la industria al campo, ya que, como recordaba Heckscher, esta era «una espina clavada en el corazón de los agrarios». Recordemos que los agraristas catalanes, agrupados en la importantísima Dirección de Agricultura de la Academia de Ciencias y Artes de Barcelona, centraban su interés en unos productos que daban lugar a exportaciones —principalmente vino—[46] y, por tanto, eran muy dinámicos y ciudadanos, no

43. *Representación al 2.º Discurso de Campomanes*, p. 209.
44. *Ibid.*, p. 226.
45. *Ibid.*, p. 227.
46. Entre estos productos exportables destaca, como se puede observar al analizar la amplia obra de la Dirección de Agricultura, el vino, que, como ha señalado magistralmente Ernest Labrousse, establece unas relaciones materiales y espirituales con la ciudad. Recordemos la frase

demostraron una posición favorable a la «industria popular». La posición de Campomanes en contra de los gremios no habría sido una actitud antiurbana si hubiera intentado unir el desarrollo de su «industria popular» con los comerciantes de las ciudades, como pasó en los países donde arraigó el *putting out*.[47] En cambio, escribió muy claramente que «las fábricas populares no pueden prosperar por medio de compañías ni de cuenta propia de comerciantes»,[48] y por esto no se podía esperar que se pudiera establecer un puente con la burguesía comercial barcelonesa, a pesar de que era, como dice Vilar con una frase espléndida, una burguesía que miraba hacia la nobleza. Sólo un examen detenido de lo que significa enfrentamiento gremios-«industria popular», según el planteamiento de Campomanes, nos lleva a insinuar ya nuestra conclusión final: la Sociedad Económica no se fundó en Barcelona porque era un instrumento de una estrategia de desarrollo económico que se separaba totalmente de la que consideraba muy suya la sociedad barcelonesa, desde Romà i Rossell, y que reafirmaría todavía más la obra de Capmany y del neckeriano Caresmar. El equilibrio lábil entre una agricultura de exportación vitivinícola, unas nuevas industrias de indianas, unos gremios algo flexibles y una burguesía comercial fuerte como motor llegó a ser durante unas dos o tres décadas un planteamiento que, en relación con el de Campomanes, suponía unas diferencias parecidas a las que podemos establecer, por ejemplo, entre Colbert y Sully y, en general, entre los industrialistas y los agraristas con los diversos matices que hemos señalado. Desde otra perspectiva podemos decir que, más que con el tipo de ocupación o en relación con éste, nos encontramos realmente con el enfrentamiento de la ciudad y del campo, que, como señala Hobsbawm para esta época, estaba muy delimitado: «La raya fronteriza entre ciudad y campo o, mejor dicho, entre ocupaciones urbanas y ocupaciones rurales era rígida».[49] La afirmación de Krebs para quien «Campomanes fue poco partidario de las grandes ciudades y de las concentraciones industriales y defendió la dispersión de la industria y su

---

final con la que acaba un texto famoso: «El viñedo representa, pues, en el campo, una especie de barriada obrera, de denso "arrabal" rural, en el que reina una mentalidad económica urbana de donde parten los reflejos urbanos: zona sonora que recoge y difunde la propaganda y rumores de la ciudad en todas las tierras que le rodean» (Ernest Labrousse, *Fluctuaciones económicas e historia social*, Tecnos, Madrid, 1962, p. 439). De hecho, Manuel Barba i Roca era el único académico que parecía atraído por los planteamientos de Campomanes, sobre quien pensaba escribir.

47. En realidad sabemos muy poco de la industria rural en la península y poco más sobre su comportamiento en Europa occidental. A pesar de que arraigó de prisa y muy fuertemente en Gran Bretaña y en Flandes, hasta el siglo XVIII no fue así en Francia y en Alemania y casi nunca en Italia (véase David S. Landes, «Introducción», *Estudios sobre el nacimiento y desarrollo del capitalismo*, Ayuso, Madrid, 1971, pp. 22-24).

48. Pedro de Rodríguez, conde de Campomanes, *Discurso sobre el fomento de la industria popular. De orden de S.M. y del Consejo*, Antonio Sancha, Madrid, 1774, p. CXXI.

49. Eric J. Hobsbawm, *The Age of Revolution, Europe 1789-1848*, Weindefield and Nicholson, Londres, 1962 (hay trad. cast.: *La era de la revolución, 1789-1848*, Crítica, Barcelona, 1997, p. 19).

combinación con la labranza»[50] nos parece que ayuda a confirmar nuestra posición de que se trata del enfrentamiento de dos estrategias, una industrial y urbana y otra agrícola-industrial y rural, más que del rechazo de una institución porque hay otra o de la existencia por sí sola de una burguesía mercantil.

Burguesía comercial, Junta de Comercio y Dirección de Agricultura

Hasta ahora la interpretación más corriente sobre el no establecimiento de una Económica en Barcelona es la que enunció, en primer lugar, Sarrailh: «La razón de esto es que la gran ciudad mediterránea posee ya, desde 1758, su Junta Particular de Comercio, cuya actividad es bastante grande y, aunque más especializada, análoga a la de las Sociedades que entonces se están fundando»,[51] que ha sido recogida por los historiadores más importantes que, desde Vicens hasta Anes, han tratado este tema. Evidentemente, como han señalado estos historiadores, las sociedades no estuvieron unidas a la burguesía comercial y, por tanto, a la Junta, por la simple razón de que no estaban pensadas para ella. La estructura social que Campomanes presentía como sustentadora de las sociedades era muy clara y lo repetía incansablemente en todos sus escritos. La columna vertebral tenía que constituirla la nobleza, ayudada por los eclesiásticos. «La nobleza reducida a sociedades patrióticas cuales se proponen, consumirán en ellas útilmente el tiempo, que les sobre de sus cuidados domésticos alistándose los caballeros, eclesiásticos y gentes ricas en estas academias económicas de los amigos el país.»[52] En otro pasaje aclara que para la nobleza «el auxilio de los señores Obispos, Cabildos, Comunidades eclesiásticas y Párrocos es el más importante». En resumen, podemos decir, pues, que intentaban transformar España por medio de unos instrumentos basados en las estructuras sociales tradicionales y propietarias de la tierra, y por esto resultaría extraño que la burguesía comercial hubiera ocupado un lugar al que no había sido llamada, sino más bien rechazada, como veremos más adelante, por medio de sus Juntas. En la posición de Sarrailh lo que era realmente útil —y también en la de Vicens y Anes— es la insistencia en posiciones históricas poco elaboradas pero abundantes, en las que la burguesía tuvo en las Económicas mucho o bastante papel, lo que ha intentado subrayar especialmente el historiador asturiano.[53] A las carac-

50.   Ricardo Krebs Wilckens, *El pensamiento histórico, político y económico del conde de Campomanes*, Ediciones de la Universidad de Chile, Santiago de Chile, 1960, p. 257.

51.   Jean Sarrailh, *La España ilustrada de la segunda mitad del siglo XVIII*, Fondo de Cultura Económica, México, 1957, p. 255, que también señala el papel de los gremios.

52.   Pedro de Rodríguez, conde de Campomanes, *Discurso sobre el fomento de la industria popular. De orden de S.M. y del Consejo*, Antonio Sancha, Madrid, 1774, prólogo.

53.   Aparte del hecho de que esta posición restringe lo que ocurría realmente, existe el peligro de que una afirmación como «no hay Económicas donde hay burguesía comercial activa como en Barcelona, Cádiz, A Coruña, Bilbao» no sirva para explicar el caso del País Valen-

terísticas que han hecho que las Económicas no arraigasen en Barcelona, que ya hemos enumerado —en primer lugar los gremios, la relación de éstos con las «nuevas industrias» y con los comerciantes, la incompatibilidad de la «industria popular» con los comerciantes, un concepto diferente del lujo, la insuficiencia de la «educación popular», la demanda de una universidad y un proceso económico autónomo en marcha—, creemos tener que añadir, precisamente, el adjetivo aplicado por Sarrailh y que después no ha sido recogido: «especializada», aunque no sólo referido a la Junta. Si al estudiar la influencia de la ideología de Campomanes creemos que es preciso considerar el hecho de que la zona receptora esté estancada o en crecimiento, también tendremos que evaluar el nivel de desarrollo ya conseguido, tanto económico como cultural. Es decir, que tendremos que intentar valorar cuáles son las consecuencias de un crecimiento económico que ha proporcionado aquel nivel de especialización al que se refería Sarrailh. Un nivel de especialización que se manifestaría en la existencia de unas cuantas instituciones —la Junta de Comercio, la Academia de Ciencias y Artes con una Dirección de Agricultura muy fuerte, etc.—, que no se plantearán el desarrollo económico como una labor que sea preciso encarrilar de una manera activa, sino impulsándolo con medidas indirectas.

Ahora tenemos que decir cuál era la visión que tenían los pensadores catalanes más destacados del sistema de instituciones dentro del marco de su ideología general. Como creemos que son representativos, nos referiremos a Romà i Rossell y al *Discurso* [54] que atribuimos en parte a Caresmar. El primero se refiere a la Real Conferencia de Física y Agricultura (1760), a la que pone, en 1768, como ejemplo [55] y a la que atribuye, como Academia de Agricultura, las funciones siguientes: *a*) especulación intelectual; *b*) «socorro de los hechos y de las experiencias»; *c*) asistencia de los hijos de los campesinos ricos a la Academia; *d*) nombramiento de un «Promotor del bien Público» que intentara que las innovaciones técnicas fuesen aplicadas, y *e*) protección y ayuda del Estado. Cuando escribe, piensa, y lo dice, en las academias agrícolas de Francia, Inglaterra, Suiza e Italia. Paralelamente a estas instituciones pone mucho énfasis en las Juntas de Comercio y recuerda que fueron impul-

---

ciano, donde estaba la segunda y entonces última Junta de Comercio (1762), y a pesar de esto fundaron una Económica en Valencia (1776) y otra en Alicante en un clima de expansión comercial (véase Emili Giralt Raventós, «Antecedents històrics», en *L'estructura econòmica del País Valencià*, L'Estel, Valencia, 1970, especialmente pp. 18-22).

54. *Discurso sobre la Agricultura, Comercio e Industria, con inclusión de la consistencia y estado en que se halla cada Partido o Veguería de los que componen el Principado de Cataluña, dirigido uno y otro a que por el infatigable celo y bien acreditada sabiduría y amor patriótico de la Real Junta particular de Comercio de Barcelona, se pueda proceder al reparo de lo que ha destruido la ignorancia y la injuria de los tiempos y a promover y perfeccionar los establecimientos que actualmente existen*, Archivo de la Junta de Comercio, ms. 143 bis. A partir de ahora lo llamaremos *Discurso de 1780*.

55. Francisco Romà i Rossell, *Las señales de la felicidad de España y medios de hacerlas eficaces*, Imprenta de D. Antonio Muñoz del Valle, Madrid, 1768, pp. 99-100.

sadas por Colbert.[56] Finalmente, es preciso recordar que Romà fue la primera persona, tras la represión que sobrevino a partir de 1714, que solicitó, con un resultado adverso, que la universidad retornara a Barcelona. El segundo testimonio es posterior a la invitación del poder central que ahora estudiamos. Compartimos totalmente la opinión que le merece a Vilar el texto al que hemos aludido: «El *Discurso de 1780* representa la actitud común de estos historiadores-economistas-sociólogos que eran respetados a su vez, y no sin razón, por la opinión ilustrada de la región, por los buenos administradores y por los viajeros-encuestadores extranjeros en absoluto anhelosos, como Townsend o Laborde».[57] El *Discurso de 1780* habla de las «Sociedades de Agricultura»[58] y, cuando de refiere a las de San Petersburgo, Florencia,[59] Bretaña, París,[60] Zurich[61] y Dublín,[62] deja muy claro que tienen como objeto central los problemas agrícolas. Además de una Academia de Agricultura se destacan la Academia de Física de Barcelona y, en especial, su actividad mecánica, unida con la industria, y la Academia de Dibujo que protegía la Junta de Comercio. Resumiendo estas dos posiciones podemos decir que, en la opinión ilustrada de la época, ya había un esquema institucional que difería de aquel que expondría Campomanes, quien insistía en la necesidad de formar una Academia de Agricultura en un sentido estricto, y esto, por sí solo, ya nos lleva a un nuevo problema, porque Campomanes conocía perfectamente la preexistencia de la Dirección de Agricultura de la Academia de Ciencias y Artes[63] y debía estar pensando en ella cuando vio la posibilidad de adoptar esta institución.[64] Este hecho no llegó a producirse y, si no hemos encontrado ningún reflejo de ello en la Junta de Comercio, ahora tenemos que decir lo mismo en lo que se refiere a la Academia porque una búsqueda sistemática en sus actas después de 1714 no revela ningún otro tipo de relación sobre este asunto, pero, en cambio, antes habían pedido la intercesión de Campomanes para obtener una ayuda estatal que nunca llegó prácticamente. Se puede plantear, pues, la conclusión de que, si bien no se estableció una Económica en Barcelona, Campomanes tampoco ayudó a la Academia de Ciencias y Artes, como había pensado, lo cual constata las diferencias que había y las aumenta.[65]

56. *Ibid.*, p. 247.
57. Pierre Vilar, *La Catalogne dans l'Espagne moderne*, Sevpen, París, vol. II, p. 495.
58. *Discurso de 1780*, fol. 48.
59. *Ibid.*, fol. 55.
60. *Ibid.*, fol. 57.
61. *Ibid.*, fol. 60.
62. *Ibid.*, fol. 64.
63. En el acta del 30 de abril de 1766 —que es la primera desde la oficialización de la Academia— ya acuerdan dar las gracias, entre otros, a Campomanes; el 21 de mayo le ofrecen ser socio numerario y el 2 de julio ya lo ha aceptado (Archivo de la Real Academia de Ciencias y Artes, *Llibres d'Actes*).
64. Ramón Carande, «El despotismo ilustrado de los "Amigos del País"», *7 Estudios de Historia de España*, Ariel, Barcelona, 1969, p. 161.
65. El centralismo fue siempre tan represivo que eliminó cualquier intento de institución cultural que surgiese espontáneamente lejos de Madrid o, por lo menos, eliminó cualquier des-

Para redondear la cuestión podemos preguntarnos si no fue en la Junta misma donde se forjó un pensamiento agrario que mostrase bien los intereses de los sectores agrarios «ciudadanos» o bien los intereses agrarios de la industria o del comercio. El testimonio de su mejor investigador habla de poca dedicación a la agricultura, y ésta todavía ligada con la industria, ya que de aquellos años, y al margen de la continuación de los estudios sobre el canal del Urgell,[66] de la prohibición de la siembra de arroz, de unas pruebas sobre el trigo —que la Junta no realizó verdaderamente—, «de los trabajos dedicados a estimular y dar a conocer el cultivo de la granza y propagar el del algodón, que más bien tenían interés industrial, no hemos hallado otros documentos ni indicios que nos pongan sobre la pista de los trabajos que acaso hizo la Junta de Comercio en beneficio exclusivo de la agricultura en el primer período de su constitución»,[67] y esto a pesar de la «importancia que tenían dentro del Cuerpo de Comerciantes y en la misma Junta los hacendados y grandes terratenientes».[68] La conclusión que extraemos de ello, es que la Dirección de Agricultura de la Academia de Ciencias era la que centralizaba los trabajos agrarios que se llevaban a cabo en Barcelona, y esto valora la conclusión del párrafo anterior.

El modelo de institución de la Económica propuesto por Campomanes era diferente, incluso desde un punto de vista estrictamente institucional, de aquellos que ya actuaban, o se quería que actuasen, en Barcelona. Esta complejidad mayor y, por tanto, especialización hacía que por sí misma disintiese del nivel intelectual[69] en el que tenían que actuar las Económicas. Si Krebs ha escrito que Campomanes «asignó a las Sociedades Económicas de Amigos del País la gran tarea de establecer el contacto entre las Academias y el Público»,[70] podemos añadir que, de hecho, pensaba en «una» Academia de Ciencias *et pour cause* en Madrid,[71] y esto, como lo confirmó la práctica, era incompatible con el deseo barcelonés de reforzar la suya. A pesar de que no es el momento de discutir el carácter de las Económicas, sí que queremos

viación de la ortodoxia oficial. El caso de la Academia Valenciana es muy significativo, así como los de las Buenas Letras de Sevilla y Barcelona. Véase Antoni Mestre, *Ilustración y reforma de la Iglesia. Pensamiento político-religioso de Don Gregorio Mayans i Siscar (1699-1781)*, Valencia, 1970, pp. 391-399.

66.   Estudiando la Sociedad Económica de Tàrrega, que se ocupa también del canal, es posible constatar la diferencia que había cuando, como en este caso, se contempla el gran proyecto «desde» la agricultura.

67.   Ángel Ruiz y Pablo, *Historia de la Real Junta Particular de Comercio de Barcelona (1758-1847)*, Barcelona, 1919, p. 130.

68.   *Ibid.*, p. 123.

69.   Ricardo Krebs Wilckens, *El pensamiento histórico, político y económico del conde de Campomanes*, Ediciones de la Universidad de Chile, Santiago de Chile, 1960, p. 236.

70.   Un ejemplo de lo que decimos es lo que ocurrió cuando la Económica de Tàrrega pidió ayuda para sus escuelas a la Junta de Comercio de Barcelona; esto motivó una ironía confesada ante el bajo nivel que tenían que tener, con el enfado consecuente de los de la Segarra.

71.   Pedro de Rodríguez, conde de Campomanes, *Discurso sobre la educación popular de los artesanos y su fomento*, Antonio Sancha, Madrid, 1775, p. 79.

subrayar que las sociedades que se citan como antecedentes de las españolas eran casi siempre Academias de Agricultura más que ninguna otra cosa. Así, Candaux escribe que la Sociedad Económica de Berna fue «fundada en 1759, en el momento en que las Sociedades de Agricultura se creaban, a imitación de la de Bretaña, en todas las provincias de Francia»,[72] pero, en cambio Spengler subraya su mediocridad y dice que «cuando, tras 1760, se fundaron las Sociedades de Agricultura y el gobierno se preocupó de estimular los progresos agrícolas, sólo algunos grandes propietarios y algunos campesinos estuvieron dispuestos a sacar provecho de ellas»,[73] y Hazard precisa el carácter agrario de la de Florencia.[74] Respecto al nivel de trabajo, creemos que Campomanes quiso distinguir, de una manera un poco parecida a lo que se había hecho en Francia, entre la Académie d'Agriculture (1761) en la capital y unas sociedades en «provincias» menos especializadas y más prácticas; por ejemplo, la Société d'Agriculture, Sciences et Arts de Le Mans (1761), la Société d'Agriculture, Sciences et Industrie de Lyon (1761), la Société d'Agriculture et Commerce de Caen (1762), etc.[75] Sin embargo, y a pesar del número más amplio de las sociedades en las provincias, que recuerdan las cuatro secciones esbozadas por Campomanes para sus Económicas (agricultura, industria, oficios y comercio), tanto el testimonio de Spengler como los de Sée y Justin[76] las interpretan como dedicadas a la agricultura.[77] ¿No podría haber otra razón para que no arraigasen en Barcelona? La Dirección de Agricultura, vinculada a cultivos exportables —vino, aceite, legumbres—, no veía la necesidad —recordémoslo de nuevo— de plantear un plan para establecer la industria en el campo, sino exclusivamente plantearse el estudio de los problemas agrícolas.

Si nuestra interpretación general es correcta, tenemos que llegar a la conclusión de que el problema de la no fundación de una Sociedad Econó-

72.   Jean Daniel Candaux, «François-Gratien Micheli du Crest et l'agriculture génevoise de son temps. Documents et notes pour servir à l'histoire des idées physiocratiques hors de France», *Mélanges d'histoire economique et sociale en hommage au professeur Antony Babel*, Ginebra, 1963, p. 76.

73.   Joseph J. Spengler, *French Predecessors of Malthus*, Duke University Press, Carolina del Norte, 1942, p. 55.

74.   Paul Hazard, *El pensamiento europeo en el siglo XVIII*, Guadarrama, Madrid, 1958, p. 471.

75.   *La Grande Encyclopédie*, t. XXX, París, s.d., p. 154.

76.   Émile Justin, *Les sociétés royales d'agriculture au XVIII siècle (1757-1793)*, Saint-Lo, 1935.

77.   El problema de una tipología adecuada de academias y sociedades todavía no se ha resuelto. Podemos decir que, si las Academias de Ciencias nacieron a partir de 1700, las Económicas, especialmente agrícolas, no lo hicieron hasta 1760. Las sociedades son entidades relativamente abiertas; las academias, en cambio, con un ingreso limitado por razones del saber, además estaban vinculadas con la enseñanza superior. Un buen análisis de estos problemas es el de Daniel Roche, «Milieux académiques provinciaux et société des lumières. Trois académies provinciales au 18ème siècle: Bordeaux, Dijon, Châlons sur Marne», *Livre et Société dans la France du XVIII siècle*, Mouton et Co., París-La Haya, 1965, pp. 93-177 y 98-107, especialmente la entrada «Société» de *La Grance Encyclopédie*.

mica en Barcelona está conectado con la existencia de dos concepciones de desarrollo económico que pueden considerarse polarizadas, respectivamente, alrededor de la agricultura y de la industria. La primera concepción se centra en torno a Campomanes, sobre quien, para definir su posición relacionándola con otros agraristas, nos parecen excelentes las palabras de Franco Venturi:

> El programa de Campomanes, tan sugestivo para los italianos, a pesar de todo permanece al margen de la gran corriente de la Ilustración italiana. Aquél tiene un carácter «patriótico» y «popular» que es específicamente español, con un acento artesanal, individualista y anticapitalista que despierta la curiosidad de los italianos de finales del siglo XVIII pero no les apasiona. Aquel a quien una revista de la época llama el Campomanes de Italia, es decir, Pietro Verri, tiene mucha más influencia de las ideas fisiocráticas de la visión de una agricultura capitalista, apoyada en una inteligente política de crédito por parte de las clases ciudadanas y del Estado, que su colega español.[78]

La segunda concepción es industrialista y, a pesar de estar anclada en el *ancien régime*, deja un paso libre —lo que no hacía Campomanes— a la industria algodonera, que tenía que ser el avance de la revolución industrial. Entre una y otra estrategia estaba, sin duda, el gran punto de coincidencia en las medidas liberalizadoras adoptadas por el reformismo borbónico. Algunas de las ideas de Campomanes a través de un recorrido inesperado tuvieron efectos liberales. El caso de la Sociedad Económica de Barcelona tenemos que centrarlo en dicha problemática y es sólo por una constelación de factores, por esta «totalidad», que no se llegó a fundar. Creemos que las explicaciones que se han dado de ello hasta ahora, por ejemplo, la de la preexistencia de la Junta de Comercio,[79] son ciertas, pero sólo son comprensibles en su conjunto y siempre tenemos que tener en cuenta que el hecho que desencadenó la negativa fue la pretensión de Campomanes de reformar los gremios y a través de esto la oposición o la ignorancia de los grupos que formaban el equilibrio lábil anotado entre los grupos y las clases sociales. Sin embargo, no queremos generalizar nuestras conclusiones fuera de Barcelona; para hacerlo será preciso esperar muchísimas investigaciones sobre cada una de las Económicas y sobre otras instituciones ilustradas de carácter económico de tanta importancia, o en general de más, como las Juntas de Comercio de Barcelona (1758), Valencia (1762), Málaga (1785) y Canarias (1786) o las diversas academias, y, además, porque en otras situaciones   menos distantes en la ideología o más distanciadas en el tiempo— los estatutos, rígidos

---

78. Franco Venturi, «Economisti e riformatori spagnoli e italiani nel'700», *Rivista Storica Italiana*, 1962, fasc. III, pp. 560-561.
79. Si hubieran existido otras fuerzas considerables que hubiesen impulsado la fundación de la Económica, la Junta no habría podido evitarla, seguramente de la misma forma que no pudo evitar la aparición de la Comisión de Fábricas, pocos años después.

sobre el papel, de estas sociedades podían permitir una flexibilidad mayor en relación con el modelo de desarrollo del gran ilustrado asturiano.[80]

Genealogía teórica e influencia práctica del «Discurso sobre el fomento de la industria popular» (1774)[81]

La aparición del *Discurso sobre el fomento de la industria popular* en 1774 por orden del rey Carlos III y del Consejo de Castilla significó un hito singular en la historia del pensamiento económico en España. La ayuda de fondos públicos permitió una tirada excepcional de 30.000 ejemplares que en parte se distribuyó entre las autoridades, fuesen civiles, militares o eclesiásticas. Es difícil encontrar texto alguno de tono ilustrado o liberal hasta la cuarta década del siglo siguiente en que el *Discurso* no sea citado y elogiosamente. Las mismas Sociedades Económicas fueron convocadas a fundarse por este texto y así lo hicieron constar hasta tal punto que leían pasajes suyos en sus correspondientes sesiones.[82]

Se puede interpretar que esta influencia fue debida a la protección oficial y hay razones para ello. Sin embargo, no puede darse esta razón para explicar

---

80.   Veinte años después se volvió a reproducir la polémica con la publicación de un *Discurso en que se indican los progresos que haría la industria en el Principado de Cataluña, con el establecimiento de una Sociedad Económica de Amigos del País, en la ciudad de Barcelona*, que si bien se publicó en el *Memorial Literario* de Madrid en 1795, fue reproducido en el *Diario de Barcelona* los días 2-7 de marzo de 1796. Como Salvà i Campillo, según Moreu-Rey, estaba tras ambas publicaciones, tenemos que atribuirle, por lo menos, la responsabilidad de la publicación. Brevemente —hemos tratado la cuestión con bastante extensión en nuestra tesis, pp. 207-212— diremos que no creían conveniente la explicación de que la falta de instalación se debe al hecho de la existencia de una industria —fábricas y gremios— pujante y de la Junta de Comercio. El desfase que existe con las industrias más avanzadas, la necesidad de ampliar la labor de la Junta, la conveniencia de consolidar la agricultura y de difundir la industria por todo el Principado son las razones que continúan aduciendo para que sea fundada. Otras intervenciones, utilizando cada vez más el concepto de Económica desvinculado de la idea de Campomanes, se va sucediendo, como la que requiere para fomentar exclusivamente la «nueva» y la «vieja» industria (*Discurso sobre fábricas* en el *Diario de Barcelona*, 21-28 de marzo de 1797) o una insistencia genérica y unida al proyecto de Cabarrús y Salvà i Campillo de constituir una sociedad anónima para extraer carbón (Discurso en que se indica un nuevo método para hacer carbón artificial en el *Diario de Barcelona*, 15-19 de enero de 1798). Sin embargo, también en un artículo muy largo, que me ha proporcionado Eugeni Giral, publicado en el mismo periódico el 3 de enero de 1820 —dos años antes de la fundación de la sociedad barcelonesa— insisten que «tales cuerpos patrióticos conviene que sean compuestos de hacendados y pudientes nobles, pues mientras que los populares cultivan con gran penalidad los campos, ellos cuidan de que no falte a persona alguna de la tierra industria de la que vivir» y que «habiendo una Real Junta de Comercio … no se necesita en esta ciudad Sociedad Económica» (p. 20), a pesar de que la consideren conveniente, como todos los testigos, desde las *Representaciones* del Ayuntamiento, para el resto de Cataluña.

81.   Esta sección corresponde al trabajo elaborado en colaboración con Lluís Argemí, *Revista de Historia Industrial*, 3 (1993), pp. 179-189.

82.   Cuando no se especifiquen las referencias bibliográficas es que pueden hallarse en el reciente y sólido libro de Llombart, *Campomanes, economista y político de Carlos III*, Madrid, 1992.

que sea la obra económica española más traducida a otros idiomas: portugués (1778), alemán (1778), holandés (1780), italiano (1787) y tagalo (1793).[83] Al menos en Italia no solamente fue traducido el *Discurso*, sino que conocemos por Franco Venturi que fue famoso en toda la península.

Meses antes de aparecer el *Discurso*, y en el mismo 1774 y en la misma imprenta, había ya aparecido un texto semejante, aunque de una extensión que roza a la mitad, dentro del libro *Tratado del cáñamo, escrito en francés por Mr. Marcandier, Consejero en la Elección de Bourges; traducido al castellano por Don Manuel Rubín de Celis. Van añadidos otros tratadillos tocantes al lino, y algodón al fin, con un discurso sobre el modo de fomentar la industria popular de España.* Una edición algo extraña puesto que los «tratadillos» no están incluidos, en tanto que la parte del *Discurso* tuvo una tirada aparte poco conocida y hallada por Vicent Llombart. Este *Discurso* previo y sintético aparece ligado a la persona de Rubín de Celis, lo que ha planteado la cuestión de la paternidad del segundo *Discurso* que siempre había sido atribuido al conde de Campomanes, pese al anonimato de esta versión ampliada. Inmaculada Urzainqui y Álvaro Ruiz de la Peña no niegan que esta versión ampliada pertenezca a Campomanes, pero sí subrayan que este último se sirvió del *Discurso* de Rubín de Celis, ampliándolo con su dilatada cultura y sus conocimientos de hombre de gobierno. Sobre esta matizada interpretación, Donald Street ha acentuado los tonos hasta acusar a Campomanes de plagiario. Gonzalo Anes y, sobre todo, Vicent Llombart han aportado argumentaciones y hechos en favor de la tradicional paternidad de Campomanes.

No queremos en estas páginas añadir nada a esta atribución de paternidades, sino señalar tan sólo que sí es evidente la participación de Rubín de Celis en una traducción, que pensamos es clave en los conceptos básicos de ambos *Discurso(s)*, y en la elaboración del suyo propio, mientras que Campomanes dejó su huella en la dirección general, tanto en la elección del texto a traducir[84] como en la reelaboración y ampliación de aquella primera redacción. Partiremos asimismo del hecho, que hay que resaltar más, de que el definitivo *Discurso* no aparece como anónimo, sino que el Consejo de Castilla en la primera frase de la «Advertencia» inicial lo hace suyo:

83. Debo y agradezco la información de esta traducción a Josep M. Fradera, así como de una edición castellana en Manila en 1793.

84. Lluís Argemí ya destacó este papel de Campomanes como seleccionador de textos para traducir y de dirección de traductores como Aoiz y Dabout (Lluch y Argemí, *Agronomía y fisiocracia en España (1750-1820)*, pp. 9-26). Francisco Aguilar Piñal, *Bibliografía de autores españoles del siglo XVIII*, tomo VII, R-S, CSIC, Madrid, 1993, hace suya la atribución de la autoría de *El corresponsal del censor*, Imp. Real, Madrid, 1786-1788, 4 vols., según Cortarelo a Manuel Rubín de Celis. En las cartas I y IV del primer volumen hay referencias despectivas a sus escritos económicos que se podían interpretar que los redactó simplemente por encargo retribuido de Campomanes sin interés personal, lo que confirmaría la tarea de dirección y de iniciativa del fiscal «no es mi ánimo que se apologizen estas obrezuelas de *Industrias* ni *Educaciones Populares*, pues no puede ser buena una cosa popular» (p. 9) y «yo he baboseado algunos libros de Política y Economía» (p. 51). En una primera aproximación se podría pensar que cuando se ha leído poco y superficialmente, la proclividad a influencias directas y limitadas aumenta en gran manera.

...el Consejo ... creyó oportuno hacer presente a S. M. la utilidad de imprimir y comunicar a todo el Reino este discurso a costa del público, en el cual estuviesen reunidas las ideas y principios que pudiesen reducir a práctica la aplicación a un trabajo proporcionado a todas las clases que viven actualmente desocupadas.

Por tanto se trata de un texto asumido por el conjunto de la más alta autoridad como si fuese una previa y gran «exposición de motivos» de un cuerpo legislativo que deseara vertebrar la futura política industrial contra el paro.

Lo dicho hasta aquí nos permite justificar y aclarar las tres cuestiones que vamos a plantear. La primera no se centrará en aportar argumentos sobre la paternidad literal de la redacción del *Discurso*, sino acerca de la matriz o la genealogía teórica de su vertebración doctrinal. Así pues, ampliaremos y concretaremos lo que hasta ahora solamente ha sido sugerido de una manera imprecisa.[85] La segunda es comprobar la hipótesis apuntada, según la cual se trata de una «exposición de motivos» que parece anunciar medidas legislativas: analizar si éstas se adoptaron o no nos permitirá conocer la coherencia entre la política ilustrada publicada y la política ilustrada aplicada. La tercera, averiguar si la práctica consagrada por la legislación tuvo una influencia efectiva y positiva sobre la industria española: al hacerlo, tropezaremos —lo anticipamos— con la falta de estudios sobre la evolución del cultivo y aún más sobre la elaboración industrial del cáñamo.

El «Traité du chanvre» de Marcandier, matriz teórica del «Discurso»

Se ha afirmado, con razón, lo desconocida que es la figura y la obra de Marcandier. Incluso en el extraordinario libro de André J. Bourde, las referencias son mínimas desde cualquier punto de vista. Sin embargo, un rastreo sistemático de este magistrado de Bourges, capital del Berry pródigo en cáñamo, demuestra que las obras de Marcandier sobre este producto textil tuvieron una gran difusión que le convirtieron en su mayor y casi exclusivo especialista europeo. Quien recuerde la continuada referencia de Campomanes a este producto, tanto en la agricultura como en la industria popular, deberá relacionarla estrechamente con los escritos de Marcandier. Vamos a mostrar que estos escritos tuvieron un enorme éxito en su tiempo, aunque ahora no sea recordado.

El primero de ellos es *Nouvelle méthode de préparer le chanvre avec moins de déchet et de frais, et d'en tirer le meilleur parti*, publicado en el famoso *Journal Oeconomique ou Mémoires, notes et avis sur l'agriculture, les arts, le commerce, et tout ce qui peut avoir rapport à la santé, ainsi qu'à la conservation et l'augmentation des Biens de Familles* en septiembre de 1755

85.   E. Lluch, «Prólogo» en V. Llombart, *Campomanes, economista y político de Carlos III*, Madrid, 1992, pp. 17-18.

(pp. 61-70). La mayor parte del artículo es técnico y resultado de experiencias que su autor ha efectuado «bajo los ojos y con los consejos del Intendente de Berry». Sin embargo, en los párrafos finales apunta que las mujeres podrán hilarlo muy fino y los hombres pueden tejer telas cada vez más perfectas y por tanto cada vez con más renombre y más buscadas. Por ello interroga: «¿Cuántas provincias en este Reino no se han transformado en opulentas y pobladas sólo por el establecimiento sucesivo de estas pequeñas manufacturas dispersas?» (p. 69).

Este trabajo fue casi inmediatamente traducido, *Neue Art, dem Hanf mit wenigerm ubgange und geringern koften zu bereiten, und ihn am besten zu nuben*, en *Allgemeines Magazin der Natur, Kunst und Wissenschaften* (Leipzig, noveno tomo, 1757, pp. 95-103), y volvió a ser editado en el *Journal Oeconomique* en noviembre de 1758. El texto de referencia fue publicado enteramente, aunque con adiciones, en una publicación sin lugar de edición y fecha: *Mémoire de Mr. Marcandier, de Bourges, sur la manière de préparer le chanvre*. Dichas adiciones se refieren a la labor del intendente Dodart y señalan a Marcandier como el «inventor del método ... detallado en esta memoria» en los últimos párrafos de las 16 páginas que lo forman. No podemos asegurar que esta última edición coincida exactamente con otra del mismo título fechada en Nancy en 1757, puesto que no hemos alcanzado a verla.

En 1758 Marcandier volvería sobre el cáñamo con una publicación mucho más extensa, 147 páginas, y que afirmaría su autoridad: *Traité sur le chanvre*, editado en París. Inmediatamente indica que «entraremos también en el detalle de las observaciones económicas que son el principal objeto de esta obra» (p. IV). Efectivamente son, además, las páginas más densas. La única apoyatura teórica que evoca está entresacada de *Des principes des Negotiations* (La Haya, 1757) del abate Mably en su capítulo XVII, «Des Traités du commerce. Disgression sur le luxe», que en realidad es el único fragmento económico (pp. 231-241). Mably, a su vez, se refiere en algunos extremos a los *Discourses* de David Hume y al *Essai* de Cantillon («le meilleur ouvrage»), que, recordemos, son dos puntas de lanza del pensamiento económico liberal de la época. Sin embargo, el fragmento que interesa a Marcandier es de redacción propia:

> Es, pues, el comercio de los agricultores el que merece la principal atención de los políticos. Si no se favorece la industria de los primeros, se podrán tener algunas ciudades florecientes debido a sus manufacturas, pero el cuerpo entero de la nación estará siempre mal constituido. El mayor número de ciudadanos vivirá apenas en su miseria (pp. 236-237).

Las páginas económicas de Marcandier contienen un número de ideas tan presentes en Campomanes que es normal que sea el autor, con mucho, más citado en la *Industria popular;* 1.ª, la manufactura del cáñamo es la más conveniente para el campo incluso para compensar las estaciones con falta de trabajo; 2.ª, los salarios bajos permiten producir a bajos costes; 3.ª, el trabajo manufacturero no es competitivo con el agrícola; 4.ª, el cáñamo bien cultivado y bien tratado puede ser muy barato; 5.ª, los controles de las «oficinas de marca» encarecen la fabricación en las ciudades; 6.ª, la manufactura dispersa da buen resultado en diversas áreas (Suiza, Silesia, Flandes, Picardía, Normandía, Bretaña); 7.ª, las manufacturas retienen y alimentan a la población en el campo, contra el temor de Mably; 8.ª, el verdadero interés del Estado no es buscar la mayor perfección sino el mayor consumo y la mayor fabricación, por lo que hay que preferir las industrias bastas a las finas; 9.ª, la agricultura y las fábricas necesarias son inseparables; 10.ª, las fábricas concentradas en las ciudades aumentan los costes; y 11.ª, tan sólo algunas industrias (forjas, vidrieras, porcelanas, tapicerías) pueden sostener los costes de las manufacturas concentradas. En consecuencia, «la manufactura dispersa en el campo es, pues, la única que puede naturalmente convenir a la fabricación del cáñamo y de las telas» (p. 128).

Poco tiempo después, en julio de 1758, el *Journal de Trévoux ou Mémoires pour servir à l'histoire des sciences et des arts* publica un extenso resumen de las citadas ideas económicas del *Traité du Chanvre* (pp. 1.733-1.745), en un tono coincidente en que «es necesario dejar las manufacturas libres y dispersas en el campo». Otro eco de los trabajos de Marcandier se encuentra en una publicación de enorme trascendencia, *Recueil de Mémoires, concernants l'Œconomie rurale par une société établie a Berne en Suisse*. En su primer tomo y en su primera parte, tanto en la versión francesa como en la alemana, editada en Zurich en 1760, aparecen la *Mémoire sur le chanvre* (pp. 183-206) y la *Nouvelle méthode de préparer le chanvre, avec moins de déchet et de fraix, et d'en tirer un plus grand usage* (pp. 207-212), que son unos extractos de los dos escritos de Marcandier. Posiblemente esta es la versión que conocieron Rubín de Celis y Campomanes. Nos induce a pensarlo el hecho de que ambos y en la misma página V de sus respectivos *Discursos* hablan de que el «señor Marcandier, miembro de la Academia de Berna en los Cantones Suizos, dio à luz un tratado sobre el cultivo, usos, y aprovechamiento, que se pueden sacar del cáñamo». Una reseña del *Recueil* por el *Journal de Trévoux* (1762, pp. 279-290) elogia dichos extractos puesto que «no podía escoger una fuente más abundante de instrucciones sobre esta materia (el cáñamo)».

Las traducciones completas se irán sucediendo. La primera, *Abhandlung vom hauf, denen manufacturiens hauf-und handels leuten*, fue editada en Freystadt en 1763. Al año siguiente aparece la inglesa en Londres, *A Treatise on Hemp*, con las citas clásicas *in extenso* y con la adición del *Procédé pour blanchir le Linge, les Toiles, et les Etoffes, avec l'eau de Maron d'Inde*. La americana, más resumida, se publica en Boston en 1766: *An abstract of the most useful parts of a late Treatise on Hemp*. La castellana, *Tratado del cáñamo*, será debida a Manuel Rubín de Celis en 1774 y es analizada con mayor detenimiento en un apartado específico. Nos resta aún hacer referencia a una segunda edición del original francés en el propio París, en 1795, y a una traducción portuguesa, también completa, por orden del real príncipe de Brasil, «en beneficio de la agricultura y marina del reino y dominios ultramarinos», de Martim Francisco Ribeiro d'Andrade, con el título *Tratado sobre canamo* y editada en Lisboa en 1799. La *Biographie universelle (Michaud) ancienne et moderne* (Leipzig, 1861, t. XXVII), entrada «Marcandier», da cuenta de una *Question importante sur l'agriculture et commerce* (París, 1766) que no hemos podido localizar. Puede ser útil añadir que la bibliografía de referencia en la época[86] recoge siete títulos sobre el cáñamo, de los que tres son de Marcandier, lo que da a entender que la ilocalizada *Question* trata también de esta fibra.

Dieciocho son, pues, las diversas ediciones —originales, traducciones o resúmenes— de los dos trabajos de Marcandier, la *Mémoire* y el *Traité*, en cuatro décadas. La traducción castellana tardó dieciséis años en llegar hasta que la publicó Manuel Rubín de Celis y fue la decimosexta en el repertorio, seguramente incompleto. Dicho de otra manera, Rubín de Celis y Campomanes no se habían fijado en un autor raro, sino en la autoridad más difundida sobre una planta industrial de importancia económica y militar. Simultáneamente, en España tenemos noticia de que en el mismo 1774 hubo otra traducción: *Tratado sobre el cáñamo que publicó en 1755, en 8.°, el Sr. Marcandier, intendente de la provincia de Berri. Versión del francés al español por D. Mariano Lozano, beneficiado de la iglesia parroquial de Paracuellos de la Rivera, socio de número de la Real Sociedad Económica Aragonesa.* Este manuscrito con notas no fue nunca editado, seguramente por la coincidencia con la de Rubín de Celis. Asimismo, Braulio Antón Ramírez da conocimiento de un manuscrito desaparecido y no fechado que obraba en el Archivo de la Real Sociedad Económica de Amigos del País de Valencia, *Extracto del tratado sobre el cáñamo de Mr. Marcandier y otros varios autores extranjeros sobre el lino*, aunque se conserven en dicho archivo una quincena de manuscritos sobre el cáñamo entre 1776 y 1799.[87] Aún hemos hallado una cuarta traducción abreviada y también inédita como las dos anteriores, *Memoria sobre el modo de preparar y beneficiar al cáñamo*, en el importante *Discurso sobre la agricultura, comercio e industria en el Principado de Cataluña de la real Junta Particular de Comercio de Barcelona* (1780), obrante en la Biblioteca del Palacio Real de Madrid.[88]

Madrid, Zaragoza, Valencia y Barcelona habían sido, pues, sensibles a las publicaciones de Marcandier sobre el cáñamo. Sin embargo, fue la Real Sociedad Vascongada la que se adelantó en reconocer su labor al nombrarle socio en la temprana fecha de 1768. Gracias a esta adscripción conocemos que en 1771 vivía en Bourges pero que en 1783 se había trasladado a París.[89]

---

86. Musset Pathy, *Bibliographie agronomique*, París, 1810.
87. Véase F. Aleixandre, *Catálogo de la Biblioteca de la Real Sociedad Económica de Amigos del País*, Valencia, 1972.
88. Ms. 2471, pp. 129-139.
89. J. Demerson, «Los extranjeros en la Real Sociedad Económica Vascongada de los Amigos del País 1765-1792», *Las Reales Sociedades de Amigos del País*, San Sebastián, 1972, pp. 46 y 50.

El conde de Peñaflorida le consideraba como propio el 9 de mayo de 1774 cuando escribía a Jacinto de Álava: «Mucha gloria resulta a nuestro Marcandier de la nueva empresa del Señor Campomanes, cuia universalidad de trabajos parece incomprensible».[90] Al fin y al cabo, Marcandier fue citado en textos tempranos de la Vascongada, según nos escribe Jesús Astigarraga. Un total, pues, de dieciocho traducciones —parciales o totales— de escritos de Marcandier, de ellas una al castellano, a las que hay que añadir tres inéditas en España y el reconocimiento vasco, muestran que estamos ante un autor inmerecidamente olvidado.

Situemos ahora brevemente a Mably y a Marcandier. Mably, con Rousseau y utopistas autoritarios como Linguet, «temían la despoblación francesa, detestaban el lujo, las ciudades corruptoras, las desigualdades de la propiedad privada, la misma convicción en favor de la agricultura y un fuerte deseo idéntico de fusión y de reconciliación en la voluntad general».[91] Marcandier, a su vez, está plenamente conectado con Duhamel, de quien aplicó su plan para estudiar el lino y el cáñamo. Esta planta textil tenía una importancia primordial para la marina y era objeto de frecuentes intervenciones gubernamentales. No hay que olvidar que Duhamel tenía en su cargo público como obligación primordial la supervisión de la construcción naval. Además, como en España, la necesidad de las importaciones de cáñamo de Riga y del norte de Italia preocupaban a la seguridad militar. Marcandier, al aplicar el método de Duhamel para el lino, lo hizo en una zona como Berry especialmente famosa por la calidad de sus cáñamos.[92] Sin embargo, Duhamel no habló de la industria dispersa, sino que, recordemos, lo hizo Marcandier a partir de dicho breve pasaje de Mably. Años después Rubín de Celis y Campomanes lo enriquecieron con observaciones sobre España dentro de un esquema extraordinariamente bien construido, suponemos, por el segundo. Pese a lo dicho hay que recordar que el «nuevo agrónomo» que era Duhamel planteó desde 1751 una serie de conceptos —precio de los víveres como patrón de las mercancías, avances a la producción o producto de la tierra— que Quesnay integraría en su *Tableau économique*.[93] Se conecta aquí también con

90.   Conde de Peñaflorida, *La Ilustración Vasca. Cartas de Xavier Maria de Munibe, a Pedro Jacinto de Álava*, edición, introducción, notas e índices de J. Ignacio Tellechea Idígoras, Vitoria, 1987.

91.   J.-C. Perrot, *Une histoire intellectuelle de l'économie politique, XVIIe-XVIIIe siècle*, París, 1992, p. 171.

92.   A. J. Bourde, *Agronomie et agronomes en France au XVIIIe siècle*, París, 1967, pp. 656-662.

93.   Un hermano de Manuel Rubín de Celis, el cercano a la Revolución francesa Miguel, publicó dos folletos, que hasta ahora han pasado desapercibidos (Urzainqui y Ruiz de la Peña, 1983, y Elorza, 1971), que aparecen conectados y de los que el segundo está dirigido a Duhamel: *Lettre de M. Rubin de Celis ... à MM les Rédacteurs du «Journal de Physique» an sujet de l'extrait de l'ouvrage de M. le conseiller de Born, sut l'amalgamation de métaux*, Filadelfia y París, 1788, y *Lettres de Mr. Rubin de Celis ... adresées a Mrs. Duhamel de l'Académie royale des sciences de Paris, et à Mr. le Chevalier de Born Conseiller de la Cour au Suprême*

lo más avanzado del liberalismo económico y de la creación de instrumentos teóricos.

La genealogía del *Discurso* no puede hallarse en la *Encyclopédie ou Dictionnaire raisonée des Sciences, des Arts et des Métiers*, puesto que la entrada «chanvre» fue inspirada por Duhamel y publicada en 1753, antes de que escribiera Marcandier su primer escrito. En cambio, la entrada de la *Encyclopédie* sobre «manufacture, réunie, dispersée» apareció anónimamente en 1756 y tiene un aire muy cercano a los puntos de vista industriales de Marcandier, aunque no se refiere de una manera sustancial al cáñamo.

El «Discurso» y el cambio legislativo sobre la industria del cáñamo

Campomanes concentró su propuesta industrial en dos direcciones. La primera consiste en extender las protecciones que dio Felipe V el 10 de noviembre de 1726 en favor de las manufacturas finas, lana y seda, a las bastas. Paralelamente a Marcandier, quien se enfrentaba a Colbert por lo mismo, Campomanes rechaza esta preferencia. Sin embargo, en una primera fase discrepa de los que, como Francisco Craywinckel, piensan que las manufacturas bastas deben ser preferidas a las finas. Así, en una carta escrita el 4 de abril de 1760, reconoce que «es cierto que, en el orden natural, parece debe ponerse la aplicación en lo que es de mayor facilidad y consumo y que, concurriendo estas calidades a favor de los géneros bastos, está por ellos la preferencia. A mí me parece, no obstante, que en estos puede paralogizarse».[94] Este «no obstante» desaparecerá catorce años más tarde al optar por una clara inclinación por las industrias bastas, es decir, por el cáñamo y el lino.

La segunda dirección es su predilección por la industria popular o dispersa como producción artesanal sin dirección de los comerciantes (*Kauf system*). Una opción[95] que estaba enfrentada tanto con la producción a través de los gremios urbanos como con el sistema de «encargos a manos» agrícolas por comerciantes (*Verlag system*). Subrayemos que la dirección adoptada por Campomanes puede considerarse como una «ilusión bucólica», en expresión de Marcelino Menéndez y Pelayo, desde una perspectiva actual, pero no si se considera una propuesta pensada para un país agrícolamente y ganaderamente pobre, tal como lo era el «espejo gallego» donde siempre se miraba el fiscal asturiano. Según la pauta de Marcandier, Campomanes situaba al margen algunas manufacturas estrictamente urbanas que coincidían con las tra-

---

departement des Mines à Vienne avec une réponse de Mr. de Born sur l'amalgamation des mateaux nouvellement établie en Allemagne, París, 1789. El primero en la Biblioteca Nacional de París y el segundo en la de Madrid.

94. P. Rodríguez de Campomanes, *Epistolario*, t. I (1747-1777), Madrid, 1983, p. 74.

95. Para no simplificar hay que recordar la ambigüedad de los fisiócratas ante esta propuesta productiva y que Adam Smith veía en ella unas condiciones de trabajo más favorables.

dicionalmente favorecidas por el Estado absolutista: forjas, pólvora, vidrierías, porcelanas, refinerías, trefilerías y otras.

¿La opción del *Discurso sobre la industria popular* influyó en la legislación en favor del fomento de la dispersión artesanal del cáñamo (y del lino)? Contestar afirmativamente a esta pregunta sería dar pábulo a que hubo una práctica reformista real. Si la hubiere, deberíamos tener en cuenta si contiene elementos que contradigan la opinión de que «no se produjo discriminación hacia las fábricas o hacia las actividades industriales urbanas».[96]

Utilicemos, como índice legislativo, la colección de órdenes generales de rentas promulgadas en el setecientos sobre el cáñamo, así como sus tejidos. Con anterioridad a 1772, año en el que, más o menos, llega a España la influencia real de Marcandier que fructificaría dos años después, existen cuatro órdenes generales[97] que atienden a solucionar problemas concretos en Galicia, a los que nos referiremos más adelante, tales como ayudar al traslado de una fábrica gallega (23 de febrero de 1754), conceder libertad de importación en el puerto de Vigo (4 de noviembre de 1749), privilegios de tanteos (30 de marzo de 1753) y pago en El Ferrol de derechos (23 de diciembre de 1760). Frente a estas cuatro órdenes de renta, desde 1772 hasta final de siglo se promulgarán otras 48. Tres períodos concentrarán el grueso legislativo: 1772-1780, 17 órdenes generales de rentas; 1783-1790, 11, y 1792-1798, 20.

Será en los años inmediatamente posteriores a 1774 cuando se adopten las disposiciones clave. Así, el 22 de febrero de 1775 se adopta la libertad de derechos de importación del cáñamo y del lino dirigido hacia las manufacturas nacionales, cuyo cumplimiento es reiterado (31 de mayo y 2 de diciembre de 1779), a lo que se añade la exención de derechos de alcabalas y cientos en las ventas al por mayor y al por menor para el uso de embarcaciones y la exención de derechos reales y municipales del cáñamo y del lino importados para las fábricas españolas (24 de diciembre de 1779), así como la libertad de comercio entre todos los puertos (17 de febrero de 1780). A su vez se rebajaron los derechos de extracción al 2,5 por 100 (27 de noviembre de 1772, 6 de abril de 1773 y 12 de agosto de 1776) y se igualan las franquicias de las manufacturas del lino y del cáñamo (23 de abril de 1778) a las que ya habían recibido las manufacturas finas (18 de junio de 1756). Esta línea se completa con la prohibición de importar, en una Real cédula del 14 de julio de 1778, varias manufacturas menores de lino y cáñamo, aunque también de lana y algodón, que se va acentuando (14 de noviembre de 1778, 21 de octubre y 21 de diciembre de 1779), y la libre salida de manufacturas a América (13 de julio de 1780). Esta última medida completaba la Real orden de 12 de enero de 1777 por la que se fomentaba el cultivo del cáñamo y del lino en Nueva España y se acordaba la más libre extracción, antes del Reglamento de Comercio Libre del año siguiente, hacia la península. La legis-

96.   V. Llombart, *Campomanes, economista y político de Carlos III*, p. 268.
97.   A. Matilla Tascón, *Catálogo de la colección de órdenes generales de rentas*, t. I, siglo XVIII, Madrid, 1950.

lación posterior la podemos calificar de perfeccionamiento del esquema puesto en pie en la década de los setenta, aunque sólo haya que destacar la «libertad para fabricar toda clase de téjidos de lino y cáñamo, sin sujeción gremial ni de sexo, ni otra restricción que la calidad de los géneros» (14 de diciembre de 1784), que era un elemento decisivo del *Discurso sobre el fomento de la industria popular.*

Si la industria era una baza fundamental del *Discurso*, la otra lo eran las Sociedades Económicas. Si tuviéramos un balance de los temas tratados en las Sociedades Económicas veríamos que la atención que dedicó la valenciana al cáñamo, y que hemos señalado, fue bastante habitual. El mismo impulso existió en la literatura dedicada al cáñamo. El *Diccionario de bibliografía agronómica y de toda clase de escritos relacionados con la agricultura*, de Braulio Antón Ramírez (Madrid, 1865), revela 20 trabajos sobre el cáñamo en el conjunto del siglo, de los cuales 9 fueron editados entre 1774 y 1780 y otros 5 entre 1784 y 1789. Solamente 4 de ellos vieron la luz antes de 1774, y en parte estaban relacionados con la voluntad de su expansión en Galicia.

La influencia en el crecimiento de la producción
del cáñamo y su industria

El *Discurso*, bien sabido es, proponía como ejemplo a seguir el de Galicia: «Aunque parezca más brillante el comercio de Cataluña y más lucroso, como lo es en efecto a ciertos pueblos y fabricantes de aquel Principado, es más general y benéfica la constitución de Galicia, y mucho más sólida y duradera» (pp. LXXII-LXXIII). Opinión muy equivocada como la historia industrial posterior se encargaría de demostrar. Sin embargo, una comparación entre la producción de tejidos de lino en Galicia (16,9 millones de varas en 1750 y 25,7 en 1800) y la de tejidos de algodón (1,5 en 1768 y 4,7 en 1797) es «abrumadoramente favorable»[98] a la primera. Tres observadores como Larruga, Laborde y Polo y Catalina «se hallaban de acuerdo en ofrecer el ejemplo de Galicia al resto de las provincias peninsulares»,[99] incluso al doblar el cabo del siglo XIX. La voluntad última de la política industrializadora del *Discurso* es encontrar las causas del desarrollo gallego de los tejidos de lino para aplicarlas a la extensión de los de cáñamo. Sabemos ahora que el sector linero gallego se correspondía con el modelo *Kauf system* diseñado en el *Discurso* de una manera perfecta.[100]

¿Era posible extender los éxitos del lino al cáñamo? El naturalista José Cornide (una excepción dentro de los ilustrados gallegos) nunca lo pensó, de-

98. A. Sánchez, «La indianería catalana: ¿mito o realidad?», *Revista de Historia Industrial*, 1 (1992), p. 228.
99. R. M.ª Serrera Contreras, *Lino y cáñamo en Nueva España*, Sevilla, 1974, p. 32.
100. J. Carmona Badia, *El atraso industrial de Galicia. Auge y liquidación de las manufacturas textiles (1750-1900)*, Barcelona, 1990.

bido a la falta de tierras «muy pingües y substanciosas» en Galicia, por lo que se mostró rotundamente contrario a su expansión.[101] Efectivamente, el cáñamo, que requiere un clima templado, con buenas tierras e irrigadas, parece más proclive al noreste peninsular, mientras que el lino requiere climas más fríos y más húmedos. Las cifras que da el *Censo* de 1779, pese a las precauciones con que debe ser utilizado, muestra una mayor proclividad en la Corona de Aragón con un 70 por 100 de la producción y a la que si se le suma Navarra, Murcia y Granada se alcanza el 90 por 100. La misma fuente indica que el lino está distribuido más equitativamente pero con las mayores concentraciones en Galicia (27 por 100) y en León (20,4 por 100). Lo cierto es que la producción de cáñamo era baja, pese a la «inusitada fiebre» que despertó, y tuvo en Galicia una «substancial regresión del plantío» a finales del setecientos. La «inusitada fiebre» arranca de la Academia de Agricultura en 1765 con el marqués de Piedrabuena, capitán general, y antes del establecimiento de la manufactura de Sada y el inicio de los arsenales de El Ferrol en 1727. La acción de la Armada interviniendo cosechas, fijando precios y pagando tarde o nunca no era, en el terreno de los hechos, ningún acicate.[102] Tampoco lo fueron los gremios de mareantes.

Para acabar de contestar la tercera pregunta sería necesario conocer con alguna precisión la evolución de la producción del cáñamo. Lo que conocemos es que la demanda de nuestra materia primera era muy superior a la producción interior, lo que repugnaba al mercantilismo y se convirtió en un problema cuando los acontecimientos bélicos hicieron peligrar el abastecimiento y desviar los mercados de oferta desde Riga y Rusia hasta el sur de Francia y el norte de Italia. En el estudio existente más global [103] se habla de «relativos éxitos conseguidos en el último cuarto de siglo en la oferta interior», de unos buenos cincuenta años con una «magnífica década 1780-1790 y de multiplicar por más de dos la cosecha anual en un plazo de veinte años» 1770-1790.[104] Se puede insinuar que en 1800 el 25 por 100 del consumo interno debía ser importado.

101.   A. Meijide Pardo, «Antiguos recursos de Galicia: cáñamo y seda», *Revista de Economía de Galicia*, 43-44 (1965), p. 66.

102.   *Ibid.* Las experiencias, breves en la gobernación de Luisiana y en la Intendencia de Caracas y más sostenidas en Nueva España, también fracasaron rotundamente (Serrera, 1974). Destaquemos sobre esta última el «Informe de don Francisco Romà y Rosell sobre la implantación de los cultivos de lino y cáñamo», firmada en México el 6 de octubre de 1778 (Archivo General de Indias, *Indiferente*, 100), donde defienden que si en «plena libertad» fructifica el cultivo se pueda, lo que era sorprendente dada la mentalidad colonialista, industrializar. Esta manufacturación tendría que tener lugar en áreas rurales para huir de los altos salarios.

103.   J. P. Merino Navarro, «Cultivos industriales: el cáñamo en España (1750-1800)», *Hispania*, 131 (1975), pp. 567-584.

104.   Para ser imparciales debemos aducir, sin embargo, el parecer en contra según el cual «a fines de la centuria la situación no debió ser muy diferente a la de los años setenta» (Serrera, *Lino y cáñamo en Nueva España*, Sevilla, 1974, p. 10). Un primer balance de las actividades de las Sociedades Económicas en apoyo del cáñamo muestra que se siguieron las recomendaciones de su inspirador Campomanes (Higueras, 1992, pp. 131-144).

Por otra parte, cabe preguntarse: la industria popular del cáñamo ¿creció también? La pregunta es de difícil respuesta a nivel general. No obstante, nuestro mejor conocimiento de Cataluña y del País Valenciano permite sostener que en estas zonas el crecimiento de la producción cañamera, a remolque del regadío,[105] anduvo acompañada del aumento del número de telares destinado a tejerlo.[106] Si el último crecimiento fuera cierto, tendríamos que plantear como muy plausible la hipótesis de que la legislación elaborada a partir del *Discurso sobre el fomento de la industria popular* ejerció una influencia práctica positiva en aquellos territorios aptos para el cultivo de la planta y proclives al desarrollo industrial. Un efecto no deseado, «a lo Hirschman», es que arraigara en la costa mediterránea y no en Galicia. Como último paso, apuntemos otra posibilidad no buscada. La formulación de una legislación favorable a la industria popular del cáñamo pudo abrir oportunidades para las de otras fibras como la lana o el algodón. Los contenidos de las «órdenes generales» sugieren que, en ocasiones, las incorporan explícitamente y, en otras, indirectamente, puesto que podían aprovecharse de unas condiciones generales creadas por la mayor protección de la competencia exterior o por una más amplia libertad interior, que pretendiendo beneficiar a la industria cañamera lo hicieran al resto de la actividad textil.

Jovellanos, proteccionista y prohibicionista

Jovellanos, proteccionista [107]

En el innovador y ya clásico artículo del profesor Fabián Estapé acerca de «Algunos comentarios a la publicación del *Ensayo sobre la naturaleza del comercio en general*, de Cantillon»,[108] se dedicaba uno de sus apartados a glosar la relación entre Jovellanos y Cantillon, poniendo de manifiesto que el asturiano quizá fuera el primer introductor español del *Ensayo* al realizar una traducción de la obra en 1775-1776 durante su estancia en Sevilla para su uso particular (y es de suponer que también para sus amigos Olavide y Bruna). Con criterio certero, corregía Fabián Estapé a Julio So-

---

105. J. Rebagliato, «Cáñamo», *Gran Enciclopedia Catalana*, Barcelona, 1973.

106. Montserrat Durán nos recuerda, con razón, la multitud de observaciones sobre el cáñamo en Cataluña existentes en el *Atlante Español o Descripción General de todo el Reyno de España* (1779-1786), de Bernardo Espinalt, o en la *Memoria de los géneros de cáñamo ... de ... Francisco de Zamora oydor de la Real Audiencia de Cataluña* (1787) (Biblioteca Palacio Real, ms. 1676). El *Discurso* (1780) de la Junta de Comercio o los cuestionarios del mismo Zamora parecen hablar de una cierta y considerable vitalidad.

107. Esta sección corresponde a la ponencia de Vicent Llombart presentada en las *V Jornadas sobre historia del pensamiento económico. Homenaje al profesor Fabián Estapé*, Zaragoza, 11-12 de diciembre de 1997.

108. *Moneda y Crédito*, n.º 39 (1951), pp. 38-77. Reproducido en Fabián Estapé, *Ensayos sobre historia del pensamiento económico*, Ariel, Barcelona, 1971, pp. 42-94.

moza[109] que había confundido la posterior «Introducción a un Discurso sobre el estudio de la Economía civil» de Jovellanos con un texto relacionado con la traducción de Cantillon y había fechado el manuscrito en consonancia con ello en 1776. Investigaciones más recientes que hemos realizado vienen a corroborar el criterio del profesor Estapé, pues parece evidente que la «Introducción a un Discurso sobre el estudio de la Economía civil» es posterior al *Informe sobre la Ley Agraria* que se publicó inicialmente en 1795.[110]

Existen algunas razones por las que conviene insistir en la temprana y duradera relación entre Cantillon y Jovellanos descrita por el profesor Estapé. Por un lado, a fin de subrayar la pluralidad de fuentes que utilizó el asturiano a lo largo de su vida, algo que no siempre se ha tenido presente en los estudios modernos que tienden a privilegiar la influencia de Adam Smith. Y por otro, porque el caso de Cantillon muestra con toda claridad la existencia en el siglo XVIII de grandes economistas que realizaron numerosas aportaciones a la ciencia económica, pero que no fueron librecambistas respecto a las relaciones económicas internacionales. Es conocido que en la parte tercera del magnífico *Ensayo* de Cantillon, especialmente en su capítulo primero «Del comercio con el extranjero», se mantienen diversos argumentos económicos y políticos para defender una balanza de comercio favorable y, por tanto, la necesidad de regular activamente el comercio exterior para favorecer las exportaciones, especialmente de productos manufacturados, fomentar la navegación comercial en las propias embarcaciones y fortalecer al mismo tiempo una marina floreciente para hacer frente a los abundantes conflictos bélicos.

¿Hasta qué punto estas ideas proteccionistas u otras similares estuvieron presentes en el pensamiento de Jovellanos? ¿Es cierto que como se ha dicho sus ideas evolucionaron con el tiempo hacia planteamientos librecambistas de tipo smithiano? Dilucidar estas cuestiones es el objeto principal de esta sección basada en un repaso detenido de los principales escritos económicos en los que Jovellanos abordó de una u otra forma las relaciones económicas internacionales. Observado el problema de esta forma, y no por medio de la cita de frases aisladas o de alusiones genéricas a la influencia de determinados autores, considero que se puede demostrar que no existe ningún escrito de naturaleza librecambista, incluyendo los de su época de madurez.

El primer escrito económico conocido de Jovellanos es el «Informe sobre la extracción de aceites a reinos extranjeros» que elevó al Consejo de Castilla como ministro de la Audiencia de Sevilla en mayo de 1774. El Informe estaba en parte provocado por una solicitud de Francisco Cabarrús para extraer de Sevilla por vía fluvial treinta mil arrobas de aceite considerando

109.   J. Somoza García Sala, *Jovellanos. Manuscritos inéditos, raros o dispersos,* Imprenta de los hijos de Gómez Fuentenebro, Madrid, 1913.
110.   V. Llombart, edición y estudio preliminar del *Informe sobre la Ley Agraria y* otros escritos económicos de Jovellanos, Universidad de Valencia, Valencia, 1997.

que su precio no rebasaba el límite máximo establecido por la Real provisión de 6 de febrero de 1767 de 20 reales la arroba, a partir del cual se prohibía la extracción. Pero se aprovechaba la ocasión para realizar una serie de reflexiones sobre la producción y comercio de aceite en Andalucía por ser un imponente ramo de cultivo del que dependía en gran parte «la felicidad de este reino». Centra su atención en buscar la justa proporción que debe haber en los precios del aceite «para que sirva de estímulo al cosechero, sin servir de ruina y desaliento a los consumidores», evitando la excesiva baratura que desanima la producción y las fuertes carestías de un producto de primera necesidad que perjudicarían además de a los consumidores, a las artes y a la industria. Aunque Jovellanos cita la frase conocida de que «la libertad es el alma del comercio» y es la que proporciona a los bienes comerciables «aquella estimación que corresponde a su abundancia o escasez», no se declara partidario de aplicar esa libertad de comercio a las importaciones y exportaciones de aceite que podrían actuar como mecanismo equilibrador de los precios.

Su argumentación básica en el caso del aceite andaluz, que como veremos después aplicará a otros casos, es que la producción de aceite es en general muy superior a lo que se necesita para su consumo y que, incluso después de surtir a otras provincias españolas, queda en los años medianos un «gran sobrante de ese fruto que sólo puede consumirse por medio de la exportación a reinos extraños». Fundamentaba en la «máxima de economía política» de que «tanto se cultiva cuanto se consume», la necesidad de proporcionar salidas a esos sobrantes, pues en caso contrario disminuiría la producción hasta hacerlos desaparecer. En ese sentido, su propuesta definitiva consistía en declarar libre la exportación de aceite, sin licencias u otras provisiones gubernamentales, mientras el precio no superase los 24 reales la arroba en los puertos donde deben realizarse las operaciones. Se trataba, pues, de facilitar un mayor margen a la exportación, aun manteniendo las precauciones del sistema regulatorio. Nada decía sobre la importación de aceites en años de escasez, posiblemente porque consideraba que en esos años el consumo interior estaba garantizado.

En 1781 Jovellanos pronunció ante la Sociedad Económica de Asturias su *Discurso sobre los medios de promover la felicidad de aquel Principado (BAE,* II, pp. 438-453), que es el primer escrito conservado en el que aborda temas generales en cuanto a su concepción de la economía política y la estrategia de desarrollo a adoptar en un caso específico como el asturiano. Y fue en este *Discurso* donde recomendaba las obras de Cantillon, Condillac y Mirabeau, junto con un amplio número de economistas españoles de los siglos XVII y XVIII. La segunda parte del *Discurso* versa sobre las tareas específicas que debería acometer la Sociedad para el desarrollo de Asturias, promoviendo la extensión y la mejora del cultivo agrícola y de las actividades pesqueras y mineras, y estimulando el desarrollo de la industria (principalmente como complemento de la agricultura) y del comercio. En la parte final definía el comercio exterior como «el que verdaderamente hace efectiva la riqueza de una provincia, proporcionando fuera de ella el comercio de las producciones sobrantes del consumo interior». Insistía en el axioma de que «tanto se cultiva y trabaja, cuanto puede venderse y consumirse» para señalar que la función principal del comercio exterior era el verificar por medio del consumo externo el valor de las producciones sobrantes de una región, que en su ausencia carecerían de valor y acabarían por desaparecer. Los auxilios que debían prestarse a este comercio eran las mejoras de las carreteras y de los puertos de Asturias y en especial el fomento de la marina mercantil propia. Y es al desarrollar este último aspecto cuando Jovellanos expone con más claridad la concepción, posiblemente derivada de Cantillon, de que es el extranjero el que paga el valor de los productos, fletes y conducciones:

> Esta especie de comercio hace que una parte de los individuos de una provincia que le promueve viva y se mantenga a costa del extranjero. Porque en efecto ¿quién es el que paga a los capitanes, patrones, maestres, contramaestres, pilotos y toda especie de marineros que se emplean en el comercio exterior, sino los pueblos donde se consumen los géneros de que se hace?…
>
> Es por lo mismo otro axioma de economía que el consumidor no sólo paga el precio intrínseco de las cosas naturales e industriales que compra, sino también todos los costos de labranza, cosecha y manufactura, de conducciones, almacenaje, fletes, derechos de entrada y salida, comisiones, empaques, y finalmente todo cuanto se gasta con los géneros comerciables, desde que salen de la tierra hasta que se hace de ellos la última venta. De donde resulta que cuando hagamos de nuestras producciones un comercio directo, llevándolas al extranjero en nuestras naves y vendiéndolas si es posible por medio de nuestros factores, entonces el comercio exterior nos dará todas las ganancias posibles en los géneros comerciables (*BAE*, II, pp. 451-452).

Cabe subrayar que en la formulación de Cantillon los habitantes de un país se sustentaban a expensas del extranjero cuando cambiaban a través del comercio exterior el producto de su trabajo por el de la tierra del otro país.[111] Jovellanos no entra de hecho a considerar esa posible balanza de trabajo, pues hasta el momento al hablar de comercio exterior sólo está considerando las exportaciones, sin exponer un análisis específico de las importaciones ni, por tanto, del intercambio de unos bienes por otros. Así pues, se trata de un proteccionismo más primitivo e intuitivo que el de Cantillon.

En septiembre de 1784, Jovellanos presenta a la Junta de Comercio un extenso «Informe sobre el fomento de la marina mercante» (*BAE*, II, pp. 20-28) y un mes después su conocido «Dictamen sobre la introducción y uso de las muselinas» (*BAE*, V, pp. 109-115). El primer Informe es un fuerte alegato a favor de actualizar las antiguas leyes que concedían el privilegio de preferencia en los cargamentos a los buques españoles respecto a los extranjeros a imitación del Acta de Navegación británica. Esta preferencia debería ser general, aun teniendo en cuenta el coste de los fletes, y acompañada de gra-

---

111. *Ensayo sobre la naturaleza del comercio en general* (1755), Fondo de Cultura Económica, México, D.F., 1950, pp. 142-143.

cias y franquicias de derechos de entrada y salida a los que cargasen en barcos españoles. Incluso pretendía «asegurar a los buques nacionales el comercio exclusivo de América que le han dado nuestras leyes; no concediendo a persona alguna en ningún tiempo, ni con algún pretexto, licencia para registrar géneros extranjeros» o para extraer productos de nuestras colonias (*BAE*, II, p. 27). Y confiaba en esas medidas coercitivas para combatir el comercio ilícito o contrabando. Así pues, Jovellanos confiaba plenamente en 1784 en las medidas proteccionistas y en algún caso prohibicionistas para fomentar la marina mercantil y el comercio español.

El Dictamen sobre el controvertido tema de la importación de las muselinas (telas finas orientales) de octubre de 1784 era ciertamente favorable a permitir bajo determinadas condiciones su importación a España que estaba prohibida desde 1770. Pero ni la argumentación económica ni las condiciones específicas de su propuesta justifican la calificación de librecambista atribuida en ocasiones a este escrito. La argumentación se fundaba en que como no era posible encontrar un método eficaz de erradicar el pernicioso uso de las muselinas, muy arraigado en la conducta caprichosa y suntuaria de las mujeres en las grandes ciudades (citando en apoyo de esta tesis al propio Montesquieu), debía levantarse la prohibición y permitirse la entrada de muselinas orientales (pero no a las provenientes de las industrias europeas). Con ello aumentarían los ingresos públicos, se desterraría el contrabando y no se vería perjudicada la industria textil española por la sencilla razón de que tal industria no existía. Sorprendentemente, dada la información ya disponible en aquella época, para Jovellanos era notorio «que no tenemos actualmente manufacturas de algodón en España, e incluso que no las podíamos tener, al menos en condiciones de competir con las muselinas o con la industria extranjera» (*BAE*, V, p. 113). Por tanto, no existían intereses industriales que proteger, aunque sí intereses comerciales y de la marina mercantil española. Su propuesta concreta no abogaba por una libre importación, sino por permitir transitoriamente la entrada «a aquellas porciones de muselinas que se condujeren en buques nacionales, cargados de cuenta de comerciantes españoles» (*ibid.*, p.115), mientras se alcanzaba la solución definitiva: la creación por el gobierno de una Compañía de Comercio de Filipinas que tendría la exclusiva de la importación de muselinas y de otros géneros de algodón. No se trataba de una postura librecambista, sino de una posición basada en el desconocimiento sobre la situación real de la industria textil catalana y del resto de España y en la desconfianza en sus posibilidades futuras.

El *Informe sobre el libre ejercicio de las artes* de noviembre de 1785 (*BAE*, II, pp. 33-45) es, junto con *Informe sobre la Ley Agraria* de diez años después, el escrito que mayor fama ha concedido a Jovellanos como economista, especialmente por su denuncia de la «opresión gremial». No entraremos ahora a analizar su crítica a los gremios y su propuesta de reforma, que eran bastante similares a las formuladas por Campomanes en sus *Discursos y Apéndices a la educación popular*, y que si bien se encaminaban en una dirección liberalizadora no suponían en absoluto la condena de toda reglamentación industrial. Pero sí es preciso subrayar, pues ha pasado desapercibido a la mayor parte de los estudiosos del asturiano, que su moderada propuesta de liberalización industrial se combinaba con una estricta política de industria nacional. Así, en el artículo segundo del *Informe sobre el libre ejercicio de las artes* recomendaba el uso de las «Aduanas» como primer instrumento en la política de fomento industrial:

> El Gobierno ha empezado ya a convertir el sistema de las aduanas en beneficio de nuestra industria. En efecto, el primer fomento de las artes debe venir de él, proporcionando de tal manera los derechos de importación y exportación, las prohibiciones y las enteras franquicias, ya sean en materias primas, ya en manufacturas, que se anime la industria nacional y se le proporcione una ventajosa concurrencia con la extranjera (*BAE*, II, p. 43).

Jovellanos se identificaba con la política proteccionista que hasta 1785 se venía aplicando y reclamaba a continuación la iluminación de «los principios de la economía civil, auxiliada de los cálculos de la aritmética política» para establecer los aranceles y contribuciones en los niveles que estimulen y protejan realmente a la industria española.

Posiblemente en 1785 Jovellanos redactó unos *Apuntes para una memoria sobre la libertad del comercio de granos* (*BAE*, II, pp. 50-53) que resultó inacabada y que debieron responder al encargo recibido por parte de la Junta Particular de Ley Agraria de la Sociedad Económica de Madrid. El carácter incompleto del texto impide precisar plenamente la posición de Jovellanos sobre la importante cuestión del comercio de granos, pues hay aspectos como la importación de granos o los índices de precios máximos y mínimos para regular la entrada o salida que están ausentes de estos *Apuntes*. Sin embargo, y a diferencia de lo que ocurrirá en el *Informe sobre la Ley Agraria,* sí que aparece una defensa clara de las ventajas generales del libre comercio de granos al considerar que la producción de los mismos era suficiente para satisfacer el «consumo universal», y que el comercio entre países permitiría cubrir con los sobrantes de los unos los déficits de los otros. «Y en este movimiento continuo, después de algunas oscilaciones, se nivelan periódicamente la necesidad y la abundancia»; también se nivelarían y estabilizarían los precios internacionales como consecuencia de la actuación de los comerciantes. La libertad de comercio no creaba ni escasez ni carestía, sino que estos eran precisamente los efectos de las leyes prohibitivas, en especial de las que trataban de impedir la exportación de los granos (que eran el objeto principal de su crítica). Las prohibiciones de extracción disminuían la producción interior, estimulaban los monopolios de los grandes compradores y favorecían la corrupción de los que siempre acababan eludiendo la ley, por lo que nunca conseguían aquello que pretendían: asegurar el abastecimiento de la población. Conviene retener estas ideas, en particular su insistencia en que el propio mecanismo de precios impedía que la exportación de granos creara desabastecimiento, hasta el análisis del *Informe sobre la Ley Agraria* en el que Jovellanos mantendrá una posición distinta y mucho más restrictiva que la expuesta.

En 1789 presentó en la Junta de Comercio un «Dictamen sobre el embarque de paños extranjeros para nuestras colonias» (*BAE*, II, pp. 71-74) que, al oponerse a la prohibición de reexportación de paños extranjeros a las posesiones americanas, podría considerarse como librecambista y crítico del monopolio colonial español. Sin embargo, no es ese el talante de un escrito en el que se llega a afirmar que «el objeto del Gobierno no es otro que hacer una guerra honrada a la industria extranjera» (*ibid.*, p. 71) y que «las colonias en tanto son útiles, en cuanto ofrecen un seguro consumo al sobrante de la industria de la metrópoli» (*ibid.*, p. 71). Se mostraba partidario de permitir en determinadas condiciones la reexportación a las colonias de paños extranjeros ya introducidos en España en base a una curiosa combinación de proteccionismo comercial, de crítica a las reglamentaciones fabriles y sobre todo de una fuerte desconfianza en las posibilidades de expansión de la industria textil española. Su argumento principal descansaba de nuevo en la debilidad de la industria textil española que era incapaz de asegurar el abastecimiento del consumo interior y colonial. «Es pues claro que cuando una metrópoli no tiene en la industria nacional o en algún ramo de ella sobrantes con que abastecer las colonias, la buena economía quiere que las abastezca con productos extranjeros para asegurarse de su comercio exclusivo» (*ibid.*, p. 72). La argumentación de Jovellanos no concedía ninguna capacidad de expansión a la industria española cuando se ampliaban los mercados, pues consideraba que la exportación de paños nacionales hacia América provocaría un grave desabastecimiento en la metrópoli y, como consecuencia, una reconquista del mercado nacional por parte de los textiles extranjeros, lo que acabaría con la ruina de la industria española. Así, la política más adecuada sería alejar los puntos de consumo a la industria extranjera permitiendo la reexportación de sus paños a las colonias, preservar el comercio exclusivo a comerciantes y navíos españoles, y asegurar un marco proteccionista en España a través de la política aduanera. En este último aspecto reiteraba el asturiano:

> Este y no otro es el oficio de las aduanas, las cuales, aunque se han mirado siempre en otro tiempo como un objeto de contribución, ya reconocen hoy toda las naciones que sólo deben de servir para asegurar una favorable concurrencia a la industria doméstica respecto a la que viene de otra parte. En este sentido son utilísimas, porque gravan la industria extraña hasta el punto de encarecer sus productos sobre los de la propia, y facilitar así el preferente consumo de estos (*BAE*, II, p. 72).

El escrito finalizaba con una expresión que ha adquirido cierta notoriedad: «La industria [nacional], sea la que fuere, sólo puede esperar del Gobierno libertad, luces y auxilios»; pero quizá no esté de más subrayar que los auxilios incluían el mantenimiento de un estricto marco proteccionista respecto al exterior.

Estos son los principales escritos de Jovellanos en los que abordó cuestiones relativas al comercio exterior con anterioridad al *Informe sobre la Ley Agraria*. No introduciremos en el análisis la amplia serie de textos sobre la minería asturiana que redactó entre 1789 y 1797 (*BAE*, II, pp. 463-479, y V, pp. 221-256),[112] pues su argumentación se centra en reclamar la libertad de explotación y de exportación comercial por los particulares del carbón mineral asturiano (de nuevo nada se dice sobre la importación), sin añadir nuevos elementos a lo que hemos venido señalando.

El *Informe sobre la Ley Agraria* que publicó la Sociedad Económica Matritense en noviembre de 1795 es con mucho la principal obra económica de Jovellanos y la que con frecuencia ha inducido a situar a su autor en el seno del liberalismo económico smithiano. Pero como ya apuntamos en otro lugar[113] el remedio liberalizador que proponía para remover los obstáculos políticos que frenaban el progreso agrario consistía en una libertad atemperada a las características de cada caso, muy alejada de los principios doctrinarios del *laissez faire, laisse passer y* circunscrita a los estorbos interiores que obstaculizaban la producción y circulación agrarias, sin llegar a plantear una liberalización de las relaciones económicas internacionales. Podemos desarrollar ahora esa alusión que supone afirmar que Jovellanos continuó siendo proteccionista en el *Informe* sin romper así con sus planteamientos anteriores.

El subapartado relativo al «Comercio exterior» está situado en el seno del séptimo tipo de obstáculos políticos consistente en las restricciones a la circulación de los productos de la tierra y a continuación de su decidida defensa de la libertad del comercio interior de granos. Se analizan sucesivamente tres casos en relación con los frutos, las materias primas y los granos, con especial extensión este último que era el más complejo. Jovellanos comenzaba afirmando:

> Las razones en que acaba de fundarse la necesidad del libre comercio interior de nuestros frutos, concluyen también en favor de su comercio exterior, y prueban que la libre exportación debe ser protegida por las leyes, como un derecho de la propiedad de la tierra y del trabajo, y como un estímulo del interés individual. Prescindiendo, pues, del comercio del trigo y de las demás semillas frumentarias, que siendo de diferente naturaleza y relaciones debe examinarse por diferentes principios, la Sociedad no duda en proponer a V. A. como necesaria una ley que proteja constante y permanentemente la libre exportación de los demás frutos por mar y tierra (*Informe sobre la Ley Agraria*, párrafo 269).

Se desprende de ese párrafo con claridad que Jovellanos identificaba la libertad de comercio exterior con la libertad de exportación, para la que reclamaba una ley favorable permanente que eliminase derechos, licencias y

112.   S. Coll Martin, *Jovellanos y la minería asturiana. Textos inéditos de Don Gaspar Melchor de Jovellanos*, Cátedra Feijoo, Oviedo, 1984, pp. 33-100.
113.   V. Llombart, «Una nueva mirada al *Informe sobre la Ley Agraria* de Jovellanos doscientos años después», *Revista de Historia Económica*, XIII, 3 (1995), pp. 568-569.

formalidades en la extracción de los frutos de la tierra con la excepción de los censales (como luego veremos). El argumento complementario de Jovellanos consistía en que la prohibición de exportación disminuiría la producción agraria nacional y fomentaría el cultivo de las naciones extranjeras. En ningún caso recomendaba la posibilidad de importación de frutos exteriores, pues consideraba que perjudicarían a la agricultura española. De nuevo nos encontramos con una visión unilateral del comercio exterior que no entraba a analizar las dos corrientes de intercambio y que podemos calificar como tópica de un proteccionismo agrario estricto.

Un esquema similar al indicado aplicaba a las materias primas, oponiéndose a la política gubernamental de restringir su exportación dictada con el fin de favorecer su abundancia y baratura en el mercado nacional para favorecer a la industria española frente a la extranjera. El argumento de Jovellanos es que la industria de las naciones no se fomentará jamás a expensas de la agricultura y que lo único cierto es que la prohibición de su salida provocaría una disminución de la producción de materias primas, lo que acabaría perjudicando a la propia industria. Asimismo, en un párrafo posterior (n.º 318), al analizar el sistema de rentas generales criticaba que se permitiera la importación de materias primas extranjeras en beneficio de la industria, aunque con grave daño de la agricultura. Por lo tanto, aplicaba el mismo tipo de proteccionismo agrario que hemos descrito al caso de las materias primas.

Con relación al comercio exterior de granos, Jovellanos se retractó de la posición que había apuntado en su Memoria inacabada de 1785 en la que recomendaba la libertad de exportación como un estímulo fundamental para la producción interna, y se separó también de la doctrina que venía manteniendo para el resto de productos agrícolas. Pero su nueva posición no era el fruto de una improvisación incoherente, sino el resultado de una larga reflexión que le había aproximado a las posiciones pragmáticas de Galiani (1775) y, especialmente, de Necker (1775), sin abandonar por ello su persistente preocupación por el problema del abastecimiento y su doctrina de los excedentes como fundamento de la exportación. En el *Informe* consideraba que la cuestión del comercio exterior de los granos era especialmente difícil y peligrosa y que parecía superar los principios y cálculos de la economía política, pues «las ventajas de la libertad se presentan siempre al lado de grandes males o de inminentes riesgos» (n.º 278). En esta materia en la que «los hechos desmienten los raciocinios», no quería valerse de generalizar verdades abstractas, sin considerar su aplicación específica, ni copiar los ejemplos de países que se encontraban en distinta situación. La nueva situación del mercado de granos español que ahora describía el asturiano le conducía a apreciar que considerado en su conjunto no había ninguna seguridad de la existencia de excedentes de entidad en los años comunes, por lo que la libre exportación no sería necesaria. Pero tampoco sería provechosa porque podría producir graves carestías y desabastecimiento al multiplicarse sus efectos por los temores y estimaciones subjetivas de la opinión pública temerosa de su subsistencia. Por ello, tampoco confiaba plenamente Jovellanos en el sistema de precios como barómetro de la abundancia o escasez de los granos, y que pudiera servir para permitir la exportación mientras se mantuvieran por debajo de un cierto nivel. Así pues, concluía que «en nuestra presente situación ni es necesaria, ni sería provechosa la libre exportación de granos, ni absoluta, ni regulada por sus precios». La importación de granos habría que permitirla cuando fuese previsible que la producción nacional no cubriera suficientemente nuestro consumo, utilizando en este caso un precio de referencia a partir del cual quede autorizada la entrada.

La propuesta definitiva de Jovellanos para el caso del comercio exterior de granos consistía en la promulgación de una nueva ley que prohibiera la exportación de los granos y permitiera su exportación bajo las siguientes condiciones (muy similares, por otra parte, a las expuestas por Necker, tal como ha analizado con detalle Jesús Astigarraga.[114] Debería ser una ley temporal por un plazo de ocho a diez años a la espera del incremento suficiente de la producción agraria española. Limitada al trigo, el centeno y el maíz que eran las semillas de primera necesidad y exceptuando la cebada, el arroz, las habas y las harinas destinadas a las colonias. Debería admitir la posibilidad de suspender la prohibición de exportación en los años de conocida abundancia y permitir la importación de granos condicionada a un precio de referencia que Jovellanos no se atreve a determinar. Conceder la libertad de reexportación de los granos previamente introducidos. Y procurar que durante el plazo de la ley se adquieran los conocimientos necesarios a través de la aritmética política sobre la producción y consumo de granos para tomar al final del período una decisión definitiva por medio de una ley general y permanente.

Podemos concluir afirmando que si nuestra lectura de los textos económicos de Jovellanos es adecuada no existe en realidad ningún escrito de carácter librecambista. Desde el *Informe sobre la extracción de aceites* de 1774 hasta el *Informe sobre la Ley Agraria* de 1795 (no hay escritos posteriores en que volviera a analizar la cuestión) siempre se mantuvo en posiciones proteccionistas que si bien adquirieron diferentes matices siempre mantuvieron una línea básica de continuidad. Su preocupación por el abastecimiento y su doctrina de los «sobrantes» como justificación de las exportaciones, formaron la base de su concepción sobre el comercio exterior. Una concepción que nunca fue profunda y que adoleció de cierta unilateralidad, pues no penetró en el análisis de los diferentes flujos reales y monetarios que se producen en los intercambios de bienes entre las naciones y en sus posibles consecuencias. Así pues, por razones teóricas Jovellanos nunca pudo alcanzar o aproximarse a una posición librecambista que hubiera requerido al menos el análisis sistemático de los diferentes componentes del comercio internacional.

---

114. *Jovellanos, el marqués de San Adrián y la penetración de Necker en España*, Universidad de Zaragoza, 1998, en prensa.

Jovellanos, prohibicionista

El contrapunto que queremos hacer a partir de Jovellanos va en el sentido de eliminar la consideración de que era un estricto liberal económico y librecambista. Lo era en un sentido finalista, es decir, de horizonte, pero se movía dentro del pensamiento económico de Jacques Necker, el gran realizador de reformas en la Francia previa a la Revolución. Necker es un autor que forma parte de lo que podríamos denominar el mercantilismo liberal o de los que constituyeron un casi sistema liberal según la opinión de Joseph Allois Schumpeter. En esta línea es compañero doctrinal de James Steuart, de Antonio Genovesi, de Johan Heinrich Gottlob Justi, Vincent de Gournay o de Veron de Forbonnais. Un conjunto de autores que, aun creyendo en el mercado, creían también en un mayor papel del Estado y de la regulación del que hay contenido en la *Riqueza de las naciones*. Necker fue el autor que más influencia tuvo en toda España y, especialmente, en Cataluña durante los años ochenta.[115] Jovellanos no fue ajeno a ella, sobre todo en el momento de la práctica.[116]

Jovellanos no era un librecambista, ya hemos señalado sus raíces mercantilistas, y no tiene ningún escrito de esta orientación en sus trabajos de política económica desde el *Informe sobre la extracción de aceites* (1774) hasta el famosísimo *Informe sobre la Ley Agraria* (1795). Nosotros queremos reincidir en presentar este Jovellanos, como mínimo, proteccionista, que le acercaba mucho al pensamiento económico aragonés en sentido amplio, pero sobre todo que, por falta de conocimiento de la realidad catalana, no apoyaba la actividad industrial privada, proponiendo, en cambio, la hecha con apoyo e importantes ayudas del Estado. En esta segunda calificación sí aparecen importantes diferencias con los catalanes y, en general, con los aragoneses. Éstos son más privatistas que Jovellanos.

El texto que hemos escogido, *Informe sobre un proyecto de fabricación de gorros tunecinos*, tiene la ventaja de que surgió en contraposición a actividades catalanas privadas y a un papel trabajado por el principal defensor de la «protección a la nueva industria», Jaume Amat. Un interés añadido proviene del hecho de que en el plano teórico Jovellanos mantenía posiciones librecambistas que abandonaba cuando se entraba en terrenos más concretos. El *Informe* de Jovellanos tenía como origen una demanda que había hecho el 7 de marzo y el 13 de abril de 1787 un particular, Juan Bertran, fabricante de gorros para los hombres de mar en Marsella, que quería instalar una fábrica en España de la misma manufactura para la cual solicitaba «los auxilios necesarios».

115.   Junta de Comerç de Barcelona, *Discurso sobre la agricultura, comercio e industria del Principado de Cataluña (1780)*, Ernest Lluch, ed., Alta Fulla, 1996.
116.   J. Astigarraga Goenaga, *Jovellanos, el marqués de San Adrián y la penetración de Necker en España*.

Bertran argumenta que las fábricas francesas y tunecinas no tienen la capacidad para hacer frente a la demanda del Mediterráneo hispánico. Lo conocía bien porque había trabajado en una fábrica de Marsella de la que no parece que hubiera sido el propietario, pese a que Jovellanos así lo deja entender en el primer párrafo de su escrito. Para venir a instalarse aquí pide los «fondos» totales para la operación personal de traslado, aunque no omite que su familia está integrada por una decena de personas.

Antes de responder Jovellanos a la pregunta que se le hacía desde el Consejo de Castilla hace una historia, bastante erudita, de esta industria, aunque indica que tiene una demanda descendente. Al llegar a la actualidad indica que no está «subsistiendo en el día ninguna de las que en lo antiguo tuvieron tanto nombre». A continuación, empero, afirma con una falta de conocimiento que hará falta retener para más tarde, que, «sin embargo, no es desconocida esta manufactura en España, pues se fabrican todavía bonetes o gorros tunecinos en Puigcerdà y Olot de Cataluña, sin que haya sido posible averiguar qué cantidades se trabajan».[117] También se fabrican en Mallorca, pero con un componente muy propio de industria doméstica según ha publicado en sus *Memorias* la Sociedad Económica de Amigos del País en 1784. En ningún otro lugar de España hay constancia de fabricación. Antes de proseguir hemos de subrayar el hecho de que un consultado por el rey como era Jovellanos emita el informe que se le ha pedido sin saber cuál es el volumen de fabricación de Olot. Un volumen de fabricación que nos hemos de preguntar, y lo contestaremos más adelante, si estaba a su alcance conocerlo. Evidentemente era más fácil saberlo si se manifestaba que era una información que le era necesaria para contestar a una pregunta de parte del rey.

Se muestra partidario, en todo caso y por aquel conocimiento vagamente cuantitativo, de que la nueva fábrica sea instalada «con preferencia en nuestra costa del Norte, ya para no perjudicar a las que hay hacia Levante, ya para surtir más de cerca a la minería de aquella costa, ya para aprovechar la baratura de alimentos y jornales que hay en aquellas provincias, y ya, en fin, para dificultar el contrabando que pudiera hacerse de Túnez y Marsella. Galicia, Asturias y las montañas de Santander serían a mi ver las provincias más a propósito para situar a esta industria». Es, por tanto, partidario de dar los «auxilios» que eran necesarios a Bertran, aunque, subraya, es necesario ser prudentes para que los fondos que reciba no sean mal utilizados, «dándole principalmente los auxilios en especie».

Antes de conceder estas ayudas es necesaria una información personal del cónsul de Marsella y, si es favorable, se le concederá una ayuda para el traslado de toda la familia. La fábrica se instalará donde el gobierno diga y entonces recibirá unas importantes ayudas: «Todas las máquinas, instrumentos, materias e ingredientes necesarios para el cardado, hilado, tejido, per-

---

117.   G. M. de Jovellanos (1787), *Informe sobre un proyecto de fabricación de gorros tunecinos*, 1787, en *Obras de don Gaspar Melchor de Jovellanos*, Biblioteca de Autores Españoles, t. L, Madrid, 1952, p. 64.

chado, tinte, forma y prensa de los botones, gorros, medias abatanadas y demás géneros de su arte, como también el caudal que pareciere necesario para mantenerse en el primer año». Toda esta ayuda aún irá acompañada de un tanto por telar en funcionamiento y por oficial del país. A su vez, la nueva fábrica obtendrá «todas las gracias y franquicias que logran las demás fábricas de lana del reino y particularmente las de Cataluña». Jovellanos no será aquí proteccionista ya que hay que «deberse entender prohibida la entrada de bonetes o gorros extranjeros en el reino».[118] No solamente tenemos un Jovellanos proteccionista como en el anterior apartado se demuestra, sino un Jovellanos prohibicionista.

Establece que Bertran tendrá que devolverlo todo en un término de seis años. De todo el proceso tendrá vigilancia la Junta de Comercio y Moneda de Madrid, pero si así lo hace, «se le concederá un premio proporcional al tamaño del servicio que hubiese hecho». Antes de nada, insiste, será necesaria la información del cónsul de Marsella. Acabado de comentar el *Informe* es necesario decir que lo acompañó de una carta de 14 de junio del mismo 1787 al conde de Lerena que es bastante significativa. En primer lugar dice que no la ha escrito antes por esperar noticias de Cataluña, pero que, al no llegar éstas, ha acabado el informe. Pese a no haber recibido las noticias, las subvalora por lo que justifica no esperar más y que en cambio sí es necesario esperar a lo que diga el cónsul: «Creo que será lo mejor informarse del cónsul de Marsella, puesto que en Cataluña esta manufactura es un accesorio de otras y en Mallorca corren las operaciones por muchas y muy diversas manos».[119]

Poco tiempo después, Jovellanos emitió un dictamen que en la parte final tiene un párrafo, subrayado por él mismo, que ha sido considerado y repetidamente citado como una muestra de su indeclinable liberalismo. Veámoslo en toda su extensión: «La industria, sea la que fuere, sólo puede esperar del Gobierno libertad, luces y auxilios. Si en vez de ellos se la oprime con sujeciones y gravámenes, dentro de un siglo tendremos tan pocos y tan malos paños como ahora».[120] La primera frase es la que ha sido más repetida sin aclarar nunca qué quieren decir «luces» y «auxilios». Sabemos que han de ser auxilios en especie, pero nos hemos saltado antes, para recogerlo ahora, cuál era su concepto de esta palabra, que, como es patente, es muy generoso: «El mejor medio a mi juicio es dar generosamente auxilios para los nuevos establecimientos, franqueando anticipadamente los caudales necesarios para ellos, con la sola obligación de restituir el todo o parte, después de haberlos disfrutado y enriquecidos con ellos». Una argumentación típica del intervencionismo industrialista, que va acompañado de un coherente prohibicionismo de cara al exterior.

118. *Ibid.*, p. 65.
119. *Ibid.*, p. 66.
120. G. M. de Jovellanos (¿1788?), *Dictamen dado en la Junta de Comercio y Moneda sobre embarque de paños extranjeros para nuestras colonias*, en *Obras*, t. L, Madrid, 1952, p. 74.

Vamos ahora a conocer los esfuerzos que había hecho Jovellanos para tener noticias de la industria catalana, básicamente olotina, tirando de un hilo que nos dará otros resultados. El 18 de abril había escrito a Francisco de Zamora pidiéndole información pertinente que éste le remitió cuatro días después de que fuese acabada el 19 de mayo de 1787, es decir, que lo redactó en menos de un mes y que también en menos de un mes no llegó a Jovellanos cuando remite el 14 de junio su informe al conde de Lerena, puesto que dice que no tiene noticias catalanas. ¿Llegó a tiempo? No lo sabemos y no podemos suponerlo. Será una memoria, la de Zamora-Amat (Zamora le había pedido opinión a Jaume Amat, quien se la dio, y el receptor la hizo suya sin citarlo), donde habrá mucha información de la que destaca los 502 telares de Olot muy por encima de los 33 de Tortellà y de los 30 de Banyoles y de Puigcerdà. Incluye una información que había aparecido en la *Gazeta de Barcelona* el 1 de mayo de 1779 y que ya indicaba que había 270 telares en Olot, dato del que podía haber dispuesto Jovellanos aunque no hubiese recibido el informe de Zamora. El periódico señalaba no solamente el número de telares, sino que trabajaban unas 2.000 personas que producían un millón y medio de gorros y 457.000 pares de medias. La verdad es que la *Gazeta de Madrid* había publicado idéntica información el 23 de abril y de aquí saltó a la muy conocida y valiosa historia del jesuita expulsado Joan Francesc Masdéu.[121] Otras dos fuentes disponibles y que Jovellanos no consultó.

Otra fuente, que también hubiese podido consultar Jovellanos con facilidad, es la *Geografía nueva de España* de Jordán Frago que publicada en 1779 daba la cifra de 936.000 gorras y 748.000 medias anuales.[122] La comparación de estas dos últimas cantidades nos muestra que tampoco existía el carácter accesorio de las gorras respecto a las medias. Aquellos dos datos sobre telares, 270 y 520, indican un fuerte crecimiento entre 1779 y 1787 que un estudio más completo no hace más que asegurar hasta finales de siglo. Este impulso y optimismo es el que reflejará Amat en su memoria y, por mediación suya, Zamora,[123] y el que negará con contundencia Jovellanos. Datos posteriores confirman el claro proceso positivo, sobre todo olotino, basado en la iniciativa particular y en el prohibicionismo.

Este segundo contrapunto, sobre Jovellanos, tiene un doble plano. El primero hace referencia a sus ideas políticas y económicas que son mucho menos liberales y librecambistas de lo que dice la historiografía oficial astur-castellana cuando nos centramos en la política aplicada. Citarle como un me-

121. J. F. Masdéu, *Historia crítica de España y de la cultura española*, Madrid, 1783, pp. 96-97.

122. Nicollé de la Croix, *Geografía moderna, escrita en francés por el Abad ..., traducida y aumentada con una geografía nueva de España por el Doctor Don Josef Jordan y Frago. Doctoral de la Real Capilla del Convento de la Encarnación de esta corte*, Madrid, 1779, pp. 151-152.

123. E. Lluch, «La Revolució industrial a la Garrotxa (1777-1982)», *Annals de l'Institut d'Estudis Gironins*, vol. XXV-II (1981).

taliberal es una quimera. El segundo plano es la falta de cuidado al dictaminar sobre cuestiones concretas sin conocer la realidad, al menos en este caso, habiendo información disponible en publicaciones de amplia difusión. Una realidad sobre la que solicitó informe que, evacuado a tiempo, no le llegó aunque sabemos que tampoco consultó fuentes ya publicadas en textos de muy amplia extensión.

8. UN PROYECTO ILUSTRADO PARA CATALUÑA

Una valoración general de la Ilustración en Cataluña nos lleva a destacar la aparición de tres grandes textos. El primero son las *Memorias históricas sobre la marina, comercio y artes de la antigua ciudad de Barcelona* (Madrid, 1779-1792), su reedición ha permitido que de nuevo lo tengamos al alcance.[1] El segundo son las *Memorias para ayudar a formar un Diccionario crítico de los escritores catalanes*, largamente elaborado y recientemente reeditado,[2] que fue un instrumento de trabajo esencial para la *Renaixença*. Las *Memorias* pueden ser y tienen que ser complementadas con el *Diccionario catalán-castellano-latino* y la *Gramática* de Ballot. El tercer gran texto es el *Discurso sobre la agricultura, comercio e industria del Principado de Cataluña de la Real Junta de Comercio de Barcelona* (1780), que no fue publicado en su tiempo y ha llegado inédito hasta 1996.[3] El interés de este texto ha justificado que fuera citado repetidamente, sobre todo desde que Pierre Vilar lo valorara debidamente, gracias a que disponemos de un manuscrito completo en la Biblioteca del Palacio Real y otro, separado, en la Biblioteca de Cataluña. Sólo una parte del *Discurso*, la *Carta al Barón de la Linde* o, con más exactitud, *Consistencia antigua y moderna de Cataluña en la que se prueba ser en lo antiguo más poblada, rica y abundante que hoy*, ha sido editada repetidamente.[4] La carencia de una edición completa no sólo

1. Cambra Oficial de Comerç, Indústria i Navegació, Barcelona, 1961.
2. *Memorias para ayudar a formar un Diccionario crítico de los escritores catalanes y dar alguna idea de la antigua y moderna literatura de Cataluña*, Barcelona, 1836, 719 pp., Curial, Barcelona, 1973.
3. Ernest Lluch, ed., Barcelona, 1996.
4. Primera edición en el *Periódico Universal de Ciencias, Literatura y Artes*, 1821; segunda edición, Barcelona, 1959, introducción de Joan Reglà y edición de Jordi Rubió i Lois; y tercera edición, estudio introductorio de Joan Mercader y edición del mismo Jordi Rubió, Igualada, 1979. De esta parte hay más manuscritos, véase Ernest Lluch, «Jaume Caresmar i el "Discurso sobre la agricultura, comercio e industria del Principado de Cataluña" (1780)», *Recerques*, 10 (1979), pp. 177-181. El abuelo de Caresmar, nos dice Jaume Torras, era un soldado mercenario alemán instalado primero en Puigcerdà y después en Igualada. El padre era un menestral y él un canónigo premonstratense que fue abad del monasterio de Bellpuig de les Avellanes. No puede dejar de ser significativo que cuando murió vivía en casa de unos comerciantes barceloneses.

ha significado la dificultad de su consulta —por razones de funcionamiento, además, en el caso de la Biblioteca del Palacio—, sino que el texto no haya tenido nunca una consideración global que permitiera una valoración más exacta del todo y de las partes. El *Discurso* significa básicamente el conocimiento de lo que era la economía catalana en su conjunto así como veguería por veguería e incluye una propuesta de política económica que tiene que encuadrar el futuro.

Estas tres obras, con sus complementos, constituyen el mejor fruto de la Ilustración aplicada en Cataluña y estructuran un auténtico proyecto para el país: la memoria histórica y la de la literatura catalana, así como una visión del presente y del futuro de nuestra economía. Este conjunto ofreció una conciencia global de país como hacía décadas que no había existido con este grado de perfección. Hasta el *Noucentisme* no tuvo paralelo. Ya hemos descrito en el capítulo 1 que el número de personas era limitado —premonstratenses, jansenizantes y abogados— alrededor de una sola institución catalizadora, la Junta de Comercio. Los años de concreción empiezan en 1779 y duran hasta doblado el siglo. En todas estas obras, escritas siempre en castellano, Cataluña es la protagonista y en ellas se conjugan intentos y propuestas políticas que quieren reformar parcialmente el uniformismo existente. El conocimiento de Cataluña, junto a estas propuestas, explica que sea difícil liquidar la Ilustración en Cataluña como una simple etapa castellanizadora. Era imposible hablar tanto de Cataluña y con tanta profundidad sin que tuviera que llegar el turno de la lengua. No en vano hemos podido comprobar en el capítulo 2 que la catalanización de los temas precedió unos treinta años a la catalanización de la lengua. Empecemos a examinar las tres grandes obras por la tercera, el *Discurso* económico o el *Discurso de 1780*.

«¿VER PUEBLOS DE FILÓSOFOS GOBERNADOS POR FILÓSOFOS?»

El *Discurso de 1780* tiene tres grandes partes. La primera, de carácter teórico sobre la agricultura, las artes y el comercio, es una parte teórica, pero predispone directamente el análisis de la economía catalana: «El *Discurso* inédito plagia a Necker, pero se aplica a la realidad catalana».[5] Tanto es así que esta primera parte incluye epígrafes referidos y aplicados a Cataluña. La segunda parte trata de demostrar (al revés que Capmany) que Cataluña —debate general en la Europa de la época— había sido más habitada y, por tanto, más rica en el pasado que en el presente. El autor es, sin duda, Jaume Caresmar, pero el interrogante que centra esta segunda parte es contestado más lateralmente en la inicial, y también todos los análisis de la realidad económica del momento, corregimiento por corregimiento, empiezan explicando «las causas que motivaron la extinción del gran número de fábricas, que

---

5. Pierre Vilar, «Les transformacions del segle XVIII», *Història de Catalunya*, dirigida por Jouquim Nadal y Philippe Wolff, Vilassar de Mar, 1983.

en una y en otra parte, hubo en siglos anteriores en que se sostuvo en ellas una prodigiosa población». La tercera parte estudia la *Situación y extensión de Cataluña, carácter de sus habitantes y consistencia del estado actual en que se hallan los partidos y veguerios de que se compone el Principado.* Efectivamente, analiza los diversos territorios catalanes de acuerdo con un cuestionario o interrogatorio hasta hoy desconocido. Pero, además, están reproducidas diversas memorias de ilustrados catalanes (alguna desaparecida si no fuera por el *Discurso*) o traducciones. En los casos que hemos detectado —trabajo inacabado, creemos— hemos asignado autorías en la edición editada en 1996. Las respuestas de los corregimientos las hacen los corregidores, o bien los ayuntamientos o un ilustrado local, como es el caso que conocemos de la Seu d'Urgell. En las respuestas hay una homogeneidad de enfoques notoria, debida a la coincidencia en un esquema central del pensamiento económico de Cataluña, del que sólo haremos la excepción de la discrepancia entre el individualismo agrario y las necesidades económicas del Estado. También ayuda el hecho de que todas tienen el mismo orden, lo que hace estar seguro de la existencia de un índice temático común. Una vez encontrado vale la pena darlo a conocer porque está reproducido en una carta del barón de la Linde a Pedro Escolano de Arrieta del 1 de junio de 1779.

Manuel de Terán afirma que las Sociedades Económicas de Puigcerdà y de Tàrrega tendrían, no que meterse en política como hace la de Puigcerdà, sino estar «investigando y manifestando las causas que motivaron la extinción del gran número de fábricas que en una y otra parte hubo en siglos anteriores en que se sostuvo con ellas una prodigiosa población y muy útil comercio en Levante después de la unión de este Principado con el Reino de Aragón; que descubriesen los medios más oportunos de volverlas a restablecer con proporción a los usos y consumos de nuestros tiempos; que averiguasen igualmente qué minerales de todos géneros podrán hallarse y ser beneficiados; qué calidades de terrenos y para qué frutos serán más a propósito; qué crías de ganado hay y cómo podrán aumentarse para ocurrir a la escasez de ellos que experimenta este país; qué caminos podrán facilitarse más cómodos y cortos para los acarreos del comercio interior y de las maderas y piedras necesarias para servicio de la Marina, de la Artillería y de los edificios públicos, examinando el curso de los ríos que nacen y discurren en el Principado y señalando los parajes en donde puedan establecerse acequias para regar tierras y desde donde tengan caudal de agua bastante para poderse hacer navegables desde los aguaceros del otoño hasta que las nieves de los montes se acaben de consumir porque en lo restante del año no puede esperarse que tengan disposición para ello; qué causas ha habido para la destrucción lastimosa de los montes de Cataluña que se creyó en otros tiempos ser inagotable tesoro de sus preciosas maderas y resinas y cómo podrían restablecerse a su antiguo estado con todo lo demás que tuviesen por digno de la atención del gobierno y conducente a ilustrar a los labradores, comerciantes y artesanos». Conociendo la personalidad del barón de la Linde podemos suponer que es una reproducción del cuestionario, lo cual queda confirmado con la lectura de las respuestas de cada territorio al *Discurso de 1780*, que contestan con pelos y señales a la citada retahíla de preguntas. A continuación nuestro personaje aclara el camino por el que ha preguntado: «Yo, para instrucción y gobierno de esta Junta de Comercio, tengo solicitadas estas noticias por medio de mis subdelegados a quienes he prevenido que me las faciliten de acuerdo con los Ayuntamientos y oyendo a los sujetos más instruidos de sus respectivos Partidos».[6]

Una vez acabado este vistazo sobre el conjunto de la obra y sus tres grandes partes, y a partir también del inicio de la edición crítica que hemos realizado, es evidente que es preciso plantear el tema de la autoría del *Discurso de 1780* desde una perspectiva diferente de la simple búsqueda de un autor. La autoría se había atribuido, según Vilar, a Capmany, y después a Capmany o a Caresmar. Posteriormente Carrera i Pujal lo atribuye a Caresmar, posición que también es adoptada por Mercader i Riba. Se daba una argumentación por la que «queda bien establecida la participación de Caresmar, por lo menos en la recolección de datos». Es decir, relacionaba a Caresmar basándose en una carta que le había enviado la misma Junta de Comercio, en la que ésta le decía que «su Señ. ha dirigido su mucho trabajo y donación a la Junta de dicha obra; aprecia a Vm. y le da gracias por el trabajo y desvelo que ha aplicado en la recolección de las selectas noticias que contiene». Aportación de mucho detalle y recolección, hecho que no permitía dar el paso de atribuir a Caresmar el conjunto de la obra, a pesar de que se adelantaba que una parte de ella era una traducción de Necker.[7] Pierre Vilar comentaba que las razones para descartar la autoría de Capmany eran claras, pero no eran decisivas las que lo atribuían a Caresmar y sugería que «el *Discurso* podía haber sido redactado muy bien por un equipo».[8] Si nos atenemos al sentido de la correspondencia mencionada, esta opinión es compatible con el hecho de que Caresmar tuviera el papel de trabajar en él y de coordinarlo, mientras que una carta dirigida el mismo 15 de junio al barón de la Linde, limitándose a agradecerle el envío de un ejemplar de la obra, da a entender que éste no había

6. Archivo Histórico Nacional, *Consejos*, legajo 371224. Debo esta información a Francesc Ferrer i Gironès.

7. Ernest Lluch, *El pensament econòmic a Catalunya (1760-1840)*, Barcelona, 1973, pp. 58-59. Me refiero al conjunto de este libro en su primera mitad. Romà i Rossell fue «el primero de todos» en forjar lo que será la estructura del pensamiento económico catalán que estará vigente entre 1766 y la guerra del Francés. El valenciano Manuel Sisternes i Feliu, que vivió en Cataluña, donde se casó con una Feliu de la Penya, escribió el primer texto reformista agrario, *Idea de la Ley Agraria española* (1786, reeditado con un estudio preliminar de Vicent Llombart, Barcelona, 1993), a partir de las realidades de la Corona de Aragón. Por esto cuando Montserrat Duran dice que prácticamente ninguna política agraria carolina aportó nada a nuestra agricultura tiene razón. Esto no quita, sino todo lo contrario, que invertir el problema tenga más interés: reformistas como Jovellanos intentan aplicar en la Corona de Castilla, para él prácticamente España, las instituciones catalanas, valencianas o toscanas. Sería una hipótesis de trabajo a contrastar. El papel de Sisternes i Feliu sería bastante claro.

8. Pierre Vilar, *Assaigs sobre la Catalunya del segle XVIII*, Barcelona, 1973, p. 7.

tenido más que un papel formal. El equipo director estuvo formado, todo lo hace creer así, por Caresmar y por el barón.

Un análisis de las fuentes del texto nos permite afirmar que había un equipo que fue el que redactó acumulativamente la tercera parte. También había, además, autores extranjeros que se incorporaban al texto, de tal manera que forman parte de él con una coherencia tan absoluta que a menudo imposibilita ver la argamasa que les ha juntado al resto. Un equipo tanto en la redacción del *Discurso* como en su relación interna con otros proyectos, como también, desde el inicio de las *Memorias históricas*, con la incorporación de textos. Si empezamos a averiguar este trabajo en equipo, en la primera parte del *Discurso de 1780*, en el que está inscrito el planteamiento teórico aplicado a la realidad catalana, podemos distinguir los siguientes componentes.[9]

1.   Un planteamiento teórico establecido principalmente sobre traducciones y adaptaciones de *Sur la lègislation et le commerce des grains* (1775), de Jacques Necker, acompañado de *Les intèrèts des nations de l'Europe développées rélativament au commerce* (1776), de Jacques Accarias de Serionne. Sólo hay una tercera fuente en un pasaje extraído de *Le gran trésor historique* (1712), de Paul-Daniel Huet. No hemos encontrado el origen del concepto «fondo nacional», a pesar de que recuerda mucho al mercantilismo inglés de finales del seiscientos.

2.   Aplicación a la realidad catalana con una perspectiva histórica clara, que le da un aire que recuerda a Caresmar, pero que está situado en la media del pensamiento económico catalán y esto provoca que el número de posibles autores no sea reducido.

3.   Tres aspectos particulares de los que el genérico sobre el cáñamo es una traducción de *Sur la manière de préparer le chanvre* (1757), de M. Marcandier, y de los otros dos sobre el coral y la pesca en Cataluña, no sabemos su autoría, pero será necesario establecerla.

La segunda parte, *Consistencia antigua y moderna de Cataluña*, es exclusivamente de Jaume Caresmar, pero no sabemos si es la única aportación por la que mereció el agradecimiento de la Junta de Comercio. Lo que ahora también sabemos es que es una parte del conjunto de la obra, y no un texto aislado, y lo es no sólo formalmente, sino porque las tesis centrales están incorporadas plenamente tanto en la primera como en la tercera parte y, además, porque fue escrito para el proyecto.

Si pasamos ahora a la tercera parte, sabemos, por de pronto, a través del mismo barón de la Linde, que fue encargada a los subdelegados que tenían que acordar sus respuestas con los ayuntamientos y con las individualidades más destacadas. Hasta ahora sólo hemos podido localizar tres apartados que

---

9.   Dejamos la verificación de lo que decimos para las notas al *Discurso de 1780* en la edición crítica que publicamos en 1996.

confirman que los consultores presentidos son los que contestaron. Este es el caso del Ayuntamiento de Mataró o del de Lleida, que son los que responden por todo el corregimiento, y el del corresponsal de Campomanes y Jovellanos y obispo de Barcelona (1778-1808), Pedro Díaz de Valdés, sobre el actual Alt Urgell. Hay también estudios monográficos, en esta tercera parte, de los que hemos podido establecer la autoría de los dos más importantes: el de las aguas minerales de Sant Hilari Sacalm, del doctor Josep Gravalosa, ·y el que estudió la montaña de Montjuïc, del académico Josep Comes.

En definitiva, era acertada la propuesta de Pierre Vilar al considerar el *Discurso de 1780* como el resultado de una redacción en equipo. Un equipo bastante más complejo en todos los sentidos de lo que podía esperarse. El resultado es, por tanto, muy representativo de nuestra Ilustración. Llega a constituirse, creo, en su segundo texto más importante y el primero como trabajo colectivo. En su interior influye que intervengan personas representantes del poder estatal y condicionadas por el papel que tenía la demanda pública en Cataluña, pero siempre enmarcadas por el papel que tenía la Junta de Comercio que, en definitiva, era la que había tenido la iniciativa del proyecto de explicar la economía catalana y también la responsabilidad de firmarlo, firma global que creemos que tiene que mantenerse. Era el intendente quien presidía una Junta de Comercio de Barcelona que, a pesar de su nombre, tenía jurisdicción sobre toda Cataluña. La valía de Manuel de Terán, barón de la Linde, era elevada y abierta, y debía abrir un juego de tensiones y matices que conoceremos cuando tengamos una historia puesta al día de la Junta, con sus miembros, pero también con las autoridades locales, nuestros ilustrados y otras instituciones como la Audiencia.

«SON LOS BIENES SOBRANTES LA FUERZA DEL ESTADO» Y «LA ARMONÍA SOCIAL» EVITA «EL CHOQUE CONTINUO» DE LAS CLASES SOCIALES

La composición interna del *Discurso de 1780* está tan bien estructurada que prácticamente no se había subrayado su carácter de *collage*. En la parte teórica, tanto por el hecho de que los dos autores más utilizados, como los demás, forman parte de una misma corriente y, por tanto, están bien escogidos, como porque se adaptan a la realidad catalana y, sobre todo, a los intereses ideológicos de los dirigentes de la Junta de Comercio barcelonesa. El plagio —por medio de la traducción o adaptación— es, desde esta perspectiva, excusable porque se trata de textos que iban como anillo al dedo, al margen de que, entonces, era una práctica no condenable, y aparece como una auténtica primera piel.

La misma idea de redactar un *Discurso* como el que emprendió la Junta de Comercio está justificada con una larguísima reproducción de un libro de Jacques Accarias de Serionne, que trabajaba para la emperatriz María Teresa. En ella, Accarias da cuenta de las estructuras económicas —por decirlo con términos actuales— que han descrito autores europeos, contemporáneos o sociedades ilustradas. La coherencia también aquí se respeta, como lo demuestra el hecho de que, si bien no hay argumentación teórica adoptada de este escritor francés, el conocimiento de su pensamiento permite afirmar que está en el mismo orden de ideas que las del suizo Necker.[10]

Necker, por su parte, era un hombre público muy conocido. Puede suponerse que la fama del banquero suizo había llegado a Cataluña por medio de adjetivaciones como las de haber ensayado fórmulas descentralizadoras, hecho que tenía que cuajar bien en Cataluña, por su oposición al liberalismo bastante radical de Turgot, lo que hizo creer que su obra aquí plagiada fue el detonante de los alborotos de 1775, o bien por su aliento de hombre realista de un *sistema intermedio* entre el mercantilismo y el liberalismo. Necker había instituido una asamblea provincial en Berry, en la que modificaba también la monarquía al darle carácter representativo. Comprendía 48 miembros, de los que 24 eran del tercer estado, y el voto individual. Su misión era establecer y repartir las contribuciones, dirigir las grandes obras públicas y proponer decisiones favorables para la provincia en el terreno de la industria y el comercio. El rey nombra a los primeros dieciséis miembros que cooptarán al resto. La asamblea provincial se reuniría cada dos años, pero había una permanente, por lo que la autoridad de los intendentes quedaba reducida. Necker aplicó también este nuevo funcionamiento político a la Alta Guyana, cuya capital era Montauban, pero no pudo poner en marcha la del Delfinado con capital en Grenoble.[11] ¿Podían haber llegado los ecos de estas innovaciones políticas a unos dirigentes catalanes que tenían que ser sensibles a ellas? Podemos también suponer que podía haberse conocido el hecho de que estuviese enfrentado a unos proyectos de liberalización como los de Turgot, que tenían que suponer altos precios del grano, hecho que no favorecía en absoluto los intereses de nuestros comerciantes de productos industriales o de vino. Necker publicó *Sur la législation et le commerce des grains* precisamente el mismo día que habían empezado los alborotos. La causa la había sintetizado Voltaire en una carta a Turgot el 29 de junio de 1775: «el trigo es un poco caro, pero tiene que serlo».[12] Una parte de la opinión pública vio en la publicación del escrito —que obtuvo tanta venta— no una coincidencia o una cooperación, sino una señal de partida.[13] Muchos, en la misma Francia, volverán los ojos hacia Necker, entre ellos Diderot.[14]

Un liberalismo moderado, que dejaba un gran espacio para la aplicación de las medidas por administradores capaces, un reformismo cierto pero no

10.   Véase Joseph J. Spengler, *Économie et population. Les doctrines françaises avant 1800, De Budé a Condorcet*, París, 1954, pp. 292-296, y *Économie et population. Les doctrines françaises avant 1800. Bibliographie générale commentée*, París, 1956, p. 2.

11.   André Jardin, *Histoire du liberalisme politique. De la crise de l'absolutisme à la Constitution de 1875*, 1985, p. 86; y Robert D. Harris, *Necker. Reform Statesman of the Ancien Régime*, Berkeley, 1979, pp. 181-191.

12.   Henri Grange, *Les idées de Necker*, París, 1974, p. 29.

13.   Edgar Faure, *La disgrâce de Turgot*, París, 1961, pp. 243-245.

14.   Franco Venturi, *Europe des lumières. Recherches sur le 18è siècle*, París, 1971, p. 187.

radical, un sistema representativo y descentralizado, y un sentido poco abstracto de la realidad, eran elementos políticos que predisponían que la Junta de Comercio le eligiera como *maître à penser*.[15] Si pensamos en otros nombres que tuvieran el mismo sistema de política económica no hay ninguno que pudiera ser mejor recibido por tantas causas. Pensamos en Galiani, Plumart de Dangeul, Herbert, Forbonnais o Bielfeld. Todos estaban traducidos pero ninguno reunía tantas condiciones como el ginebrino. Quisiéramos poner de relieve que ninguno de estos autores acabados de mencionar colocaba la propiedad en un lugar tan prominente como Necker, que lo hacía de una manera más explícita. Desde Locke la trilogía propiedad, libertad y seguridad se enunciaba como un denominador o punto de partida indiscutible y único. Los fisiócratas, y entre ellos, sobre todo, Le Mercier de la Rivière, la habían confirmado hasta tal punto que se ha dicho que sustituían la Monarquía por la Propiedad. Necker no admite este principio en términos absolutos, esto puede ser un índice de una insuficiente maduración capitalista de los que le eligieron como representante de un sistema de política económica cuando ya había otros en los que el principio de la libertad brillaba sin tapujos. Los derechos de propiedad, para Necker, «son creados por la sociedad y la sociedad tiene el derecho de alternarlos en interés de todo el pueblo, un principio que será establecido por los utilitaristas o incluso por los socialistas».[16] Los derechos de propiedad no son, por tanto, sagrados pero tienen que ser protegidos por el Estado, entre otras razones porque cree que las desigualdades provocan deseo de riqueza. De estas desigualdades provenían los pobres, que sólo podían encontrar unas condiciones materiales más favorecedoras gracias a la acción parlamentaria y es en este sentido que creía que los parlamentos provinciales podían ayudar a mejorar aquel sector que «todo lo que tienen es fuerza, todo lo que pueden vender, es trabajo».

15.   A pesar de su carácter antirrevolucionario pero reformista, Necker tuvo continuados problemas con la Inquisición. Así, en el suplemento del *Índice* de 1790 hay cuarenta obras de las que sólo *De l'importance des opinions religieuses*, que comporta la tolerancia religiosa, no estaba relacionada con la Revolución francesa (Marcelin Defourneaux, *Inquisición y censura de libros en la España del siglo XVIII*, Madrid, 1973, pp. 96, 128, 154 y 233). El mismo año de la Revolución se confisca en Barcelona un ejemplar del *Essai sur l'administration des finances de la France* (Lucienne Dommergue, *Le livre en Espagne au temps de la Révolution française*, Lyon, 1984, pp. 27-28). Un caso especialmente significativo es el del fabricante de jabón de Sant Feliu de Guíxols Sebastià Vidal, que desde 1780 había sido denunciado y que diez años más tarde es juzgado por la Inquisición, y se muestra como admirador de la acción de la Revolución sobre la Iglesia y al mismo tiempo de la «gran cabeza política» que era Necker (Lucienne Dommergue, *Le livre en Espagne*, p. 177, y Ernesto Zaragoza, «La Inquisición contra algunos vecinos de Sant Feliu de Guíxols», en *Ancora*, 1860, 22 de marzo de 1984). Cuatro años después volverá a ser juzgado, encarcelado y, finalmente, deportado.

16.   Robert D. Harris, *Necker. Reform Statesman of the Ancien Régime*, Berkeley, 1979, p. 57. El programa de Necker, que no era «ni libre comercio ni regulación estricta», formando un *«système intermédiaire»*, encontró una aplicación en el mundo textil francés, que fue considerada muy pertinente (William M. Reddy, *The Rise of Market Culture. The Textil Trade & French Society, 1750-1900*, Cambridge, 1984, pp. 44-46 y 349).

Un fragmento muy significativo de Necker[17] reproducido en el *Discurso de 1780* es:

> ...el pueblo, aunque ignorante, no deja de conocer lo que más le conviene para su conservación y gobernándose por sus necesidades mira a los frutos como a elementos precisos para su subsistencia. Quiere vivir y asegurarla con su trabajo y reclama sin cesar las leyes que apoyan su derecho. En una palabra, los cosecheros instan por los derechos de sus fundos; los comerciantes, por los de la libertad y el pueblo por los de la humanidad. En medio de este choque continuo de opiniones, principios e intereses diversos, ha de buscar la sabiduría y prudencia del gobierno la verdad y lo más adaptable a que sin ruina de ninguna de estas clases logre el Estado todas las ventajas posibles (ff. 9-10).

A pesar de este «choque continuo» y de la «sabiduría y prudencia del gobierno», «la armonía social» y «las relaciones necesarias al reposo y al poder de las naciones» se pueden conseguir, muy fácilmente, mediante «algunos pequeños sacrificios de los grandes propietarios» (f. 123). Si la intervención tenía que evitar precios altos que elevasen demasiado los costes salariales, también tenía que asegurar un mínimo de subsistencia a todos los trabajadores.

El crecimiento de la economía (y lo mismo en el caso de la población) depende de la capacidad de competir en el exterior. Sólo con la exportación se podrá aumentar el fondo nacional, pero existe una forma más adecuada de hacerlo: ningún medio «más a propósito para suplir los fondos que pueden faltar a una nación que el de la venta de los géneros de industria» (f. 125). Porque «los medios más seguros [son] la venta del tiempo, esto es de las producciones de la industria» (f. 16). Cualquier bien sobrante es positivo, más los de la industria, porque «las solas riquezas que forman un poder distinto de la población son los bienes sobrantes que resultan en todas las especies, bien sean de la agricultura o bien sean de las artes e industria, porque éstas son las que pueden solamente contemplarse como propias y únicas para acrecentar la fuerza del nervio del Estado» (ff. 16-17).

Cualquier ley tiene muchas limitaciones. Así, «una ley transplantada de uno a otro reino, será únicamente una pura casualidad el que sea saludable y que para introducir innovaciones en el gobierno es preciso que los beneficios del Estado sean muy manifiestos y que se verifiquen prontamente» (f. 27). Este pasaje, que no hemos sabido identificar, se ajusta perfectamente con uno de Necker: «Las leyes que debe seguir la industria no pueden ser siempre uniformes y generales; unas mismas constituciones que serán saludables a un

---

17.   Los fragmentos tomados de *Sur la législation et le commerce des grains* tienen que ser valorados teniendo en cuenta que su traduccción castellana no llega hasta 1783: Jacques Necker, «Sobre la legislación y comercio de granos», traducida por Miguel Gerónimo Suárez y Núñez, en *Memorias instructivas y curiosas sobre Agricultura, Comercio, Industria, Economía*, vol. VIII, Memorias LXXIII y LXXIX, Madrid. Esta traducción no consta en el completo libro de Henri Grange.

País por su naturaleza y situación arruinarán a otro que esté dotado de calidades por su clima y costumbres» (f. 8). Gran contraste con la ciencia económica que rompía con el mercantilismo al establecer leyes de alcance universal y eterno. La fisiocracia, y también la escuela clásica inglesa, así lo habían asegurado con una confianza tan grande que hacía exclamar al marqués de Mirabeau que sólo había habido tres grandes inventos: «La escritura, la moneda y el *Tableu Économique*».

«AQUEL GRADO DE FELICIDAD QUE GOZABA EN LOS TIEMPOS ANTERIORES»

La búsqueda del pasado dentro del historicismo más puro no sólo está presente en la segunda parte, es decir, en la monográfica dedicada a demostrar que «estaba Barcelona y Cataluña más poblada de gente de lo que es hoy», sino que tanto en la primera como en la tercera esta argumentación se repite una y otra vez. Si averiguamos las causas de la decadencia podremos actuar sobre ellas para que dejen de ser un freno y la realidad económica vuelva a renacer. Nos encontramos ante una realidad que sólo es desmentida por Barcelona, ya que es el único caso en el que la población ha aumentado desde los siglos XIII y XIV, mientras que en el mismo período todas las otras poblaciones habían disminuido aquella cuarta parte de la población que había desaparecido. Durante el setecientos las situación había mejorado sensiblemente «y continúan con mayor vigor en el [Reinado] del Rey Nuestro Señor Don Carlos III cuyas piedades y desvelos paternales nos prometen que llegarán a establecer y poner a Cataluña en aquel grado de felicidad de que gozaba cuando entró a reinar don Fernando I y en los tiempos anteriores» (f. 177).

Creemos que, según el *Discurso de 1780*, hay cuatro causas de este gran crecimiento económico que ha hecho que «toda Cataluña pudiera llamarse una ciudad continuada» (f. 199). La primera causa es la política razonada de los Borbones, acelerada sobre todo por Carlos III, que «ha logrado con los activos rayos de sus luces disipar las tinieblas». La segunda causa, el gasto militar, la examinaremos con más detenimiento tanto porque es un planteamiento original como porque tiene que ser examinada con atención, dado que constituye una hipótesis de trabajo interesante y poco habitual La tercera causa es la enfiteusis y el sistema del *hereu*. El sistema enfitéutico va más allá de la agricultura: «Son producciones de estos establecimientos las fábricas de indianas que, por el esmero y gusto con que se han mejorado y multiplicado componen la mayor parte del comercio activo de este Principado» (f. 39). No haremos más larga la cita y, por tanto, sólo enumeraremos las otras actividades beneficiadas por contratos enfitéuticos, fábricas de papel fino, de «marquilla» y de estraza, molinos harineros, batanes y de «barrena», la transformación de terrenos fangosos en cultivos, fábricas de alambre y hostales. La cuarta y última causa es la libertad de comercio con América, que ha permitido aumentar el número de los bienes sobrantes, que es el que permite aumentar el fondo nacional.

La agricultura es importante, pero más lo es la industria. La agricultura está demasiado cargada de impuestos y de elogios inútiles. La industria tiene, en cambio, un sistema fiscal favorable, lo cual no parece mal, dado que sólo esta actividad es la que permite alcanzar una mayor perfección. La industria permitirá acabar con el comercio pasivo y, por tanto, aumentar el fondo nacional. Es preciso mejorar la enseñanza y la técnica, establecer el prohibicionismo respecto a toda importación y la limitación o el control de la exportación de bienes alimentarios. Con esta postura no sólo se podrán conseguir bienes más baratos, sino que también quedará eliminada la «general inquietud» que rompe aquella armonía social. Hay un pasaje que muestra muy claramente el mercantilismo industrialista que se atribuye al «gran Colbert», si «se permitiese libremente la salida de los granos y la introducción de las manufacturas extranjeras, se arruinaría en un siglo la nación porque sus establecimientos de industria serán transportados a los cantones suizos o a otros pueblos libres de cargas» (f. 121). Una gran actividad industrial que encontrará sus salidas en el gran mercado americano y en el del resto de España por medio de una red comercial de primer orden.

El mercado catalán tenía que ayudar porque estaba muy monetarizado y era muy igualitario. «En otras provincias está el dinero como estancado en pocas manos sin que apenas el menudo pueblo le conozca por su figura; pero en Cataluña es un humor que circula y se extiende por todos los miembros de su provincia ... de modo que, aunque habrá otros países en que se encierra mucho más oro y plata, no le habrá quizá en toda Europa en donde más bien repartidos estos metales» (ff. 44-45). Veamos ahora con mayor detalle el supuesto de que el gasto militar ha influido en el crecimiento económico catalán, que es uno de los grandes temas que directa o indirectamente se entrecruzan en todo el *Discurso de 1780* o *Discurso sobre la agricultura, comercio e industria*.

«BARCELONA HA SIDO EL ARSENAL GENERAL DE LAS EXPEDICIONES»

El único viajero extranjero, Henry Swinburne, que durante el setecientos había tenido una conciencia clara del carácter especial de Cataluña dentro de España,[18] es también el único autor que, junto con el *Discurso*, hace una descripción de la influencia del gasto militar público en el resurgimiento económico catalán y, más concretamente, barcelonés. Los pasajes de Swinburne[19] tienen viveza y espontaneidad:

18. Geoffrey Ribbans, «La Catalunya i l'Espanya setcentistes vistes des de fora», *Butlletí de la Societat Catalana d'Estudis Històrics*, III-IV (1954-1955), Barcelona, 1963, p. 18.
19. Como indicamos en la nota 16 de la edición mencionada en la nota 3 del *Discurso*, Caresmar o quien fuera conocía directa o indirectamente el viaje de Swinburne en 1775.

Estas obras fueron llevadas a cabo por el Marqués de la Mina, capitán general del Principado, donde se venera su memoria mucho más que en la corte
de Madrid. Gobernó Cataluña muchos años, mucho más como soberano, que
como súbdito investido de autoridad delegada ... la reciente expedición a
Argel ha dejado vacíos todos estos almacenes, en los que apenas se encuentra
ni un cañón ni tan sólo un clavo. Los talleres, construidos para trabajar en gran
escala, en este momento se hallan parados ... Las fábricas tienen mucha mayor importancia [que las minas]. Barcelona provee a España con la mayoría de
las ropas y armas que necesita el ejército. Esta rama de la industria se lleva con
mucha inteligencia: puede completarse completamente un batallón de seiscientos hombres en una semana.[20]

Este pasaje olvidado sólo tiene un gemelo en el epígrafe del *Discurso* (ff.
199-201) que tiene el encabezado de este apartado. La similitud va más allá
del hecho militar porque ambos coinciden, también, al destacar al marqués
de la Mina. Ser arsenal ha beneficiado «la fundición de artillería y atataza-
nas y los vestuarios de las tropas». Las causas han sido las expediciones a
Cerdeña, Sicilia, Italia, Portugal y Argel, además de otros preparativos. Es
preciso añadir la artillería, la munición y los vestuarios de las tropas[21] que se
podían pedir desde fuera de Cataluña o a partir de Cataluña. Esta demanda
pública bélica está reforzada por la que se hacía desde Cataluña y para gastar en Cataluña. Si como consecuencia de 1714 se habían instalado por razones internas más de 20.000 soldados en el Principado, que tenían que con-
trolarlo, mermadas estas causas nos encontramos que las conquistas y las
defensas militares provocan que el número de soldados no varíe. Así, nos
dice el *Discurso*, tras la paz de 1748 volverán a domiciliarse en el Principado de 24 a 30.000 hombres. El contingente era, pues, importante, tanto
en número absoluto como relativo, como lo muestra el hecho de que hubiera ininterrumpidamente un soldado por cada 25 o 30 habitantes, como pone
de relieve Manuel Arranz. Castillos, fortificaciones, muelles, diversas obras
públicas, comida y vestidos hicieron, pues, que hubiera una considerable demanda en Cataluña, y para gastar dentro de ella. En consecuencia, dos tipos

---

20.   Henry Swinburne, *Viaje por Cataluña en 1775*, traducción e ilustración de Paz
Fabra, Barcelona, 1946, pp. 36, 38 y 121-122. Es la traducción de la parte catalana de *Travels
through Spain, in the years 1775 and 1776. In wich several monuments of Roman and Moorish
architecture are illustred by accurate drawings on the spot*, Londres, 1779.
21.   A pesar de sus claras carencias, y a causa de la escasa bibliografía, es preciso ver Carlos Martínez de Campos y Serrano, *España bélica. El siglo XVIII. Claroscuros de la disgrega-
ción*, Madrid, 1965. Una síntesis muy buena, aunque sólo de las actividades militares en el exterior, es la de Núria Sales en «Frustracions i esperances de la Catalunya setcentista (1714-1789)»,
en *Història dels Països Catalans*, Barcelona, 1980, pp. 32-39. El inicio de esta síntesis parece
hacer incompatible el gasto militar con la prosperidad económica o, más simplemente, no tiene
en cuenta la repercusión económica de este gasto, lo cual hace coherente no considerar las ope-
raciones militares internas. Éstas, sobre todo en las primeras décadas del siglo, tuvieron repercusión económica y un nítido sentido político. El hecho de que la marina de guerra estableciera tres
grandes y bien dotados arsenales (Ferrol, Cádiz-La Carraca, Cartagena) no impidió que Barcelona
y Cataluña continuasen siendo centros suministradores.

de demanda, la segunda de las cuales se quedará absolutamente en el país. Pero la primera también será un elemento considerable. Capmany también consideró la importancia del gasto militar pero la relativizó diciendo que si en Cataluña se aprovecha se debe a que hay una realidad económica que está en condiciones de aprovecharla. Si la realidad económica catalana fuera menos dinámica, ninguno de estos elementos se habría aprovechado.

Estos dos elementos de la demanda, que pueden suponer que el gasto del Estado durante el setecientos fuera más elevado de lo que lo ha sido posteriormente, se repasan durante todo el *Discurso*, de la misma forma que sus vertientes negativas. Este elemento de contradicción queda muy claro en el siguiente fragmento: «Inmensos caudales circulando por todo el Principado (de carácter militar), facilitaron a su industria la opulencia y a la agricultura tal vigor, que se descuajaron todos los montes y tierras bravas hasta tal punto que, en la actualidad, se experimenta una gran escasez de pastos, carbón, madera y leña» (f. 201). A partir de estos elementos y de su acción podemos explicar la teoría que sustenta una buena parte del *Discurso*. Más adelante, ofrecemos una visión de esta parte, pero antes realizaremos un breve estado de la cuestión sobre la verificación que han hecho nuestros historiadores de la hipótesis del *Discurso*. Manifestamos, por si es posible no dar paso a malentendidos, que esta hipótesis la plantea Caresmar, pero es la que, con gran diferencia, ha sido menos considerada, y precisamente una de las posibles utilidades del pensamiento económico es hacer aflorar lo que creían los economistas de la época para que sea verificado. También es preciso subrayar que para Caresmar no es esta la causa principal del crecimiento económico catalán, sino sólo una de las causas.

Hasta ahora, nuestra historiografía sólo ha dado importancia a uno de los aspectos planteados y el único que tenía relación con la derrota de 1714. Es decir, al impacto en los lustros inmediatos a aquella fecha que supuso una mayor densificación de la ciudad de Barcelona. La tesis tradicional establece un «nexo causal claro: determinaciones militares + crecimiento de la población = degradación».[22] Esta tesis, a pesar de considerarse parcial, aunque sea completada, coincide con una parte del planteamiento del *Discurso*. Por esta razón puede decirse que hasta hace muy poco, a pesar de aportaciones como las de Mercader o Molas, la hipótesis explicativa de uno de los factores posibles del crecimiento económico catalán de la época no ha empezado a verificarse empíricamente, es decir, a comprobar si el ejército y las autoridades militares tienen un papel fundamental en la emergencia de la Cataluña moderna.[23]

---

22. Ramon Grau i Fernández, «La metamorfosi de la ciutat emmurallada: Barcelona, de Felip V a Ildefons Cerdà», en *Evolució urbana de Catalunya*, Barcelona, 1983, p. 68. Ramon Grau, Marina López, Manuel Arranz, Pilar López, Albert Garcia y Manuel Guardia han revisado esta tesis tradicional sobre la política militar represiva de los primeros lustros y su efecto sobre la densificación de Barcelona.

23. Carta de Manuel Arranz al autor del 22 de diciembre de 1985.

El inicio de la verificación de esta hipótesis de trabajo proviene de un largo estudio sobre los técnicos y la técnica de la construcción de Manuel Arranz[24] y de trabajos sobre el pensamiento geográfico y técnico de Horacio Capel. Arranz, a partir de la constatación de que los sectores de la construcción en los que había modificaciones y cambios más significativos eran los que trabajaban en construcciones militares, ha ampliado su planteamiento en dirección a lo que expresa Caresmar. Podría decirse que incluso lo hace de una manera más limitada que en el *Discurso* pero con unos resultados positivos.[25] La conclusión de este planteamiento es que «Una parte del gasto estatal, al traducirse en una variada y voluminosa demanda de servicios y mercancías —muy a menudo estandarizadas—, es un factor que incide en la trayectoria de una serie de sectores productivos (construcción, confección, armas, etc.), y también es un elemento que, *junto con otros* [la cursiva es nuestra], impulsa la "modernización" de algunos de los sectores a los que se dirige». Ya hemos dicho que la interpretación del *Discurso* (o de Caresmar)[26] es más amplia, ya que muestra su preocupación por la destrucción del potencial energético (carbón, leña), imprescindible para unas fraguas y actividades del metal que a su vez eran estimuladas por la demanda bélica, lo que situaba la economía catalana en este punto en una contradicción sin salida.[27] La madera (los árboles más preciados eran utilizados, porque estaban bajo su dominio, por la marina militar) no era reemplazada de una manera lo suficientemente rápida como para hacer frente a sucesivas solicitudes de la misma marina de guerra o para otras actividades constructivas.[28] En la desaparición de los bosques y en la consiguiente erosión se veía una disminución de los pastos y, por tanto, de una ganadería que tenía que asegurar bienes de subsistencia más baratos. El crecimiento de la viña también planteaba presiones

24. Manuel Arranz, *Los profesionales de la construcción en la Barcelona del siglo XVIII*, tesis doctoral inédita, Universidad de Barcelona, 1979. Es una extensísima tesis en la que hay materiales valiosos.

25. Manuel Arranz, «Demanda estatal i activitat econòmica a Catalunya sota els primers Borbons (1714-1808)», *Primer Congrés d'Història Moderna a Catalunya*, vol. I, Barcelona, 1984, pp. 259-265. En sentido complementario Fernández de Pinedo me indica que Larruga recogió información que demuestra que la demanda pública de tejidos derivaba a menudo desde las manufacturas reales hacia las privadas catalanas. Por su parte, Antonio Miguel Bernal me dice que en el Archivo de Indias hay materiales que demuestran el origen catalán de suministros militares hacia América.

26. Si miramos los personajes citados en el *Discurso* veremos que entre los pocos que hay destacan nombres como los del cardenal Alberoni, el marqués de la Mina, Cipriano Vimercati, Contamina o el marqués de Risbourg.

27. La insistencia en el hallazgo de minerales muestra asimismo la preocupación por la primera materia que tenía que posibilitar una actividad metalúrgica imprescindible para la demanda general y que estamos contemplando más específicamente.

28. Véase J. M. Delgado, «La construcció naval catalana: els mestres d'aixa», *L'Avenç*, n.° 37 (abril de 1981), pp. 44-50; y «La construcció i la indústria navals a Catalunya (1750-1820)», *Recerques*, n.° 13 (1983), pp. 45-64; y la tesis inédita de J. Luis Urteaga, *Las ideas sobre la conservación de la naturaleza en la ciencia española del siglo XVIII*, dirigida por Horacio Capel Sáez, Barcelona, octubre de 1983, especialmente caps. VI y VII.

en el mismo sentido y, por tanto, ayudaba a que la economía catalana pudiera encontrar el punto de equilibrio de su producción forestal y ganadera en un nivel cada vez más inferior. En el mejor de los casos, la hipótesis de trabajo planteada sólo puede tener validez para un período de tiempo no muy largo. La falta de recursos mineros, forestales y energéticos así lo condicionaba, al menos en el nivel interno. Por otra parte, había factores que quedaban auto-limitados. Este es el caso de la construcción de una red básica de fortificaciones, que una vez establecida no puede continuar creciendo al mismo ritmo. Puede aducirse que en el resto de segmentos de oferta de productos bélicos la posibilidad de importar no era cero, como lo manifiesta la de los productos textiles con unas primeras materias importadas. Pero para que pasara era preciso mantener, por un lado, el presupuesto militar y, por otro, que la estructura productiva hubiera alcanzado una capacidad mínima.

Veamos, antes de acabar este apartado, algunos aspectos más parciales como los de los bosques. La temática forestal está enfocada en el *Discurso de 1780* de buenas a primeras en un *Discurso en general de los montes de Cataluña y estado deplorable a que se hallan reducidos* (ff. 218-229), y después desarrollada por cada una de las veguerías. En el párrafo que lo encabeza ya se manifiestan las ideas que irán completando los respectivos desarrollos: 1) importancia de una marina de guerra como principal defensa de los mercados; 2) necesidad de maderas adecuadas para mantener unos astilleros grandes, y 3) imposibilidad de que crezcan los astilleros sin una oferta forestal también creciente (ff. 218-219). La vigilancia para evitar la tala de los árboles más grandes es inadecuada, y en lugar de reservarlos para la marina o la artillería se destinan a la viticultura o al carbón. La viña no sólo es contradictoria por este camino, sino también por la artiga, que destruye la misma existencia de los bosques (Manresa, f. 378). Pero hablemos de donde hablemos el juicio es pesimista: Camp de Tarragona («muy pocos», f. 230), Tortosa («estragos que han sufrido», f. 238), Mataró («destrucción de los montes», f. 248), Camprodon («ni maderas que merezcan consideración para construcción de navíos y servicio de la Artillería», f. 362) o Talarn («maderas para navíos y otros servicios están muy destrozadas», f. 463). Si el punto sobre el estado de las maderas suficientes era uno de los fundamentales del cuestionario, otros dos puntos a los que era preciso contestar eran el de los minerales y el de las fraguas y otras actividades como las de la fundición de proyectiles de Sant Sebastià de la Muga. En el enfoque de las cuestiones parece palpitar un voluntarismo que explica que las respuestas, por mejor voluntad que tengan, no entusiasmen al conocer el que las emitía el terreno a ras del suelo. En este voluntarismo influía, sin duda, el hecho de que el camino utilizado para hacer las consultas pasaba por autoridades más cercanas a los puntos de vista del gasto militar público que al individualismo agrario —por utilizar una terminología de Marc Bloch— de los explotadores de viñas. La naturaleza, al proponer poco, ayuda a cerrar el círculo mencionado. La situación que queremos expresar tiene un cierto parecido con la voluntad mostrada unas décadas más tarde para montar una industria de bienes de producción o pesada, como lo planteó Jaume Vicens i Vives en *Industrials i polítics*. El caso presentado será diferente, ya que habrá sectores de la oferta que responderán bien a la demanda, como, por ejemplo, los bienes de consumo o de subsistencia. A pesar de esto, la respuesta será negativa por parte de otros sectores que habían contestado trabajando «a gran escala», como había observado Swinburne, en actividades como los astilleros o la metalurgia. La naturaleza o la geografía no disponían sino que proponían insuficientemente hacia la consolidación de una realidad que fuera una etapa previa para una industrialización de bienes de producción o pesada, que acabaría por no arraigar.[29]

Así, desterrada la Universidad de Barcelona, uno de los pocos centros de enseñanza superior que tuvo la capital fue la Academia de Matemáticas de Barcelona, que era realmente una escuela de ingeniería militar. Propuesta por el general filipino Verboom en 1718, no desapareció hasta 1803, en una sede que significativamente estaba primero dentro de la Ciutadella[30] y después adosada al cuartel de Sant Agustí (donde actualmente está la plazoleta de la Acadèmia). El Colegio de Cirugía de Barcelona —otra excepción a Cervera— se estableció en 1760, pero su finalidad principal la expresa bien la definición de Teresa Lloret: «Estaba destinado a la formación de cirujanos militares y también civiles para el Principado».

«CADA PROVINCIA TIENE [QUE] PRESCRIBIR LAS REGLAS MÁS CONDUCENTES Y PROPIAS»

El *Discurso de 1780* se separa absolutamente, como ya hemos dicho, de las leyes económicas abstractas y generales que iban siendo determinadas por la nueva ciencia económica que tenía sus avances en la fisiocracia y en Adam Smith, pero también se separa de una marco exclusivo estatal que era habitual en el mercantilismo. Así, el guía teórico escogido era un mercantilista que no consideraba sólo el marco estatal ni en la economía ni en la política y que era el mejor representante del liberalismo mitigado. Un párrafo reproducido de Necker lo expresa muy nítidamente: «Las leyes que debe seguir la industria no pueden ser siempre uniformes y generales; unas mismas constituciones que serán solubles a un País por su naturaleza y situación arruinarán a otro que esté dotado de calidades diferentes por su clima y costumbres» (f. 8). Necker se separaba así de uno de los principios fundamentales del mercantilismo: la lucha contra las instituciones territoriales internas (municipios, provincias, países, gremios) para fortalecer el Estado unitario.[31]

---

29. Sería preciso introducir los elementos aquí planteados al modelo general establecido por Jordi Maluquer de Motes, «La revolució industrial a Catalunya», *L'Avenç*, n.º 173 (julio-agosto de 1984), pp. 18-34.

30. Horacio Capel, *Geografía y Matemáticas en la España del siglo XVIII*, Barcelona, 1982; y Horacio Capel *et al.*, *Los ingenieros militares en España. Siglo XVIII*, Barcelona, 1983.

31. Elif Heckscher, *La época mercantilista. Historia de la organización y las ideas económicas de la Edad Media hasta la sociedad liberal*, México, 1943, p. 6.

El fragmento que acabamos de citar está acompañado de otro también muy significativo: «Con remedios universales les parece que dejen curados todos los males del Estado, pudiéndose originar de ello funestas consecuencias. Cada provincia tiene su extensión, su población, su carácter, sus costumbres, su constitución física y sus proporciones conducentes a sus particulares beneficios y de saber prescribir las reglas oportunas que a cada una le sean más conducentes y propias, es de lo único de que se puede esperar la prosperidad y fuerza del todo de la nación» (f. 126). Esta posición la asumen la Junta de Comercio de Barcelona y el intendente general interino del Ejército y del Principado de Cataluña. Desde nuestra interpretación, tenemos que pensar que esta es una demostración de voluntad política muy nítida.

Por otro lado, había un intendente que no debió de facilitar la inscripción de pasajes como los transcritos. Todo ello causa, pues, que no podamos encontrarnos ante posiciones no debidamente pensadas y sopesadas. Tras una derrota tan radical en 1714 y de partir de un autor que había emprendido —en Francia— una descentralización política (al menos Manuel de Terán no lo podía ignorar), era preciso sopesar los pasos, pero, por esto mismo, es preciso valorarlos en profundidad.

Nuestra historiografía ha tendido, claramente desde Soldevila, a infravalorar todas estas iniciativas autonomistas, y frases como «el esfuerzo para llegar a ser provincia» (con minúsculas, subrayamos por nuestra parte), o el siglo XVIII «el más estéril para la identidad colectiva catalana», han llegado a ser tópicos que se repiten una y otra vez.[32] Pierre Vilar ha hecho un comentario con el que podemos compartir el sentido general pero no las especificaciones:

> ¿Tenemos que juzgar como muy importante la «representación» que, en las Cortes de 1760, formaron los diputados de Zaragoza, Valencia, Palma y Barcelona, y que pidió al rey un retorno a las estructuras anteriores a la guerra de Sucesión? Es evidente que el hecho demuestra un persistencia de ciertas nostalgias, pero se trataba de una representación formada por notables, llenos de ilusiones sobre Carlos III, y el intento parece preceder las grandes transformaciones económico-sociales. Con el advenimiento de éstas hacia 1780, las esperanzas ya son de otro tipo. Cataluña es admirada en Madrid.[33]

Interpretaríamos la última afirmación en sentido inverso: porque Cataluña es admirada en Madrid y porque mantiene la reivindicación autonómica, se mantiene la demanda de una cierta organización política propia. Que lo expresen autoridades borbónicas le da mayor fuerza.

---

32.   Incluso la más reciente historiografía escrita desde un punto de vista autoconsiderado nacionalitario no cita ninguno de estos proyectos, ni la *Representación* de 1760 de los diputados de Zaragoza, Valencia, Palma y Barcelona. Es preciso ver, en cambio, Josep Maria Torras i Ribé, «La Catalunya borbònica; evolució i reaccions contra el nou règim», *Història de Catalunya*, vol. IV, Barcelona, 1978, pp. 178-203.

33.   Pierre Vilar, «Les transformacions del segle XVIII», *Història de Catalunya*, p. 418.

Los representantes de las cuatro grandes ciudades, como bien subraya Torras i Ribé, no hablan en nombre de estas ciudades, sino en el de «todos los naturales de los quatro Reynos de su Corona de Aragón». Las demandas finales serán limitadas por la redacción, que por letra y estilo creemos que tiene como redactor principal a Francesc Romà i Rossell, que rechaza de plano y de buenas a primeras en un nivel general la abolición de los fueros y el espíritu de la Nueva Planta. Cita a la monarquía francesa y a la austríaca (siempre hasta entonces en la penumbra) como muestra de que podemos funcionar con diferentes leyes según los territorios dentro de «la ley suprema». La Corona de Aragón era, se recuerda, diversa en su funcionamiento. La aplicación del unitarismo después de 1714 ha originado «los males que en su execución han padecido aquellos Reynos». Los ayuntamientos, la aplicación de los tributos por las diversas Cortes de tres brazos, la discriminación de los aragoneses en los altos cargos civiles y eclesiásticos y la discriminación de la lengua catalana, peor que la de los autóctonos de las Indias, eran los aspectos particulares más punzantes por adversos. Ninguno de los ayuntamientos, obviamente, estaba formado por personas que no hubiesen aceptado a fondo el nuevo orden borbónico, pero a pesar de esto reclamaban la conveniencia y la modernidad de lo que se había perdido por las armas. Este es el aspecto precisamente que más demuestra la fortaleza de la conciencia austracista y, por tanto, aragonesa que se mantenía, que vivía. No era sólo una nostalgia, sino que también era una voluntad política de presente y de futuro.

La *Representación* se presenta en las Cortes de 1760,[34] en un momento de optimismo como es el del principio de un reinado que venía precedido de las máximas esperanzas. En el mismo aliento podemos situar el *Proyecto para establecer el antiguo Magistrado de Cataluña*, que Josep Maria Gay Escoda sitúa, en una edición crítica, en los años 1760 o 1761.[35] Si la *Representación* es preparada por un sector, el más representativo posible y, por tanto, de miembros de la clase dirigente, el *Proyecto* lo será por «uno de los más altos cargos de la burocracia de la Intendencia», y también, como hemos comentado anteriormente, por una persona que de buenas a primeras tenía que ser reacia a este tipo de reivindicación por moderada que fuera y por avanzada que fuera su edad. «A pesar de tratarse de una exposición personal, alguna de sus propuestas ... lleva a sospechar que detrás suyo había más individuos de los que a primera vista podría suponerse.» El objetivo principal del *Proyecto* era limitado, pero, al mismo tiempo, en un punto especialmente sensible: distribuir, recaudar y administrar el contingente o la cuota establecida y ordenada por Madrid.

Entre 1760 y 1780 sólo nos consta la presentación del *Proyecto del Abogado General del Público* por parte de Francesc Romà i Rossell,[36] que era

34. Enric Moreu-Rey, *El Memorial de greuges de 1760*, Barcelona, 1968.

35. Josep M. Gay Escoda, «Un *Proyecto ... para restablecer el antiguo Magistrado de Cataluña* en el segle XVIII», *Recerques*, n.º 13, 1983, pp. 145-158.

36. Véase Ernest Lluch, «La Catalunya del segle XVIII i la lluita contra l'absolutisme centralista. El *Proyecto del Abogado General del Público* de Francesc Romà i Rossell», *Recerques*,

abogado de pobres de la Real Audiencia y representante de los Colegios y Gremios de Barcelona. Unos gremios que habían mantenido su fuerza económica, pero que habían digerido mal el hecho de que hubiesen sido desterrados, después de 1714, del gobierno municipal. Este proyecto, firmado en Madrid el 27 de noviembre de 1767, contó con el apoyo del conde de Aranda y del médico real Francesc Subiràs ante Campomanes.[37] A las demandas de Romà i Rossell, el médico real añadió el restablecimiento de la Universidad de Barcelona. Las resistencias políticas hicieron naufragar también esta iniciativa emprendida con apoyos serios, e incluso hay indicios para creer que haberlo presentado desvió la trayectoria de Romà como consecuencia de resistencias todavía más serias.

Desde 1767 tendremos que saltar hasta 1780, pero también aquí la propuesta autonomista que hacía el *Discurso de 1780* no tenía que permanecer aislada, ya que en 1808 y 1810 también nacieron propuestas en el mismo sentido.[38] De esta manera, la demanda de que la Provincia (con mayúscula y por tanto, Cataluña) tuviera una realidad política para prescribir «las reglas oportunas que ... le sean más conducentes y propias» era a su vez lo único que podía hacerle esperar «la prosperidad y fuerza del todo de la Nación [España]».[39] ¿Por qué, pues, este silencio actual sobre esta (y estas) propuestas políticas? Podemos pensar que en ello puede influir la actitud tomada sobre el catalán. Romà afirmaba que «no puede negarse que la diversidad del idioma causa extrañeza y retarda el enlace»; Capmany, que era una lengua «muerta hoy para la república de las letras» y «reservada para el trato familiar de las gentes y uso doméstico de los pueblos», y Caresmar la utilizaba en su epistolario pero no en sus trabajos.[40] Esto no les impedía participar en

n.º 1 (1970), pp. 33-50. Vilar dice que la Audiencia era la institución contra la que «los dirigentes de Madrid tuvieron más ocasiones de enfrentamientos». El Consejo de Castilla mandaba, pasado mucho tiempo, el 28 de noviembre de 1792 estudiar la «representación de D. Francisco Romà y Rossell, Regente que fue de la Rl. Audiencia de Mexico sobre establecimiento de Abogados generales de Provincia y erección de substitutos fiscales en las cabezas de Partido» (Archivo Histórico Nacional, Consejos, Libros de conocimiento, legajo 53.126. Libro que va de 1783 a 1802, D-1).

37.   Nuestros ilustrados tenían buena opinión de Campomanes, y así se lo dice Capmany a Fèlix Amat el 3 de noviembre de 1783: «Nuestro Conde de Campomanes queda nombrado Gobernador Interino del Consejo; noticia que debe alegrar a todo buen español y más a los catalanes» (Archivo Torres Amat, vol. 97).

38.   Véase la referencia al contenido de las reivindicaciones de 1808 y 1810 en el trabajo citado en la nota 36. Para la misma etapa posterior hay reflexiones interesantes en Lluís Maria de Puig i Oliver, *Tomàs de Puig: catalanisme i afrancesament*, Barcelona, 1985, sobre todo la introducción y el cap. II, 5.

39.   Esta frase del *Discurso de 1780* concuerda perfectamente con lo que Pierre Vilar deducía de la Revolución de 1808: «no hay necesariamente contradicción entre anticentralismo y unidad»: «Ocupació i resistència durant la Guerra Gran i en temps de Napoleó», *Assaigs sobre la Catalunya del segle XVIII*, p. 128.

40.   «Bastante bien se ve que un Finestres o un Caresmar continúan hablando catalán; si leemos sus cartas veremos cómo se mofan de los curas que predican en castellano o de ciertas señoras barcelonesas que lo prefieren al catalán porque es más fino» (Núria Sales, *Els botiflers, 1705-1714*, Barcelona, 1981, p. 64).

proyectos políticos para Cataluña o en una política cultural de fuerte impulso que describiremos más adelante. La contradicción entre la consideración de la lengua catalana y esta voluntad política y cultural tiene que entenderse teniendo en cuenta que: 1) la derrota de 1714 fue muy importante y la fuerza que la originó se mantuvo; 2) el catalán no estaba en decadencia en el uso popular pero el «ortografialismo» triunfante le perjudicaba, y 3) la aceptación de un uso interno sólido del catalán y un uso externo del castellano al estilo de lo que pasa actualmente en Suecia con el sueco y el inglés,[41] lo que no impedía por sí mismo el estudio del catalán y la vigorización de Cataluña. No fue el camino adoptado, pero no era un camino imposible.

El menosprecio de todo este conjunto de iniciativas políticas tiene que evitar, a nuestro entender, por lo menos caer en posiciones tan rotundas como las que he descrito: ni hay esfuerzo para una provincialización estéril, ni se dejarán de construir elementos que no sólo no harán estéril el setecientos, sino que, después de mantener viva una difícil pero firme voluntad de autonomía política, construirán unos elementos culturales sólidos sin los que no podrían explicarse ni la *Renaixença* ni la cultura catalana posterior. Y es precisamente necesario situar el *Discurso de 1780* como un elemento importante, pero sólo explicable en un proyecto cultural más amplio, a lo que dedicaremos el resto de esta visión general.

«DIBUJANDO LOS MÉRITOS CATALANES»

Franco Venturi, al hablar de la Ilustración en España, dijo que era una Ilustración de funcionarios, tesis que, en general, se ha admitido. Pero sería necesario hacer suficientes matizaciones para aceptarla, y lo que es evidente

---

41. El caso irlandés, por citar uno, ha mostrado que la reivindicación poco efectiva y el recuerdo histórico de la lengua propia son compatibles con la lucha por la independencia política y el mantenimiento de un nacionalismo muy arraigado. Josep Benet me ha explicado que durante una parte considerable del siglo pasado arraigó un catalanismo político que, recordando el irlandés, tomó como lengua el castellano, que después desapareció sin que sepamos todavía cómo. A nuestro modo de ver el actual vínculo entre catalanismo y lengua no puede ser aplicado mecánicamente a cualquier etapa de nuestra historia. El caso sueco o el caso irlandés son dos ejemplos de lo que queremos explicar y que no son aplicables en absoluto a la actual situación catalana. La mayor identificación con España no es incompatible con un planteamiento político reivindicativo del particularismo catalán: «Nunca la burguesía catalana se ha sentido más española que en este final del siglo XVIII. Una señal de ello es que abandona el catalán por el castellano como lengua de cultura» (Pierre Vilar, «Ocupació i resistència», p. 97). Un signo, pero el único signo. Coherentemente con la guerra de Sucesión, en la que el catalán por nuestra parte no fue un signo decisivo, y con el abandono del catalán por el castellano como lengua de cultura y pública, los diputados catalanes que irán a las Cortes de Cádiz, que lo habían asumido así, recibirán y defenderán de la máxima autoridad catalana, formada autónomamente durante la guerra, el encargo de reformar los fueros perdidos en 1714. Aner d'Esteve y Capmany serán sus portavoces y Dou el transgresor del mandato. No podemos olvidar que el aprendizaje del castellano para consolidar y ampliar mercados externos era imprescindible, tanto como era manifiesto su desconocimiento entre los catalanes. Esto no quita la responsabilidad de las leyes lingüistas genocidas ni el abandono de la lengua propia por parte de los catalanes más ricos y más cultos.

es que no es aplicable a Cataluña. Si en lugar de hablar de intelectual en singular añadimos, además de Capmany, otros nombres, el de Caresmar al frente, hacemos nuestro el pasaje siguiente:

> Es ... el encuentro —tan raramente acaecido— de un grupo de intereses que busca situarse en un punto de la evolución histórica y de uno intelectual ya capaz de reconocer, por sí mismo, que la verdadera historia de un pueblo descansa en la de su actividad material y de las variaciones de su estructura social. Ojeadas lanzadas por la burguesía ascendente hacia la verdadera ciencia y por los sabios hacia la sólida realidad, así se resume todo el siglo XVIII.[42]

Unos intelectuales ilustrados que «dibujarán los méritos catalanes» con un programa de resurgimiento cultural catalán de un alcance tan amplio que no tendrá par hasta la Mancomunidad de Prat. Durante la *Renaixença* surgirá la reivindicación de la lengua, pero no estoy seguro de que tuviera un programa cultural del alcance del que vamos a apuntar.

Tres son los grandes proyectos culturales que se realizaron o empezaron durante estos años: las *Memorias históricas*, el *Discurso de 1780* o *Discurso sobre la agricultura, comercio e industria del Principado de Cataluña* y la *Biblioteca de escritores catalanes*. El conjunto de las tres obras permitía tener un conocimiento global de Cataluña: su historia, una teoría que encajaba en ella, su estructura económica, las líneas de una política económica adecuada, la reivindicación de grados de autogobierno y el conocimiento de sus literatos y de la literatura en catalán. Tres libros que como tres vectores definen una amplia superficie. Una superficie tan amplia que permite un conocimiento de Cataluña parecido al que tenían los países con una Ilustración arraigada. Todas estas obras se realizarán en equipo pero en ellas siempre figurará Caresmar,[43] y la Junta de Comercio será la institución-eje. Analizado el *Discurso de 1780*, demos un vistazo a las otras dos obras.

«LOS CATALANES SON INDUSTRIOSOS EN COMUNIDAD NACIONAL»

Las *Memorias históricas* de Antoni de Capmany tienen como sujeto «la antigua ciudad de Barcelona» pero creía que la homogeneidad nacional catalana gravitaba sobre la capital y que este denominador común era un elemento de cohesión económicamente decisivo. Esta «patria común» tenía una forma democrática de gobierno municipal «sin dependencia de la nobleza».

---

42. Pierre Vilar, «Capmany i el naixement del mètode històric», *Assaigs sobre la Catalunya del segle XVIII*, pp. 84-85.

43. Para ver la justificación de alguna de las afirmaciones hechas en los párrafos siguientes es preciso consultar la nota sobre la edición igualadina de la segunda parte del *Discurso* en *Recerques*, n.º 10 (1979), pp. 177-181, citada en la nota 4. No repetimos aquí elementos hasta entonces no precisados ni, sobre todo, la bibliografía sobre Caresmar, la de Mercader i Riba en primer lugar hasta la más reciente.

La segunda causa del desarrollo catalán era el comercio exterior, como acostumbra a pasar en los países marítimos de la mano del lujo. Razón por la que juzgaba la carolina libertad de comercio con América como altamente positiva. De aquí vino el crecimiento de la industria y después de la agricultura. La tercera causa será la división de la sociedad en cuerpos diferenciados, pueblo tratante y pueblo artesano, con una nobleza que estaba dispuesta a perder «sus fueros eqüestres». En último lugar, los gremios; por defenderlos se enfrentará, aunque primero sea con pseudónimo, con el todopoderoso Campomanes. A pesar de que no valoraba, como acabamos de decir, el gasto militar como causa pero sí como impulso, también lo hacía análogamente para explicar la decadencia económica de Cataluña en relación al cierre de la «carrera brillante del ejercicio de las armas». Él mismo será un militarizante y su hermano un matemático militar.

Por debajo, a menudo muy por debajo, de sus exposiciones había aspectos que le confrontaban con el nuevo orden nacido en 1714. Pero comparar el trato dado a la Corona de Aragón con el recibido por los súbditos de «mogol» ya hacía prever evoluciones no esperadas y futuras cuando llegaron las Cortes de Cádiz: «Si yo hubiese podido prever en otro tiempo que había de tener nuestra nación la dicha de celebrar Cortes» y «hasta el año 1714 en que las armas de Felipe V, más poderosas que las leyes, hicieron callar todas las instituciones libres en Cataluña».[44] No volveré ahora a la relación entre Capmany y el catalán, aunque corroboro la afirmación de Josep Fontana; ya que incluso los posteriores iniciadores de la actitud de volver a escribir en catalán lo hacían más en castellano —Aribau, Rubió i Ors, Milà—, «habría sido, pues, absolutamente aberrante esperar que Capmany publicara en catalán el tipo de libros que escribió».[45] Esto es compatible con la inteligente observación de que algún poema escrito en catalán era «como si fuera un eco de las palabras de Capmany»[46] sobre la expedición catalana a Oriente.

«LAS PRODUCCIONES LITERARIAS DE LOS HIJOS DE CATALUÑA»

Para escribir las *Memorias históricas*, Caresmar tendrá el acierto de elegir a Capmany y le ayudará con el envío de mucha documentación, labor en la que colaborará Antoni Juglà. Precisamente será Juglà uno de los coautores del *Diccionario catalán-castellano-latino* (1803-1805). No es extraño que el mismo Capmany hable de que «se coordinó una historia económica». Caresmar será el autor seguro de una parte del *Discurso de 1780* y quizá de la

---

44. Véanse estas citas en Ramon Grau, *Antoni de Capmany i la renovació de l'historicisme polític català*, Barcelona, 1994, pp. 11 y 58, respectivamente.
45. Josep Fontana, «Estudi preliminar» a Antoni de Capmany, *Cuestiones críticas sobre varios puntos de historia económica, política y militar*, Barcelona, 1988, p. 6.
46. Antoni Comas, *Les excel·lències de la llengua catalana*, Barcelona, 1967, p. 21.

primera, y también trabajará en la coordinación de la obra. Habrá trabajado tanto en ella que su íntimo amigo Josep de Vega i Sentmenat creerá que es su autor.

La tercera gran obra de la Ilustración catalana sobre nuestra literatura utiliza un manuscrito de 432 folios empezado un siglo antes de su finalización total: *Copia de los apuntamientos que iba haciendo el P. Dn. Jaime Caresmar, Canónigo Premonstratense en el Monasterio de Bellpuig de las Avellanas, para formar una «Biblioteca de Escritores Catalanes» y añadir varios artículos a la de Dn. Nicolás Antonio.*[47] No lo acabará, pero uno de sus discípulos dará un paso hacia delante —*Hoc opus compilatum est a R. D. P Joseph Martí Bercinonensi Monasterii Bellipodii Arenallarum Canonico et quaondam Abbate qui pluribus aliis ingenii, eruditionis sua monumentis relictis pientissime obiit anno 1806.*[48] Paso que fue insuficiente hasta que lo completaron Ignasi y Fèlix Torres Amat, treinta años más tarde. Sobrinos precisamente de Fèlix Amat, que es quien había conseguido de Pedro de Cevallos la publicación de las *Obras completas* de Caresmar, hecho impedido por los altibajos de nuestra historia. Las *Memorias para ayudar a formar un Diccionario crítico de los escritores catalanes* serán también un trabajo en equipo pero prolongado a lo largo del tiempo. ¡Qué caso más singular y excepcional mantener la tensión de saber cuál era nuestra literatura durante un siglo en un ambiente poco propicio! Realmente nadie duda de que fue la herramienta principal durante muchísimos años entre los que la querían conocer. Recuerdo haber visto un papel escrito en los últimos años de Fèlix Torres Amat en el que reflexiona sobre que, si estas *Memorias* se hubieran redactado en los años en los que fueron publicadas, la lengua utilizada habría sido el catalán.

Es preciso decir que esta gran obra tiene que contemplarse junto con otras dos: el *Diccionario catalán-castellano-latino* y la *Gramàtica* catalana de Ballot. Nos permitiremos insistir sobre el primero porque muy a menudo se presenta exclusivamente como un camino para pasar al castellano.[49] Esta interpretación es cierta si no es excluyente. Decimos si no es excluyente porque sería preciso explicar por qué está también el latín como el último lugar al que lleva el camino. Tendremos que explicar también por qué el *Diccionario catalán-castellano-latino* es la ordenación alfabética de los vocablos catalanes con sus equivalentes castellanos y latinos, pero previamente los vocablos catalanes se han definido. Veamos algunos ejemplos de palabras económicas, tal como aparecen:

---

47. Biblioteca Nacional, ms. 13.464.
48. Biblioteca Nacional, ms. 13.603.
49. Véase Jordi Carbonell, «La literatura catalana durant el període de transició del segle XVIII al segle XIX», *Actes del IV Col·loqui Internacional de Llengua i Literatura Catalanes*, Montserrat, 1977, pp. 298-299, y Modest Prats, «La llengua catalana al segle XVIII. Possibles pautes d'estudi», *La llengua catalana al segle XVIII*, a cura de Pep Balsalobre y Joan Gratacós, Barcelona, 1995, pp. 65-66.

DEMBÒSSAR, entregar alguna quantitat de dinèr propi, per fer alguna paga, dexarlo a algú, ó per altre motiu semblant, *Desembolsar*, Pecunias tradere.

COMERS, s. m. negociació, que s'ba comprant y venènt génerós. *Comercio.* Commercium, mercatura.

LLETRA, la veu ó paraula que explica èl cos de una empresa. *Letra.* Lemona, inscriptio.

EMPRESA, assènto, ajust, ab qu'algú s'obliga á fer, ó provehir d'alguna cosa V. Assènto.

ASSÈNTO, s. m. contracte. *Asiento.* Conventio.

PAGAR, v. a. alguna quantitat per rahó de drets dels génerós que s'introduexen. *Pagar.* Verctigalia praestare.

JO PAGO, JO PAGO. expr. ab qu'algú assegura qu'alguna cosa es certa, com afiansandla ab sòs bèns. *A pagar de mi dinero.* Fideiussor adstabo.

Con estos ejemplos creo que puede verse que no estamos sólo ante un diccionario catalán-castellano, sino a un paso para constituir, como dice el prólogo, «la sola coleccion y explicacion de las voces catalanas que exije un trabajo ímprobo de varios literatos y de muchos años», y un diccionario latino. Repasar la historia del *Diccionario* puede explicarnos por qué estos dos aspectos están menospreciados.

El obispo Josep Climent creía que el mal aprendizaje del latín en el Seminario de Barcelona se debía al desconocimiento del castellano como lengua puente y culta. La enseñanza del castellano se encargó a Pau Ballot, que por esta razón y por esta práctica publicó una gramática de esta lengua. Además el obispo valenciano, con motivo de la Real cédula del 3 de junio de 1768 ordenando la enseñanza en castellano en las escuelas, sugirió a la Acadèmia de Bones Lletres un diccionario catalán-castellano para facilitar el aprendizaje del castellano, esto es evidente, pero también para «conservar la memòria i puresa» del catalán. Según explica Antoni Mestre, Gregori Mayans aprueba la castellanización emprendida por Climent, pero le indica que «siempre es necesaria la conservacion de la catalana para la inteligencia de las leyes … y para entender mejor la Doctrina Christiana». Interrumpida la confección del *Diccionario*, la reanudó en 1782, cuando Fèlix Amat entra en la Acadèmia y pide ayuda a Antoni de Capmany para obtener su publicación. Según la respuesta de Capmany del 3 de noviembre de 1783, se trata de un simple «diccionario bilingüe». No obstante, nos dice Ramon Corts i Blay, no encarga definitivamente el diccionario hasta 1790 a una comisión formada por Fèlix Amat y los que serán los tres autores definitivos (Ballot, Bellvitges y Esteve), a pesar de que el arzobispo trabajó mucho en él. El diccionario bilingüe era ya trilingüe y la parte catalana se había convertido en conceptual. Servía, por tanto, al proceso de castellanización, pero ayudaba a fijar el catalán: el programa inicial no se había seguido estrictamente.[50] Por esto es válida la reflexión de Rubió a propósito de esta obra: «Muchas iniciativas que des-

50. Ramon Corts i Blay, *L'arquebisbe Fèlix Amat (1750-1824) i l'última Il·lustració espanyola*, Barcelona, 1992, pp. 77-80.

pués han sido altamente renovadoras empezaron a circular bajo etiquetas que a distancia parecen desorientadas».[51] Seguir las biografías de los tres autores explícitos puede darnos alguna pista sobre la dinámica de los hechos. Bellvitges muere en 1805, el año de la edición del segundo volumen, tras una obra de poco valor; Juglà había publicado en catalán y había exaltado antiguos hechos de armas catalanas, como le correspondía a un colaborador de las *Memorias* de Capmany, y Ballot publicará en 1815 la *Gramàtica i apologia de la llengua catalana*, dedicada a la Junta de Comercio.[52]

En resumen, tres grandes obras —el *Discurso de 1780*, las excepcionales *Memorias históricas* y el *Diccionario crítico de los escritores catalanes* (este último junto con el *Diccionario catalán-castellano-latino* y la *Gramàtica*)— constituyen un consolidado proyecto global para Cataluña que el siglo siguiente no superará, pero sí que incorporará la afirmación del catalán. Ya hacía años que Jordi Rubió i Balaguer lo había afirmado desde otra perspectiva: «Sin el siglo XVIII no se explicaría la *Renaixença* en Cataluña. Maestros que aparte de mí nadie más venera ponen en el romanticismo su apoyo principal».[53] Desdichadamente, esta interpretación, publicada en 1958 por primera vez, no ha sido demasiado escuchada. El mismo Rubió remachó su posición: «La lengua, la historia y la literatura. La *Renaixença* las simbolizó en unos nombres que no debían nada al romanticismo y cuyas obras eran de tradición sietecentista» y «fueron muchas las semillas sembradas en el siglo XVIII que nutrieron la corriente vital de la restauración y dieron nuevos estímulos a Cataluña».[54] Los hombres que ponen en marcha la *Renaixença* no son hombres formados en el romanticismo, sino en la Ilustración. Estas afirmaciones tienen que ser por lo menos complementadas con la afirmación de que, si bien la Ilustración catalana es el despertador de la personalidad catalana, el de la conciencia lingüística, al identificar el idioma con la patria, no aparecerá hasta unos años más tarde con Aribau.[55] Esto significa que el desvelo de la personalidad catalana no empezó por la lengua, sino por los aspectos más globales, y que la lengua —y en esto cuentan factores económicos— seguirá décadas más tarde, e inevitablemente, quiero subrayar. El reduccionismo lingüístico, tan abundante en los últimos años, tiene la ventaja del simplismo y de que se basa en el aspecto nacional catalán más directamente constatable, pero no es cierto. La lengua seguirá como conclusión lógica de un proceso lanzado por hombres que no creían demasiado en el futuro viable del catalán, pero al poner en marcha un proyecto catalán es cuando se ponen las ba-

---

51.   Jordi Rubió i Balaguer, *Història de la literatura catalana*, vol. III, Montserrat, 1986, pp. 37-38.

52.   Sólo mencionaremos el hecho de que Ballot alude a Capmany como a condiscípulo y que su participación en la política catalanista de Augerau fue el origen inmediato de su *Gramàtica* (véase Àngels Solà i Parera, «Ballot, la seva gramàtica i altres notes», *Estudis històrics i documents dels arxius de protocols*, IX [1981], pp. 277-303).

53.   *Ibid.*, p. 19.

54.   *Ibid.*, p. 295.

55.   *Ibid.*, p. 97.

ses para asegurarle este futuro. Capmany es el máximo ejemplo de ello. «La *Renaixença* se incubaba desde mucho antes del Romanticismo. Los nombres de los que unánimemente se han considerado sus primeros maestros fueron de hombres educados en la cultura de la Ilustración.»[56]

Cuatro años más tarde Rubió aclara que «hablar de la *Renaixença* catalana es hablar del siglo XIX barcelonés ... si su semilla ya estaba a punto de abrirse en el siglo XVIII, su brote se orientó en función de cómo vivió la centuria siguiente la capital de Cataluña». A pesar de que considera «la *Renaixença* como un movimiento que se manifestó en primer lugar en el mundo de las letras, es necesario verla encuadrada dentro de la historia digamos política». Es decir, que la historia política había sufrido un cambio previo u originario, un cambio que era un prerrequisito al igual que lo era la transformación económica y social. A la vez serán los prerrequisitos político y económico los que poseerán «la razón de la pervivencia del movimiento». El estudio de la *Renaixença* «es preciso enfocarlo desde el ángulo de la historia política. Hacerlo desde un punto de mira estrictamente literario no autorizaría a consumir demasiadas páginas disecando la evolución y catalogando los autores y las obras, tanto en catalán como en castellano, que surgieron en las primeras décadas» del ochocientos. Sin alejarnos del espacio cronológico de este libro encontramos clave otra afirmación: «La restauración de la lengua tenía que preceder la de la literatura».

A partir de aquí me atrevería a decir que los elementos que se han ido construyendo en estos libros encajan en el modelo presentado por Rubió i Balaguer, de tal forma que podríamos presentar un esquema «a la Rubió i Balaguer» con un talante parecido. Un talante que incluye pensar que «los procesos vitales no pueden ser estáticos» y que, «según el camino escogido, la resultante habría podido ser diferente de la que se alcanzó».[57] El proceso que lleva a la *Renaixença* incluye los siguientes elementos. Los políticos de talante general están marcados por la derrota de 1714 con todo lo que conlleva de asesinato político y lingüístico. Desde el exilio exterior y desde el exilio interior, el austracismo persiste y se purifica sobre todo en el período 1734-1741. A partir de 1760 se plantean reivindicaciones austratizantes. Serán de alcance parcial dentro de la aceptación del esquema borbónico, pero públicas, defendidas socialmente y con algún éxito. Cuando lleguen aires de libertad a las Cortes de Cádiz, las libertades anteriores a 1714 se recordarán, escribirán y reivindicarán. Desde mediados del setecientos se producirá un proceso de fortalecimiento económico vigoroso. Las luces aplicadas y apagadas tendrán frutos hacia 1780, en un proceso que durará hasta las primeras décadas del siglo siguiente. El castellano como idioma culto se aplicará a temas catalanes, que recibirán un interés creciente e insólito. La catalani-

56. *Ibid.*, p. 301.
57. Todas las citas son del capítulo XIV de Rubió en *Moments crucials de la història de Catalunya* (Barcelona, 1962, pp. 287-327) que cito a través de su publicación en Jordi Rubió i Balaguer, *Il·lustració i Renaixença*, Montserrat, 1989, vol. II, pp. 115-119.

zación de los temas irá seguida de un interés primero por el catalán y después por la literatura en lengua propia. Este proceso es paralelo al de la producción también creciente en castellano.[58] En estos cuatro últimos lustros del setecientos algunas voces reprocharán a los escritores catalanes haber abandonado su lengua en la que se podía publicar a pesar de las limitaciones u opresiones existentes. El planteamiento político y la base económica irán encuadrando todo este proceso que «pronto desbordó el área estrictamente literaria ... y dio nuevo sentido a la vida artística, centró y coordinó, como obedeciendo a un subconsciente, muchas fuerzas económicas y, tanto por acción de simpatía como por reacción opositora, marcó su influencia en la disputa por la representación política de Cataluña hasta muy avanzado el siglo diecinueve».[59] Cambios positivos en las condiciones generales de producción, libertades temporales pero que dejaban un fuerte pesar y un avance cultural notorio aunque limitado, transformaban por debajo y por encima a la sociedad catalana.

58.   El predominio de la edición en castellano en la Barcelona de los años 1833-1843 es muy patente (Jesús Longares, *La divulgación de la cultura liberal*, Córdoba, 1979, pp. 117-166).
59.   Jordi Rubió i Balaguer, *Il·lustració i Renaixença*, vol. III, pp. 115-116.

ÍNDICE ONOMÁSTICO

Accarias de Serionne, Jacques, 131, 160, 220, 221
Aguilar Piñal, Francisco, 10, 30, 53, 60 n., 83, 102, 130 n., 147 n., 153 n., 156 n., 191 n.
Aguiló, Àngel, 49
Aguiló i Fuster, Marià, 12, 47-49, 52 y n., 53, 55, 56, 57-59, 60, 67
Aimerich, Mateu, 118
Alabrús Iglesias, Rosa Maria, 64 n., 67, 79 n., 81
Álava, Jacinto de, 196
Albareda, Anselm M., cardenal, 32, 100 y n., 103 n.
Albareda, Joaquim, 10, 66 n.
Alberoni, Giulio, cardenal, 229 n.
Albionis, Alani, 68
Albons, familia, 113
Alemany Siscar, Amparo, 138 n.
Alembert, Jean le Rond d', 122
Alfonso XIII, rey de España, 21
Almenar, Salvador, 160 n.
Alonso Baquer, Miguel, 136 n., 141 n.
Álvarez Bandura, Esteban, 171
Álvarez Barrientos, J., 165 n.
Álvarez Junco, José, 89 n.
Álvarez-Sierra, J., 101 n.
Amat, Fèlix, arzobispo de Palmira, 36, 37, 38, 39, 40, 44, 45, 104, 234 n., 238, 239
Amat, Jaume, 158 y n., 211, 214
Amat, Manuel de, virrey de Perú, 123, 138
Amor de Soria, Juan, 10, 27, 69, 70 y n., 71, 81, 82, 83-88, 91
Amor de Soria, Narciso, 84
Amor y Soria, Antonio, 84
Ana, reina de Inglaterra, 71, 73
Aner d'Esteve, Felip, 26, 27, 89, 91, 235 n.
Anes, Gonzalo, 21 n., 175 n., 184, 191
Anes, R., 114 n.
Angiolini, Franco, 97 n.
Anguera, Pere, 12 y n., 49, 79 y n.
Antón Ramírez, Braulio, 195, 199
Anzano, Tomás, 156
Apolant, J. A., 152 n.
Appolis, Émile, 35, 36

Aragón, Pascual de, 100-101 y n.
Aragón y Palenzuela, Cecilia de, 30
Aranda, Pedro Pablo Abarca de Bolea, conde de, 9, 14, 20, 21, 25, 129, 131, 132, 134, 135-139, 140, 141-142, 143, 147, 150, 151, 152, 155, 157, 164, 165, 167, 171-173, 234
Arbuxech, Pascual, 149, 159
Argemí, Lluís, 163, 166 n., 190 n., 191 n.
Arias de Vaydon, Ramon, 27, 68, 75 n., 76, 77, 80
Aribau, Bonaventura Carles, 13, 29, 39, 237, 240
Armanyà, arzobispo, 35, 36, 37, 39
Armona, J. A. de, 165, 166
Arnauld, Antoine, 36
Arranz Herrero, Manuel, 122, 132 n., 227, 228 n., 229 y n.
Arrieta Alberdi, Jon, 17-18, 21, 101 y n.
Arriquibar, Nicolás de, 160 n.
Arroyal, León de, 142, 143 n., 159
Arteta de Monteseguro, Antonio, 21, 130, 143, 148, 155, 157, 158, 159 y n., 167
Asso y del Río, Ignacio Jordán de, 155 n.
Astigarraga Goenaga, Jesús, 21, 160 n., 163, 196, 210, 211 n.
Aulèstia, Antoni, 118
Azara, Nicolás de, 89, 137 y n., 140 n.

Bacardit, Ramon, 124
Badia, Oleguer, 36
Baguer, Carles, 12, 40, 41
Bahí, Joan Francesc, 125, 126
Bails, Benet, 122, 132, 155 n.
Balaguer, Víctor, 118
Balázs, Eva, 137 n.
Ballesteros, Manuel, clérigo menor, 104
Ballot i Torres, Josep Pau, 45, 216, 238, 239, 240 y n.
Balmes, Jaume, 20, 38
Balsalobre, Pep, 238 n.
Barba i Roca, Manuel, 183 n.
Barberí, Mateo Antonio, 155 n., 156 y n.
Barreiro, Xosé Ramón, 16

Barrenechea, José Manuel, 148 n., 160 n.
Barrio Moya, José Luis, 101 n.
Batlle Vázquez, Manuel, 22
Batllori, Miquel, 19-20, 40, 43, 140 n.
Bayer i Casteñé, Robert, 109, 112 y n., 115 n.
Beccaria, Cesare, 24, 34
Beccatini, Francesco, 142 n.
Belestà, Domingo, 122
Bellvitges, Josep, 44, 45, 239-240
Benekendorff, 161 n.
Benet, Josep, 235 n.
Beneyto, María, 40
Beranger, Carles, 123
Bernal, Antonio Miguel, 229 n.
Berramendi, Carlos, 161 n.
Berthollet, Claude, 115
Bertran, Juan, 211-212, 213
Berwick, James Stuart Fitz-James, duque de, 67
Bielfeld, barón, 130-131, 132, 143-145, 146 y n., 147, 148-149 y n., 153, 155, 156 n., 159, 160 y n., 161 n., 223
Biot, Jean-Baptiste, 115
Bloch, Marc, 230
Bofarull, Antoni de, 65, 118
Borges, Jorge Luis, 44
Bosch Cantallops, Margarita, 11
Bosch i Mata, Carles, 35
Bourde, André J., 192, 196 n.
Braunstein, Philippe, 97 n.
Broak, 66, 68, 72, 73, 74 n., 75 n.
Bruguera, Mateu de, 65 y n.
Brunet, familia, 114
Burgos, Javier, 59, 111

Cabanilles, Joan Baptista Josep, 41
Cabarrús, Francisco, conde de, 190 n., 202
Cáceres Laredo, Teodoro, 35
Cadalso, José, 135
Cádiz, Diego de, beato, 37
Calabro, Mateo, 121
Calzada, Bernardo María de la, 133, 134 n.
Campeny, Damià, 41
Campillo y Cossío, José de, 91 n., 157
Campomanes, Pedro Rodríguez, conde de, 18, 21, 32, 37, 130, 142, 151, 157, 158, 163, 165, 166, 167, 169, 175-189, 191 y n., 194, 196, 197 y n., 221, 234 y n., 237
Canaleta, Joan, 124
Candaux, Jean David, 188 y n.
Canelles, Agustí, 124, 126
Cantillon, Richard, 193, 201, 202, 203, 204
Capdevila, Bernat, 114
Capel Sáez, Horacio, 124 n., 229 y n., 231 n.
Capmany, Antoni de, 9, 13, 14, 24, 26, 27, 28, 35 n., 42, 43, 45, 63, 88, 89, 90 n., 91, 130, 143, 155, 157, 177, 178 n., 183, 217, 219,

228, 234 y n., 235 n., 236, 237 y n., 239, 240 y n., 241
Carande, Ramón, 175 y n., 186 n.
Carbonell, familia, 113
Carbonell, Francesc, 124
Carbonell, Jordi, 238 n.
Caresmar, Jaume, 26, 39, 43, 44, 45, 183, 185, 216, 217, 219, 220, 226 n., 228, 229, 234, 236 y n., 237, 238
Carlomagno, 71
Carlos II, rey de España, 73, 78, 86, 100
Carlos III, rey de España, 28, 30, 31, 39, 66, 72, 73, 74, 79, 118, 120, 127, 130, 131, 132 n., 136, 139, 140 n., 152, 154, 155, 159, 190, 225, 232
Carlos IV, rey de España, 135
Carlos V, rey de España, 43
Carlos de Austria, archiduque, 78, 120
Carmona, Xan, 16
Carmona Badia, J., 199 n.
Carnero, Guillermo, 35
Caro Baroja, Julio, 101
Carpenter, Kenneth E., 130 n., 150 n.
Carrera i Pujal, Jaime, 175 n., 219
Carreras i Bulbena, Josep Rafael, 64 n., 80, 81
Casanova, Rafael, 13, 64, 80, 81
Casanovas, Ignasi, 119, 120
Casanovas, Narcís, 40
Caso González, José, 143 n.
Castellano, Juan Luis, 84 n.
Castellet, barón de, 124
Castellnou, Josep, 151 n.
Castellví, Francesc, 10, 84 y n.
Castellví i Coloma, Joan Basili, 82
Catalina II la Grande, emperatriz de Rusia, 33
Cebrián, monseñor de la catedral de Santiago, 16
Cerdà, Ildefons, 118, 228 n.
Cervellón, conde de, 82
Cevallos, José, 138
Cevallos, Pedro de, 238
Chartier, Roger, 54 n.
Cheap, Andrew, pastor anglicano, 37, 105
Chone de Acha, José Mauricio, 161 n.
Ciutadilla, marqués de la, 124
Climent, Josep, obispo de Barcelona, 35, 36, 37, 39, 44, 45, 239
Colbert, Jean-Baptiste, 87, 183, 186, 197, 226
Coll Martin, S., 208 n.
Collell Costa, Alberto, 67
Comas, Antoni, 28 y n., 34, 237 n.
Comas, Pau, 81
Comella i Vilamitjana, Llucià Francesc, 32, 33, 34, 41, 103, 134, 135
Comes, Josep, 221
Condillac, Étienne Bonnot de, 134 n., 203
Condorcet, Marie-Jean-Antoine, marqués de, 141

Constansó, Miguel, 123
Contamini, 229 n.
Copin, Jerónimo, 150
Cordero Torrón, Xosé, 16
Cormina, Josep, 33
Cornide, José, 152, 199
Coroleu, Josep, 118
Corominas, Joan, 64
Corominas, Magí, 124
Corts i Blay, Ramon, 37, 38 y n., 105 n., 239
y n.
Costas, Anton, 21, 113 n.
Coxc, William, 140, 141 y n.
Coyer, G.-F., abate, 30, 141, 156 n., 160
Craywinckel, Francisco, 197
Cristina, reina de Suecia, 33
Crow, Milford, 66, 68, 72, 73
Curiel, Luis, 117, 119
Curtin, Philip D., 93 n., 97 n.

Dalmases, Pau Ignasi, 73
Dalmau, Sebastià de, 80
Dalrymple, William, 153 y n.
De la Croix, Nicollé, 111, 214 n.
De la Mare, 149, 160 y n.
De la Torre i Mollinedo, Domingo, 144, 146, 147 y n., 148
Defourneaux, Marcelin, 152 n., 223 n.
Delgado, J. M., 229 n.
Demerson, J., 195 n.
Descartes, René, 118
Díaz de Valdés, Pedro, 221
Diderot, Denis, 24, 25, 122, 134 n., 222
Din, Gilbert C., 152 n.
Dolcet, Josep, 41
Domat, Jean, 149
Dommergue, Lucienne, 223 n.
Donato, Nicola, 159
Dopico, Fausto, 163, 167 n., 174 n.
Dou i de Bassols, Ramon Llàtzer de, 28, 118, 119, 120, 235 n.
Dubuis, M., 167 n., 173 n.
Duhamel de Monceau, Henri Louis, 146 n., 166, 196, 197
Duran, Montserrat, 21, 201, 219 n.
Duran i Canyemeres, Francesc, 30, 32, 84 n.

Elorza, Antonio, 196 n.
Enciso Recio, Luis Miguel, 143 n., 145 y n., 146 n.
Ensenada, Zenón de Somodevilla, marqués de la, 136, 152 n.
Erauso, Catalina de, «Monja Alférez», 15, 96 n.
Escartía, Francisco Antonio de, 133
Escolano de Arrieta, Pedro, 218
Escolar, Hipólito, 50 n.

Escuderó, José Antonio, 91 n.
Espartero, Baldoméro Joaquín Fernández, general, 128
Espinalt, Bernardo, 201 n.
Espinosa y Cantabrana, Jacobo María de, 13, 30
Esquilache, Leopoldo de Gregorio, marqués de, 139
Estapé, Fabián, 21, 26, 201 y n., 202
Esteve, Joaquim, 44, 45, 239
Ettinghausen, Henry, 49 n., 61 n.
Eura, Agustí, agustino, 103

Faure, Edgar, 222 n.
Federico II el Grande, rey de Prusia, 14, 25, 33, 131, 132-135, 136, 143, 152 n.
Fejtö, François, 86 n.
Felipe II, rey de España, 86, 100
Felipe IV, rey de España, 41, 100
Felipe V, rey de España, 9, 10, 21, 27, 51, 67, 72, 74 n., 76, 77, 80, 82, 83, 88, 90, 91, 117, 119, 138, 140, 161, 165, 197, 228 n., 237
Feliu, Gaspar, 14, 17, 21, 38, 90 n.
Feliu de la Penya, Narciso, 26, 66, 75
Fénelon, François de Salignac de la Mothe, arzobispo, 40
Fernández Albadalejo, Pablo, 130, 140 n., 151 y n.
Fernández de Córdoba, Luis, marqués de Aitona, 103
Fernández de Heredia, Juan, 101
Fernández de Medrano, 120
Fernández de Moratín, Leandro, 32
Fernández de Pinedo, Emiliano, 106 y n., 229 n.
Fernández Navarrete, Pedro, 86, 87
Fernando VI, rey de España, 123, 165
Fernando el Católico, rey de Aragón y de Castilla, 86
Ferrer, Francesc, 161 n.
Ferrer Benimeli, José A., 9, 20 y n., 21, 135 n., 137 n., 139 n., 141 n.
Ferrer i Gironés, Francesc, 219 n.
Ferro, Víctor, 79 y n.
Figueró, familia de impresores, 66, 67
Figueró, Rafael, 66, 67, 78
Figueroa, Genaro, 134
Figuerola, Laureà, 113 y n.
Filangieri, Gaetano, 91
Filgueira Valverde, J., 165 n.
Finestres, Daniel, fraile, 44
Finestres, Josep, 118, 119, 234 n.
Floridablanca, José Moñino, conde de, 118, 136, 142, 143, 147, 149
Font i Garolera, Jaume, 106 n.
Font i Sagué, Norbert, 64, 65 y n.
Fontana, Josep, 15, 16 y n., 17, 19, 21, 24, 25, 26, 35 y n., 92 y n., 119, 155 n., 237 y n.
Fontcuberta, familia, 114

Forbonnais, Veron de, 14, 131, 147, 160, 211, 223
Forniés Casals, Francisco, 137 y n., 155 n.
Foronda, Valentín de, 146, 147 y n., 148, 160
Fradera, Josep M., 20, 191 n.
Freire López, Ana María, 134 n.
Fuentes Quintana, Enrique, 21, 161 n.
Fuster, Joan, 46 n., 50 y n., 52

Galli, 123
Gálvez, Bernardo de, 152
Gálvez, José de, 152
Gálvez, Matías de, 152
Gándara, Miguel Antonio de la, 91 n.
Gárate Ojanguren, Montserrat, 114 n.
Garcia, Albert, 228 n.
Garcia, Andreu, 64
García Cárcel, Ricardo, 13, 19, 46 n., 59 n., 79 n.
Garcia Malo, Ignasi, 35
Gassó, Antoni Bonaventura, 124
Gassó, familia, 124
Gay Escoda, Josep M., 68, 79, 142 n., 233 y n.
Gayoso Carreira, G., 170 n.
Geertz, Clifford, 93 n., 98 y n.
Generés, Miguel Dámaso, 36, 40, 155, 158, 159 y n.
Genovesi, Antonio, 13-14, 131, 147, 155 y n., 156 n., 159, 211
Gies, David T., 32
Gimbernat, Antoni de, 123
Giménez, E., 154 n.
Giral, Eugeni, 190 n.
Giralt Raventós, Emili, 185 n.
Gironella, marqués de, 124
Godoy, Manuel, 120
Goethe, Johann Wolfgang von, 25
González, Ricard, 64 n.
González Casanova, Josep A., 140 n.
Gournay, Vincent de, 211
Goya y Lucientes, Francisco de, 24, 25
Gramsci, Antonio, 25
Grange, Henri, 222 n., 224 n.
Grases, Antoni de, 81
Grases i Gralla, Francesc, 74, 78 y n., 79 y n., 88
Gratacós, Joan, 238 n.
Grau i Fernández, Ramon, 27, 43, 228 n., 237 n.
Gravalosa, Josep, 221
Grimm, barón de, 25
Guardia, Manuel, 228 n.
Guàrdia, Melcior, 124
Guerrero, Ana Clara, 153 n.
Guillamón, Francisco Javier, 154 n., 157 n.
Guillermo III, rey de Inglaterra, 71
Gustavo III, rey de Suecia, 33, 41
Gutenberg, Johannes Gensfleisch, 46

Hagen, Everett E., 98 y n.
Hall, Peter A., 132 n.
Harris, Robert D., 222 n., 223 n.
Hazard, Paul, 188 n.
Heckscher, Elif, 182, 231 n.
Hegel, Georg Wilhelm Friedrich, 24, 130 y n.
Helvetius, Claude-Adrien, 149
Heras Alfonso, José María, 133, 134
Herbert, Claude-Jacques, 156, 223
Heredia, Ignacio de, 137
Hernández de Larrea, Juan Antonio, 156 n.
Heros, Juan Antonio de los, 160 y n.
Herranz y Laín, Clemente, 155 n.
Herrera, Sebastián, 100
Herrero, Ignacio, 114
Herrero (antes Ferreiro), familia, 17, 114
Herrero de Miñón, Miguel, 10, 21
Hirschman, Albert O., 38, 95 n., 96 n., 98, 132 n.
Hobsbawm, Eric J., 183 y n.
Hortalà Arau, Juan, 22
Huet, Paul-Daniel, 220
Hume, David, 24, 43, 193
Hurtado, Víctor, 106 n.

Iglesias de la Casa, José, 133 n.
Iglèsies, Josep, 110
Illescas, Juan de, 31
Imbruglia, Gerolamo, 155 n.

Jaime I el Conquistador, conde de Barcelona y rey de Aragón, 76, 140
Jaldún, Ibn, 93
Jardin, André, 222 n.
Jaumeandreu, Eudald, 36, 38, 39, 126-127, 128
Jócaro i Madaria, Sebastián de, 149
Jordán Frago, José, 111, 214 y n.
Jovellanos, Gaspar Melchor de, 14, 18, 89, 91, 92, 130, 142, 157, 158 y n., 163, 201-215, 221
Jover, Amador, 113
Jover, familia, 16, 17, 113, 114
Jover i Pradell, Anton, 114
Juan José de Austria, 12, 41
Juglà, Antoni, 43, 44, 45, 237, 240
Julià, Santos, 11, 73
Justi, Johann Heinrich Gottlob von, 130 n., 131, 132, 143, 145, 146 n., 149-150, 156 n., 160, 161 n., 211
Justin, Émile, 188 n.
Jüttner, Siegfrid, 130 n.

Kant, Immanuel, 23, 24-25
Königsegg, conde de, 77 n.
Kotkin, Joel, 93 n., 95 y n., 97 y n.

Krebs Wilckens, Ricardo, 180 n., 183, 184 n., 187 y n.

La Sala, ingeniero, 121
Laborde, Alexandre-Louis-Joseph, conde de, 199
Labrousse, Ernest, 182 n., 183 n.
Lafarga, Francisco, 134 n.
Lamarca, Montserrat, 10, 67
Landes, David S., 183 n.
Lang, Peter, 130 n.
Langlet, J., 143 n.
Lanzuela, Santiago, presidente aragonés, 10
Larruga, Eugenio, 199, 229 n.
Lasala, Manuel, 113
Lavoisier, Antoine-Laurent, 115
Lázaro Carreter, Fernando, 12
Lázaro de Cerdabar, Damián, 133
Le Mercier de la Rivière, Paul-Pierre, 25-26, 223
Lenin, Vladimir Ilich, 16
León Sanz, Virginia, 84 y n.
Lerena, conde de, 143, 147, 213, 214
Linde, barón de la, véase Terán, Manuel de
Liria, duque de, 67
Llobet, Rafael, 123
Llombart, Constantí, 47
Llombart, Vicent, 18, 157, 163, 190 n., 191, 192 n., 198 n., 201 n., 202 n., 208 n., 219 n.
Lloret, Teresa, 231
Lluch, Ernest, 10 y n., 13, 19, 40 n., 54 n., 92 n., 109, 110 n., 112 n., 113 n., 158 n., 166 n., 174 n., 192 n., 211 n., 214 n., 216 n., 219 n., 233 n.
Lluch, Eulàlia, 53
Lluch i Martín, Enric, 109, 110, 111
Llull, Ramon, 57
Locke, John, 118, 149, 223
Longares, Jesús, 242 n.
López, Marina, 228 n.
López, Pilar, 228 n.
López de Ayala, Ignacio, 133
López de Colmenero, José, 150 y n.
López de Peñalver, Juan, 150
Lovejoy, Arthur Oncken, 47 n.
Lucuze, Pedro de, 121
Luis XIV, rey de Francia, 10, 83
Luis XV, rey de Francia, 19
Lynch, John, 9 y n., 131 n., 141, 147 n.

Mably, abate, 193, 194, 196
Macías, Antonio, 152 n.
Macías Delgado, Jacinta, 91 n.
Madoz, Pascual, 101 n.
Madurell, Josep M., 46
Maire, Catherine, 19

Maluquer de Motes, Jordi, 231 n.
Mancera, marqués de, 83
Mandeville, Bernard de, 36, 39
Maravall, José Antonio, 10, 18, 83 y n., 84 n., 85 y n., 86 y n., 88, 97 n., 146 n., 157 n., 158
Marcandier, M., 192-197, 220
Marfany, Joan-Lluís, 10, 64 n., 66
María Teresa, emperatriz de Austria, 12, 14, 33, 41, 69, 75, 85, 132, 137, 150, 221
Marín, Manuel Nicolás, 160 n.
Márquez, padre, 86
Martí, Josep, fraile, 44
Martí d'Ardenya, familia, 115
Martí i Castell, Joan, 29
Martí i Franquès, Antoni, 41, 115
Martin, Henri-Jean, 51, 54 n.
Martín i Soler, Vicent, 40, 41
Martínez Colomer, Vicent, 35
Martínez de Campos y Serrano, Carlos, 227 n.
Martínez Marina, Francisco, 91 y n.
Martínez Shaw, Carlos, 15 y n., 19, 83 n.
Marx, Karl, 25, 91, 108, 161
Mas, Sinibald de, 124, 126
Masdéu, Joan Francesc, 40, 43, 214 y n.
Masdevall, Josep de, 118
Massip, J. F., 40
Massot i Muntaner, Josep, 100 n.
Mate, Reyes, 130 n.
Matilla Tascón, A., 198 n.
Maupertuis, Pierre-Louis Moreau de, 149
Mauro, Frédéric, 97 n.
Mayans i Siscar, Gregori, 9, 39, 44, 130, 137 y n., 138 y n., 159, 167, 187 n., 239
Mayans i Siscar, Joan Antoni, 138
Medina-Sidonia, duque de, 164, 173
Meijide Pardo, A., 200 n.
Melon, Jean-François, 131, 148, 155, 156
Menéndez Pidal, Ramón, 135 n.
Menéndez y Pelayo, Marcelino, 197
Menera, Carles, 160
Mercader i Riba, Joan, 79 n., 216 n., 219 n., 228, 236 n.
Merino Navarro, J. P., 200 n.
Mesoneros Romanos, Ramón de, 101 n.
Mestre i Campí, Jesús, 106 n., 107
Mestre Sanchis, Antoni, 9, 137 n., 138 n., 159 n., 187 n., 239
Milà, Manuel, 237
Milina Martínez, Miguel, 152 n.
Mina, marqués de la, 227, 229 n.
Minguella, Francesca, 17, 79
Mirabeau, Victor Riqueti, marqués de, 146 n., 166, 203, 225
Miserachs, Toni, 106 n., 107
Molas i Ribalta, Pere, 13 y n., 30, 79 n., 84 n., 100 n.
Moles, Pasqual Pere, 41, 43, 124
Moncada, O., 123 n.

Moncir, Luis, 34
Monés i Pujol-Busquets, Jordi, 124 n.
Monge, Miguel, 85
Monistrol de Anoia, marqués de, 124
Monlau, Pere Felip, 123
Montengon i Paret, Pere, 35
Montesquieu, Charles-Louis de Secondat, barón de, 155, 205
Moreto, Agustín, 12, 41
Moreu-Rey, Enric, 64, 190 n., 233 n.
Mortara, marqués de, 32, 103
Mortara, marquesa de, 82
Mozart, Wolfgang Amadeus, 30
Muñoz, Juan Bautista, 149 y n.
Muñoz del Valle, Antonio, 185 n.
Muratori, Ludovico Antonio, 159
Murguía, Manuel, 16
Muset, Assumpta, 16, 99, 105, 106 y n., 107, 109, 110 n.
Musset Pathy, Alfred, 195 n.

Nadal, Joaquim, 217 n.
Nadal, Jordi, 16, 21, 106 n., 114
Napoleón I, emperador, 20, 63
Necker, Jacques, 14, 43, 131, 147, 209, 210, 211, 217, 219, 220, 222, 223 y n., 224 y n., 231
Newton, Isaac, 118
Nickolls, John (Plumart de Dangeul), 146 n., 223
Nicole, Pierre, 36
Nieulant, Luis de, 138
Niewöhner, Friedrich, 130 n.
Nipho, Francisco Mariano, 143-146 y n.
Normante y Carcavilla, Lorenzo, 37, 113, 155 y n., 156, 158
North, Douglas C., 93 n.
Norton, F. J., 50 n., 59 y n., 60 y n.

O'Reilly, Alejandro, conde de, 37, 135, 152 y n.
Olaechea Albistor, Rafael, 9, 20 y n., 21 y n., 135 n., 137 n., 139 n., 141 n.
Olavide Jáuregui, Pablo de, 143, 152, 153 y n., 167, 201
Oliver, Guillem, 57, 113
Otazu y Llana, Alfonso de, 18, 21, 96 n.-97 n., 114 n.

Padilla, Juan de, 11, 64, 86
Palafox, José de, 161
Palau i Dulcet, Antoni, 67, 76
Palmerola, marqués de, 124
Pascal, Blaise, 36, 39
Pascual, Pere, 17, 21
Pasqual, Jaume, 44

Paterno, Francisco, 134
Patiño, José, 81
Pavesi, Angelo, 155 n.
Pedro I el Grande, zar de Rusia, 41
Peguera i Paratge, Lluís de, 14, 90 n.
Peinado, J. L., 165 n., 167 y n.
Peiró Arroyo, Antonio, 161 n.
Pellicer, Josep, 79
Peñaflorida, Xavier María de Munibe e Idiáquez, conde de, 160, 196 y n.
Perdices Blas, Luis, 153 n.
Pereira Iglesias, José Luis, 151 n.
Pérez Sarrión, Guillermo, 110 n., 159 n.
Perrot, J.-C., 196 n.
Petty, William, 146 n.
Piedrabuena, marqués de, 200
Pii, Eluggero, 155 n.
Pío X, papa, 20
Pirala y Criado, Antonio, 20
Pla, Joan Baptista, 40, 41
Pla, P., 154 n.
Plandolit, Francesc, 124
Pons, Gaspar de, 17, 100, 101
Pons i Turell, Bernardí, conde de Robles, 101
Ponz, Antonio, 148
Portela Marco, Eugenio, 115 n.
Portolà, Gaspar de, 123
Pozzi, Cesáreo, benedictino, 149
Prat de la Riba, Enric, 13
Prats, Joaquim, 118 n., 119
Prats, Modest, 103, 238 n.
Puig, doctor, 123
Puig, Valentí, 13
Puig i Gelabert, Antonio Francisco, 149, 150, 155
Puig i Oliver, Jaume de, 13
Puig i Oliver, Lluís Maria de, 234 n.
Pujol, Albert, 37, 38, 118, 127-128

Quer Martínez, José, 165
Quesnay, François, 24, 25, 93, 96, 196
Quintana, Jaume, 128
Quintana, Manuel José, 127
Quirós, José María, 161 n.

Rabanal Yun, Aurora, 122 n.
Racine, Jean, 20, 40
Ramírez Barragán, Pedro, 151
Ramos, Enrique, 154, 155 n., 156, 158 y n., 159
Rampal, Jean Pierre, 40
Rebagliato, J., 201 n.
Reddy, William M., 223 n.
Redondo Díaz, Fernando, 135 n.
Reglà, Joan, 41, 216 n.
Reixach, Baldiri, 29, 39

Répide, Pedro de, 101
Rey, Fermín del, 34
Riba, Carles, 66
Ribbans, Geoffrey, 226 n.
Ribeiro d'Andrade, Martim Francisco, 195
Ribera, Bernat, dominico, 67, 76
Richelieu, cardenal, 77
Rico, Francisco, 12
Ricuperati, Giuseppe, 146 n.
Riera i Tuèbols, Joan, 41, 122 n.
Ríos, Fernando de los, 23
Ripperdá, Johan Willem, duque de, 75, 77 n.
Riqueti, Victor, véase Mirabeau, marqués de
Risbourg, marqués de, 229 n.
Rivero, Felipe de, 148 y n.
Robertson, William, 43
Rocabertí, Bernat Antoni de, conde de Peralada, 103
Rocafull, Gaspar de, conde de Albatera, 101
Roche, Daniel, 97 n., 188 n.
Roda, Manuel, 137 n., 140 n.
Rodríguez, Pedro de, véase Campomanes, conde de
Rodríguez Braun, Carlos, 19
Rodríguez Cancho, Miguel, 151 n.
Rodríguez Galdo, María Xosé, 152 n., 163
Rodríguez Sánchez, Ángel, 151 n.
Romà i Rossell, Francesc, 18, 26, 27, 42, 64, 88, 132 n., 137 y n., 140, 154, 155, 156, 157, 177, 179, 181, 183, 185 y n., 186, 200 n., 219 n., 233, 234
Romero Atela, Teresa, 113 n.
Rosette de Brucourt, C.-F., 134 n.
Rossich, Albert, 29, 34
Rothschild, familia, 97
Roura, Josep, 124
Rousseau, Jean-Jacques, 24, 32, 35, 149 y n., 196
Rousset de Missy, Jean, 75, 77
Rovira i Gómez, Salvador J., 112 n., 115 n.
Rubín de Celis, Manuel, 191 y n., 194, 195, 196 y n.
Rubín de Celis, Miguel, 196 n.
Rubio, Jaume, 90
Rubió i Balaguer, Jordi, 13, 46, 51 y n., 119, 239-240 y n., 241 y n., 242 n.
Rubió i Lois, Jordi, 216 n.
Rubió i Ors, Joaquim, 237
Ruiz de la Peña, Álvaro, 191, 196 n.
Ruiz y Pablo, Ángel, 176 y n., 181 n., 187 n.

Saavedra Fajardo, Diego de, 85-86, 87
Sáenz Galinsoga, Dionisio, 134
Sáiz, María Dolores, 145 n.
Salabert, familia, 114
Sales, Asensio de, obispo de Barcelona, 35

Sales, Núria, 14, 19, 57 n., 66, 106 n., 110 n., 227 n., 234 n.
Sales, Pere, 29
Salvà i Campillo, 41, 190 n.
Sancha, Antonio, 178 n., 180 n., 184 n.
Sánchez, A., 199 n.
Sánchez, J. E., 123 n.
Sánchez Agesta, L., 172 n.
Sánchez-Blanco, Francisco, 149 n.
Sánchez Diana, José María, 135 n., 136 n.
Sánchez Hormigo, Alfonso, 40 n., 139 n.
Sanpere i Miquel, Salvador, 11, 118
Santacilia, Jordi Juan, 122
Santponç, Francesc, 124
Sarmiento, Martín, 16, 18, 163-174
Sarrailh, Jean, 26, 146 n., 184 y n., 185
Sarrión i Gualda, Josep, 89 n.
Satorras, Antoni, 113
Schiera, Pierangelo, 149
Schumpeter, Joseph Allois, 211
Seguí, Josep Francesc, 124
Sempere y Guarinos, Juan, 145-146
Serdà, Nicolau, agustino, 103, 104
Seriol, Marià, 35
Serra, Eva, 64 y n., 70
Serrera Contreras, R. M., 199 n., 200 n.
Simón Palmer, María del Carmen, 58 y n., 60 n., 61
Sisternes i Feliu, Manuel, 219 n.
Smith, Adam, 15, 18, 24, 25, 36, 116, 130 n., 160, 197 n., 202, 231
Solà i Parera, Àngels, 106 n., 240 n.
Soldevila, Ferran, 10, 62 y n., 63 y n., 64, 65, 66, 75 n., 119, 130, 131 n., 232
Soler, Antoni, 40, 41
Soler, Miguel Cayetano, 147 n.
Somoza García Sala, Julio, 201-202 y n.
Sonnenfels, Joseph von, 131, 132, 150
Sopeña, Federico, 135 n.
Sor, Ferran, 20, 40, 41
Sowell, Thomas, 95 y n.
Spengler, Joseph J., 188 n., 222 n.
Steuart, James, 130 y n., 211
Street, Donald, 191
Strubell, Michael B., 70 n.
Suárez Fernández, Luis, 22
Suárez y Núñez, Miguel Gerónimo, 150, 224 n.
Subirà i Puig, Josep, 32
Subiràs, Francesc, 234
Sudrià, Carles, 21
Suero Roca, María Teresa, 12, 34
Sully, Maximilien de Béthune, duque de, 87, 183
Swinburne, Henry, 226 y n., 227 n., 231

Tanucci, Bernardo, 152
Tarradellas, Francesc, 40

Tellechea Idígoras, J. Ignacio, 196 n.
Terán, Manuel de, barón de la Linde, 218, 219, 220, 221, 232
Testón Núñez, Isabel, 151 n.
Thaer, Albercht, 161 n.
Thurriegel, Gaspar von, 152, 153
Tocqueville, Charles-Alexis Henry Clérel de, 25
Tomás y Valiente, Francisco, 91 n.
Tormo, Elías, 102 n.
Tornero Tinajero, Pablo, 152 n.
Torras Elias, Jaume, 14, 15, 110, 111 n., 159 n., 216 n.
Torras i Ribé, Josep Maria, 64, 110 n., 232 n., 233
Torrente Ballester, Gonzalo, 9
Torres, Xavier, 28 n.
Torres Amat, Fèlix, 20, 36, 37, 38, 42, 44, 45, 67, 105, 238
Torres Amat, Ignasi, 44, 45, 238
Torres Villegas, Francisco Jorge, 10
Tovar Martín, Virginia, 101 n.
Tracy, James D., 93 n., 94 n., 97 n.
Trinchería, Manuel de, 104
Tull, Jethro, 166
Tuñón de Lara, Manuel, 106 n.
Turgot, Anne-Robert-Jacques, 24, 25, 222

Uceda, Cristóbal Gómez de Sandoval y Rojas, duque de, 83 y n.
Ugarte, Javier, 10
Urquijo, Mariano Luis de, 141
Urrutia, José, 122
Urteaga, J. Luis, 229 n.
Urzainqui, Inmaculada, 191, 196 n.
Usoz Otal, Javier, 155 n.
Uztáriz, Jerónimo de, 156 n., 166, 169, 170, 173

Valeriola, Tomás, 132 n., 149, 160 n.
Valladares de Sotomayor, Antonio, 32
Vallès, Josep, 35
Vallès, señor, 68, 72, 74 n., 76
Vallverdú, Francesc, 46 n.
Van der Wee, Herman, 94 n.

Vega i Sentmenat, Josep de, 138, 238
Velasco, doctor, 123
Venturi, Franco, 9, 40, 42, 45, 189 y n., 191, 222 n., 235
Verbom, Jorge Próspero, marqués de, 120, 121
Verboom, general filipino, 231
Verdaguer, Jacint, 83
Verga, Prudencio de, 31
Verley, Patrick, 15-16, 99
Verri, Pietro, 189
Vicens i Vives, Jaume, 79, 99 n., 184, 231
Vidal, Francesc, 114
Vidal, Sebastià, 223 n.
Vidal Abarca, Juan, 82, 83 n., 84 n.
Vieta, Pere de, 124
Vila, Domènec, 128
Vilabella, Esteve, 30
Vilana Perles, Ramon, 27, 69, 70, 73, 74, 75 n., 77, 78 y n., 79 y n., 83 n., 84
Vilar, Pierre, 42, 43, 44, 81, 99 n., 139, 175 n., 183, 186 n., 216, 217 n., 219 y n., 221, 232 y n., 234 n., 235 n., 236 n.
Villarroel, Antoni de, 80, 129
Villava, Victorián de, 139 y n., 155 y n., 159
Vimercati, Cipriano, 229 n.
Viola, Anselm, 40
Virgili, Pere, 123
Viton, Ramon, 161 n.
Voltaire, François-Marie Arouet, 24, 25, 134 y n., 141, 144, 149 y n., 222
Voltes Bou, Pedro, 77 n., 84 n.

Walpole, Robert, 73 y n.
Ward, Bernardo, 148, 156 n., 157, 161 n.
Wolff, Philippe, 79 n., 217 n.

Yàñez, Agustí, 128

Zabala, Gaspar de, 32
Zamora, Francisco de, 110, 201 n., 214
Zaragoza, Ernesto, 223 n.
Zurita, Jerónimo, 75

ÍNDICE

Prólogo a la remozada versión castellana 9

1. *Un vistazo a la Ilustración catalana* 23

2. *La producción de libros en la «muerta viva», 1476-1860* . . . 46
   La curva general de Aguiló 47
   La producción por temas 51
   Castellano, francés y economía 53
   Por países de lengua catalana 56
   Comprobando el trabajo de Aguiló 57
   Algunas conclusiones aproximadas 60

3. *El austracismo persistente y purificado, 1734-1741* 62
   Lo que sabíamos 62
   Via fora, Record de l'Aliança y otros 66
   El teórico Juan Amor de Soria 83
   La reivindicación foralista en las Cortes de Cádiz 88

4. *Ser extranjero sin serlo* 93
   Las redes comerciales dispersas: ahora y antes 93
   Las redes comerciales catalanas dispersas en el setecientos . . 98
   El «día después» de las redes comerciales dispersas . . . 112

5. *Las enseñanzas universitarias: Cervera, los militares y la Junta
   de Comercio.* 116
   La Universidad de Cervera (1714-1842) 117
   Las enseñanzas militares de rango universitario 120
   Las enseñanzas superiores de la Junta de Comercio (1769-1851) . 124
   El liberal y lento retorno de la universidad a Barcelona (1822-
   1842) 127

6. *La España vencida del siglo XVIII. Cameralismo, Corona de Aragón y «partido aragonés» o «militar»*   129
El conocimiento de Federico el Grande y María Teresa en España.   132
El conde de Aranda y el ejemplo prusiano y austríaco   . . .   135
Partido aragonés: nobleza militar, nobleza comerciante y pueblo
    menudo   139
La difusión de Bielfeld, Justi y Sonnenfels   143
El cameralismo en España   150

7. *Contrapuntos de la Corona de Castilla: Sarmiento, Campomanes
y Jovellanos*   163
La visión económica de Sarmiento   164
Campomanes, Barcelona y el cáñamo   174
Genealogía teórica e influencia práctica del *Discurso sobre el fo-
    mento de la industria popular* (1774)   190
Jovellanos, proteccionista y prohibicionista   201

8. *Un proyecto ilustrado para Cataluña*   216
«¿Ver pueblos de filósofos gobernados por filósofos?»   . . .   217
«Son los bienes sobrantes la fuerza del Estado» y «La armonía
    social» evita «el choque continuo» de las clases sociales . .   221
«Aquel grado de felicidad que gozaba en los tiempos anteriores» .   225
«Barcelona ha sido el arsenal general de las expediciones» . .   226
«Cada provincia tiene [que] prescribir las reglas más conducentes
    y propias»   231
«Dibujando los méritos catalanes»   235
«Los catalanes son industriosos en comunidad nacional». . .   236
«Las producciones literarias de los hijos de Cataluña»   . . .   237

Índice onomástico   243